Goldmann POLITIK + ZEITGESCHEHEN

Band 7003

Rolf Italiaander · Die neuen Herren der alten Welt

*Zu diesem Buch*

*Eine wesentliche Voraussetzung auf dem Wege zu einer gesamteuropäischen Einigung ist zweifellos, daß nicht nur die Politiker untereinander Kontakte aufnehmen, sondern sich auch die Völker gegenseitig besser kennenlernen. Dies war das Hauptanliegen für den renommierten Schriftsteller und Völkerkundler Rolf Italiaander, als er die 35 Länder Europas bereiste und dort mit den bedeutendsten Politikern, Wissenschaftlern und Künstlern über die Probleme ihrer Länder sprach. Seine Eindrücke und Erfahrungen hat er in diesem Buch zusammengefaßt und damit einen wertvollen Beitrag zur europäischen Zeitgeschichte geleistet. Er unterhielt sich mit Willy Brandt, Paul VI. und Pattakos, und er sprach ebenso vorurteilsfrei mit den Führern des Ostblocks wie mit Präsident Svoboda. Auch die Meinungen von Oppositionspolitikern versäumte er nicht einzuholen, um so das Bild von den politischen Kräften in Europa abzurunden. Besonders informativ sind die Kapitel über jene Länder, von denen man sonst nur wenig erfährt, wie Albanien oder die Kleinstaaten Luxemburg, Andorra und Liechtenstein.*
*Als »militanter Humanist« – wie ihn Karl Krolow bezeichnete – plädiert Italiaander für ein »kreatives« Europa, an dessen kulturellen und zivilisatorischen Leistungen die Welt auch weiterhin teilhaben soll.*

ROLF ITALIAANDER

# Die neuen Herren der alten Welt

Ein Bericht aus den 35 Ländern Europas

WILHELM GOLDMANN VERLAG MÜNCHEN

7044 · Made in Germany · 1110
Genehmigte Taschenbuchausgabe. Die Originalausgabe ist im Econ Verlag, Düsseldorf-Wien, erschienen und wurde für die Taschenbuchausgabe vom Verfasser gekürzt, überarbeitet und aktualisiert. Umschlagentwurf: Ilsegard Reiner. Foto der Umschlagrückseite: Ulrich Kempf/VITAL. Gesetzt aus der Linotype-Garamond-Antiqua. Druck: Presse-Druck Augsburg. Verlagsnummer: 7003 · Br/Hu
ISBN 3-442-07003-1

## *Inhalt*

*Das Verlangen nach Liebe, die Suche nach Wissen und ein unerträgliches Mitleiden mit den Leiden der Menschheit haben mein Leben bestimmt. Diese Leidenschaften haben mich wie starke Winde über einen tiefen Ozean der Pein hin und her getrieben.*
Bertrand Russell (1872–1970)

# *Zu dieser Ausgabe*

Im Metier des Essayisten hat die Zeitgeschichte einen besonderen Platz. Zeitgeschichte schreiben ist zugleich begeisternd und deprimierend. Begeisternd: weil es Genugtuung bereiten kann, sich mit der Problematik seiner eigenen Epoche auseinandersetzen zu müssen. Deprimierend: weil gar zu oft die Zeitgeschichte das nicht hält, was man von ihr erwartet. Deshalb kann der Zeitgeschichtler durch seine Arbeit enttäuscht werden. Zeitgeschichte schreiben setzt zudem Verantwortungsbewußtsein voraus. Vorgänge um Karl den Großen oder Hutten sind kaum überprüfbar; Vorgänge um Breschnjew oder Franco sind zu kontrollieren. Der Zeitgeschichtler kann sich keine Lässigkeiten erlauben, am wenigsten Spekulationen, falls er nicht scheitern möchte.

Dieses Europabuch wurde im Sommer 1971 beendet, und es wurde hergestellt, während der Autor in Asien unerreichbar war – unerreichbar, weil er in die Ereignisse in Vietnam, Cambodia, Laos und Bangla Desh geriet und dort Zeitgeschichte miterlebte. Seine Mitarbeiter mußten das Buch druckfertig machen; es erschien im Frühjahr 1972. Schon damals war manches Kapitel durch Todesfälle, Neuwahlen und andere geschichtliche Ereignisse ergänzungsbedürftig. Nun, im Winter 1973/74, da eine Taschenbuchausgabe vorbereitet wird, haben sich wiederum aus unterschiedlichsten Gründen neue Perspektiven ergeben. Abgesehen davon war es der Wunsch des Verlages, daß die ursprüngliche Ausgabe stark gekürzt werde, um die Herausgabe als Taschenbuch zu ermöglichen.

Kürzungen einerseits, Hinzufügungen andererseits ... der Verfasser geriet in Gewissenskonflikte. Warum entzog er sich ihnen nicht? Weil er der Meinung ist – heute mehr denn je in seinem stets mit Europafragen verbundenen Wirken –, daß sich der Europäer gar nicht genug um Europa bemühen kann. Ja, der Autor ist überzeugt: Es kann gar nicht genug Bücher geben, die sich mit Vorgängen – dazu heutigen! – in Europa befassen.

Schließlich sollte der Leser bedenken: Ein Buch ist weder eine Zeitung noch eine Zeitschrift, die vor allem Tagesaktualitäten behandeln. Ein Buch soll Zusammenhänge darlegen, Entwicklungslinien aufzeichnen. Der Autor hofft, daß dies auch noch diese sehr gekürzte Ausgabe seines Buches vermag (Kürzungen werden durch . . . nur dann gekennzeichnet, wenn es sich als notwendig erweist). Der Autor hat sich übrigens in dieser Ausgabe mehr auf die jüngere Geschichte beschränkt, also vor allem Historisches weggelassen. Auch Tatsachen, die als bekannt vorausgesetzt werden dürfen, wurden eliminiert. Vielleicht hat dieses Buch durch die unerläßlichen Straffungen in allen Kapiteln sogar noch gewonnen? Das zu beurteilen ist jedoch nicht Sache des Autors. Hier hat der Leser das Wort. Und wer nicht zufrieden ist, sollte, bitte, zur Originalausgabe greifen.

Auf jeden Fall bin ich dankbar für die Herausgabe dieses Werkes in preisgünstiger Form, um eben noch mehr Menschen in Europa auf die Europa-Probleme ansprechen zu können. Als Gymnasiast schon las ich die ersten Bücher des Goldmann Verlages, dem »Politik und Zeitgeschichte« schon längst ein fördernswertes Verlagsthema war, ehe andere Verleger sich damit zu befassen begannen.

Rade, im Winter 1973/74 Rolf Italiaander

## *Europa erhalten um der Welt willen*

Unser aller Hoffnung ist eine Welt in Frieden und Zuversicht auf Dauerfrieden. Friedliche Koexistenz der Ideologien, Religionen, Rassen. Friedliche Koexistenz von jedermann mit jedermann. Dieser Zustand wäre möglich, wenn alle Menschen ihn wollten, keine andere Alternative anerkennen würden. Aber viele wünschen die friedliche Koexistenz nicht. Den einen scheinen nationale Aufgaben, nationalistische Interessen notwendiger, die anderen erstreben eine Weltrevolution; wie immer jene geartet sein mag, sie kann nicht den Weltfrieden auslösen, sondern verhindert ihn und wird weitere Revolutionen im Gefolge haben, die uns noch mehr vom Weltfrieden entfernen. Übrigens bitte ich zu beachten, daß ich den Begriff friedliche Koexistenz verwende; denn Koexistenz allein genügt nicht. Chruschtschow und andere sowjetische Staatsmänner haben zu oft Koexistenz als »Ausdruck des Kampfes zweier gesellschaftlicher Systeme« interpretiert, wobei es um wirtschaftliche, politische und ideologische Auseinandersetzungen ginge, nur die militärischen seien ausgeschlossen. Die friedliche Koexistenz aber schließt Auseinandersetzungen aus (friedlicher Wettbewerb braucht nicht ausgeschlossen zu bleiben). Die Geschichte hat gelehrt, daß Auseinandersetzungen zwischen verschiedenen ideologischen Systemen gar zu schnell in Aggression ausarten.

Mittlerweile nun vollzieht sich Bemerkenswertes: eine Europäisierung der Welt. Das meiste, was der Welt des 20. Jahrhunderts das unverwechselbare Gesicht gibt, stammt unmittelbar aus Europa oder wurde zumindest in Europa erfunden oder entwickelt. Die Weltzivilisation, wie sie sich ausbreitet, ist weder indianisch noch afrikanisch, noch asiatisch; sie ist europäisch. Europa hat Kriminelle geboren; sie ließen Grausamkeiten in den Arenen des antiken Roms zu, im Schatten der Kathedralen des Mittelalters oder in den KZs und Todeslagern der Diktatoren des 20. Jahrhunderts. Europa hat aber auch unübersehbar viele Genies hervorgebracht; zahlreiche technische Leistungen, Wissenschaften, Künste, politische und wirtschaftliche Systeme, welche gegenwärtig und sicher auch zukünftig die meisten Völker der Erde akzeptieren, sind europäischen Ursprungs.

Dieses kreative Europa muß erhalten werden – ich wiederhole: das schöpferisch geniale Europa, natürlich nicht das destruktive, kriminelle. Also: Europa erhalten um der Welt willen – was keineswegs mit europäischem Chauvinismus gepaart sein muß. Allerdings täte vielen Europäern etwas mehr Selbstverständnis gut; dann wüßten sie, daß zahlreiche Aufgaben ihrer harren, die zu leisten offenbar nur sie imstande sind. Dazu gehört indessen, Eigenwerte zu bewahren und nicht jener »amerikanischen Herausforderung« zu unterliegen, die gegenwärtig – von Limonaden über *Western* bis zum Aufkauf von Konzernen – den europäischen Kontinent heimsucht.

Meine Bücher »Die neuen Männer Afrikas« und »Die neuen Männer Asiens« unternahmen den Versuch, in das Leben und Wirken von Persönlichkeiten der »Dritten Welt« einzuführen. Mehr noch als meine europäischen Leser haben mich solche aus anderen Kontinenten immer wieder aufgefordert, auch über die »Neuen Männer Europas« zu schreiben. Als ich die ersten Anstalten dazu machte, lebten Churchill und Adenauer; Chruschtschow und de Gaulle waren noch im Amt; alle vier waren zweifellos überragende europäische Persönlichkeiten. Wen aber konnte man mit ihnen vergleichen – ohne daß die Unterschiede gar zu augenscheinlich wurden? Vorläufig zögerte ich, das Buch zu schreiben. Auch schien es mir unrecht, etwa nur bedeutende Männer Westeuropas zu behandeln. Meine Reisen in alle Länder Osteuropas bewiesen mir, daß sich führende Persönlichkeiten der sozialistischen Welt genauso als Europäer fühlen wie jene der nicht-sozialistischen Welt. Mir wurde bei meinen Reisen durch die osteuropäischen Länder außerdem deutlich, wie wenig wir im Westen uns dessen bewußt sind, daß auch zahlreiche Persönlichkeiten des Ostens einen europäischen Zusammenschluß im Zeichen friedlicher Koexistenz herbeiwünschen. Die friedliche Zusammenarbeit aller europäischen Völker, der großen wie der kleinen, wird durch die Spaltung des Kontinents in einen Westblock und einen Ostblock äußerst erschwert. Aber vielleicht können Anstrengungen von Staatsmännern und Politikern aller europäischen Nationen die Teilung Europas eines Tages doch noch überwinden. Einer Politik der Verständigung und des Ausgleichs, die zu einer Entkrampfung der europäischen Verhältnisse und zu einer harmonischen Zusammenarbeit führt, muß allerdings eine bessere Kenntnis voneinander vorausgehen. Jeglicher Gedankenaustausch muß sowohl Dichte wie Kontinuität bekommen. Gegenseitige Besuche der Staatsmänner und Politiker reichen bei weitem nicht aus; die Völker müssen sich näherkommen, alle Schichten.

In diesem Buch wird also unter vielem anderen über Persönlichkeiten berichtet, von denen zumindest anfangs der siebziger Jahre anzunehmen ist, daß sie einen gewissen oder sogar wesentlichen geschichtsbildenden Einfluß haben. Vielleicht ist der eine oder andere der hier Erwähnten bereits von der Bühne des Zeitgeschehens abgetreten, wenn dieses Buch in die Hände der Leser gelangt; es wird der Arbeit keinen Abbruch tun. Wenn auch andere Personen jetzt führend sind, dürfen sie trotzdem als Prototypen angesehen werden. Um möglichst objektive Information habe ich mich bemüht, wenn ich auch meine subjektive Meinung nicht kaschiert habe. Dies Buch will weniger kritisieren, polemisieren, katalogisieren als darstellen ...

Das Bild, das sich dem bietet, der sich mit Europa beschäftigt, ist wahrlich bestürzend. Die drei Großmächte der Erde sind die USA, die UdSSR und die Volksrepublik China. Es geht darum, daß Europa zumindest eine vierte Kraft werde, nachdem es jenen ersten Platz verspielt hat, den es im Weltgeschehen einst eingenommen hat. Im europäischen Osten und im europäischen Westen wissen die Einsichtigen, daß Europa nur durch die Europäer selber gerettet werden kann. Europäer müssen ihre Probleme voreinander aufdecken und gemeinsam an einer Solvierung ihrer Probleme hart schaffen. Europäer können in Zusammenarbeit ihre Probleme viel besser lösen als in Isolierung. Alle Nationen sollten sich als Nachbarn ansehen, die aufeinander angewiesen sind. Wir sind davon in Europa noch weit entfernt ... Nein, Europa hat seine weltgeschichtliche Rolle noch nicht ausgespielt; es liegt indessen an den Europäern selber, die beträchtlichen europäischen Reserven und Möglichkeiten noch mehr zu aktivieren. Darum berichte ich hier auch Erlebnisse mit den bereisten Völkern; ich habe sie ausnahmslos alle aufgesucht – alle außer der DDR, wo ich offenbar nicht genehm bin. Dennoch wäre es ein Unterfangen gewesen, etwa Vollständigkeit anzustreben; ich dachte nie daran. Dies Buch ist keine Enzyklopädie, sondern ein Essay, und ein Essayist hat die Freiheit, sich zu beschränken. »Niemand kann alles wissen«, schrieb der Berner Reformator Niklaus Manuel Deutsch.

Zum Schluß eine Anmerkung zur Orthographie. Soweit es sich um Namen handelt, die mit lateinischen Buchstaben geschrieben werden (also weder mit griechischen noch kyrillischen), werden sie hier gedruckt wie in den betreffenden Ländern; steht zum Beispiel ein oe, so wird dies nicht in ein u verändert. Was Ortsnamen anbetrifft, so ist es leider schwieriger, eine Einheitlichkeit durchzusetzen. Denken wir an Albanien: Der Hafen Varna wurde von den Italienern Valona genannt, aus Dürrësi wurde Durazzo. In vielen Werken haben sich die italienischen Namen noch immer erhalten. Dies scheint mir ungerechtfertigt; denn Albanien ist seit 1945 wieder eine unabhängige Nation. Aber nicht nur Kolonisatoren veränderten Namen. Aus Venezia machten die deutschsprachigen Europäer Venedig, aus München prägten die Italiener das Wort Monaco. Die Niederländer sprechen nicht von Paris, sondern von Parijs, die Franzosen nicht von London, sondern von Londres. In der internationalen Schiffahrt gelten seit jeher die Namen der Länder selbst. Mittlerweile sind Luftverkehrsgesellschaften dazu übergegangen, auf den Routenkarten die internationale Schreibweise anzuwenden; tatsächlich kann nur dies der internationalen Repräsentanz großer Unternehmen entsprechen. Gewiß gibt es Grenzfälle. Mittlerweile übersetzte Namen wie z. B. Mailand gehören dazu. Aber es ist vorstellbar, daß sich bei den jüngeren Generationen der deutschsprachigen Länder Milano und in Italien München einbürgern; zu wünschen wäre es. Was tut man indessen im Falle von Städtenamen, die nach dem zweiten Weltkrieg infolge von Grenzverschiebungen verändert worden sind? Die Polen nennen seit der Festlegung der Oder-Neiße-Grenze Breslau: Wrǫcław; Bunzlau: Boleslawiec; Danzig: Gdansk etc. Ein altes Scherzwort sagte, die meisten Berliner seien in Breslau geboren. Als das der Fall war, hieß das heutige Wrocław noch Breslau. Ein Berliner wird bestimmt nicht sagen, er sei in Wrocław geboren. Da dies aber heute der offizielle Name der Stadt ist, kommt man nicht umhin, in einem Buch wie diesem von Wrocław zu sprechen. Ob die »historischen Tatsachen« durchweg erfreulich sind, soll damit nicht behauptet werden.

## *1. Union der Sozialistischen Sowjetrepubliken* oder: *Die Apologeten der Weltrevolution*

Es gibt Menschen, die in der Bergpredigt so etwas wie ein erstes kommunistisches Manifest erkennen wollen; zwischen Urchristen und sogenannten Edelkommunisten werden manchmal Parallelen gezogen. Ich bin Kommunisten begegnet, die ich höher schätzte als manchen Christen oder Demokraten, von einem starken Ethos besessene Menschen, die ungeteilte Hochachtung verdienten, wie auf christlicher Seite z. B. Sektierer und Mystiker, die ein unverfälschtes Christentum zu leben suchen. Auch in der Gegenwart gibt es Kommunisten, denen absolut lautere Motive für ihr Wirken nicht abzusprechen sind. Aber sie treten weniger in Erscheinung, was in ihrem Wesen begründet sein mag. Die Urgedanken des Kommunismus dürften ebensowenig verwerflich sein wie die Urgedanken des Christentums, jedoch entarteten beide. Was den Kommunismus anbetrifft, darf es als verwunderlich bezeichnet werden, daß sich seine Funktionäre nicht ernsthafter darum bemüht haben, die kommunistische Gesellschaftsform attraktiver zu machen. Der Kommunismus will »ganz andere internationale Verhältnisse schaffen« (Lenin, Werke, Bd. 31, S. 473), und deshalb ist es seinen Apologeten augenscheinlich gleichgültig, wie andere über sie denken.

Die »Diktatur des Proletariats« frustriert jedenfalls. Der österreichische Kommunist Ernst Fischer schreibt in seinen »Erinnerungen und Reflexionen« (Hamburg 1969): »In der Sowjetunion herrscht zwar nicht das Volk, sondern ein unkontrollierter Machtapparat, und von der ›führenden Rolle der Arbeiterklasse‹ zu sprechen ist Zynismus oder Routine.« Der italienische KP-Chef Palmiro Togliatti sagte zu Ernst Fischer: »Kampf um Sozialismus heißt Kampf um mehr Demokratie. Wenn wir Kommunisten nicht die konsequentesten Demokraten sein werden, wird die Geschichte über uns hinweggehen.« War ich denn ohne Unterlaß verblendet, daß ich in der Sowjetunion so wenig von »konsequenter Demokratie« spürte? Erwin Sinkó, ein ehemaliger Kommunist, schreibt in seinem Moskauer Tagebuch (»Roman eines Romans«, Köln 1969): »Es war vor allem dieses – die dreiste und grobschlächtige autoritative Lüge. Ich erkannte auch, daß mit der Macht der Lüge auch die Macht der Angst wuchs und die Servilität zunahm.« Bei meinen eigenen Reisen durch die Sowjetunion habe ich mich nie frei von Druck gefühlt, und ich wußte nie ganz sicher, wann *›da‹* (ja) vielleicht *›njet‹* (nein) bedeutete. Es gibt viele Wirklichkeiten, alles ist auswechselbar. Ich verlor in diesem Lande ständig den Sinn für Realitäten, war bald nicht mehr ich selber, sondern es schien mir, als würden mir Gefühle und Gedanken von anderen einmontiert. Ich litt immer mehr darunter, weil ich schließlich die Russen und ihre Nachbarvölker innerhalb dieser weiten Staatsgrenzen sehr gern habe dank vieler Qualitäten, die andere europäische Völker nicht besitzen: ihre Gutmütigkeit und Herzlichkeit, ihr Humor und ihre Art, Feste zu feiern. Allerdings wird es da schon kritisch. Der, mit dem man gestern nacht gefeiert hat, kann einem heute die Tür zum Kerker weisen oder sie sogar selber öffnen. Doch waren die Russen nicht schon vor der Revolution anders als alle sonstigen Europäer? Vor allem eben unberechenbar? Dostojewskij schrieb: »Rußland ist erhaben – ein universales, geordnetes Chaos.« Die vorrevolutionäre Literatur beweist das eindeutig, und seit dem harten Zugriff Lenins, der »leuchtet wie ein Sonnenball«, dessen »Worte sind wie Akkorde des Ozeans«, ist das alles noch vehementer geworden. Kraft und Größe »Mütterchen Rußlands« ist von jeher der Hauptinhalt der Ideologie der Massen dieses Landes gewesen. Deshalb haben sie mit geradezu masochistischem Wohlbehagen Peitschenschläge ertragen, von welcher Seite sie auch ausgeteilt wurden oder werden ... Ich bin trotzdem noch immer unvoreingenommen und respektiere obendrein viele Leistungen dieses mächtigen Staates, der sich innerhalb von 50 Jahren zur zweiten Weltmacht der Erde emporentwickelt hat, eine ungeheure vielschichtige Leistung, wie sie bislang sicherlich in der Geschichte der Menschheit selten dagewesen ist.

Die Tatsachen der Geschichte der UdSSR sind häufiger behandelt worden als die anderer Nationen Europas, so daß ich mich hier kürzer fassen kann als in späteren Kapiteln. Unter Vladimir Iljitsch Lenin (1870–1924) riß die Partei der Bolschewiki 1917 die Regierungsmacht an sich. 1918 wurde Moskwa die Hauptstadt der Russischen Sozialistischen Föderativen Sowjetrepublik.

Der Bundesstaat »Union der Sozialistischen Sowjetrepubliken« (UdSSR) wurde am 30. Dezember 1922 gegründet. Zwei Jahre später schon kam (für viele überraschenderweise, denn Lenin soll wenig von ihm gehalten haben) der Georgier Josef Wissarionowitsch Dschugaschwili Stalin (geb. 1879) zur Macht, der neben Hitler einer der kriminellsten Diktatoren des 20. Jahrhunderts werden sollte. 1934 trat die UdSSR dem Völkerbund bei. Am 23. August 1939 schloß der Menschenverächter Stalin einen Nichtangriffspakt mit dem Menschenverächter Hitler, einen Pakt, der von jenem Österreicher, der zum »Führer der Deutschen« geworden war, nur bis zum 22. Juni 1941 eingehalten wurde; dann begann Hitlers Rußland-Feldzug oder, wie es in der UdSSR heißt: »der Große Vaterländische Krieg«. Beide Seiten hatten Hekatomben Verluste. Durch das Potsdamer Abkommen der Alliierten vom 2. August 1945, bei dem die Weltmächte durch Truman, Stalin, Attlee vertreten waren, sicherte sich die Sowjetunion ihre Westgrenze von 1940 und gewann neue Gebiete hinzu. Aber bald setzte die Entfremdung zwischen den ehemaligen Alliierten des zweiten Weltkrieges ein. Infolge des »kalten Krieges« kam es zu Blockbildungen in Ost und West; eine der Folgen war der Koreakrieg, dem der Vietnamkrieg und andere *»local wars«* folgten. Stalin starb am 5. März 1953 im Alter von 74 Jahren. Sein Nachfolger wurde der langjährige Parteisekretär G. M. Malenkow, unter dem Macht und weltweite Popularität der neue Parteisekretär Nikita Sergejewitsch Chruschtschow (1894–1971) gewann, der entscheidend zur Entstalinisierung beitrug, die den Sowjetvölkern manche dankbar aufgenommenen Erleichterungen brachte. Stalin wurde als »verdienter Mörder des Volkes« (B. Brecht 1956) angeprangert, sein Leichnam »bei Nacht und Nebel« aus dem Lenin-Mausoleum, in dem auch ich an ihm vorbeidefiliert war, entfernt und neben den Gräbern zweitrangiger Sowjet-Repräsentanten an der Kremlmauer bestattet. Aber nach N. S. Chruschtschows Sturz (14. Oktober 1964) wurde auch das alles wieder anders: Stalin wurde rehabilitiert, was durchaus als ein unübersehbares Signum für die sowjetische Innen- und Außenpolitik der siebziger Jahre zu werten ist.

Die UdSSR zählt fast 240 Millionen Einwohner. Staatssprache ist Russisch; die über 50 Sprachen der zur Union gehörigen Republiken sind gleichberechtigt. Trotz der unbarmherzigen antireligiösen Propaganda gibt es noch 30 Millionen (nach anderen Quellen 50 Millionen) praktizierende orthodoxe Christen. Die Moslems zählen 30 Millionen, die wie die Christen wegen ihres Glaubens diskriminiert oder sogar verfolgt werden – wie ich mich bei einem Aufenthalt in Sowjetasien selbst habe überzeugen müssen. Auch die 2450000 Juden fristen ein unglückliches Dasein; aber einige Tausend konnten doch mittlerweile auswandern. Die Staats- und Regierungsform der UdSSR ist ein kommunistisches Rätesystem mit massendemokratischen und nationalföderalen Zügen. Die Kommunistische Partei ist immer die letzte Instanz, und entsprechend ist der Generalsekretär des Zentralkomitees der mächtigste Mann in diesem gewaltigen Imperium auf europäischer und asiatischer Erde. Wer sind gegenwärtig die führenden Männer?

Staatsoberhaupt ist der Vorsitzende des Präsidiums des Obersten Sowjets (Parlament), seit 1965 ist es ein Russe aus der Ukraine: Nikolai Viktorowitsch Podgorny, geboren am 18. Februar 1903 in Karlowka bei Poltawa (Ukraine). Sein Vater war Gießer, und der Sohn begann selber mit fünfzehn Jahren als Schlosser in einer mechanischen Werkstatt zu arbeiten. Er hat die ersten Komsomol-Zellen mitorganisieren helfen. Nach Absolvierung der Kiewer Hochschule für Technologie war Podgorny als Ingenieur in einer Zuckerfabrik, als Chefingenieur in der Verwaltung für Zuckerfabriken, als Stellvertreter des Volkskommissars (Minister) für die Nahrungsmittelindustrie der Ukrainischen Republik, als Direktor der Moskauer Hochschule für Technologie, als Stellvertreter des Volkskommissars für die Nahrungsmittelindustrie der UdSSR, als ständiger Vertreter des Ministerrats für die Ukrainische SSR bei der Unionsregierung tätig[1]. 1950 wurde er Erster Sekretär des Charkower Gebietsparteikomitees, eine der größten Parteiorganisationen der Ukraine, und nach drei Jahren Zweiter Sekretär des ZK der KP der Ukraine. 1957 erfolgte Podgornys Wahl zum Ersten Sekretär des ZK der KP der Ukraine. Er bekleidete diesen Posten sechs Jahre lang, bis er 1963 zum Sekretär des ZK der KPdSU ge-

[1] Der Autor hat sich sehr wohl überlegt, ob er nicht die Ämter zusammenfassen sollte, aber dann hätte er die Lebensläufe verändert. Im übrigen verdeutlichen diese verschiedenen Positionen das, was A. D. Sacharow »die Zwangsjacke des bürokratisierten Dogmatismus« nennt. Sie wird uns später u. a. auch in Bulgarien wiederbegegnen.

wählt wurde. Er war ein Gefolgsmann Chruschtschows, begleitete ihn 1960 nach New York zur UNO-Vollversammlung. 1961 auf dem 21. Parteitag der KPdSU war er es, der die Entfernung der Leiche Stalins aus dem Lenin-Mausoleum beantragte. Er bereiste als Regierungsvertreter fast die ganze Welt. Im Dezember 1965 wurde N. V. Podgorny als Nachfolger von Anastas Mikojan zum Vorsitzenden des Präsidiums des Obersten Sowjets gewählt und ist auf diesem Posten bis jetzt aktiv. 1952 wurde er Mitglied der Zentralen Revisionskommission der KPdSU, 1956 Mitglied des ZK der KPdSU; 1958 wurde er zum Kandidaten des Präsidiums des ZK der KPdSU und im Jahre 1960 zum Mitglied des Präsidiums des ZK gewählt. Der 23. Parteitag der KPdSU wählte ihn erneut zum Mitglied des ZK und das Plenum des ZK zum Mitglied des Politischen Büros (Politbüro) des ZK der KPdSU. Er ist verheiratet, hat zwei Töchter und einen Sohn. Sein Auftreten ist eleganter als das anderer alter Funktionäre – wie überhaupt generell angemerkt sein soll, daß etwa seit Beginn der sechziger Jahre die sowjetische Elite einen gewissen Wert auf moderne bürgerliche Kleidung legt.

Alexej Nikolajewitsch Kossygin ist als Vorsitzender des Ministerrates Regierungschef. Er wurde in Petersburg am 20. Februar 1904 als Sohn eines Fabrikarbeiters geboren. 1911–1921 war er Freiwilliger der Roten Armee. 1921 nahm er das Studium an der Leningrader Genossenschaftsfachschule auf und beendete es 1924. Von 1924 bis 1930 arbeitete Kossygin für die Konsumgenossenschaften in Sibirien; 1927 trat er der KPdSU bei. 1935 absolvierte er das Kirow-Textilinstitut in Leningrad und war im selben Jahr als Meister und danach als Hallenleiter in der Seljabow-Fabrik tätig. 1937 wurde er Direktor der Oktjabrskaja Spinn- und Webfabrik in Leningrad; 1938 leitete er die Abteilung für Industrie und Transport im Leningrader Gebietskomitee der KPdSU; er wurde Berater Stalins in Fragen der Wirtschafts- und Finanzpolitik. 1938–1939: Vorsitzender des Exekutivkomitees des Leningrader Stadtsowjets der Deputierten der Werktätigen. 1939–1940: Volkskommissar für die Textilindustrie der UdSSR. 1940–1946: Stellvertreter des Vorsitzenden des Rates der Volkskommissare der UdSSR. In den Jahren 1943–1946 war Kossygin zugleich Vorsitzender des Rates der Volkskommissare der RSFSR. Er zeichnete sich dadurch aus, daß er während der deutschen Besatzung Leningrads »die Maschinen der Rüstungsindustrie zum Laufen brachte«. Ab 1946 war er als Stellvertreter des Vorsitzenden des Ministerrates der UdSSR, 1949–1954 als Minister für die Leichtindustrie der UdSSR und 1959–1960 als Vorsitzender des Staatlichen Planungskomitees der UdSSR tätig. 1960 wurde A. N. Kossygin Erster Stellvertreter des Vorsitzenden des Ministerrates, und seit Oktober 1964 ist er Vorsitzender des Ministerrates. Auf dem 18., 19., 20., 22. und 23. Parteitag der KPdSU erfolgte seine Wahl zum Mitglied des ZK der KPdSU, in den Jahren 1946–1952 zum Kandidaten und zum Mitglied des Politbüros des ZK der KPdSU. Von 1952 bis 1953 und von 1957 bis 1966 wurde Kossygin zum Kandidaten und zum Mitglied des Präsidiums des ZK der KPdSU gewählt. Seit 1966 ist er Mitglied des Politbüros des ZK der KPdSU. Kossygin ist auch Deputierter des Obersten Sowjets. Auch er reiste viel im Ausland und vertrat sein Land wiederholt auf wichtigen Tagungen. Das Grundprinzip der von ihm befürworteten Wirtschaftsreform ist eine bewegliche Kombination aus zentraler Führung und breiter örtlicher Initiative. Im Februar 1967 erklärte er in London, Westdeutschland müsse den Atomsperrvertrag unterschreiben, »ob es will oder nicht«. Im selben Jahr traf er Präsident Johnson in Glasboro und Präsident de Gaulle in Paris; Kossygin versuchte meistens, keinen Kollisionskurs zu steuern. Nach der Unterzeichnung des Atomsperrvertrags in Moskau am 1. Juli 1968 richtete Kossygin einen Abrüstungsvorschlag an die Welt. Er ist Vater von zwei Kindern, verwitwet; er gilt als asketischer, besessener Politiker.

In der westlichen Welt noch bekannter ist der sowjetische Außenminister Andrej A. Gromyko, KP-Mitglied seit 1931, »Musterschüler der Weltrevolution« genannt, weil er bislang alle Regierungswechsel im Kreml überstanden hat. Er ist verheiratet und hat einen Sohn und eine Tochter. Auf dem 19. Parteitag der UdSSR (1952) wurde er zum Kandidaten des ZK der KPdSU, auf dem 20. (1956) und dem 22. (1961) Parteitag zum Mitglied des ZK der KPdSU gewählt. Er war Deputierter des Obersten Sowjets der 2., 5., 6. und 7. Legislaturperiode. A. A. Gromyko wurde am 6. Juli 1909 in Staryje Gromyki bei Minsk geboren. Sowjetische Quellen meinen, sein Vater sei Kleinbauer gewesen, laut ausländischen Angaben ist er der Sohn eines zaristischen Staatsrates (was man anscheinend in der UdSSR nicht wahrhaben will). Nach der Absolvierung des landwirtschaftlichen Instituts in Minsk erwarb er sein Diplom als Agrar-Ökonom. Danach studierte er zwei Jahre am Volkswirtschaftlichen Institut der Moskauer Akademie der Wissenschaften; er promovierte dort mit einer Dissertation über »Scheinkonjunktur als Mittel zur Überwindung von Wirtschaftskrisen« – eine Arbeit, die sich auf den wirtschaftlichen Aufschwung der USA nach der Weltwirtschaftskrise bezog und seinen Ruf als Amerikaexperte begründete. Gromyko wurde Professor am Moskauer Wirtschaftsinstitut. 1939 trat er in den sowjetischen Außendienst ein; hier wurde er bald der Leiter der Nordamerika-Abteilung. Seinen ersten Auslandsposten erhielt er als Botschaftsrat 1939 an der Botschaft der UdSSR in Washington. Nachdem Botschafter Maxim M. Litwinow im Mai 1943 zur Berichterstattung nach Moskau beordert worden war, leitete Gromyko als Geschäftsträger die Geschäfte der Botschaft und wurde nach der Abberufung Litwinows im August 1943 zum Botschafter in den USA ernannt. Anfang April 1946 wurde Gromyko ständiger Vertreter der UdSSR beim Weltsicherheitsrat, wo er besonders bekannt wurde durch die häufige Anwendung des Vetorechts, was zu einem Scherzwort über ihn führte: »Veni, vidi, veto!« Mitte Mai 1948 erfolgte Gromykos Ablösung in Washington und seine Ernennung zu einem der Stellvertretenden Außenminister, nachdem ihn eine amerikanische Zeitung als Hindernis der amerikanisch-sowjetischen Zusammenarbeit bezeichnet hatte. Im März 1949 wurde Gromyko Erster Stellvertreter des Außenministers. Im April 1951 war er Führer und Sprecher der sowjetischen Delegation auf der Pariser Vorkonferenz der Außenminister-Stellvertreter, die Ende Juni 1951 ergebnislos ablief. Anschließend ging Gromyko im August 1951 nach San Francisco, wo er auf der Konferenz über den Friedensvertrag mit Japan dem bereits feststehenden Vertragsentwurf der Westmächte vergeblich eigene Vorschläge der Sowjetunion entgegenzustellen versuchte. Am 15. Juni 1952 wurde Gromyko zum Botschafter in London ernannt, blieb hier allerdings nur zehn Monate, denn er wurde in Moskau zum Ersten Außenministerstellvertreter ernannt. In dieser Eigenschaft begleitete er 1955 und 1956 Bulganin und Chruschtschow nach Belgrad, ferner auf ihrer Reise nach Burma, Afghanistan und Indien, an den englischen Hof sowie zur ersten Gipfelkonferenz in Genf (Juli 1955). Gromyko war 1955/56 Leiter der Sowjetdelegation bei den langwierigen Londoner Abrüstungsverhandlungen im Unterausschuß der UNO. Mitte Februar 1957 löste Gromyko Außenminister D. T. Schepilow auf seinem Posten ab. In seine Amtszeit fiel im November 1958 der Beginn der Berlin-Krise. Gromyko erklärte, die geteilte Stadt könne zu einem »neuen Sarajewo« werden, und zeigte sich als harter Vertreter der sowjetischen Berlin-Forderungen. In der Folgezeit betonte er immer wieder die Unabwendbarkeit eines Separatfriedensvertrags. Die Kuba-Krise und die immer stärker werdenden zentrifugalen Tendenzen im Sowjetblock stellten die Deutschland-Frage einstweilen in den Hintergrund. Vor der UNO hielt er im September 1963 eine versöhnliche Rede zur Abrüstung, griff jedoch die Bundesrepublik scharf an. Die Tendenz zur Zementierung des Status quo wurde schließlich durch den Freundschaftsvertrag mit der DDR (12. Juni 1964) bekräftigt. Im April 1965 gelang es ihm, die französische Regierung zu Korrekturen ihrer Außenpolitik (nicht zu einer Änderung ihrer Deutschlandpolitik!) zu bewegen[2].

Gromyko erklärt immer wieder, daß »Friedenspolitik die prinzipielle Politik der UdSSR« sei. Zu Europa-Problemen sagte Gromyko: »Die Unantastbarkeit der Staatsgrenzen in Europa einschließlich der Oder-Neiße-Grenze und der Grenze zwischen der Bundesrepublik Deutschland und der Deutschen Demokratischen Republik ist eine unerläßliche Bedingung für einen dauerhaften Frieden in diesem Teil der Welt.«

Zu Europa-Problemen sagte Gromyko: »Die Unantastbarkeit der Staatsgrenzen in Europa einschließlich der Oder-Neiße-Grenze und der Grenze zwischen der Bundesrepublik Deutschland und der Deutschen Demokratischen Republik ist eine unerläßliche Bedingung für einen dauerhaften Frieden in diesem Teil der Welt.«

Wir gelangen zum Leben und Wirken Breschnjews, dessen Name seit dem 7. Juni 1969, als er als Generalsekretär des ZK der KPdSU während der Internationalen Beratung der Kommunistischen und Arbeiterparteien in Moskau sprach, mit einer Doktrin verbunden ist. Breschnjew legt, wie Podgorny, viel Wert auf elegante Kleidung und gute Umgangsformen; er ist ein unermüdlicher Tänzer; er jagt gern; er sammelt alte Uhren; er ist obendrein ein engagierter Amateur-Ornithologe, und in

[2] Auf das Gewaltverzichtsabkommen wird in dem Kapitel über die Bundesrepublik Deutschland eingegangen.

seinen Volièren soll sich die kostbarste Moskauer Sammlung lebender Vögel befinden. Daß er eine »Sammlung der teuersten Autos der westlichen Welt« besitzt, wurde mittlerweile auch bekannt.

Als Sohn eines Hüttenarbeiters wurde Leonid Iljitsch Breschnjew am 19. Dezember 1906 in dem ukrainischen Dorf Kamenskoje (heute das Industriezentrum Dnjeprodsershinsk) geboren. Im Alter von fünfzehn Jahren wurde er selbst Hüttenarbeiter, von seinem einundzwanzigsten Jahr ab bildete er sich in Abendkursen weiter, anschließend wurde er im Ural Landvermesser und Meliorationsfachmann. Anfang der dreißiger Jahre neues Studium, dann war er Ingenieur. Siebzehnjährig, war er dem Komsomol beigetreten. Die Partei faszinierte ihn ungemein; Parteimitglied wurde er 1931; die Partei ermöglichte ihm einen schnellen Aufstieg als Funktionär. 1938 lernte er Chruschtschow kennen, der damals Erster Parteisekretär in der Ukraine war und den jungen Breschnjew offenbar gern förderte. Im Krieg machte er noch schneller Karriere; er brachte es zum Chef der Politischen Verwaltung der 4. Ukrainischen Front und zum Generalmajor. Nach Beendigung des »Großen Vaterländischen Krieges« wurde Breschnjew ins ZK gewählt, wurde Kandidat des Parteipräsidiums und Sekretär des ZK – einflußreiche Stellungen, die er nach Stalins Tod vorübergehend einbüßte. Er reüssierte statt dessen als Offizier, wurde Generalleutnant, Chef der politischen Abteilung der Marine und Stellvertretender Chef der obersten politischen Verwaltung des Verteidigungsministeriums; seine Militärverbindungen sollten ihm in den sechziger Jahren zugute kommen. 1954 wurde er von Chruschtschow nach Kasachstan geschickt, von wo der tüchtige Breschnjew bald Rekordernten melden konnte. Chruschtschow war stolz auf seinen Günstling und ernannte ihn auf dem 20. Parteitag zum Kandidaten des Parteipräsidiums und zum Parteisekretär. Als es 1957 um die Zurückdrängung der Armee und die Entfernung Marschall Schukows ging, beschwichtigte Breschnjew die ihm wohlvertraute Generalität, was Chruschtschow wiederum zu würdigen wußte. 1957 wurde Breschnjew Vollmitglied des Parteipräsidiums, 1960 erhielt er das Amt des nominellen Staatsoberhauptes. Das im Juli 1960 abgegebene Amt des Sekretärs des ZK bekam er im Juni 1963 zurück. Seine vielen Ämter waren Anlaß genug, ihn quer durch Europa, nach Afrika und Asien auf Reisen zu schicken. Mitte Juli 1964 gab Breschnjew sein Amt als Staatspräsident zugunsten Anastas Mikojans, des Armeniers, ab; Breschnjew, so hieß es, wolle sich fortan nur der Partei widmen; er würde sicherlich einmal Chruschtschows Nachfolger werden. Als Chruschtschow in sensationeller Weise gestürzt wurde, trat tatsächlich Breschnjew des alten Freundes und Förderers Posten an; was jedoch noch mehr erstaunte, war, erfahren zu müssen, daß er selber bei diesem *coup d'Etat* einer der Hauptakteure war. Sollte er vergessen haben, daß er Chruschtschow bei dessen siebzigstem Geburtstag zwei Orden überreicht, eine flammende Laudatio auf ihn gehalten und ihm drei Bruderküsse gegeben hatte? Verrat also in höchstem Maße? Oder war es vielleicht vorteilhaft, daß ein Chruschtschow nahestehender Mann sein Nachfolger wurde? War das nicht eine gewisse Garantie, daß der einmal eingeschlagene Weg – »eine Vermenschlichung des Kremlismus« – einsetzen würde? Irrtum! Von Chruschtschow eingeleitete Reformen, zum Beispiel in der Partei, wurden sofort gestoppt, das Parteipräsidium wieder in »Politbüro« zurückgetauft und der Titel Stalins, Generalsekretär, wieder eingeführt (während sich Chruschtschow Erster Sekretär nennen ließ). Von da war es nur noch ein kleiner Schritt, Stalin zu neuen Ehren kommen zu lassen oder Verfahren gegen Schriftsteller und Redakteure anzustrengen. Auch konnte nun nicht mehr von einer kollektiven Führung gesprochen werden. Podgorny und Kossygin wurden zwar keineswegs im Politbüro entmachtet; aber in die siebziger Jahre trat die UdSSR doch wieder mit einem übermächtigen Mann ein, mit Breschnjew, gegenwärtig »Führer der Sowjetunion« (Wolfgang Leonhard).

Auch in der Außenpolitik begann sich ein neuer, wiederum unnachgiebigerer Kurs abzuzeichnen . . . Breschnjew besuchte 1965 Prag, ein Jahr darauf die Mongolei, Rumänien, Ungarn, Bulgarien, Jugoslawien. Im November 1967 war Breschnjew Festredner aus Anlaß der Fünfzigjahrfeier der Revolution. Schwere Salven schoß er gleichzeitig auf Peking, Washington und Bonn ab. Er sagte, daß das bolschewistische Regime das Werk Lenins in Theorie und Praxis fortsetze, was einer weiteren Rehabilitierung Stalins gleichkam . . .

Die Weltöffentlichkeit war nun auf alles gefaßt. Sie brauchte nicht lange auf neue Überraschungen zu warten. In der Tschechoslowakei begann es zu rumoren. Ende 1967 begab sich Breschnjew nach Prag, versuchte den Sturz Antonín Novotnýs und die Einsetzung Alexander Dubčeks als Parteisekretär zu verhindern, beides mißlang ihm, und der »Prager Frühling« war die Folge. Da hatte Generalleutnant Breschnjew einen Plan; er drohte mit »Manövern« der sowjetischen Armee, um den Reformkurs zu bremsen. Als die »Manöver« keine Wirkung hatten, wurde am 21. August 1968 schlagartig die ČSSR besetzt, um einem »drohenden Einmarsch westdeutscher Armeen« zuvorzukommen – eine lächerliche Begründung, die wirklich nicht für die Phantasie ihrer Formulierer zeugte. Wie Eingeweihte aus Moskau berichteten, traf es den ehrgeizigen Breschnjew schwer, daß die KP Frankreichs und Italiens mit ihm nicht konform gingen.

Immer wieder sprach der Generalsekretär über die Begrenzung der Souveränität innerhalb des sozialistischen Internationalismus, und so kam es zu seiner programmatischen Rede in Moskau am 7. Juni 1969: »Für die Festigung des Zusammenschlusses der Kommunisten, für einen neuen Aufschwung des antiimperialistischen Kampfes« und zu jenem Dokument, das mittlerweile als »Breschnjew-Doktrin« bezeichnet wird. Warum war die Welt von Breschnjews Thesen überrascht? Weil sie sich der falschen Hoffnung hingegeben hatte, der Herrschaftsanspruch Moskaus in der »sozialistischen Gemeinschaft« sei in der Chruschtschow-Ära aufgegeben worden? Dem war indessen nicht so, der Tradition Lenins und Stalins wurde ohne Interregnum entsprochen. Nach der Breschnjew-Doktrin aber betrachtet man es nun in der UdSSR bereits als »Konterrevolution«, wenn eine regierende kommunistische Partei einen demokratischen Sozialismus im Sinne der reformkommunistischen Vorstellungen in einer gewaltlosen Form und unter Wahrung ihrer Bündnisverpflichtungen verwirklichen will.

Die 143 Paragraphen des Dokumentes streben eine Wiederherstellung der Einheit der kommunistischen Weltbewegung an, eine Einheit, die zum wirksamen Kampf gegen den »Imperialismus« genutzt werden soll. Einige Paragraphen bezeugen die Gespaltenheit des Weltkommunismus und den nicht zu diskutierenden Anspruch der sowjetischen Führungsmacht, die Souveränität der sozialistischen Staaten gegebenenfalls einzuschränken oder gar zu suspendieren – wie das Beispiel ČSSR seit dem 21. August 1968 zeigt. (Vgl. Boris Meissner: »Die Breschnjew-Doktrin«, Köln 1969.) Eine weitere Definition seiner Auffassung gab Breschnjew, als er am 6. Oktober 1969 in Ost-Berlin auf einer Versammlung aus Anlaß des 20. Jahrestages der DDR eine Ansprache hielt. Breschnjew charakterisierte die positive Rolle, die die DDR seit zwanzig Jahren in Deutschland und Europa spielt. Die Zeit sei der beste Schiedsrichter, sagte er, und zwei Jahrzehnte zeigten, daß das Ansehen der DDR in aller Welt zunehme. Sie gehöre zu den zehn am meisten entwickelten Industriestaaten der Welt. Hier, in der DDR, habe sich die sozialistische Ordnung für immer durchgesetzt. Die Politik der Nichtanerkennung der DDR sei »eine überholte und heute sogar etwas lächerlich anmutende Haltung . . . Wer sich entschließen sollte, die Festigkeit unserer Freundschaft und die Unantastbarkeit der Grenzen unserer Staaten auf die Probe zu stellen, der sollte im voraus wissen: Er wird auf den vernichtenden Widerstand der gesamten Macht, ich wiederhole, der gesamten Macht der Streitkräfte der Sowjetunion und der ganzen sozialistischen Staatengemeinschaft stoßen.« Es ist zu bezweifeln, daß Breschnjew mit seiner »Doktrin« dem Kommunismus einen Dienst erwiesen hat; denn das bestehende Schisma im Weltkommunismus ist durch seine Thesen noch mehr vertieft worden . . .

Zwar beeindrucken mutige Kritiken oder Aktionen von Schriftstellern immer, aber noch kein sowjetisches Dokument hat derartiges Aufsehen erregt wie das Memorandum des Atomforschers Andrej Dimitrijewitsch Sacharow, das während der zeitweisen Entstalinisierung veröffentlicht worden ist. Zum Jahrgang 1921 gehörig, studierte er bis 1942 an der Universität Moskau Physik. Sacharow promovierte zweifach, in Physik und Mathematik. 1950 entwickelte er mit dem Atomphysiker Igor Tamm die wissenschaftlichen Grundlagen für die Fabrikation der sowjetischen Superbombe. Drei Jahre später war er Vollmitglied der Akademie, erhielt dreimal den Titel »Held der sozialistischen Arbeit« sowie andere hohe Auszeichnungen. Schriften von ihm konnten aus Gründen der notwendigen Geheimhaltung nie veröffentlicht werden. Im Sommer 1968 gelangte sein Memorandum in den Westen und wurde unter dem Titel »Wie ich mir die Zukunft vorstelle« 1969 in Zürich veröffentlicht; es war zu der gleichen Zeit, als sowjetische Panzer in der ČSSR zusammen mit Truppen anderer Warschauer-Pakt-Staaten »für Ruhe und Ordnung« in der ČSSR sorgten. Auf dem blutigen Hintergrund dieser Ereignisse wirkte das Memorandum noch sensationeller. (Der russische Titel lautet: »Gedanken über Fortschritt, friedliche Koexistenz und geistige Freiheit«.)

Zwei Thesen stellt Sacharow auf: »1. Die Uneinigkeit der Menschheit bedroht sie mit Zerstörung. Die Zivilisation ist gefährdet: durch einen allgemeinen thermonuklearen Krieg; durch Hungerkatastrophen innerhalb des größten Teils der Erdbevölkerung; durch Verdummung im Narkosezustand der ›Massenkultur‹ und in der Zwangsjacke des bürokratisierten Dogmatismus; durch Verbreitung von Massenlegenden, die ganze Völker und Kontinente unter die Gewalt grausamer und heimtückischer Demagogen bringen, und durch Zerstörung und Degeneration, hervorgerufen von unvorhergesehenen Folgen schneller Änderung der Lebensbedingungen auf unserem Planeten ... 2. Die zweite grundlegende These besagt, daß die Menschheit unbedingt geistige Freiheit braucht; die Freiheit, Informationen zu erhalten und zu verbreiten, die Freiheit unvoreingenommener und furchtloser Debatte, Freiheit von dem Druck durch Autorität und Vorurteile. Eine solche Freiheit des Denkens ist die einzige Garantie gegen die Infektion des Volkes durch Massenlegenden, die in den Händen arglistiger Heuchler und Demagogen leicht zu blutiger Diktatur werden können.« Wolfgang Leonhard interpretierte: Das Sacharow-Memorandum geht ideologisch von der Notwendigkeit aus, den Sozialismus wieder attraktiv zu machen, und fordert daher die Einführung demokratischer Formen und politischer Reformen in der UdSSR. Die geistige Freiheit sei für die sowjetische Industriegesellschaft unerläßlich, wenn sie weitere Fortschritte machen solle. (»Publik«, 20. August 1971.)

Noch bekannter dürfte die Aktion des heldenmütigen Schriftstellers Alexander Issajewitsch Solschenizyn geworden sein, der schließlich im Oktober 1970 den Nobelpreis für Literatur erhielt. Als Lehrersohn wurde er am 11. Dezember 1918 in Kislowodsk geboren. Nach dem Studium von Mathematik und Physik wurde er Dozent an der Rostower Universität. Als Artillerieoffizier kämpfte er im zweiten Weltkrieg u. a. in Ostpreußen; er wurde mehrfach ausgezeichnet. Da er jedoch in einem Feldpostbrief Kritik an Stalins Kriegführung übte, wurde er im Februar 1945 verhaftet und zunächst zu achtjähriger Zwangsarbeit verurteilt, danach nach Kasachstan (Mittelasien) verbannt; denn es hatte sich herausgestellt, daß er in Stalins KZ krebskrank geworden war. Drei Jahre später durfte er ins europäische Rußland zurück und war nun wieder Mathematiklehrer. Solschenizyn schrieb mehrere Bücher. Sein großer Förderer war der Chefredakteur von *Nowy Mir*, Alexander Twardowskij. Solschenizyns Erzählung »Ein Tag im Leben des Iwan Denissowitsch« behandelt Sträflinge in einem stalinistischen Strafgefangenenlager. Zunächst verboten, wurde sie dann von Chruschtschow freigegeben, was etwa den Höhepunkt des Tauwetters kennzeichnete. Weltberühmt wurde Solschenizyn durch seinen in viele Sprachen übersetzten Roman »Krebsstation«. Der Schriftstellerverband warf dem Autor vor, aus Gründen der Provokation seine Bücher im westlichen Ausland zu veröffentlichen und überhaupt in jeder Hinsicht sich nicht anzupassen. Einzigartig, wie er sich in Moskau verteidigte: »Es wird nicht gelingen, die Verbrechen von Stalin auf Ewigkeit zu verschweigen, sich der Wahrheit entgegenzustellen. Denn diese Verbrechen sind an Millionen von Menschen begangen worden . . . Ich widerrufe keine Zeile, kein Wort meines Briefes an den Schriftstellerkongreß (Mai 1967). Ich schrieb damals: ›Ich habe ein ruhiges Gewissen. Ich weiß, daß ich meine Aufgabe als Schriftsteller unter allen Umständen erfüllen werde, vielleicht mit mehr Erfolg und mehr Überzeugungskraft nach meinem Tode als während meines Lebens. Niemand kann den Weg zur Wahrheit versperren. Ich bin bereit, zu sterben, damit die Wahrheit lebe.‹« Solschenizyn wurde aus dem Verband ausgeschlossen, was einem Publikationsverbot gleichkommt. Der Dichter wurde um so härter, je mehr man ihn bekämpfte. Inzwischen erschien von ihm außerhalb der Sowjetunion: »August 14«. Solschenizyn schrieb auch zwei Sätze, die für alle Länder gelten: »Ein großer Schriftsteller ist doch etwas wie eine zweite Regierung. Darum hat auch keine Regierung die großen Schriftsteller je geliebt, sondern nur die kleinen.«

---

Oben: Die neue Ostpolitik der Bundesrepublik Deutschland wurde am 12. August 1970 eingeleitet, als Willy Brandt in Anwesenheit von Walter Scheel in Moskau den Gewaltverzichtsvertrag abschloß. Links von Brandt L. Breschnjew, rechts von ihm A. N. Kossygin.

Unten: Zu den populären Staatsmännern im Norden Europas gehört der Präsident der Republik Finnland: Dr. Urho Kaleva Kekkonen.

Diese Einstellung mag Solschenizyn genau wie Professor Sacharow bewogen haben, im Sommer 1973 mit Interviews und Aufsätzen an die Weltöffentlichkeit zu appellieren. Sie warnten beide nachdrücklich vor einem Eingehen des Westens auf die Entspannungspolitik nach sowjetischem Muster. Die Zustimmung des Westens zur Politik der UdSSR habe schlechte Auswirkungen »für uns und die gesamte Welt«. Die deutschen Schriftsteller Böll und Grass warnten ihrerseits vor »Entspannung um jeden Preis«. Nach Breschnjews Bruderküssen, Handküssen und Possen als »charmantester Kommunist aller Zeiten« in der Bundesrepublik und in den USA wurden so rechtzeitig neue Akzente gesetzt und die zeitweise durch Breschnjews *keep smiling* verwirrte westliche Welt ist wieder an die sowjetische Wirklichkeit herangeführt. (Dazu trug weiterhin die Veröffentlichung von Solschenizyns sensationellem Werk »Der Archipel GULAG«, im Januar 1974, bei.)

Die zukünftige Entwicklung der Sowjetunion ist jedenfalls schwer vorauszusagen. Sicher aber ist eins: Es besteht ein tiefer Widerspruch zwischen den Notwendigkeiten der entstehenden modernen sowjetischen Industriegesellschaft einerseits und dem veralteten bürokratischen politischen System andererseits. Der Kampf zwischen diesen zwei Tendenzen spiegelt sich politisch wider in einem Kampf zwischen Reformern (vor allem in der künstlerischen und naturwissenschaftlichen Intelligenz) und veralteten stalinistischen Apparatschiks. Dieser Kampf wird noch auf viele Jahre hindurch die politische Entwicklung prägen. Auf längere Sicht gesehen wird man annehmen dürfen, daß die progressiven Kräfte der sowjetischen Gesellschaft – wenn auch nach harten Rückschlägen – sich durch einen ständigen Zickzack-Kurs durchsetzen werden. Dies würde bedeuten, daß sich auf dem Boden des sowjetischen Systems Schritt um Schritt der Spielraum der geistigen, künstlerischen und wissenschaftlichen Freiheit vergrößern werde, daß allmählich Formen des Pluralismus entstehen, die ein freieres Spiel der Kräfte ermöglichen.

Aus Anlaß von Lenins 100. Geburtstag (22. April 1970) erinnerte der deutsche Sozialdemokrat Herbert Wehner, selbst ehemaliger Kommunist, an Worte Rosa Luxemburgs, die sie zu Lebzeiten Lenins schrieb: »Die Praxis des Sozialismus erfordert eine ganze geistige Umwälzung in den durch Jahrhunderte der bürgerlichen Klassenherrschaft degradierten Massen. Soziale Instinkte anstelle egoistischer, Masseninitiative anstelle der Trägheit, Idealismus, der über alle Leiden hinwegträgt usw. Niemand weiß das besser, schildert das eindringlicher, wiederholt das hartnäckiger als Lenin. Nur vergreift er sich völlig im Mittel. Dekret, diktatorische Gewalt der Fabrikaufseher, drakonische Strafen, Schreckensherrschaft, das sind alles Palliative. Der einzige Weg zur Wiedergeburt ist die Schule des öffentlichen Lebens selbst, uneingeschränkteste, breiteste Demokratie, öffentliche Meinung. Gerade die Schreckensherrschaft demoralisiert.« Herbert Wehner fügte dem hinzu: »Niemand kann das anstelle der Völker der Sowjetunion selbst tun.«

## *2. Republik Finnland*
## oder:
## *Standfest zwischen Ost und West*

Die Finnen kommentieren ihre politische Haltung so: »Ein Land wie das unsere, hart auf der Grenznaht zwischen Ost und West, kann nur existieren, wenn es sich in jedem Augenblick dessen bewußt ist, daß es nur auf der Seite der Freiheit und Unabhängigkeit stehen darf. Täten wir das nicht, hätten wir schon längst unsere Autonomie und Souveränität verloren. Demokratie muß man leben, selbst wenn man tagaus, tagein nasse Füße bekommt.« Eine finnische Volksweisheit besagt: »Eine Monarchie gleicht einem majestätischen Schiff, das geruhsam auf dem Ozean fährt, bis es auf Klippen aufläuft und zerstört wird. Eine Demokratie kann mit einem Floß verglichen werden. Es besteht niemals die Gefahr eines Schiffbruchs, aber du leidest an Bord immer an nassen Füßen.«

Zu Anfang des 18. Jahrhunderts, im Laufe des Nordischen Krieges, wurde Finnland vom russischen Kaiserreich erobert und 21 Jahre lang von den russischen Truppen schwer heimgesucht. 1808/09: Russisch-schwedischer Krieg, der mit der vollständigen Abtretung Finnlands an Rußland endete. Zar Alexander I. erklärte Finnland zu einem autonomen Großfürstentum; Helsinki wurde Hauptstadt. Die Ermordung der Zarenfamilie und die Revolution von 1917 löste die Bindung Finnlands an Rußland. Der finnische Landtag übernahm die höchste Regierungsgewalt und erklärte Finnland am 6. Dezember für selbständig. 1918 erschütterte ein Bürgerkrieg die Nation. Diese tiefe Wunde ist heute noch nicht geheilt . . .

Was die Entwicklung vor dem Ausbruch des zweiten Weltkrieges betrifft, so muß man beachten, daß die Sowjetunion Mitte der dreißiger Jahre versuchte, mit Finnland gewisse Grenzregulierungen zum Schutze von Leningrad (100 Kilometer von der früheren finnischen Grenze entfernt) vorzunehmen. Es waren anfangs keine Forderungen, und die Sowjetunion wollte doppelt so große Gebiete dafür in Karelien abtreten. Aber die Verbindungen mit Hitler-Deutschland waren sehr stark. Nach dem Beginn des zweiten Weltkrieges verlangte die UdSSR die Abtretung strategisch wichtiger Gebiete. Die Finnen lehnten das sowjetische Ansinnen ab, woraufhin Truppen der UdSSR in das Land einfielen. Der »100-Tage-Krieg« endete mit dem Frieden von Moskau (13. März 1940). Finnland mußte verschiedene Gebiete an die UdSSR abtreten. Nachdem der Rußlandkrieg des Hitler-Reiches begonnen hatte, trat Finnland an der Seite Deutschlands erneut in den Krieg gegen die Sowjetunion ein. Das Waffenstillstandsabkommen und der Frieden von Paris (10. Februar 1947) forderten dieselben Gebiete wie der Moskauer Frieden, dazu noch einige andere Provinzen. Finnland war zwar besiegt, blieb aber unbesetzt und erholte sich sogar ziemlich schnell von den schweren Verlusten durch die beiden Kriege mit der UdSSR. Dies ist erstaunlich; denn dies geschah ohne Hilfe des Marshallplanes und trotz Reparationszahlungen an die UdSSR in Höhe von 300 Millionen Golddollar. Marschall Mannerheim war Staatspräsident 1944–46, ihm folgte J. K. Paasikivi, der wiederum 1956 von Dr. jur. Urho Kaleva Kekkonen abgelöst wurde, der noch gegenwärtig Staatspräsident ist. Die Staats- und Regierungsform ist die einer parlamentarischen Republik. Die Bevölkerung (4 688 000 Einwohner) zählt zu 92% Finnen, 7,4% Schweden; die Lappen zählen nur etwa 4000 Seelen. Finnisch und Schwedisch sind die Nationalsprachen der Republik. Über 92% der Finnen sind Protestanten, 70 000 gehören zur Griechisch-Orthodoxen Kirche (zu den Minderheiten gehören u. a. 1000 Moslems). Die finnische Innenpolitik ist als dynamisch zu bezeichnen, während die Außenpolitik unter dem Einfluß des Staatspräsidenten Kekkonen als ein äußerst geschicktes ständiges Ausgleichen zwischen Ost und West charakterisiert werden kann.

Der Präsident der finnischen Republik kam am 3. September 1900 zur Welt. Er wurde zunächst bekannt als Präsident des finnischen Gymnastik- und Sportverbandes (1931 bis 1947). Fast in der gleichen Zeit war er in der Zivilverwaltung tätig; der Bauernbund wählte ihn 1936 zum Reichstagsabgeordneten. Kekkonen war von 1946 bis 1956 Mitglied des Direktoriums der finnischen Staatsbank, 1936 bis 1937 Justizminister, 1937 bis 1939 Innenminister. Im zweiten Weltkrieg (1940 bis 1943) leitete er die Zentrale zur Unterstützung der Heimatvertriebenen. Während des »Fortsetzungskrieges« sympathisierte er mit der »Friedensopposition«, und nach dem Kriege schloß er sich jenen Kreisen an, die der Schaffung guter Beziehungen zur UdSSR größte Wichtigkeit beimaßen. Erneut war er Justizminister von 1944 bis 1946 in Paasikivis Kabinett, Ministerpräsident schließlich in fünf Kabinetten von 1950 bis 1956. Zum Präsidenten wurde Kekkonen erstmals 1956 gewählt und 1962 wiedergewählt.

Die großen Parteien sind die Zentrumspartei, die Finnische Volksdemokratische Union (die durch die Kommunisten beeinflußt wird), die Nationale Sammlungspartei, die Sozialdemokratische Partei, die Schwedische Volkspartei und die Liberale Volkspartei. In den letzten Jahren wurde das Land meistens von Koalitionsregierungen geführt. Im März 1970 gab es einen gewissen »Rechtsruck«, der sich innenpolitisch, aber nicht außenpolitisch auswirkte, weil außenpolitisch alle Parteien fast einer Meinung sind. Im Februar 1972 bildete der Vorsitzende der Sozialdemokratischen Partei, Rafael Paasio, eine sozialdemokratische Minderheitsregierung, der 7 Monate später eine Mehrheitsregierung folgte, die vom Generalsekretär der Sozialdemokratischen Partei, Kalevi Sorso, gebildet wurde. Die finnischen Parteien haben sehr eigene Merkmale. So sind die Sozialdemokraten weniger bürgerlich als in anderen Ländern; ihr linker Flügel sähe gern eine Verstaatlichung der Wirtschaft. Die Kommunisten sind Reformer; rechte Kommunisten und linke Sozialdemokraten haben manche Berührungspunkte.

Die finnische Neutralitätspolitik hat ein spezifisches Gepräge, es ist eine Neutralität *sui generis*. Max Jakobsen, der frühere Leiter der politischen Abteilung des Außenministeriums, seit 1972 finnischer Botschafter in Stockholm, hat diese Politik (in »Finnland – Geschichte und Gegenwart«, Helsinki 1964) folgendermaßen definiert: »Die Außenpolitik keines Staates kann auf einer Abstraktion aufbauen; sie muß in jedem Falle die verschiedenen nationalen Interessen widerspiegeln und sich den äußeren Umständen anpassen, welche die internationale Stellung des Landes bestimmen . . . Wenn wir z. B. Österreich und Finnland vergleichen, sind die Unterschiede offensichtlich: Sie wurzeln vor allem in der Verschiedenheit des historischen Hintergrundes. Zum Paradox zugespitzt kann man diese Verschiedenheit so ausdrücken, daß der Weg Österreichs zur Neutralität über die Besetzung führte, daß die Abwehr der Besetzung für Finnland die Voraussetzung schuf, zur Neutralität zurückzukehren. Finnland hat seinen Freundschafts- und Beistandsvertrag, Österreich seinen Staatsvertrag; hinter beiden steht der Kampf zwischen Deutschland und der Sowjetunion sowie seine Auswirkungen auf die Geschichte einmal Finnlands und zum anderen Österreichs im zweiten Weltkrieg.« In diesem Zusammenhang sei an Worte Präsident Kekkonens erinnert: »Ich bin überzeugt, daß, wenn auch das ganze übrige Europa zum Kommunismus übertreten würde, Finnland seine traditionelle skandinavische Demokratie bewahren würde, wenn die Mehrheit des finnischen Volkes es so will, wie ich es von ihm glaube.«

Die internationale Anerkennung der finnischen Neutralitätspolitik fand auch darin Ausdruck, daß Finnland Gastgeberland sowohl für die SALT[3]-Gespräche (abwechselnd mit Österreich) als auch für die erste Phase der Europäischen Konferenz für Sicherheit und Zusammenarbeit war.

[3] SALT: Strategic Arms Limitation Talks.

## *3. Königreich Schweden*
## oder:
## *Die Gefahren des Materialismus*

Die Skandinavier selber fühlen, daß sie sich voneinander unterscheiden, und legen Wert darauf, dies den Ausländer wissen zu lassen. Sie sind auch gegeneinander kritisch. Ein Beispiel: Der Durchschnittsschwede wie der Durchschnittsdäne finden beim Durchschnittsnorweger weniger Sympathie, die einen empfindet er als zu materialistisch, die anderen als zu liberal. Vor dem Kriege hörte ich in Skandinavien sagen, in Dänemark seien die zwischenmenschlichen Beziehungen am wärmsten, kühlten sich in Norwegen ab und würden ganz kühl in Schweden. Seit dem Kriege hat sich manches Volk in Europa gewandelt. Es scheint mir, daß die Norweger heute – zusammen mit den sympathischen Finnen – zu den herzlichsten Europäern gehören und daß man sich auf ihre Herzenswärme verlassen kann. Viele Schweden sind vom amerikanischen Materialismus überwältigt, sie haben zudem die sexuelle Libertinage entdeckt und lassen manchmal, was Tiefe in menschlichen Beziehungen anbetrifft, einiges zu wünschen übrig. Sehr bedenklich stimmt weiterhin die zunehmende Wohlstandskriminalität. Junge Menschen stehlen, rauben, morden aus Vergnügen. Viele Schweden, gerade auch junge Menschen, wissen nicht, wohin mit dem Geld (dabei gibt es auch hier noch Armut). Unsummen werden von den Jungen für Kleidung und Schallplatten ausgegeben, ganze Industrien leben von der »Mode der Jugend«. Parallel hiermit gehen andere wenig erfreuliche Erscheinungen. Eine schwedische Rundfrage von Meinungsforschern ergab, daß in der Rangfolge von zehn Berufen die Pfarrer auf Platz Nr. 10 versetzt worden sind. Die Kirche erlebt einen ziemlichen Auflösungsprozeß.

Jüngere Menschen, Studenten, Kaufleute wie Arbeiter, äußerten sich wiederholt sehr skeptisch über ihr eigenes Land und über Europa. Wenn es in Schweden peinliche Ausartungen und Ausschweifungen gäbe, so sei das nichts anderes als der Ausdruck der Verzweiflung.

Die demokratische Regierungsform hat in Schweden Tradition. Der Reichstag mit Ahnen vom Thing und der Königswahl der Wikingerzeit ist bereits im 15. Jahrhundert zu einer ständigen Institution entwickelt worden. Der schwedische Reichstag ist also fünfhundert Jahre alt und eines der ältesten Parlamente der Welt. Das neuzeitliche Parteiwesen kam auf, nachdem 1866 die vier Stände (Adel, Geistlichkeit, Bürger, Bauern) abgeschafft und an ihrer Stelle der Zwei-Kammer-Reichstag eingeführt war. Seit 1932 übt die Sozialdemokratische Partei fast ohne Unterbrechung die Regierungsgeschäfte aus; sie wurde 1889 gegründet. Von 1921 bis 1925 war einer der Mitbegründer der Sozialdemokratischen Partei, Hjalmar Branting (1860–1925), der Friedensnobelpreisträger von 1921, Ministerpräsident. Von 1932 bis zu seinem Tode war sozialdemokratischer Ministerpräsident Per Albin Hansson, ihm folgte bis 1969 Tage Erlander. In den letzten zwei Jahrzehnten wurde Schweden ein Sozialstaat dank des Einsatzes der Sozialdemokraten; dabei haben die Oppositionsparteien auch viel dazu beigetragen: die Konservative Partei, die Liberale Partei, die Partei der Mitte, aber auch die Kommunistische Partei sowie die Christliche-demokratische Sammlung. Die Schweden erheben Anspruch darauf, eine Institution geschaffen zu haben, die in vielen Nationen schon nachgeahmt worden ist: den *Ombudsman*. 1809 gab sich Schweden eine Verfassung, die heute die älteste, immer noch gültige geschriebene Verfassung Europas ist. In ihr wurde der *Ombudsman* fixiert, den es seit 1919 auch in Finnland gibt, seit 1953 in Dänemark, seit 1963 in Norwegen, ferner in New Zealand, in Guayana, in dem kanadischen Teilstaat Alberta und in dem US-Bundesstaat Hawaii. In der Bundesrepublik Deutschland war der *Ombudsman* Vorbild für die Schaffung des Militärbeauftragten der Bundeswehr. Der *Ombudsman* ist das wichtigste der Kontrollorgane des schwedischen Parlaments geworden; er ist der Inbegriff der Wachsamkeit der Staatsbürger auf der Basis der Gesetzestreue gegen den Machtmißbrauch der Behörden und deren Gutdünken.

Schweden und Norwegen gehörten zu den ersten Ländern der Welt, welche 1871 die Idee des Freihandels verwirklichten. Heute arbeiten auf dem Gebiet des Handels mit Schweden zusammen Finnland, Norwegen, Dänemark und Island. Nach dem zweiten Weltkrieg sind zunächst Pläne für die Schaffung eines Gemeinsamen Nordischen Marktes ausgearbeitet, aber dann doch fallengelassen worden. Innerhalb der EFTA *(European Free Trade Association,* Europäische Freihandelszone) ist inzwischen trotzdem ein Nordischer Gemeinsamer Markt für industrielle Produkte Wirklichkeit geworden. Zur EFTA gehören als Vollmitglieder außer Schweden auch Norwegen und Dänemark; Finnland ist assoziiertes Mitglied. 1952 wurde von Dänemark, Island, Norwegen und Schweden überdies der Nordische Rat gegründet, dem sich später Finnland anschloß. Auch der Nordische Rat ist ein bedeutungsvolles Organ für die wirtschaftliche Zusammenarbeit. Außerdem treten die nordischen Minister regelmäßig zusammen, um gemeinsame Richtlinien zu erarbeiten. In der Privatwirtschaft sind gleichfalls nordische Absprachen getroffen worden. Jedenfalls sind die nordischen Länder ein Beispiel für eine Wirtschaftspolitik, die sich nicht nur auf die Bewohner dieser, sondern auch auf die benachbarter Länder günstig auswirkt. Die gemeinsame Rechtsprechung bietet nicht minder allen Vorteile. Ein dänischer Dieb wird in Schweden unter denselben Gesetzen bestraft wie daheim. Nach der Verurteilung wird er den dänischen Behörden übergeben, damit er seine Strafe in der Nähe seiner Familie absitzen kann; es wird also darauf Wert gelegt, daß Delinquenten nicht der Gesellschaft entfremdet werden.

Die schwedische Außenpolitik ist eine Politik der Bündnisfreiheit. Die Schweden fürchten, daß das gegenwärtige unsichere Gleichgewicht zwischen den Großmächten durch eine akute politische Krise aufgehoben wird und zu bewaffneten Auseinandersetzungen führt. Wie berichtet wurde, verfolgt Finnland einen neutralen Kurs. Norwegen und Dänemark sind Mitglieder der NATO, beschränken aber ihre Teilnahme derart, daß sie auf ihrem Gebiet keine ausländischen Stützpunkte und keine Atomwaffen haben. Dies entspricht auch dem schwedischen nationalen Interesse. Um die eigene Sicherheit zu gewährleisten und um eine vermittelnde Rolle in der Welt spielen zu können, benötigt Schweden eine weitreichende Handlungsfreiheit. Schweden muß auf Bindungen und Abkommen verzichten, die es schwer oder unmöglich machen könnten, im Kriegsfall einen neutralen Kurs zu verfolgen. Schweden hat seit jeher die UNO gefördert, und ein Sohn dieses Landes, Dag Hammarskjöld (1905–1961), war jahrelang UNO-Generalsekretär. Weniger bekannt ist die Tatsache, daß Schweden jahrelang nach den USA und der UdSSR die am stärksten gerüstete Nation war. Schwedens Verteidigungsplan mußte völlig neu konzipiert werden, nachdem er von dem früheren Militärattaché Stig Wennerström an die UdSSR verraten worden war. Die offensichtliche Neigung afrikanischer und asiatischer Nationen, einen unabhängigen Kurs der Blockfreiheit zu wählen, ist einer von mehreren Faktoren, der zu einem positiven Verständnis der neutralen Position Schwedens geführt hat. Seit 1967 führte Schweden Verhandlungen bezüglich einer Assoziierung mit der EWG; ein Vertrag mit der EWG wurde 1972 geschlossen.

Schweden ist ein konstitutionelles Königreich mit parlamentarischer Demokratie. Der letzte König, Gustaf VI. Adolf, wurde am 11. November 1882 geboren und starb am 15. September 1973. Er bestieg den Thron erst 1950 beim Tode seines Vaters Gustaf V., der als Weltreisender und Tennisspieler weltweite Popularität genoß und so lange regierte wie kein zweiter schwedischer König. Als Kronprinz Gustaf Adolf 1947 bei einem Flugzeugunfall ums Leben kam und einige Prinzen bürgerliche Ehen schlossen, schmolz die Dynastie der Bernadottes zusammen. Der Urenkel von Gustaf V., Prinz Carl Gustaf (geb. 30. April 1946), wurde Thronfolger. Dieses Königreich zählt fast acht Millionen Einwohner. Schweden ist der viertgrößte Staat Europas, der allerdings von relativ wenigen Menschen bewohnt wird. Zu den Minderheiten gehören 30 000 Finnen und 8500 Lappen. Die Schweden sind fast ausschließlich protestantisch, Katholiken sind nur 32 000 Menschen.

*The great old man* unter den schwedischen Staatsmännern ist Tage Erlander, der zu den großen Staatsmännern im Europa des 20. Jahrhunderts zählt. Er wurde 1901 in Ransäter in Värmland geboren, wo Selma Lagerlöfs Roman »Gösta Berling« spielt. Erlanders Vater war Lehrer und Organist. Schon während seiner Studienzeit trat der junge Tage in Lund der Sozialdemokratischen Partei bei. Die überragende Persönlichkeit der Partei war damals der genannte Hjalmar Branting, eine heute nahezu legendäre Persönlichkeit der schwedischen Arbeiterbewegung. Erlander machte sein Staatsexamen in Mathematik, Volkswirtschaftslehre und Statistik 1928. Zwei Jahre später wurde er in die Stadtverordnetenversammlung von Lund gewählt, 1933 in die Zweite Kammer des Reichstages. Während der ersten Regierungsperiode der Sozialdemokraten zu Anfang der dreißiger Jahre war Erlander als Sachverständiger für Arbeitsmarktfragen im Finanzministerium tätig; 1938: Staatssekretär; 1944: Minister für Sonderaufgaben in der während des Krieges eingesetzten Koalitionsregierung; 1945: Kultusminister, als die Sozialdemokraten allein die Regierungsverantwortung übernahmen. 1946 wurde Erlander nach dem Tode Per Albin Hanssons Ministerpräsident, was er dann dreiundzwanzig Jahre blieb (weshalb er den Titel »dienstältester Regierungschef Europas« erhielt). In Erlanders Regierungszeit wurden zahlreiche soziale Reformen durchgeführt, Erlanders Frau war viele Jahre als Lehrerin in Stockholm tätig; das Ehepaar Erlander hat zwei Söhne.

Minister für Abrüstungsfragen ist eine sehr bemerkenswerte Europäerin, die Frau des Soziologen Gunnar Myrdal: Alva Myrdal. Sie wurde 1902 in Uppsala geboren, studierte in Stockholm und Uppsala, promovierte und erhielt später mehrere Ehrendoktorate auf Grund ihrer bedeutenden Schriften, die sie oft in Zusammenarbeit mit ihrem Gatten oder mit dem amerikanischen Staatsmann Dean Rusk beziehungsweise mit der Soziologin Viola Klein schrieb. Frau Minister Myrdal ist Schwedens Chefdelegierter bei der internationalen Abrüstungskonferenz in Genf, Vorsitzende der Gemeinsamen Arbeitsgruppe der Sozialdemokratischen Partei Schwedens und des Schwedischen Gewerkschaftsbundes für Gleichberechtigungsfragen. Frau Myrdal interessiert sich seit Jahrzehnten für Bevölkerungsfragen, eines der brennenden Probleme der modernen Industriegesellschaft. Von der UNESCO und von der UNO sowie von anderen internationalen Gremien erhielt sie mehrfach Aufträge. Alva Myrdal vertrat Schweden 1955–1961 als Botschafterin in Ceylon, Nepal und Indien, wo ich beobachten konnte, mit welch großem Geschick sie ein internationales Haus führte, in dem sich Asiaten wie Europäer gleichermaßen wohl fühlten. Später war

---

Oben: Einer der jüngsten europäischen Ministerpräsidenten ist der Schwede Sven Olof Palme, der durch nicht immer populäre Maßnahmen häufig Aufsehen erregt.

Unten: Der Präsident der Bundesrepublik Deutschland, Dr. G. Heinemann, besuchte nach seinem Amtsantritt zunächst Nationen, die in der Hitler-Ära unter der deutschen Besatzung gelitten hatten. So war er in Norwegen Gast bei König Olav V.

sie *Ambassador at large* innerhalb der schwedischen Auslandsverwaltung, Abgeordnete der Ersten Kammer des Reichstages, 1966 wurde sie zum Minister für Sonderaufgaben und Berater in Abrüstungsfragen in das Außenministerium berufen. Zusammen mit ihrem Mann erhielt sie 1970 in Frankfurt den Friedenspreis des Deutschen Buchhandels.

Seit 1969 hat Schweden den jüngsten Ministerpräsidenten Europas: Olof Palme. Er wurde am 30. Januar 1927 in Stockholm als Sohn eines wohlhabenden Versicherungsdirektors und einer Mutter aus altem Adel geboren. 1944 legte er die Reifeprüfung am humanistischen Gymnasium in Sigtuna ab. Während seiner Militärzeit erwarb er den Rang eines Oberleutnants in einem feudalen Kavallerie-Regiment. Wenn man den jungen Regierungschef beobachtet, so spürt man, daß ihn die Kavallerie sehr geprägt hat: Er reitet noch heute gern Attacken. Olof Palme studierte in Stockholm Jura; Staatsexamen: 1955. Außerdem studierte er am Kenyon College in Gambier, Ohio, wo er 1948 mit dem *Bacchelor of Arts* graduiert wurde. Er erzählt gern davon, daß er während seines amerikanischen Studienjahres ohne Geld per Anhalter eine viermonatige Trampfahrt durch die USA unternahm; als Student besuchte er auch Asien. 1952 wurde er Vorsitzender der Vereinigten Schwedischen Studentenverbindungen. Der Staatsstreich in Prag 1948 führte zu einer Zersplitterung der *International Union of Students*. Als 1950 in Stockholm ein neuer Zusammenschluß der Studentenorganisationen nichtkommunistischer Länder *(International Student Conference)* gegründet wurde, war Olof Palme einer der Initiatoren. Der kommunistische Prager Staatsstreich von 1948 war für ihn bei der Wahl seiner politischen Partei von großer Bedeutung: Er sah in der Sozialdemokratie die stärkste Garantie für die Beibehaltung einer demokratischen Regierungsform. 1952: Eintritt in die Sozialdemokratische Partei. Zwei Jahre später wählte ihn Tage Erlander zu seinem Privatsekretär. 1955–1961: Vorsitzender des Sozialdemokratischen Jugendverbandes. Palme war Vorstandsmitglied im Arbeiter-Bildungsverband und wurde 1956 Abgeordneter in der Ersten Kammer des Reichstags. Als Vorsitzender mehrerer Ausschüsse wirkte er überall, wo er auftrat, dank seines Temperaments und dank einer gewissen Aggressivität anregend. Sechsunddreißig Jahre alt, also 1963, wurde »das politische Wunderkind« Minister für Sonderaufgaben, 1965:

Minister für Verkehr, 1967: Minister für Unterricht und Kultus. Während seiner Amtszeit als Kultusminister führte er wichtige Reformen auf dem Gebiet der höheren Ausbildung, der Berufsausbildung, der Universitäts- und Erwachsenenbildung durch. Im September 1969 wurde Olof Palme als Nachfolger seines Mentors Tage Erlander im Alter von 42 Jahren Parteichef der Sozialdemokraten und Ministerpräsident des schwedischen Königreiches. Seit 1956 ist Olof Palme mit der Kinderpsychologin Lisbet Beck-Friis verheiratet; das Ehepaar hat drei Söhne.

Die dynamische Entwicklung Schwedens vom Agrarstaat zum Industriestaat hätte in manchen Bereichen zu einer Vertiefung der Klassenunterschiede beigetragen, argumentiert Olof Palme, und so plädiert er unablässig für eine Demokratisierung der Wirtschaft, der Gesellschaft etc. Zur Charakterisierung Palmes, der also kein »geborener Sozialist« ist, seien einige seiner Gedanken angeführt. »Was wir als Sozialisten sagen sollen, ist ganz einfach, daß die technologische Entwicklung stets den sozialen Wertbegriffen Gleichheit, Vollbeschäftigung und reicheres kulturelles Leben untergeordnet werden muß . . . Unser Weg ist, zu sagen, daß unsere einzige Chance darin besteht, die Wirklichkeit realistisch zu packen und durch von Geduld getragene demokratische Arbeit das Gemeinwesen zu verändern, die Entwicklung zu steuern . . . Politik ist etwas, das für jeden erreichbar und greifbar ist, wo alle eine Meinung haben können, weil es unsere eigenen grundlegenden Wertbegriffe sind, die bestimmen, welchen Weg wir beschreiten sollen.« (Aus *Socialism and Culture,* Ansprache auf der Tagung der Sozialistischen Internationale in Eastbourne, England, am 18. Juni 1969.) Es bleibt abzuwarten, was der von einem starken Reformwillen besessene junge Staatsmann für sein Land leisten wird. In speziellen Schwierigkeiten ist er seit der September-Wahl 1973, bei der die Sozialdemokraten an Stimmen verloren. Sie erhielten mit den Kommunisten 48,9%, der Bürgerblock 48,79% aller Stimmen. Trotz des winzigen Vorsprungs der Linken kam es nun zu einem Patt von 175:175 Sitzen im Reichstag. Wie Olof Palme unter diesen Umständen regieren will, steht laut den politischen Beobachtern am Platze in den Sternen geschrieben.

## *4. Königreich Norwegen*
## oder:
## *Demokratie um jeden Preis*

Es gibt Völker, für die man eine Vorliebe hat. In meinem Falle gehören dazu die Norweger. Gewiß kriselt es in ihrer Nation wie überall in Europa, und dennoch ist die Welt hier zur Zeit noch heiler als anderswo. Die Norweger sind etwas sture Menschen, indessen haben sie gerade dank ihrer Sturheit manches Große erreicht. Männer wie Roald Amundsen, Fridtjof Nansen und Thor Heyerdahl können nur Norweger sein. Auch ein Knut Hamsun mußte auf norwegischer Erde geboren werden. Weil sie stur sind, lassen sich die Norweger weniger schnell als Schweden und Dänen von fragwürdigen Moden erfassen. Europäisches bürgerlich-provinzielles Wesen hat sich daher hier länger erhalten als in anderen skandinavischen Ländern. Das Demokratische liegt ihnen im Blut; daher können sie auch verzeihen, was eine wichtige menschliche Eigenschaft ist. Knut Hamsun und seiner Frau wurde nach dem Kriege ein politischer Prozeß gemacht; danach war Atempause; heute erscheinen die Bücher der Hamsuns wieder. Es ist leicht, die Norweger als altmodisch zu bezeichnen; es ist jedoch ein Glück für Europa, daß es Nationen gibt, die sich nicht von dem Phantom einer Scheinprogressivität überrumpeln lassen.

Dabei sind die Norweger durchaus dabei, ihr Land zu modernisieren und selbst abgelegene Landesteile zu zivilisieren. Norwegen ist ein sehr großes, langgestrecktes Land. Vom südlichsten Punkt – Lindesnes – bis zum Nordkap ist es genauso weit wie hinunter nach Sizilien. Um so mehr anzuerkennen sind die Bemühungen, auch die Provinz kulturell aufzuschließen. Zwei Beispiele: Wandertheater in staatlicher Regie reisen mit den modernsten Stücken bis auf die Lofoten und in die Finnmark. Gleiches gilt für Orchester; das Volkshochschulwesen ist ebenso vorbildlich. Der Maler und Herausgeber der international bekannten Zeitschrift *Kunsten Idag*, Per Rom, leitet die gleichfalls staatliche *Riksgalleriet*, die Ausstellungen moderner Kunst bis in die nördlichsten Provinzen schickt. Viele europäische Länder könnten sich daran ein Beispiel nehmen! Hierdurch betreibt dieses Königreich eine »inländische Entwicklungshilfe«, die nicht hoch genug veranschlagt werden kann. In diesem Lande gibt es eine Landflucht wie in überseeischen Entwicklungsländern. Im Norden Norwegens sind bereits viele Dörfer ihrer Einwohner entblößt; die Jüngeren streben in die großen Städte oder in die Hauptstadt; pro anno verlassen etwa 10 000 Menschen den hohen Norden. Dabei ist ein neuzeitliches Kommunikationssystem eingeführt, was dazu beiträgt, daß die Provinz eigentlich nicht vernachlässigt wird.

Um das 9. Jahrhundert erfolgte die Einigung des Reiches durch König Harald Haarfagre. 1319 kam es zur Union der Krone mit Schweden, 1380 zur Union mit Dänemark. Norwegen blieb bis 1814 mit Dänemark vereint, 1709 bis 1721: Großer nordischer Krieg: 1809 bis 1814 Krieg gegen England und Schweden. 1814 erklärte Norwegen seine Unabhängigkeit, wählte einen dänischen Prinzen zum König von Norwegen und nahm am 17. Mai eine freie Verfassung an. Nach einem kurzen Krieg ging es eine neue Union mit Schweden ein. 1884: Einführung der parlamentarischen Regierungsform. 1905 wurde die Union mit Schweden aufgelöst; Prinz Carl von Dänemark wurde zum König gewählt und nahm den Namen Haakon VII. an. Im ersten Weltkrieg war Norwegen neutral. Norwegen trat dem Völkerbund bei. 1925 kam Spitzbergen unter norwegische Oberherrschaft. Im April 1940 erfolgte der deutsche Angriff, Norwegen wehrte sich tapfer zwei Monate lang. Danach kämpften freie Streitkräfte und die Handelsmarine außerhalb des Landes, die Untergrundbewegung innerhalb des Landes weiter. Die deutschen Truppen verließen Norwegen im Mai 1945. Norwegen ratifizierte im selben Jahr die Charta der UNO und trat 1949 dem Atlantikpakt bei. 1957 starb König Haakon VII. im Alter von fünfundachtzig Jahren, sein Nachfolger wurde sein Sohn Olav V. (geboren am 3. Juli 1903 in England). Wie seine Eltern war er während des zweiten Weltkrieges im Exil in London, er wurde 1944 Oberbefehlshaber der exil-norwegischen Streitkräfte. Kronprinzessin Märtha (1901–1954) war eine gebürtige schwedische Prinzessin. Der König hat zwei Töchter und einen Sohn. Die norwegische Königsfamilie lebt bescheiden, ohne royalen Pomp. Das Volk weiß, daß der König ein sehr fleißiger Staatsmann ist. König Olav wird als *primus inter pares* empfunden. Kronprinz

Harald, der einmal Nachfolger Olavs V. werden dürfte, heiratete eine Bürgerliche, Sonja Haraldsen, was die Verbindung zwischen Krone und Volk noch stärker hat werden lassen. In Norwegen gibt es sicherlich viel weniger Republikaner als in Schweden.

Das Land ist eine konstitutionelle erbliche Monarchie. Es hat fast 4 Millionen Einwohner, zu denen 20 000 Lappen und 7000 Finnen gezählt werden. Die Staatssprache ist Norwegisch; darunter das *Bokmaal* oder *Riksmaal*, das eine Verwandtschaft zum Dänischen hat und vom größten Teil der Bevölkerung benutzt wird, sowie das *Landsmaal* oder *Nynorsk* (Neu-Norwegisch). Über 96 Prozent der Bevölkerung haben den evangelisch-lutherischen Glauben, jedoch auch hierzulande befindet sich die Kirche in einer gefährdeten Situation; vor allem jüngere Menschen werfen dem Klerus vor, daß er reaktionär sei – womit sie sicherlich recht haben. Allerdings darf man nicht übersehen, daß die Kirche auch unter dem Druck von mächtigen pietistischen Laienorganisationen steht.

Viel rückständiger als in Schweden und in Dänemark sind – offenbar unter klerikalem Einfluß – die Sexualstrafgesetze, was wiederum die Jugend kritisiert. Die Unruhe unter den Jungen ist dennoch nicht so ausgeprägt wie in Schweden oder Dänemark. Aber auch hier werden Versuche gemacht, gegen das Herkömmliche zu protestieren.

Die große politische Begabung der Norweger entfaltete sich in dem Forschungsreisenden, Wissenschaftler und Menschenfreund Fridtjof Nansen (1861–1930), der ein beredter Fürsprecher des Völkerbundes war, den russischen und anderen Flüchtlingen durch Einführung des Nansenpasses für Flüchtlinge half. Norwegen stellte in der Person des Juristen und mehrfachen Ministers Trygve Lie (1896–1968), den ersten Generalsekretär der UNO. Der bedeutendste norwegische Staatsmann der Neuzeit war der 1970 verstorbene Halvard Lange, dessen Vater, Christian L. Lange, auch Politiker und Staatsmann war und 1921, zusammen mit dem Mitbegründer der Sozialdemokratischen Partei Schwedens, Ministerpräsident Hjalmar Branting, den Friedens-Nobelpreis erhalten hat.

Halvard Manthey Lange (geb. 16. September 1902 in Oslo) studierte in Oslo, Paris, London, betätigte sich eine Zeitlang als historisch-politischer Autor, war Lehrer am Handelsgymnasium in Oslo, Sekretär in der Informations-Organisation der Arbeiter (1935–1936), hielt Vorlesungen in Geschichte an der Universität Oslo (1935–1938), leitete die *Sörmarka* Heimvolkshochschule (1938–1940). Lange begann zeitig mit seiner politischen Tätigkeit als Mitglied der norwegischen Sozialdemokratischen Partei (Arbeiterpartei). Er war von 1945 bis 1967 Stellvertretendes Mitglied des Zentralvorstandes dieser Partei und hatte während der dreißiger Jahre verschiedene Vertrauensämter. Während der Okkupation war er in deutscher Haft. Nach dem Krieg war Halvard Lange vorübergehend Sekretär beim Gewerkschaftsbund und übernahm am 2. Februar 1946 als Außenminister nach Trygve Lie eine Stellung, die er (abgesehen von einigen Wochen im Jahre 1963 unter der Koalitionsregierung John Lyngs) bis zur Ablösung der Regierung Gerhardsen im Oktober 1965 innehatte (nach dem Wahlsieg der bürgerlichen Parteien im September desselben Jahres). Dies ist ohne Vergleich die längste Amtszeit eines norwegischen Außenministers. Er war seit 1950 als Abgeordneter für Akershus ins *Storting* (Parlament) gewählt worden; er verzichtete freiwillig auf Nominierung im Jahre 1969.

Als Außenminister leitete H. Lange in den Jahren 1948/49 eine Politik ein, die zum Abweichen von Norwegens traditioneller Neutralitätslinie führte, indem sich das Land am 4. April 1949 dem Atlantikpakt als eine der 12 ursprünglichen Signatarmächte anschloß. Lange war innerhalb seiner Partei der stärkste Exponent dieser Politik und spielte eine entscheidende Rolle in der Neuorientierung der norwegischen Sozialdemokratie. Innerhalb der NATO arbeitete er energisch für eine Festigung der nicht-militärischen Zusammenarbeit und für die Förderung des Gedankens einer »Atlantik-Gemeinschaft«. Als norwegischer Repräsentant bei den Generalversammlungen der UNO, im NATO-Rat und bei zahlreichen anderen internationalen Konferenzen gewann er dank seiner fachlichen Tüchtigkeit eine einzigartige Position. Im *Storting* fand seine Außenpolitik den Beifall der überwiegenden Mehrheit sowohl seitens seiner Partei als auch seitens der nicht-sozialistischen Parteien, während sie Gegenstand heftiger Angriffe von seiten der Kommunisten und der Sozialistischen Volkspartei war.

In einem Turmzimmer des alten Teiles des Außenministeriums in Oslo schrieb er in den letzten Jahren an seinen Memoiren. Ich bat ihn um ein Gespräch über die europäische Integration. Aus

Langes Veröffentlichungen war mir bekannt, daß er das Ziel der europäischen Integrationsbestrebungen folgendermaßen definiert: Engstmöglicher Zusammenschluß der demokratischen und rechtsstaatlichen Länder Europas auf wirtschaftlichem, politischem und kulturellem Gebiet zur Stärkung des Einflusses Europas als Vertreter humanitärer und freiheitlich-demokratischer Werte und zur Steigerung der Möglichkeiten Europas, den armen Völkern anderer Kontinente bei der Lösung ihrer Entwicklungsprobleme zu helfen. Lange sagte zu mir: »Übersehen Sie nicht, daß sich in der Definition des Zieles die Schlüsselwörter demokratisch und rechtsstaatlich befinden. Im Weltmaßstab scheint mir demokratische Rechtsstaatlichkeit der spezifische Beitrag Europas zur Zivilisation zu sein.« Ich fragte ihn, ob er geographische Grenzen mache. Lange: »Geographisch schließt die Definition die Staaten im sowjetischen Machtbereich in Ost- und Mitteleuropa sowie die unter korporativen Regimen lebenden Staaten der iberischen Halbinsel aus. Das Einbeziehen der osteuropäischen Staaten in den Integrationsprozeß auf der Grundlage der Römischen und Pariser Verträge wäre nur denkbar als Ergebnis tiefgreifender innerer Wandlung der Regime.« Es lag nahe, ihm meine Besorgnis über die Zukunft der kleineren europäischen Nationen zur Kenntnis zu geben. Ich hatte zuviel Großmannssucht mancher Staatsmänner der größeren Nationen beobachtet. Halvard Lange sagte, daß die Erweiterung der europäischen Gemeinschaft eine neue Gewichtsverteilung in der Gemeinschaft herbeiführen würde: »Statt der jetzigen Dominanz der zwei Großen, Frankreich und Bundesrepublik Deutschland, wären Möglichkeiten da für eine neue und voraussichtlich stabilere innere Gleichgewichtslage, mit Großbritannien als drittem Großen und mit Verstärkung des Einflusses der kleinen durch Irland und die drei skandinavischen Staaten ... So eine Gemeinschaft würde eine Alternative darstellen: sowohl zum autoritär geprägten Staatskapitalismus in den Ländern unter kommunistischer Herrschaft wie zum hochkonzentrierten und stark technokratisch geprägten Privatkapitalismus der USA. Der Ausbau demokratischer Gemeinschaftsinstitutionen würde den Weg öffnen zur Schaffung einer pluralistischen rechtsstaatlichen Gemeinschaft europäischer Völker. Die Einheit des demokratischen Europa wäre erreichbar mit Beibehaltung der Vielfältigkeit, die den Reichtum der europäischen Kulturtradition ausmacht.« Wir verabredeten weitere Gespräche. Mit Erschütterung las ich schon ein paar Wochen später von seinem Ableben. In Halvard Lange verlor Europa eine seiner bedeutendsten Persönlichkeiten auf dem Gebiete der europäischen Integrationspolitik.

Eines der Hauptelemente der norwegischen Außenpolitik wurde erneut im Juni 1968 bestätigt, als das *Storting* gegen sechs von insgesamt 150 Stimmen einen Vorschlag abwies, daß Norwegen aus der NATO austreten sollte, wenn dies nach zwanzigjähriger Mitgliedschaft in dieser Organisation möglich war. Der Beschluß gründete sich auf eine gründliche Diskussion seitens der Öffentlichkeit und der konstitutionellen Organe. Der Anschluß Norwegens an die NATO 1949 bezeichnete eine Umlegung der außenpolitischen Orientierung. Die Kriegsteilnahme von 1940 bis 1945 vermittelte eine aufgezwungene, wenn auch sehr nützliche Erfahrung in den Beziehungen mit den Großmächten auf einer vertragsmäßigen Grundlage. Diese politische Erfahrung ist bei der Ausformung der Nachkriegspolitik ins Gewicht gefallen. 1945 hoffte man, daß die UNO ein wirksames Instrument der kollektiven Sicherheit werden würde. Das Anwachsen der Rivalisierung der Großmächte und zuletzt die Teilung Europas in Ost- und West-Europa bewiesen jedoch, daß die UNO allein keine genügende Sicherheitsgewähr bot. Die Entwicklung in Ost-Europa während der Jahre 1945–1948 übte außerdem einen grundlegenden Einfluß auf die norwegische Außenpolitik aus. In der NATO hat sich Norwegen selbst gewisse Restriktionen auferlegt, die aber international oder völkerrechtlich nicht verpflichtend sind. Das betrifft die sogenannte Basenpolitik, wonach eine Etablierung fremder Basen auf norwegischem Territorium nicht zulässig ist, außer wenn das Land angegriffen oder bedroht wird. Die zweite Restriktion geht darauf hinaus, daß Atomwaffen auf norwegischem Gebiet nicht zugelassen sind. Es bestehen diesbezüglich die gleichen Reservationen wie für die Basenpolitik. Später hat Norwegen durch seine Unterschrift unter das Nichtverbreitungsabkommen diese Doktrin im Rahmen der internationalen Vertragsordnungen erweitert (Juli 1968). Sowohl die Beschlüsse über die Basen- als auch die Atompolitik wurden im Hinblick auf das Nachbarverhältnis mit der Sowjetunion getroffen. Die Sicherheitspolitik ist aber nur ein Teil der außenpolitischen Orientierung. Die Arbeit in der UNO und die

Bestrebungen, die Weltorganisation zu stärken, ist ein Hauptfundament der norwegischen Außenpolitik ...

Wegen der Diskussion über den Beitritt Norwegens in die EWG kam es im März 1971 zu einer Regierungskrise. Gestürzt wurde das Kabinett Per Borten (geb. 1913), der als Vorsitzender der Zentrumspartei 1965 erstmals vom König zum Ministerpräsidenten ernannt und 1969 vom König im Amt bestätigt worden war. Bortens Kabinett war eine bürgerliche Koalition aus Zentrumspartei, Konservativen, Liberalen und Christlicher Volkspartei. Es hieß, Borten habe einen vertraulichen Bericht des norwegischen EWG-Botschafters den Gegnern eines norwegischen EWG-Beitritts zugespielt. Die drei außer Bortens Partei der bisherigen Regierungskoalition angehörenden Parteien verlangten seinen Rücktritt, weil sie einem Mißtrauensvotum der Sozialdemokraten zuvorkommen wollten. Nachdem der Versuch der Bildung einer neuen bürgerlichen Koalition gescheitert war, erteilte König Olav den Auftrag zur Regierungsneubildung an Trygve Bratteli, der 1965 aus Anlaß des 40. Parteitages der Arbeiterpartei als Nachfolger Gerhardsens zu deren Vorsitzendem gewählt worden war. Damit übernahmen die Sozialdemokraten nach 5½ Jahren wieder die Regierungsgeschäfte. Bratteli konnte aber nur ein Minderheitskabinett bilden; angesichts von 74 gegen 76 Mandaten im *Storting* ein Risiko. Bratteli wurde am 11. Januar 1910 in Nøtterøy als Sohn eines Schuhmachers geboren und bildete sich in England und in den USA fort. Zwischendurch war er Walfischfänger und Bauarbeiter, auch Redakteur einer sozialistischen Zeitung, Herausgeber einer Jugendzeitschrift und Sekretär des Jugendbundes der Arbeiterpartei. Von 1942 bis 1945 war er Häftling in einem deutschen KZ. 1945 wurde Bratteli Sekretär der Arbeiterpartei und Vizepräsident ihres Zentralbüros. 1945–1946: Vorsitzender des Sozialistischen Jugendverbandes. 1946: Vorsitzender der Nationalen Verteidigungskommission. 1950: Eintritt in den *Storting*. Von 1951 an war T. M. Bratteli mit kurzen Unterbrechungen Finanzminister und Verkehrsminister; auch vertrat er zeitweise den Regierungschef Gerhardsen. Im September 1963 kam es im Zusammenhang mit einer Regierungskrise zu Meinungsdifferenzen innerhalb der Sozialistischen Partei; Bratteli wurde gebeten, in den *Storting* zurückzukehren, um den bisherigen parlamentarischen Führer der Sozialisten zu ersetzen. Bratteli ist ein engagierter Europäer, sah sich jedoch vielen Gegnern der EWG gegenüber.

Mit knapper Mehrheit wurde Norwegens Beitritt in die EWG bei einem Referendum im September 1972 bedauerlicherweise abgelehnt. Bei den Wahlen im September 1973 wurde der zwischenzeitlich regierende Lars Kornvald abgewählt, und Trygve Bratteli wurde abermals Regierungschef. Rechte und linke radikale Parteien gewannen bei diesen Wahlen an Zuspruch, und so scheint die Zeit der innenpolitischen Stabilität in Norwegen vorüber zu sein. Die Radikalen, die mehr als 15% der Wählerstimmen erhielten, werden künftig ein gewichtiges Wort mitsprechen. Da sie vorwiegend NATO- und EWG-feindlich gesonnen sind, streben sie eine Loslösung aus dem westlichen Bündnis und sogar eine Neutralisierung des Königreiches an. Keine guten Perspektiven für Westeuropa ...

## *5. Königreich Dänemark* oder: *Liberalismus in der Wohlstandsgesellschaft*

Für viele Dänen war Hitler ein Katalysator, nicht nur erst während der Besatzung, sondern schon vorher. Sie lernten durch ihn umdenken; heute sind sie sehr freiheitlich und mutig. Ein Mahner und während der Besatzungszeit ein unerschrockener Mann des Widerstandes war Kaj Munk (1858–1944), der schließlich einem faschistischen Mordanschlag zum Opfer fiel; vor 1940 huldigte er einem »starken Mann«. Heute jedenfalls bilden die Dänen ein europäisches Volk, das den Liberalismus sehr entschlossen verteidigt, so entschlossen sogar, daß das Ausland manchmal die Dänen nicht versteht und ihnen Mißbrauch der Freiheit nachsagt. Kopenhagen wurde zu einer europäischen Hochburg von Hippies, arglosen und meistens sehr freundlichen jungen Menschen – falls sie nicht Drogen verfallen sind und unberechenbar werden ... Es war die dänische Königin Margret, die 1397 die »Kalmarer Union« zwischen Dänemark, Norwegen und Schweden errichtete, die bis 1523 währte. Am 5. Juni 1849 unterzeichnete König Frederik VII. die erste freie Verfassung. 1918: Island wird Königreich in Personalunion mit Dänemark. 1940: Am 9. April wird Dänemark von Hitlers Wehrmacht besetzt. 1944: Island hebt die Personalunion mit Dänemark auf; dies wird von Dänemark unmittelbar nach Kriegsende anerkannt. Am 5. Mai 1945 endet die deutsche Besatzung. Dänemark trat im selben Jahr der UNO bei. 1947: Thronbesteigung König Frederiks IX. 1949: Dänemark tritt der NATO bei. 1952 Errichtung des Nordischen Rats. 1953: Frederik IX. unterzeichnet eine neue Verfassung. Wichtige Änderungen: Einkammersystem; Thronfolge auch für Frauen; Parlamentarismus de jure; Grönland, bisher Kolonie, wird Bestandteil des Königreiches Dänemark. 1960: Dänemark wird Mitglied der EFTA.

Das dänische Königshaus ist die älteste Dynastie Europas. König Christian IX. (1818–1906) wurde der »Schwiegervater Europas« genannt, denn vier seiner Kinder bestiegen europäische

Throne: Frederik VIII. wurde König von Dänemark, Alexandra wurde Gattin König Edwards VII. von England; Vilhelm wurde unter dem Namen Georgios I. König von Griechenland; Dagmar wurde die Gattin des Zaren Alexander III. von Rußland. König Frederik IX. (1899–1972) heiratete 1935 die schwedische Prinzessin Ingrid, eine Bernadotte, die einzige Tochter des schwedischen Königs Gustaf Adolf. Das königliche Paar hat drei Töchter. Durch das Thronfolgegesetz von 1953 wurde die 1940 geborene Prinzessin Margrethe Thronerbin, und sie folgte also ihrem Vater als Regentin nach dessen Tod. Königin Margrethe ist eine begeisterte Archäologin und wurde von den Eltern gründlich für ihre zukünftigen Aufgaben ausgebildet. Der Vater war, wie seine skandinavischen Kollegen, ein hart arbeitender Staatsmann. König Frederik IX. repräsentierte ein modernes Bürgerkönigtum. Es gibt sicherlich nicht viele Republikaner in Dänemark.

Dänemark ist eine konstitutionelle Monarchie. Bei Sitzungen ist die Königin Vorsitzende des Staatsrates. Das Königreich hat 4 910 000 Einwohner, die fast ausschließlich Dänen sind. Rund 1,7% Deutsche leben in Nordschleswig. 98% Dänen haben den evangelisch-lutherischen Glauben. Wie in allen europäischen Ländern haben wir auch in Dänemark eine erstaunliche Bevölkerungszunahme zu registrieren; Dänemark zählt heute doppelt so viele Menschen wie um die Jahrhundertwende. Die Färöer-Inseln haben 34 000 und Grönland 32 000 Einwohner. Die Sozialdemokratische Partei ist seit langem die größte Partei, ihr folgen die Sozialliberale Partei, die Konservative Partei, die Liberale Partei, die Sozialistische Volkspartei sowie kleinere Parteien wie die der Kommunisten.

Ehe Dänemark in die EWG eintrat, beantwortete mir der seinerzeitige Ministerpräsident Hilmar Baunsgaard (geb. 1920) einige Fragen. R. I.: Herr Ministerpräsident, was alles erwartet Ihre Regierung von Dänemarks Beitritt zur EWG? – Hilmar Baunsgaard: »Dänemark hat die Aufnahme in die EWG deshalb beantragt, weil die Form von internationaler Zusammenarbeit, von der hier die Rede ist, ein gut geeigneter Rahmen für die Lösung der großen Aufgaben sein wird, denen sich die europäischen Länder durch die moderne wirtschaftliche, technische und soziale Entwicklung gegenübergestellt sehen. Diese Aufgaben gehen quer über die formellen Landesgrenzen. Man denke nur an die

Wirtschaft. Der heutige intensive Verkehr bewirkt, daß die ökonomischen Bewegungen von einem Land auf das andere übergreifen. Die wirtschaftliche Entwicklung in jedem einzelnen Land kann die Möglichkeiten der Aufrechterhaltung von Produktion und Beschäftigung in anderen Ländern – ungeachtet dessen, ob sie der gleichen Marktorganisation angehören oder nicht – entscheidend beeinflussen. Eine vernünftige Wirtschaftspolitik verlangt aber, daß die Länder nicht ihre Schwierigkeiten direkt oder indirekt aufeinander abwälzen. Sie erfordert gegenseitig verpflichtende Zusammenarbeit und die Fähigkeit, Beschlüsse für die Gesamtheit und unter Berücksichtigung des Wohles der Gesamtheit zu treffen. Die Bestrebungen, den schädlichen Auswirkungen der modernen Produktion – Verschmutzungs- und Milieuprobleme – entgegenzutreten, sind ein anderes Beispiel eines Gebiets, wo ein gemeinsamer Einsatz notwendig sein wird. Zusammenfassend möchte ich sagen, daß Dänemark als Mitglied einer erweiterten EWG damit rechnet, an einem allgemeinen Fortschritt des Wirtschafts- und Gemeinschaftslebens, zu dem die Bildung des großen Marktes Anlaß geben muß, Anteil zu haben. Hierbei wird nicht nur an den wirtschaftlichen Fortschritt gedacht, sondern eher an die Gedanken, die in dem Begriff *›the quality of life‹* zusammengefaßt sind.«

R. I.: Glauben Sie, daß Dänemarks Beziehungen zu Schweden, Norwegen und Finnland durch den Beitritt zur EWG gestört werden? Könnte sich der Beitritt zur EWG auf die bisher gute nordische Zusammenarbeit negativ auswirken? – Hilmar Baunsgaard: »Unsere Einstellung zu den europäischen Marktproblemen hängt selbstverständlich auch mit unserer Auffassung der allgemeinen europäischen Situation und jenen Aufgaben zusammen, die sich für unseren Kontinent in dem modernen Weltbild melden. Die Erweiterung der EWG durch Großbritannien und den anderen Beitritt suchenden Ländern ist nach dänischer Auffassung nur als ein – allerdings sehr wichtiger – Schritt auf dem Wege zu betrachten, der eine bessere Grundlage der Zusammenarbeit mit den nordamerikanischen Ländern sowie mit Osteuropa und der Sowjetunion schaffen soll. In der weiteren Perspektive muß die europäische Zusammenarbeit stets als ein Rahmen für die Zusammenarbeit mit der übrigen Welt gesehen werden. Von diesem Gedankengang aus ist es deutlich, daß wir Dänen die neue deutsche Ostpolitik als einen sehr wesentlichen Fortschritt begrüßen müssen. Eine Aussöhnung zwischen Deutschland und den osteuropäischen Völkern und der Sowjetunion ist von fundamentaler Bedeutung für die Schaffung des für eine sichere europäische Ordnung notwendigen Vertrauens.«

R. I.: Wie denken Sie generell über die Zukunft Europas und der Welt? Befürchten auch Sie wie andere Staatsmänner Bürgerkriege, die sich zu größeren Kriegen ausweiten könnten? – Hilmar Baunsgaard: »Ich glaube, die Welt befindet sich auf dem Wege in eine unsichere und schwierige Zukunft. Das gilt sowohl von den alten, reichen Ländern als auch von den neuen, armen Ländern. Das Risiko einer Atomkatastrophe hat sicher abgenommen. Aber vielleicht gerade auf Grund der atomaren Machtverhältnisse sehen wir in einem Land nach dem anderen eine wachsende Neigung zur Gewaltanwendung in kleinerem Maßstab. Bürgerkriegsartige Unruhen können wir nicht mehr ausschließen, nicht einmal in Gemeinschaften, die – mit gutem Grund – gewohnt waren, sich selbst als stabile, ruhige, freie und tolerante Gemeinschaften zu betrachten. Das ist eine Perspektive, die wohl zu einem gewissen Pessimismus Anlaß geben kann, jedoch vielleicht auch zu einem Besinnen auf die Voraussetzungen, auf die eine freie Gemeinschaft baut, und die vielleicht viele alte Demokratien geneigt sind als selbstverständlich zu betrachten. Auch die Voraussetzungen der Freiheit – vor allem die Selbstdisziplin des einzelnen Menschen und der Respekt vor anderen Menschen – müssen gepflegt werden.«

Im Oktober 1971 fand ein Regierungswechsel statt. Jens Otto Krag (geb. 1914), der Vorsitzende der Sozialdemokratischen Partei, bildete eine Minderheitsregierung. Er ist der aktive dänische Politiker, der die längste Dienstzeit als Minister verschiedener Ressorts innehat. Krag, der von 1962 bis 1968 ununterbrochen Ministerpräsident war, kam zum ersten Male 1947 in die Regierung, als er, nur 33 Jahre alt, Handelsminister wurde. Später war er Wirtschafts- und Arbeitsminister, bis er, als sein Vorgänger Viggo Kampmann wegen Herzerkrankung zurücktrat, auf den Posten des Ministerpräsidenten aufrücken mußte und wenige Zeit später gleichzeitig Vorsitzender der größten Partei Dänemarks wurde. Krag gehört seit 1947 dem Folketing an, mit einer Unterbrechung von 1950 bis 1952, als er Wirtschaftsberater der dänischen Botschaft in Washington war. Er wurde 1914 in Randers geboren, wo sein Vater Tabakhändler war. Er studierte in Kopenhagen Nationalökonomie und machte 1940 sein Staatsexamen. Als Ministerpräsident und später als Oppositionsführer hat Krag sich immer stark für die internationalen Beziehungen interessiert. 1966 wurde ihm der Aachener Karlspreis für europäische Zusammenarbeit verliehen.

Das Kabinett Baunsgaard war über zwei Jahre im Amt, ihm folgte für 12 Monate ein drittes Kabinett Krag, und am 5. Oktober 1972 wurde ein bislang wenig bekannter Gewerkschaftsführer neuer dänischer Ministerpräsident: Anker Jörgensen. Als er das Amt übernahm, schrieben dänische Zeitungen, bei der Lebensgeschichte des neuen Premiers handle es sich um »ein Märchen von Hans Christian Andersen«. Jörgensen wurde am 13. Juli 1922 in Kopenhagen als Sohn eines Kutschers geboren. Im Alter von 5 Jahren wurde er Vollwaise und daraufhin von seinem Onkel adoptiert. Er besuchte die Schule für Elternlose, war Laufbursche, Schlosserlehrling, erwarb in Abendkursen das Diplom der mittleren Reife und arbeitete schließlich auf Schiffswerften als Lager- und Speicherarbeiter. In dieser Zeit hatte er die ersten Kontakte mit den Gewerkschaften. 1947 wurde Anker Jörgensen unbezahlter Gewerkschaftsfunktionär, 1950 2. Vorsitzender der Gewerkschaft für Lager- und Packhausarbeiter, um schließlich 6 Jahre später für 6 Jahre Erster Vorsitzender dieser Gewerkschaft zu werden. Auch als er schon im Amt war, bildete er sich in Volkshochschulkursen weiter, er nahm außerdem an einem Kursus über Arbeitsmarkt-Fragen an der Harvard-Universität teil. Wieder in Dänemark, wurde er 1962 Geschäftsführer der Gewerkschaft für ungelernte Arbeiter, 6 Jahre später deren Vorsitzender. Jörgensen fiel immer wieder auf, weil er sich für die Interessen der Frauen und der Körperbehinderten einsetzte. Im Parlament wurde er sozialdemokratischer Abgeordneter und schließlich Stellvertretender Fraktionsvorsitzender. Schon damals sollte er Minister werden, was er aber

---

Oben: Dr. Kristjan Eldjarn ist Präsident der Republik Island, deren Jugend immer nachdrücklicher den Abzug der amerikanischen Truppen von der Atlantikinsel fordert.

Unten: Die junge Königin von Dänemark, Margrethe, mit ihrem aus Frankreich stammenden Gatten und den zwei Prinzen. Die königliche Familie erhielt grönländische Nationaltrachten geschenkt anläßlich eines Staatsbesuches in Grönland.

ablehnte. 1966 begründete er die Sozialdemokratische Gesellschaft, er lehrte an der Sozialdemokratischen Arbeiterschule und gab eine Gewerkschaftszeitung heraus. Als er Ministerpräsident wurde, erklärte er, daß er den politischen Kurs seines Vorgängers auch in der EWG-Politik konsequent fortsetzen werde, und betonte die Notwendigkeit der Zusammenarbeit der skandinavischen Länder und des Festhaltens an der atlantischen Bündnispolitik. Zu seinen Sorgen gehört, daß die Industriearbeiter zu einem großen Teil bei der Volksabstimmung bezüglich des EWG-Beitritts mit Nein stimmten. Die Sozialdemokratische Partei ist von einer Spaltung bedroht, aber man hofft, daß es Jörgensen gelingt, die Partei vor der Spaltung zu bewahren. Im September 1973 wurde er einstimmig zum Parteivorsitzenden gewählt. Er ist verheiratet und hat vier Kinder.

Schon Anfang 1973 mußte abermals gewählt werden. Die traditionellen Parteien erlebten hohe Verluste, und es kam zu einem »Rechtsrutsch«. Die Sozialdemokraten verloren 24 Sitze im Parlament. Großer Gewinner wurde die neue Fortschrittspartei des Steueranwalts Mogens Glistrup, die gleich bei ihrem ersten Wahlkampf mit 28 Sitzen zur zweitgrößten *Folketing*-Partei wurde. Neuer Ministerpräsident wurde der Liberale Paul Hartling, dessem Kabinett aber schon bei seiner Amtsübernahme keine lange Lebensdauer vorausgesagt wurde. Ein bedauerlicher weiterer Beweis für die wachsende Instabilität in Skandinavien.

Zwischen Dänemark und Schweden besteht eine rege Schiffahrt. Ein Vergnügen sind die Reisen mit *Det Forenede Dampskibs-Selskab* zwischen Kopenhagen und Oslo. Man kann aber auch mit Schnellbooten zu kurzen Einkäufen von Kopenhagen nach Malmö fahren. Sowohl die Schweden wie die Dänen sind sparsame Leute, deshalb reisen Hausfrauen und Familienväter ziemlich regelmäßig übers Wasser ins Nachbarland, um Einkäufe zu machen, bei denen sich ein paar Kronen einsparen lassen. Auf der Insel Saltholm, zwischen Dänemark und Schweden im Öresund, soll ein internationaler Flugplatz für Dänemark und Südschweden gebaut werden. Die Dänen würden gern eine Brücke zwischen Dänemark und Schweden bauen, die Schweden dagegen haben einen Tunnel unter dem Öresund projektiert. Der Flugplatz, die Brücke oder der Tunnel sind neue Kennzeichen für die nordische Zusammenarbeit und damit für die Internationalisierung Nordeuropas.

## *6. Republik Island* oder: *Eine Drehscheibe im Atlantik*

Woran denkt einer, der viel gereist ist, zunächst, wenn er an ein fremdes Land denkt? Das ist sehr unterschiedlich. Mal ist's ein Bauwerk, das einem unvergeßlich ist, mal ist's ein Gewürz oder eine Umarmung, die man genießen durfte. Mit Island verbinden sich in meiner Erinnerung zunächst die Geysire, also jene heißen Quellen, die in bestimmten Zeitabständen das Wasser in hohen Fontänen aus der Erde herausschleudern. Aber Island ist für mich auch der Inbegriff des köstlichsten Lachses, den ich je gegessen habe, der sahnigsten Milch und des sektartigsten Quellwassers, das ich je trinken konnte.

Die isländische Geschichte ist dramatisch. Es sei daran erinnert, daß die ersten Siedler Islands höchstwahrscheinlich irische Mönche gewesen sind. 1262 wurde der König von Norwegen Staatsoberhaupt von Island. Mit Norwegen zusammen bildete Island 1380 eine Union mit Dänemark. Nach der Trennung Norwegens von Dänemark blieb Island dänisch. 1874 erhielt die Insel eine freie Verfassung, die eine Union zwischen Dänemark und Island vorschrieb. 1904: die isländischen Geschäftsbereiche wurden vom dänischen Ministerium getrennt. 1. Dezember 1918: Island wurde ein unabhängiges Königreich, das mit Dänemark in Personalunion verbunden war; zwei Jahre später erhielt die Insel ein eigenes Parlament und eine eigene Regierung. Die Alliierten bezogen Island im zweiten Weltkrieg in ihre strategischen Planungen ein. 1940 wurde die Insel von den Briten besetzt, denen 1941 die Amerikaner folgten, die seitdem die Insel nicht verlassen haben. Nachdem die Hitler-Truppen in Dänemark eingefallen waren, erklärte Island seine volle Unabhängigkeit. Im Mai 1944 entschied sich die Bevölkerung durch Volksabstimmung für Auflösung der Union mit Dänemark, am 17. Juni 1944 wurde die Republik ausgerufen. Die Aufnahme in die UNO im Jahre 1946 war eine Selbstverständlichkeit. 1949 trat Island der NATO bei, und 1951 übernahmen die USA durch ein spezielles Abkommen die Verteidigung dieses Inselstaates. Die Progressive Partei wünschte von den USA die Aufgabe ihres Stützpunktes; weil aber die finanziellen Schwierigkeiten immer mehr zunahmen, kam es nicht dazu. 1960 mußten Kredite zur Stabilisierung der Wirtschaft aufgenommen werden.

Staatsoberhaupt der Parlamentarischen Republik Island ist seit Juni 1968 Präsident Dr. Kristjan Eldjarn, der 1972 wiedergewählt worden ist. Geboren am 6. Dezember 1916 in Tjörn, Svarfadardal, studierte er Archäologie an der Universität von Kopenhagen, legte aber sein Staatsexamen an der Universität Reykjavik, also der Hauptstadt Islands (ca. 80 000 Einwohner), ab; er promovierte 1957. 1945 war er bereits Stellvertretender Direktor des National-Museums von Reykjavik geworden, am 1. Dezember 1947 Direktor.

Der bekannte dänische Autor Hakon Mielche hat die besondere Situation des Präsidenten dieses soliden und freundlichen Volkes charakterisiert: »Es sind keine widerhallenden Kommandorufe zu hören, wenn vor dem Palast des Präsidenten die Wache Ablösung hat, die Marine salutiert nicht, wenn die Yacht des Präsidenten den Hafen verläßt, auch verfügt der Präsident über keine Jägereskorte, wenn er nach Akureyri fliegt ... Erstens wohnt der Präsident nicht in einem Palast, sondern auf einem schönen, aber einfachen Bauernhof, etwas außerhalb der Stadt, und zweitens besitzt er keine Yacht, und drittens muß er ganz schlicht und einfach die Verkehrsmaschine nehmen, wenn er nach Akureyri fliegen will – und schließlich verfügt Island weder über ein Heer, eine Flotte noch eine Luftwaffe.« Island ist trotz der Nähe des nordamerikanischen Kontinents noch nicht so amerikanisiert wie andere skandinavische Länder. Die amerikanischen Soldaten werden von der Bevölkerung in Distanz gehalten. Ein besonderer Kontakt mit Reykjavik besteht nicht. Offiziere und Mannschaften haben gewisse Bestimmungen einzuhalten, wenn sie in die Metropole wollen; sie leben auf der Keflavik-Basis in einer Art amerikanischer Kolonie.

Während also der Präsident von der Archäologie herkommt, war der populäre langjährige Premierminister Bjarni Benediktsson (geb. 1908) ein bedeutender Jurist und Rechtsgelehrter; er verunglückte bei einem Feuer am 10. Juli 1970 tödlich. Anfang der sechziger Jahre machte er Schlagzeilen in der Weltpresse, als er mit dem Londoner Kabinett einen Streit über die Fischereirechte ausfocht. Zu seinem Nachfolger wurde der bisherige

Justiz- und Industrie-Minister Jóhann Hasstein (geboren 1915). Ihm folgte im Juli 1971 L. Olafur Jóhanneson (geb. 1913), Jurist, Universitätsprofessor und Vorsitzender der Fortschritts-Partei. Er ist Regierungschef einer Koalitionsregierung, deren Mitglieder seiner eigenen Fortschritts-Partei, dem Volksbund (Kommunisten) und den Freisinnigen Linken (dissidente Kommunisten) entstammen.

Es ist lehrreich, in Island wieder einmal zu erfahren, wie gefährlich es ist, wenn ein Staat seine Entwicklung auf einer Monokultur aufbaut. Seit etwa Mitte der sechziger Jahre nehmen die großen Fischschwärme des Atlantik seltsamerweise nicht mehr wie früher den Weg an Island vorbei, sondern sie haben sich andere Fischgründe gesucht. Die Fischer brachten 1966 noch 1,7 Millionen Tonnen Fisch ein, in den darauffolgenden Jahren kaum mehr die Hälfte. Der Fisch macht 87% des Exports dieser Inselrepublik aus. Infolge der geringen Fangergebnisse ging der Fischexport automatisch zurück, und daraus resultierte die Wirtschaftskrise. Island erweiterte am 1. September 1972 seine Fischereigrenze von 12 auf 50 Seemeilen und stieß damit bei anderen seefahrenden Nationen auf scharfen Widerspruch. Aber für Island geht es hier schließlich um eine Frage der Existenz. Fest steht, daß die Monokultur, also die Fischereiwirtschaft, dringend aufgegeben werden muß, um der Bevölkerung weitere Verdienstmöglichkeiten zu geben. Die Bevölkerung nimmt rasch zu; dabei ist die Lebenserwartung hoch. Frauen werden im Durchschnitt 76 und Männer 71 Jahre alt; jährlich zählt man dreimal soviel Geburten wie Todesfälle. Die Insel ist zwar 103 000 qkm groß, aber fast 80 000 qkm sind nicht nutzbar, weil es hier ständiges Eis gibt, Kraterseen, Lava und Sand. Nur 1000 qkm Islands sind kultiviert, allerdings 23 000 qkm als Weideland nutzbar. Von den 200 000 Staatsangehörigen, die *Islenska* sprechen, sind 90% evangelisch-lutherisch.

Eine Unzufriedenheit der Bevölkerung ist wahrnehmbar. Die meisten Linken dürften gegen ausländische Investitionen sein oder sie wollen diese so stark kontrollieren, daß Ausländer schließlich wenig Lust empfinden, zu investieren. Der Privatwirtschaft täte eine Modernisierung gut.

Die politische Entwicklung in Island trägt gewiß neuen Tendenzen Rechnung. Ob sie der westeuropäischen und atlantischen Einheit und Sicherheit dient, wird unterschiedlich beurteilt.

## *7. Deutsche Demokratische Republik* oder: *»Moskau, Moskau über alles!«*

Warum sich mein englischer Großvater, der als Niederländer naturalisiert wurde, in Leipzig niederließ, entzieht sich meiner Kenntnis. Daß er seinen Nachfahren dadurch Gram bereiten würde, konnte er nicht ahnen. Immerhin entstand durch ihn eine neue Spezies Mensch: *hollandicus saxo,* der sächsische Holländer. Irgendwie nicht zu der Gemeinschaft zu gehören, in der ich aufwuchs, wurde mir früh bewußt. Immerhin habe ich Gewinn davongetragen, im Spannungsfeld zweier Nationen zu leben; es hat mich vor engem Nationalismus bewahrt. Meine Geburtsstadt Leipzig sah ich zum letztenmal 1943 nur von der Straßenbahn aus. Es lag nahe, bei den Vorarbeiten für dieses Buch jenes Gebiet wieder aufzusuchen, in dem ich meine Kindheit verlebt hatte. Es war nicht möglich, ich konnte nur Ost-Berlin mehrmals besuchen; die Einreise in die DDR wurde mir verwehrt.

Was die Sachsen anbetrifft, so würde mich brennend interessieren, wie sie mit einer kommunistischen Regierung fertig werden. Die Sachsen sind einer der interessantesten deutschen Volksstämme; übrigens bedeutet im Finnischen das Wort *Saksa* Deutschland. Über die Sachsen wird mehr gespottet als über andere deutsche Volksgruppen. Die Legende meldet, während der Völkerwanderung seien die Fußkranken in Sachsen zurückgeblieben. Hans Reimann, ein populärer sächsischer Humorist, analysierte seine Landsleute so: »Gekränkt, beleidigt, beese zu sein, bereitet uns wahre Wonnen. Wir sind aber rasch wieder gut. Wenigstens scheinbar. Denn nachtragend sind wir auch.« Es ist vor allem die Sprache, welche die Sachsen lächerlich macht; ein absurder Tatbestand, denn das heutige Hochdeutsch stammt aus Sachsen. Wer anders als Luther bildete die Grundlage für die heutige Schriftsprache. Goethe nannte zwar die Sachsen einen »starken Tobak«, wurde aber nach Sachsen geschickt, um das »wohlklingende zierliche Hochdeutsch zu lernen«. Walter Jens konnte nur noch feststellen: »Die Sprache Nietzsches und Wagners ist zum Jargon der Untermenschen, zur Fanatiker-Suade, zur Ausdrucksweise der Schergen geworden.«

Meine Bemühungen, Sachsen wiederzusehen, dazu andere Regionen der inzwischen entstandenen DDR, erstreckten sich über Jahre. Briefe an das Außenministerium der DDR wurden zunächst abschlägig beantwortet. Schließlich schrieb ich an den Staatsratsvorsitzenden Walter Ulbricht, der wie ich in Leipzig geboren ist: »Sie betonen immer wieder, daß Ihnen viel daran gelegen ist, für die Verständigung unter den Völkern zu wirken, weil sonst der Frieden in der Welt nicht erhalten werden kann. Meine Veröffentlichungen in den letzten fünfundzwanzig Jahren beweisen, daß mir gleichermaßen eine Verständigung mit allen Nationen sehr am Herzen liegt. Wie Sie bin ich für eine friedliche Koexistenz ... Ich kann mir deshalb nicht vorstellen, daß die Ablehnung meines Gesuches in Ihrem Sinne ist ... Außerdem bitte ich Sie, mich wissen zu lassen, ob Sie persönlich mir die Gelegenheit zu einem Gespräch geben würden ...« Daraufhin wurde ich zwar vom Außenministerium der DDR gefragt, ob ich zu einer Rücksprache bereit sei, aber die Einreiseerlaubnis in die DDR erhielt ich dennoch nicht ...

Innerhalb Europas ist die DDR der einzige neue Staat. Andere Staaten konnten ihr Territorium vergrößern oder verkleinern, sie behielten ihre Regierung oder bekamen eine neue. In Mittel- und Ostdeutschland dagegen entstand als Folge des von Hitler verlorenen Krieges etwas völlig Neues. Erinnern wir uns in großen Zügen, wie sich die DDR entwickelte. Im April 1945 sagte Stalin in Moskau: »Dieser Krieg ist anders als die früheren; wer ein Gebiet erobert, zwingt ihm auch sein eigenes Gesellschaftssystem auf, so weit seine Armee kommt. Es kann nicht anders sein.« Die Alliierten hatten während des Krieges feste Absprachen bezüglich der Besetzung des Deutschen Reiches getroffen. Daher kam es, daß die Amerikaner Thüringen und Sachsen-Anhalt, das sie zunächst besetzt hatten, zusätzlich den Sowjets überließen; die Engländer zogen sich aus Teilen des von ihnen besetzten Mecklenburg zurück; die Sowjetarmee hatte zunächst das gesamte Berlin besetzt, schließlich aber rückten die Amerikaner, Engländer und Franzosen in Berlin ein, und die »Reichshauptstadt« wurde in vier Sektoren aufgeteilt. Es entstand »West-Berlin« als eine Enklave innerhalb des von den Sowjets besetzten deutschen Gebietes.

Innerhalb der Sowjetischen Besatzungszone (SBZ) wurde sogleich der Großgrundbesitz enteignet, eine »Bodenreform« durchgeführt (Ende 1945). Dies war der erste entscheidende Einschnitt für die unterschiedliche Entwicklung in der SBZ und in den westlichen Zonen, obwohl sich die Alliierten auf der Potsdamer Konferenz (17. Juli bis 2. August 1945) auf eine gleiche Behandlung ihrer Zonen geeinigt hatten. Die Gemeinsamkeit bezog sich auf das Bemühen, den Nationalsozialismus zu zerschlagen. Wie das zu geschehen hatte, darüber herrschten verschiedene Auffassungen, die ihre Ursache in den unterschiedlichen Ideologien der Siegermächte hatten. Am 30. Oktober 1945 verfügte die sowjetische Militäradministration die Beschlagnahme wichtiger Industriebetriebe, um aus deren Produktion einen Teil der Reparationen zu decken und um eine »nichtkapitalistische Entwicklung« in der SBZ einzuleiten. Politische Parteien wurden bereits 1945 zugelassen. Schon am 14. Juli 1945 wurde die Einheitsfront antifaschistisch-demokratischer Parteien (später Demokratischer Block genannt) gebildet, womit die Selbständigkeit der politischen Parteien eingeschränkt war. Im Frühjahr 1946 schlossen sich unter sowjetischem Druck die kommunistische und die sozialdemokratische Partei zur Sozialistischen Einheitspartei (SED) zusammen (Erste Vorsitzende: W. Pieck und O. Grotewohl). Im Juni 1948 wurde in der SBZ die Währungsreform durchgeführt. Der SED-Parteivorstand beschloß einen Zweijahresplan für 1949/50 und warnte vor parlamentarisch-demokratischem und sozialdemokratischem Gedankengut aus dem Westen. Im September 1948 nahm der damalige Chefideologe der SED, Anton Ackermann, die These vom »besonderen deutschen Weg zum Sozialismus« zurück, die er im März 1946 verkündet hatte. Damit wurde die weitere Entwicklung der DDR bestimmt: Das sowjetische Gesellschaftssystem wird mit nur geringen Veränderungen verwirklicht. Leonid Breschnjew erklärte auch in jüngster Zeit immer wieder: »Wir unterstützen unveränderlich die DDR, die dem westdeutschen Revanchismus unmittelbar gegenübersteht, und arbeiten eng mit ihr zusammen.«

Mai 1949: Wahlen für den III. Deutschen Volkskongreß, für den nur eine Einheitsliste mit vorher festgelegter Sitzverteilung zugelassen wird. 29. Mai 1949: Der Entwurf einer Verfassung der Deutschen Demokratischen Republik wird vom Deutschen Volksrat genehmigt; diese Verfassung wird am 7. Oktober 1949 in Kraft gesetzt. Sie unterschied sich nicht wesentlich von der für die Bundesrepublik und war bis 1967 in Kraft; jedoch war der Verfassungstext nie bestimmend für die tatsächliche Entwicklung. Die Gründung der DDR als deutscher Teilstaat wurde von der Masse der Bevölkerung zunächst nicht ernst genommen. Die wenigsten Menschen in Mitteldeutschland konnten sich vorstellen, daß die Zwänge zur Teilung größer sein sollten als die Bemühungen um die Vereinigung. Vor allem hielt man diesen Staat DDR, der von seinen Bewohnern noch lange »Zone« genannt wurde, für nicht lebensfähig. Die Ideologie der kommunistischen Machthaber war in der Bevölkerung zu wenig verankert, ja, ihr Antikommunismus verband sie sogar mit den Deutschen in der Bundesrepublik. Während hier mit Hilfe des Marshallplans der Wiederaufbau in allen Bereichen schnell voranging, stagnierte in der DDR besonders die wirtschaftliche Entwicklung bis zur Mitte der fünfziger Jahre. In der Bundesrepublik wurde weitgehend auf überkommenen Gesellschaftsstrukturen aufgebaut; in der DDR dagegen sollte die Gesellschaft »vom Kopf auf die Füße gestellt« werden. In der ersten Zeit war die SED noch in sehr starkem Maße auf die Mitarbeit bürgerlicher Kräfte angewiesen, doch wurde es diesen zunehmend unmöglich gemacht, mitzuwirken oder überhaupt zu bleiben. Daher wurde das Regime gezwungen, Positionen in Wirtschaft, Verwaltung, Bildungswesen usw. mit SED-Genossen zu besetzen, die dafür nicht ausgebildet waren. Dadurch, aber nicht zuletzt durch die Tatsache, daß die Sowjets sich zumindest im ersten Jahrzehnt durch Reparationen für einen kleinen Teil des von Deutschen im Kriege angerichteten Schadens schadlos halten wollten, vergrößerte sich der Unterschied im Lebensstandard gegenüber der Bundesrepublik immer mehr. Getreu dem sowjetischen Vorbild legte man in der Wirtschaft das Hauptgewicht auf die Schwer- und Grundstoffindustrie, worunter die Konsumgüterproduktion litt.

Der Aufstand am 17. Juni 1953 in Berlin und in anderen Städten der DDR zeigte die Labilität dieses Staates. Aus einem Protestmarsch gegen Normerhöhungen wurde in wenigen Stunden eine Revolte, die nur durch das gewaltsame Eingreifen der Roten Armee niedergeschlagen werden konnte. Dadurch wurde evident – auch wenn es damals nicht allgemein bewußt war –, daß eine Wiedervereinigung Deutschlands in der damals nur vorstellbaren Form der faktischen Eingliederung der DDR in die Bundesrepublik von der UdSSR niemals zugelassen werden würde. Die einzige Chance, nämlich die Wiedervereinigung um den Preis der Neutralität, war für die Bundesrepublik unter dem Kanzler Adenauer nicht nutzbar. (Es ist auch sehr zweifelhaft, ob diese Chance jemals bestand.) Ablesen kann man diese Entwicklung an der Aufgabe von Ulbrichts früherer Forderung »Deutsche an einem Tisch« und an dem Entstehen des Konföderationsgedankens, der 1957 erstmals ausgesprochen wurde. Die Feststellung der SED, daß sich die beiden Teile Deutschlands in ihrer politischen Wirklichkeit so weit auseinanderentwickelt hätten, daß eine kurzfristige Verschmelzung gar nicht mehr möglich sei, signalisierte mehr als der Aufstand des 17. Juni 1953. Verstanden allerdings wurde dieses Signal kaum, weder von der Bevölkerung in den beiden Deutschland, noch von den Politikern in der Bundesrepublik. Es mußte erst ein weiteres spektakuläres Ereignis eintreten, damit diese Entwicklung tatsächlich bewußt wurde: der Mauerbau, der am 13. August 1961 begann. Ob die Idee von Ulbricht oder vom Kreml stammte, weiß anscheinend niemand. Ulbricht sagte noch im Juni, niemand hätte die Absicht, eine Mauer zu bauen. Welles Hangen schreibt in »DDR – Der unbequeme Nachbar« (München 1967): »Es ist eine der Paradoxien der Nachkriegsgeschichte, daß der mitteldeutsche Diktator durch einen Aufstand, der auf seinen Sturz zielte, gerettet wurde. Die neuen sowjetischen Führer sahen ein, daß sie auf Ulbrichts Dienste nicht risikolos verzichten konnten[4].«

Die Jahre von 1955 bis etwa 1963 sind die eigentliche Phase der Konsolidierung in der DDR, in der die Weichenstellung für die weitere Evolution stattfand. Anfang 1956 wurde die Nationale Volksarmee gebildet, die Grenze zur Bundesrepublik, bisher Demarkationslinie genannt, wurde in Staatsgrenze West umgetauft. Die seit 1955 sichtbar gewordenen Versuche der UdSSR, die DDR in die völkerrechtliche Stellung eines formal-souverä-

[4] Unverständlich das Verhalten Adenauers, der nicht sofort nach Berlin flog. Unverständlich das Verhalten der Amerikaner, Engländer und Franzosen in Berlin. Ich war am Nachmittag dieses Tages in New York im Rockefeller Center bei dem Präsidenten einer großen Fluggesellschaft, dem berühmten Weltkriegspiloten E. V. Rikenbaker. Er veranlaßte mich zu verschiedenen Telefongesprächen mit Berlin, weil er unmittelbare Eindrücke haben und sie nach Washington weiterleiten wollte. Die Amerikaner waren fassungslos. Schon wurde vom dritten Weltkrieg gesprochen, und zwar so, als sei eine amerikanische Niederlage unabwendbar.

nen Staates zu erheben, fanden damit ihre Fortsetzung, das Unvermögen der Konferenzen in Genf, die Wiedervereinigung mit einem kollektiven europäischen Sicherheitssystem zu verbinden, fand seinen sichtbaren Ausdruck. Die Nationale Volksarmee in der DDR und die Bundeswehr in der Bundesrepublik wurden Bestandteile sich gegenseitig abschreckender Paktsysteme; der Aufnahme der DDR in den Warschauer Pakt ging die Aufnahme der Bundesrepublik in die NATO voraus. Im März 1956 fand der III. SED-Kongreß statt, in dessen Mittelpunkt Ulbrichts Bericht über den zweiten Fünfjahresplan (1956–1960) und der Aufbau des Sozialismus in der DDR stand. Die These von der Überlegenheit des sozialistischen Wirtschaftssystems gegenüber dem kapitalistischen wurde seltener geäußert, realistischere Einschätzungen gewannen Boden. Die restlose Sozialisierung der Wirtschaft wurde nicht abrupt, sondern schrittweise vorgenommen, indem man den noch bestehenden größeren Privatbetrieben eine meist fünfzigprozentige staatliche Beteiligung anbot. Die angestrebte wirtschaftliche Modernisierung wirkte sich auf andere Bereiche der Gesellschaft aus, wodurch die auseinanderstrebenden Tendenzen der beiden deutschen Staaten immer weiter verstärkt wurden. Ende Mai 1958 (acht Jahre später als in der Bundesrepublik) wurde die völlige Abschaffung der Rationalisierung der Lebensmittel beschlossen, die allerdings zwei Jahre später teilweise wieder zurückgenommen werden mußte, weil es infolge der Kollektivierung der Landwirtschaft zu einem Produktionsrückgang kam. Der V. Parteikongreß der SED (Juli 1958) beschloß die Erhöhung des Lebensstandards; das Ziel ist bis heute noch nicht erreicht worden. Dennoch ist erstaunlich, daß heute die DDR zu den führenden Wirtschaftsmächten gehört und innerhalb des Ostblocks der UdSSR folgt, ja, auf der Liste aller Industriestaaten der Welt heute an siebenter Stelle steht. Während in die westlichen Besatzungszonen durch den Marshallplan Kapital gelangte, das eine schnelle Entwicklung der Wirtschaft förderte, mußte die sowjetische Zone hohe Reparationen an die »ruhmreiche Brudernation UdSSR« leisten. Ohne eine sehr fleißige und strebsame Bevölkerung wäre das niemals möglich gewesen.

Ende der fünfziger Jahre begann die DDR mit einer verstärkten Aktivität nach »außen«, d. h. zunächst nach West-Berlin. Insbesondere war das Interesse der Machthaber auf die Unterbindung der Fluchtmöglichkeit über West-Berlin gerichtet. Insgesamt dürften etwa 3,5 Millionen Menschen die DDR verlassen haben, darunter ein Großteil junger Menschen[5]. Das Fatale an der Berlinkrise war für die DDR-Regierung, daß durch die entstandene Unsicherheit innerhalb der Bevölkerung (auch der Landbevölkerung!) der Flüchtlingsstrom noch mehr verstärkt wurde. Als Ulbricht einsah, daß eine Veränderung des Status von West-Berlin unmöglich war, begann er mit dem Mauerbau. Dieses Monument der Spaltung Deutschlands leitete trotz Minenfelder, Betonsperren und Stacheldraht eine Phase wachsender Identifizierung der Bürger in der DDR mit ihrem Staat ein. Von Ulbrichts Warte aus gesehen war demnach der Mauerbau durchaus ein Erfolg. Zunächst allerdings stagnierte die Entwicklung; unter der Bevölkerung breitete sich Resignation aus. Die Schockwirkung des Mauerbaus mußte also überwunden werden. Deshalb ging die SED stärker auf die Befriedigung der Bedürfnisse der Menschen ein. Diese zeitweilige Liberalisierung ging bis zum Jahre 1965, wurde dann jedoch abgebrochen, weil sie dem Regime gefährlich wurde. Ab 1965 bemühte sich Ulbricht mit Nachdruck darum, den Einfluß der SED wieder zu verstärken. Weiterhin versuchte er, durch eine Reihe von Gesetzen die eigenständige Entwicklung der DDR gegenüber der Bundesrepublik immer wieder zu verdeutlichen. Das Gesetz über das einheitliche sozialistische Bildungssystem (Februar 1965), das Familiengesetzbuch (Dezember 1960), das Gesetz über die Staatsbürgerschaft (Februar 1967), das Strafgesetzbuch (Januar 1968) und vor allem die neue Verfassung (1968) zeigen, wie groß die Unterschiede zwischen den beiden Deutschland inzwischen geworden sind. Dabei sind die modernen Auffassungen, die sich vor allem in den pragmatischen Gesetzen widerspiegeln, sogar in der Bundesrepublik anerkannt worden. In der Verfassung wird die DDR als ein »sozialistischer Staat deutscher Nation« bezeichnet. Da die Regierungen der Bundesrepublik diese Entwicklung nicht berücksichtigten, wurde die DDR gezwungen, als ein Hauptziel ihrer Außenpolitik ihre diplomatische Anerkennung durch die Länder

[5] Die mit 3,5 Millionen angegebene Zahl der Flüchtlinge schließt die etwa 1,5 Millionen Menschen ein, die zwischen 1945 und 1949, also vor der DDR-Gründung, die damalige sowjetische Besatzungszone verlassen haben. Seit der DDR-Gründung waren es mehr als zwei Millionen.

der Dritten Welt und des Westens anzusehen; bis zum Sommer 1973 hatten 95 Staaten die DDR völkerrechtlich anerkannt. Am 18. September 1973 wurde die DDR in die UNO aufgenommen, gleichzeitig mit der Bundesrepublik. Außenminister Otto Winzer hatte allen Grund, vor der UNO-Vollversammlung festzustellen: »... ein historisches und beglückendes Ereignis im Leben unseres Volkes.«[6]

Ein anderes Ziel der Regierung der DDR war und ist es, ein eigenes Staatsbewußtsein und eine eigene Kultur zu entwickeln. Auch hier ist die Entwicklung keineswegs so, wie die SED es anstrebt, aber es scheint, daß eine Angliederung der DDR an die Bundesrepublik von sehr vielen DDR-Bewohnern heute abgelehnt wird. Vielleicht mögen die meisten Bürger der DDR das kommunistische Regime nicht, aber der Respekt vor der Autorität ist wohl auch in den Deutschen der DDR so tief verwurzelt, »daß man sich oft nicht traut, auch nur auf die bescheidensten heute zugestandenen Rechte zu pochen« (W. Hangen). Die DDR stellt sich selbst als einen »Staat von äußerster Ruhe« dar, »krisenfrei und ein Beispiel sozialer Gerechtigkeit« (»Demokratie in der DDR«, Ost-Berlin 1969). Regierung und Partei haben es verstanden, vorhandene Widersprüche weniger publik werden zu lassen. »Der wohl größte Widerspruch«, so sagte mir ein Professor aus Frankfurt an der Oder, »ist der zwischen der doktrinären Staatsideologie, die absichern, stabilisieren, abschließen (vor allem gegenüber dem Westen) will, und den Folgen der wirtschaftlichen Entwicklung, die Informationen, Kontakte (auch zum Westen), Entscheidungsfreiheit, kreatives Denken erfordert. Da das schon beträchtliche Selbstbewußtsein des Staates DDR fraglos immer mehr ansteigen wird, kommt er immer mehr aus der Konkurrenzsituation gegenüber dem potenteren ›feindlichen Bruder‹ Bundesrepublik heraus.«

Die Deutsche Demokratische Republik zählt (mit Ost-Berlin) über 17 Millionen Einwohner. Die deutsche Bevölkerung wird ergänzt durch eine kleine sorbische Minderheit (70 000) in der Lausitz und im Spreewald. 60% der Bevölkerung der DDR sind Protestanten, über 30% sind nicht an eine Konfession gebunden, 8% sind Katholiken. Atheismus wird lebhaft propagiert. Die

[6] Über den Grundvertrag zwischen der DDR und der Bundesrepublik Deutschland vgl. das Kapitel 33, Seite 308.

Juden zählen nur noch 1300 Personen, was sehr wenig ist, wenn man z. B. bedenkt, daß einer der größten Pelzhandelsplätze der Welt, nämlich Leipzig, vor dem 3. Reich fast völlig von jüdischen Bürgern beherrscht war. Einige Juden haben hohe Funktionen erlangt (so Außenminister Otto Winzer, der Propagandaexperte des Politbüros, Albert Norden, u. a.).

Wer sind jene Männer, die diesen neuen Staat geschaffen und zu dem gemacht haben, als was er sich heute genauso selbstbewußt repräsentiert wie die Sowjetunion? In Teamarbeit haben verschiedene Persönlichkeiten zusammengewirkt. Nennenswert sind vor allem fünf: Wilhelm Pieck, Otto Grotewohl, Walter Ulbricht, Willi Stoph und Erich Honecker. – Wilhelm Pieck wurde 1876 in Guben geboren, war schon seit 1895 Mitglied der SPD, danach des Spartakus-Bundes und wurde 1918 Mitglied der KPD, die er von 1928 bis 1933 im Deutschen Reichstag vertrat. Pieck emigrierte 1933 nach Frankreich, lebte von 1939 bis 1945 in der UdSSR. In Moskau wurde er 1943 Mitbegründer des Nationalkomitees Freies Deutschland. Mit der Roten Armee kehrte er 1945 nach Berlin zurück und wurde Vorsitzender der neugegründeten KPD. Zusammen mit Grotewohl gründete er die SED. Am 11. Oktober 1949 wurde der Dreiundsiebzigjährige Präsident der DDR und sowohl 1953 wie 1957 wiedergewählt. Er starb 1960. – Otto Grotewohl stammte aus Braunschweig (Jahrgang 1894). Von Beruf war er Buchdrucker, wurde 1920 Landtagsabgeordneter der SPD und braunschweigischer Minister (bis 1924). SPD-Abgeordneter im Reichstag war er von 1925 bis zur Machtübernahme Hitlers; von 1928 bis 1933 war er außerdem Präsident der Landesversicherungsanstalt Braunschweig. Grotewohl ging nicht in die Emigration, war in der Hitler-Ära wiederholt verhaftet und betätigte sich kaufmännisch. 1945 wurde er in der SBZ Vorsitzender des Zentralausschusses der SPD, die er, wie erwähnt, im April 1946 mit der KPD zur SED verschmolz; Grotewohl wurde, wie Pieck, Mitvorsitzender und Mitglied des Politbüros. Seit Juli 1947 war er Präsident des Volkskongresses, seit Oktober 1949 Ministerpräsident der DDR. Seine alten Anhänger setzte er in Erstaunen, weil er sich zum vorbehaltlosen Verfechter der sowjetischen Deutschlandpolitik und des Marxismus-Leninismus entwickelte. Er zog sich den Ruf eines Verräters an der Sozialdemokratie zu. 1964 starb er.

Walter Ulbricht wurde 1950 Generalsekretär der SED; Pieck und Grotewohl waren Vorsitzende, er blieb in dieser Position noch der dritte Mann. Im Juli 1953, also nach dem Aufstand, wurde er Erster Sekretär der SED und damit faktisch Chef des Parteiapparats, dem Pieck und Grotewohl seitdem nur noch symbolisch vorstanden. Am 30. Juni 1893 wurde Walter Ulbricht in Leipzig als Sohn eines Schneiders geboren. Sein eigener Beruf war der eines Möbeltischlers. 1908 wurde er Mitglied der Sozialistischen Arbeiterjugend, 1910 des Deutschen Holzarbeiterverbandes und 1912 der SPD. Er war Angehöriger der Liebknecht-Gruppe und trat gegen die Bewilligung der Kriegskredite auf. Als Soldat im ersten Weltkrieg soll er wegen Antikriegspropaganda mehrfach verhaftet gewesen sein. 1918: Mitglied des Arbeiter- und Soldatenrates in Leipzig. 1918/19: Mitbegründer der KPD in Leipzig. 1921–1923: Bezirkssekretär Großthüringens. Ab 1923: Mitglied und Sekretär der Zentrale und ab 1927 Mitglied des ZK der KPD. 1924 bis 1926 war Ulbricht mit internationalen Aufgaben für das Exekutivkomitee der Komintern beauftragt. An der Seite Thälmanns und Piecks versuchte er vergeblich, die KPD zu einer Massenpartei zu entwickeln. 1928 wurde Ulbricht Kandidat des Exekutivkomitees der Komintern. 1926–1928: Abgeordneter des Sächsischen Landtags. 1928–1933: Abgeordneter des Reichstags. 1933 emigrierte er und wirkte für die Aktionseinheit der deutschen Arbeiterklasse gegen den Nationalsozialismus. 1936 agierte er in Spanien. 1938–1943: Vertreter der deutschen Kommunisten beim Exekutivkomitee der Komintern in Moskau. 1941–1945: nach einer Schulung in der psychologischen Kriegführung sowjetischer Polit-Kommissar in Kriegsgefangenenlagern. Zusammen mit Pieck gehörte er zu den Begründern des Nationalkomitees Freies Deutschland; er wurde Vorsitzender der operativen Abteilung. Am Todestag Hitlers (30. April 1945) landete Walter Adolfowitsch Ulbricht mit einem sowjetischen Armeeflugzeug (amerikanischer Bauart) in Bruchmühle bei Berlin hinter den sowjetischen Linien; er beteiligte sich sogleich an der Vereinigung der KPD und SPD zur SED. Im April 1946 wurde er einer der beiden Stellvertretenden Parteivorsitzenden und Mitglied des Parteisekretariats. Seit 1949 war er Mitglied des Politbüros und seit 1950 Erster Sekretär des ZK der SED. Überdies war Ulbricht 1946–1963 Mitglied des Bundesvorstandes des Freien Deutschen Gewerkschaftsbundes sowie von 1946 bis 1951 Abgeordneter des Landtages von Sachsen-Anhalt. Die Ämter häuften sich immer mehr und damit seine Macht. Im Dezember 1947 wurde der Leipziger Politiker Mitglied des Deutschen Volkskongresses, im März 1948 Mitglied des Deutschen Volksrates, 1949–1950 gehörte er der Provisorischen Volkskammer an, um 1950 Abgeordneter der Volkskammer und Mitglied des Nationalrates zu werden. Mit Gründung der DDR im Oktober 1949 wurde er zum Stellvertreter des Ministerpräsidenten Grotewohl gewählt. 1955–1960 übte er die Funktion des Ersten Stellvertreters des Vorsitzenden des Ministerrates aus. Im Februar 1960 wurde Ulbricht Vorsitzender des Nationalen Verteidigungsrates und im September 1960 Vorsitzender des Staatsrates, womit er die Spitze der Regierung erreicht hatte. Am 3. Mai 1971 legte er das Amt des Ersten Sekretärs des Zentralkomitees der SED in die Hände eines jüngeren Genossen, nämlich in die Erich Honeckers. Die nördlich von Ost-Berlin gelegene Wohnkolonie für prominente Parteifunktionäre, Wandlitz, heißt im Volksmund Bonzograd. Ulbrichts Villa war von einer hohen Stahlbetonmauer umgeben; hier wurde er zusammen mit seiner Ehefrau Lotte von einer Kompanie Geheimpolizei bewacht. Er hat eine Adoptivtochter namens Beate und eine Tochter aus der ersten Ehe, die in Bayern leben soll. »Der letzte kalte Krieger« *(Time)* starb am 1. August 1973, kurz nach seinem 80. Geburtstag. Sein Nachfolger als Staatsratsvorsitzender wurde im Oktober desselben Jahres Willi Stoph.

Niemand in der DDR hat einen so unaufhörlichen Aufstieg nehmen können wie Ulbricht, »der deutsche Stalin«. Und mancher sagte sich von ihm los. Während eines Vortrags über das heutige Europa in einer norddeutschen Stadt beobachtete ich eine ältere Dame, die augenscheinlich von meinen Ausführungen bewegt war. Ich fragte nach der Veranstaltung, wer sie sei. Es war eine Schwester Ulbrichts. Von ihr hätte ich gern etwas über den Bruder gehört. Sie schrieb mir, sie habe seit ihrer »Schulzeit Herrn U. nicht mehr gesehen – bis heute nicht«. Eines der vielen traurigen Schicksale europäischer Menschen, denen die Politik die Familie auseinandergerissen hat. Die Meinungen über »den roten Zaren aus Sachsen« waren stets gegensätzlich. Die Altkommunistin Clara Zetkin: »Möge das Schicksal es verhindern, daß dieser Mensch einmal an die Spitze der Partei kommt. Man muß ihm nur in die Augen schauen, um zu wissen, wie hinterhältig und ehrlos er ist.« Ernst Thälmann, der von Hitler umgebrachte Chef der KPD: »Ulbricht ist und bleibt ein Bürokrat.« Herbert Wehner, der ihn aus Sachsen und Moskau kannte: »Seine Überlegenheit über andere bestand nicht in tieferer Einsicht oder größerer Reife, sondern in seiner Fähigkeit, stets besser informiert zu sein als andere und viel hartnäckiger der Durchführung von Einzelheiten nachzugehen.« Heinrich Mann traf Walter Ulbricht während eines Schriftstellerkongresses 1935 in Paris und urteilte: »Ich kann mich nicht mit einem Mann an einen Tisch setzen, der plötzlich behauptet, der Tisch, an dem wir sitzen, sei kein Tisch, sondern ein Ententeich, und der mich zwingen will, dem zuzustimmen.« Wolfgang Leonhard, Autor wichtiger Bücher über den Kommunismus: »Seine Hauptstärke ist sein organisatorisches Talent, sein phänomenales Namensgedächtnis, seine Fähigkeit, jeweilige Kurswechsel vorauszuahnen, und seine unermüdliche Arbeitskraft.« Alfred Kantorowicz, der 1957 die DDR verließ, aber Sozialist blieb, urteilte in seiner Besprechung der Erinnerungen des ungarischen Kommunisten Julius Hay: »Geboren 1900« (Reinbek 1971): »Julius Hay nennt Ulbricht einen Menschenjäger . . . Ulbricht hat so viele Menschen ins Elend, oftmals in den Tod gejagt, er hat die Literatur so gnadenlos unterdrückt, er hat den Sozialismus so unheilbar korrumpiert, daß die Jahre seine Schuld niemals auslöschen können – auch nach seinem Tod nicht.« Carola Stern, Autorin von »Ulbricht, eine politische Biographie« (Köln 1963) resümierte nach Ulbrichts erster Amtsabgabe (»Die Zeit«, Nr. 19/1971): »Wer Ulbricht kennt, den wird auch das Verfahren der Machtübergabe nicht verwundern. Spontan, unüberlegt, zu hastig oder auch zu spät hat Ulbricht schon in seiner Jugend nicht gehandelt. Überrumpeln hat er sich selten lassen – und überrumpeln sollte ihn nun auch nicht der Tod . . . Welche Männer auch die DDR ins Jahr 2000 führen werden – Ulbricht hat ihnen den Weg geebnet . . . Eine seltsame Verbindung von Konservativismus und Pragmatismus, von 19. und 20. Jahrhundert, von Computer und Provinzialität, von Zynismus und Gläubigkeit, von Fortschritt und Reaktion kennzeichnet den Ulbricht-Sozialismus.«

Nun zu Ministerpräsident Willi Stoph. Zunächst wirkte er ziemlich im Hintergrund. Weltbekannt wurde sein Name erst, als er sich 1970 in Erfurt und Kassel mit Willy Brandt traf, um mit dem Bundeskanzler über eine nachbarliche Annäherung der beiden deutschen Staaten zu verhandeln. Als sein Bild nun häufiger in der Presse erschien, erinnerte man sich in Westberliner Künstlerkreisen seiner. Als Soldat Hitlers verbrachte er seinen Urlaub immer in Berlin. Er war als Kommunist bekannt, rangierte aber damals unter den »Edelkommunisten«. Am 9. Juli 1914 wurde er in Berlin als Arbeiterkind geboren und erlernte den Maurerberuf. Im Fernstudium bildete er sich zum Bautechniker aus. 1928: Beitritt zum kommunistischen Jugendverband Deutschland, 1931: Mitglied der KPD. Im Krieg brachte er es bis zum Stabsgefreiten in der Artillerie und erhielt an der Ostfront das E. K. 2. Seit 1945 übernahm er »verantwortliche Aufgaben beim Aufbau der Wirtschaft, bei der Schaffung und Stärkung der bewaffneten Kräfte und bei der Führung des Staates« – so heißt es in seinem offiziellen Lebenslauf. Willi Stoph war bis 1947 Leiter der Abteilung Baustoffindustrie und Bauwirtschaft, bis 1948 Leiter der Hauptabteilung Grundstoffindustrie, alsdann bis 1950 Leiter der Abteilung Wirtschaftspolitik beim Parteivorstand der SED. 1950: Eintritt in das ZK, bis 1953 Sekretär des ZK, seit 1953 Mitglied des Politbüros des ZK. Seit 1950: Abgeordneter der Volkskammer. 1952: Minister des Innern. Seit der Gründung der Nationalen Volksarmee 1956 war Willi Stoph bis 1960 Minister für Nationale Verteidigung, zuletzt im Range eines Armeegenerals. 1964 wurde er Vorsitzender des Ministerrates. Im Oktober 1963 erfolgte seine Berufung in den Staatsrat. Seit September 1964 ist er einer der Stellvertreter des Vorsitzenden des Staatsrates. Die ihn gut kennen, sagen, daß der stets gutgekleidete Politiker Vertrauen ausstrahlt, er habe Sinn für Gerechtigkeit. Wissenschaftlern zwingt er keinen Parteistandpunkt auf. »Unter ihm könnte das Regime erträglich werden.« Seine Armee hat er fast preußisch gedrillt. Leninscher Pragmatismus liegt ihm mehr als marxistische Philosophie.

Es war nicht überraschend, daß Erich Honecker, Mitglied des Politbüros und Sekretär des ZK der SED, zum Nachfolger Ulbrichts als Erster Sekretär des ZK der SED gewählt wurde. In der DDR war schon seit langem die Rede davon, daß Honecker an Ulbrichts Stelle innerhalb der SED treten würde. Als Sohn eines Bergarbeiters wurde Honecker am 25. August 1912 in Neunkirchen im Saarland geboren. Das »Handbuch der Volkskammer« der DDR führt ihn als Dachdecker an. Als Zehnjähriger wurde er Mitglied der Kommunistischen Kinderbewegung, als Vierzehnjähriger Mitglied des Kommunistischen Jugendverbandes und bereits als Siebzehnjähriger Mitglied der KPD. Innerhalb der kommunistischen Jugendbewegung zeichnete er sich als Aktivist aus. Es heißt, im Ruhrgebiet, in Südwestdeutschland und in Berlin habe er zur Zeit Hitlers illegale Jugendarbeit geleistet. Er war wiederholt verhaftet und wurde 1937 zu zehn Jahren Zuchthaus verurteilt. Nach dem Einrücken der Roten Armee wurde er 1945 aus dem Zuchthaus Brandenburg-Görden befreit und widmete sich erneut der »antifaschistisch-demokratischen Erziehung« der Jugend. 1946: Mitglied des ZK der KPD in der SBZ. Seit jenem Jahr ist er Mitglied des Parteivorstandes beziehungsweise des ZK der SED. Das erste Parlament der freien Deutschen Jugend wählte ihn 1946 zum Vorsitzenden, eine Funktion, die er bis 1955 innehatte. 1949 wurde Honecker Mitglied des Exekutivkomitees des Weltbundes der demokratischen Jugend. Seit 1950 ist er Abgeordneter der Volkskammer. 1950 bis 1958 war er Kandidat des Politbüros, wurde alsdann Mitglied des Politbüros und Sekretär des ZK sowie Sekretär des Nationalen Verteidigungsrates. Ein zweijähriger Studienaufenthalt in der UdSSR (1956/57) formte ihn endgültig zu einem unnachgiebigen Apparatschik. »Das Wesentlichste an ihm scheint . . . zu sein: Erich Honecker hat niemals eigene Gedanken erkennen lassen. Er firmiert als der geborene Exekutor« (Ernst Richert: »Die DDR-Elite«, Reinbek 1968). Ob er mehr wird als ein Parteimann, nämlich ein Staatsmann, bleibt abzuwarten. Ob er Entspannungspolitik betreiben wird, ist zu bezweifeln. 1970 skizzierte er in der Parteihochschule »Karl Marx« seine Schau der Bundesrepublik: »Es gibt keine Anzeichen, daß sich die Zielstellung des westdeutschen Imperialismus unter der sozialdemokratisch geführten Regierung geändert hätte . . . So betrachtet, läuft die Politik der gegenwärtigen Bonner Regierung darauf hinaus, mit etwas geänderten Methoden die Hegemonie der herrschenden Kreise Westdeutschlands über West-, Süd- und Nordeuropa zu festigen und mit Hilfe der Politik des ›Brückenschlags‹, der Konvergenz, der ›Wirtschaftshilfe‹ den Stoß in die sozialistischen Länder zu führen. Der ›Brückenschlag‹ soll, wenn es die ›Großwetterlage‹ erlaubt, offensichtlich der Bundeswehr erlauben, zum entsprechenden Zeitpunkt über diese Brücke zu marschieren.«

Im Oktober 1973 wurde der bisherige Stellvertretende Ministerpräsident Horst Sindermann (geb. 1915 in Dresden) neuer Regierungschef. Dieser »hochintelligente Sachse« wuchs in marxistischer Familientradition auf und ist heute ein populärer Funktionär. Parteichef Honecker, Staatschef Stoph und Regierungschef Sindermann bilden derzeit eine Troika, welche die DDR jedenfalls weiterhin streng auf Moskau-Kurs halten werden, weshalb es für die von Willy Brandt und Walter Scheel gewünschte Entspannung und Annäherung kaum viel Hoffnung gibt.

Wird mit diesem längeren Kapitel im Rahmen eines Europabuches einem kleinen kommunistischen Staat nicht zu viel Bedeutung beigemessen? Die DDR ist ein Vorposten der Sowjetunion in Mitteleuropa! In der DDR steht eine hochausgerüstete sowjetische Armee mit etwa 300 000 Mann Gewehr bei Fuß an der Elbe. Ulbricht war der eifrigste Fürsprecher einer Invasion in die ČSSR. Ein ausgezeichneter Kenner der Verhältnisse, der Berliner Hanns Werner Schwarze, polemisiert in »Die DDR ist keine Zone mehr« (Köln 1969): »Wer einen Gegner überwindet, sollte sich mit ihm verständigen. Wer ihn nicht überwinden kann, muß sich mit ihm arrangieren. Er könnte ihn auch links liegenlassen, der DDR-Führung wäre das vorerst nur recht.« Schwarze erinnert an die Mitverantwortung für die Lebensfähigkeit und die Zukunft West-Berlins – worauf wir später noch zurückzukommen haben werden. Zur Klärung der Verhältnisse können im übrigen nur die Deutschen selber beitragen. Washington hat sich als nicht fähig und Moskau als nicht gewillt erwiesen, die Einheit Deutschlands herzustellen. Deshalb ging Brandt nach Erfurt und Kassel. Theo Sommer, Chefredakteur der Hamburger »Zeit«, hat die Lage so beurteilt: »Wenn jedoch überhaupt in den siebziger Jahren Wandel möglich ist, dann nur in dieser Rich-

---

Eine der einflußreichsten Erscheinungen der europäischen Nachkriegspolitik war der im August 1973 verstorbene Staatsratsvorsitzende der DDR, Walter Ulbricht. Der selbst unter Kommunisten umstrittene Handwerkersohn aus Leipzig marschierte zügig im Gleichschritt mit der sowjetischen Generalität. Ulbricht brachte nicht allein die DDR auf strengen Kremlkurs, sondern versuchte entsprechenden Druck auf andere Länder des Ostblocks auszuüben. Rechts im Bild der Nachfolger Ulbrichts als Staatsratsvorsitzender, der frühere Ministerpräsident und Verteidigungsminister Willi Stoph.

tung: allmähliche Wiederverbindung statt sofortiger Wiedervereinigung. Deutschland bliebe geteilt, aber es wäre nicht mehr getrennt.« Ganz gewiß, schon das wäre ein Fortschritt zur »Normalisierung«. Allerdings: wenn ein Berliner tot ist, kann er sich bereits jetzt ohne allzu viele Scherereien, ganz wie ihm zumute ist, in West-Berlin oder in Ost-Berlin beerdigen lassen. Doch scheint mir das kein Trost zu sein. Es geht um die Freiheit und Freizügigkeit der Lebenden.

## *8. Volksrepublik Polen*
## oder:
## *Ist Tradition stärker als Ideologie?*

1935 erhielt ich von einer Beamtin des polnischen Erziehungsministeriums eine Einladung nach Warszawa. Ich sollte die Herausgabe eines Buches, das ich als Achtzehnjähriger geschrieben hatte und das nun in Polen als Schulbuch erscheinen sollte, überwachen, außerdem an einem Lesebuch der Bibljoteczka Niemiecka mitarbeiten. Der Auftrag ehrte mich; ich nahm ihn an. Auf diese Weise lernte ich schon sehr früh Polen arbeitend kennen. Als Student in Polen erlebte ich zwar mancherlei Lotterwirtschaft, die mich verwunderte, aber auch sehr vieles, was mich faszinierte und wodurch ich schließlich die Polen liebgewann. Einnehmend war ihre Herzlichkeit, Gastfreundschaft und Sympathie demjenigen gegenüber, den sie selber liebgewonnen hatten ...

Dann geschah Hitlers Überfall auf Polen. Es folgten die Verbrechen der SS nicht nur an polnischen Juden, sondern auch an der polnischen Zivilbevölkerung. Es dürfte kaum eine Familie geben, die nicht durch Hitler Elend und Tod erlitten hat. (6 Millionen Tote, von denen 0,7 Millionen als Soldaten umkamen, »die übrigen mehr als 5 Millionen aber willkürlicher Ausrottung zum Opfer fielen« (Gustav Heinemann).

In den sechziger Jahren war ich kurz in Warszawa, um mich dann etwas länger erneut im November 1970 in Polen aufzuhalten. Die Polen haben einige Viertel ihrer Hauptstadt genauso wieder hergestellt, wie sie einmal gewesen waren. Und das dürfte ein einmaliges Phänomen in Europa sein. Ganz Warszawa war eingeebnet, in Schutt und Asche gelegt. Im Januar 1945 war das Gebiet der Stadt mit ca. 20 Millionen Kubikmeter Schutt und Trümmern bedeckt. Warszawa wurde zwischen 1939 und 1944 zu 85% zerstört und hatte ca. 800 000 Tote zu beklagen. Die Polen wollten sich damit nicht abfinden, und deshalb errichteten sie Altes neu. Die Erneuerungen haben Milliarden gekostet, und die Verantwortlichen sind deshalb gerügt worden; eine ganz neue Stadt zu bauen, wäre im Endeffekt billiger gewesen, auch zweckmäßiger. Aber es ist tatsächlich typisch für die Polen, daß sie die Vergangenheit restaurieren wollten. Die Polen sind äußerst nationalistisch gesinnt[7].

Polen trat in die europäische Geschichte ein, als Mieszko I. mit der Annahme des Christentums im Jahre 966 die Weihe mittelalterlicher Herrschaftsordnung gewann. Die polnischen Piastenfürsten zogen deutsche Siedler, Handwerker, Kaufleute als Träger neuer Wirtschaftsweise nach Polen. Deutsche gründeten seit dem 13. Jahrhundert verschiedene Städte; auch deutsche Ritterorden wirkten in der »ostdeutschen Kolonisation«. Es entwickelte sich ein reiches Bürgertum. Eingewanderte Juden erhielten in den Städten wesentliche Privilegien. Reformatorische Bestrebungen wurden durch die Gegenreformation gelöscht und eine Einheit von Kirche und polnischer Adelsnation hergestellt. In der Barockzeit gewannen Jesuiten einen starken Einfluß. Im 17. Jahrhundert begann der Kampf zwischen Moskau als Vormacht der Ostkirche und dem römisch-katholischen Polen um die Ostgebiete Polens. In der Folgezeit ging es um die Abwehr der Türken-Gefahr wie um die Vorherrschaft im Ostseeraum. Polen wurde zum Objekt der Interessenpolitik der europäischen Großmächte. Polen war zwischen seinen mächtigen Nachbarn zerrieben, und es wäre geradezu unnatürlich gewesen, wenn unter solchen Umständen etwa kein Nationalismus entstanden wäre.

Bereits Ende des 19. Jahrhunderts entwickelte sich in Polen eine sozialistische Bewegung, die sich durch nationalen Widerstandswillen und Russenhaß auszeichnete. Die polnische sozialistische Partei erhoffte mit Josef Pilsudski (1867–1935) den Weg zur Unabhängigkeit im Kampf gegen das zaristische Rußland zu finden. Pilsudski stellte im ersten Weltkrieg auf österreichischer Seite Legionen gegen Rußland auf; auch auf französischer Seite kämpften polnische Freiwillige. Am 11. November 1918 wurde die Republik Polen gegründet. Pilsudski wurde Oberbefehlshaber und vorläufiger Staatschef. Aus den Gebieten der drei zusammengebrochenen Reiche (Rußland, Österreich, Deutschland) entstand ein neuer Staat; indessen waren auch

[7] Ich folge deshalb unserer westlichen Geschichtsschreibung, die sich von der polnischen unterscheidet, da dort nationalistische oder neuerdings kommunistische Gesichtspunkte besonders betont werden. Vgl. St. Arnold u. M. Zychowskij: »Abriß der Geschichte Polens«, Warszawa 1967.

Vertreibungen, Aufstände und neue Kämpfe die Folge. Polen gewann 1918 immerhin ein weites Gebiet mit einem Drittel nichtpolnischer Bevölkerung. In den Jahren 1925 bis 1934 kam es zu einem Handelskrieg mit dem Deutschen Reich. 1934 folgte ein Nichtangriffspakt mit Deutschland sowie ein Wirtschaftsabkommen mit der UdSSR. Das Wiedererstarken Deutschlands und der Sowjetunion brachte Polen in die Isolierung. Hitler-Deutschland wollte die Republik Polen zu einer Zusammenarbeit gegen die UdSSR zwingen. Die Polen lehnten das ab. Hitler kündigte im April 1939 den Nichtangriffspakt, und wenige Monate darauf schlossen Stalin und Hitler ein Geheimabkommen über eine Abgrenzung ihrer Interessensphären im polnischen Raum. Am 1. September 1939 begann der drei Wochen dauernde polnische Feldzug. Die Sowjetregierung erklärte bereits am 17. September 1939 den polnischen Staat für nicht mehr existent und besetzte ostpolnische Gebiete. Der polnische Staatspräsident Ignacy Mościcki (1867–1946) begab sich auf rumänisches Gebiet, und es entstanden mehrere polnische Exilregierungen. Die Londoner Exilregierung Polens inspirierte eine polnische Widerstands- und Untergrundbewegung, die ab 1941 kommunistische Unterstützung fand. Im August und September 1944 kam es zum Warschauer Aufstand gegen die deutschen Truppen; die am östlichen Weichselufer stehenden Sowjetverbände ließen die nationalpolnische Aufstandsarmee sich verbluten – und auch das ist bei den heutigen Polen unvergessen.

Das Ziel der sowjetischen Politik war schon seinerzeit, Polen zu einem kommunistischen Staat, wenn möglich zu einem Satellitenstaat der UdSSR umzufunktionieren. Tatsächlich kam es am 16. August 1945 zu einem polnisch-sowjetischen Staatsvertrag. Obwohl die Exilpolen heftig protestierten, mußte Polen auf die Ostprovinzen verzichten, die polnische Minderheit wurde im Austausch gegen Ukrainer und Weißrussen umgesiedelt. An die Tschechoslowakei wurde das Olsa-Gebiet zurückgegeben. Die Polen forderten von Stalin als Kompensation für die abgetretenen ostpolnischen Gebiete Abtretungen im Westen nach der Kapitulation des Hitler-Reiches. Die Absonderung der unter polnische Verwaltung gestellten deutschen Ostgebiete von der sowjetischen Besatzungszone wurde bestätigt unter Vorbehalt der endgültigen Regelung im Friedensvertrag, der bisher ausgeblieben ist. Die Deutschen wurden also vertrieben, und die Folge war zunächst eine wilde Umsiedlung von Menschen aus Ostpolen und dem südlichen Mittelpolen sowie von Rückwanderern aus Westeuropa. Weder in Jalta noch in Potsdam konnte auf den Konferenzen mit den Westmächten eine Einigung bezüglich der Westgrenze und damit der Abtretung der deutschen Ostgebiete erzielt werden. Dies jedoch hatte die engste Anlehnung der Regierung Warschaus an die Regierung Moskaus zur Folge. Die Sowjetunion garantierte den Polen die Oder-Neiße-Linie. Sie wurde am 12. Januar 1949 von Polen zur Staatsgrenze erklärt und von der DDR durch ein am 6. Juni 1950 abgeschlossenes Abkommen anerkannt. Die Volksrepublik Polen galt von nun an als ein absoluter Vasall der UdSSR. 1949 erhielten die polnischen Streitkräfte in Marschall Rokosowski sogar einen sowjetischen Befehlshaber, der zugleich Verteidigungsminister war – ein weiteres Symbol für die Abhängigkeit Polens vom Kreml (allerdings ist Rokosowski polnischer Abstammung und spricht fließend Polnisch).

Die kommunistische Volksrepublik Polen hat eine Gesamtbevölkerung (incl. der ehemaligen deutschen Ostgebiete und Danzigs) von heute rund 33 Millionen Menschen. Zu ihnen zählen etwa 1 Million Autochthone (ehemals deutsche Staatsbürger, die polnische Bürger wurden) sowie 30000 Deutsche, 180000 Ukrainer, 165 000 Weißrussen, 21 000 Slowaken, 19 000 Russen, 12 000 Zigeuner, 10 000 Litauer, je 5000 Griechen und Mazedonier sowie andere Minderheiten. Die Staatssprache ist Polnisch. Die Bevölkerung ist über 90% römisch-katholisch; die Protestanten zählen nur etwa 200 000. Vor dem zweiten Weltkrieg gab es in Polen etwa 3 Millionen Juden, 1946 waren sie auf etwa 200 000 dezimiert, und jetzt zählen sie nur noch etwa 12 000. Offiziell wird der Antisemitismus abgelehnt, aber die Juden befürchten weitere Pogrome und versuchen deshalb auszuwandern, u. a. nach Israel.

Politisch entscheidend ist die kommunistische »Polnische Vereinigte Arbeiterpartei« (PZPR), die etwa 2,3 Millionen Mitglieder zählt. Die PZPR erhielt bei den Wahlen von 1969, bei denen es nur die Einheitsliste der »Front der nationalen Einheit« (99,22% aller Stimmen) gab, 255 von 460 Sitzen im Parlament, die PZPR kontrolliert aber auch die übrigen Parteien und Massenorganisationen. Wie oft hörte ich in Warszawa sagen: »Wir haben zwar eine Regierung und ein Parlament, aber regiert werden wir doch vom 1. Vorsitzenden des Zentralkomitees der Partei.« Der prominenteste Pole war lange Zeit Wladyslaw Gomulka, der zweimal dank der KP eine große Karriere machte, aber zweimal gestürzt wurde. Dies politische Leben endete Mitte Dezember 1970. Wegen eines angeblichen Herzleidens verschwand Gomulka in einem Warschauer Krankenhaus. Er wurde am 6. Februar 1905 in Bialobrzegi bei Krosno (Galizien) geboren. Der Sohn mußte als Hütejunge schon für die ärmliche Familie mitsorgen. Nach der Volksschule war Gomulka Schlosser, er besuchte außerdem zwei Jahre lang eine technische Schule; danach war er in Ölraffinerien beschäftigt. 1922 trat er der Sozialistischen Jugendorganisation *Śila* (Stärke) bei. Später arbeitete er in der Landwirtschaft, half eine »Bauern-Selbsthilfe-Vereinigung« organisieren und wurde nun erstmals verhaftet, weil er staatsfeindliche Flugblätter verteilt hatte. 1926 wurde Gomulka Mitglied der KP, organisierte einen Generalstreik in den Ölraffinerien, kam 1927 als Gewerkschaftssekretär zunächst nach Warszawa, wurde aber bald in Polnisch-Oberschlesien tätig. Als Umstürzler wurde er 1932 wiederum verhaftet und diesmal zu vier Jahren Gefängnis verurteilt. Da er sehr krank war, brauchte er nur zwei Jahre abzusitzen. Gomulka besuchte anschließend zwei Jahre lang die Komintern-Hochschule in Moskau. 1936: Illegale Rückkehr nach Polen, neue Agitation in Oberschlesien, neue Verhaftung, Prozeß. Urteil: 7 Jahre Gefängnis; diesmal mußte er drei Jahre absitzen. Nach dem deutschen Überfall auf Polen stellte Gomulka Arbeiterbataillone zur Verteidigung Warszawas zusammen. 1941: Kontakt mit den Führern der polnischen KP und Mitwirkung bei Partisaneneinheiten. 1942: Erster Parteisekretär in Warszawa, Ende des Jahres: Berufung in das ZK der Partei, November 1943: Generalsekretär der KP.

In London gab es mittlerweile eine polnische Exilregierung. Eine zweite provisorische Regierung des von den Deutschen besetzten Landes wurde am 1. Januar 1945 in Lublin gegründet, und Gomulka übernahm das Amt des Stellvertretenden Ministerpräsidenten. Dieses Amt behielt er in den folgenden Regierungen; er war weiterhin Kommissar für die wiedergewonnenen Gebiete; er sorgte für die Ausweisung der Deutschen. Gomulka befürwortete stets einen nationalen polnischen Kommunismus. Dies brachte ihn in Konflikt mit Genossen, die eine engere Anlehnung an Moskau wünschten. 1947 äußerte sich Gomulka gegen den Beitritt der polnischen KP zur Kominform. 1948 wollte er den Ausschluß Titos aus der Kominform verhindern und protestierte gegen Maßnahmen zur Kollektivierung der polnischen Landwirtschaft. Nun kam es (auf Befehl Stalins?) zum ersten Eklat. Er wurde der Rechtsabweichung bezichtigt, verlor am 30. September 1948 seinen Posten als Generalsekretär und am 21. Januar 1949 seine Regierungsämter. Neun Monate später erfolgte sein Ausschluß aus dem ZK und am 31. Juli 1951 seine abermalige Verhaftung – diesmal allerdings durch die eigenen Genossen. Ein Prozeß gegen ihn wurde nicht eröffnet, doch machte er bis zum 21. März 1955 eine äußerst harte Haftzeit durch, die dem gesundheitlich nie stabilen Mann sehr zusetzte. Sein Hauptwidersacher, Präsident Boleslaw Bierut (geb. 1891), starb 1956. Nun war die Möglichkeit einer Rehabilitierung Gomulkas gegeben. Am 21. Oktober 1956 wurde er erneut in das Politbüro aufgenommen, und er wurde obendrein erneut Erster Sekretär der KP. Die Rückkehr in die Partei machte Gomulka populär. Er vertrat fortan Beziehungen zur Sowjetunion auf der Basis voller Gleichberechtigung, was den Nationalismus aller befriedigte. Die Massen rechneten außerdem mit einer wesentlichen Liberalisierung, mit besseren Beziehungen zur katholischen Kirche, vor allem mit dem Abbau der Allmacht des skrupellosen Apparates der Partei und Polizei. Jahre vor Dubčeks Hervortreten war in Warszawa vom »menschlichen Sozialismus« die Rede. Gomulka trug dazu bei, daß sich Polen immer mehr industrialisierte. Er scheute sich nicht, während des ungarischen Volksaufstandes 1956 auffallende Zurückhaltung zu zeigen, was ihm im Kreml sehr verübelt wurde. Es gelang Gomulka allerdings nicht, Polen aus den erheblichen wirtschaftlichen Schwierigkeiten herauszureißen. Die freie Meinungsäußerung nahm so überhand, daß er sogar selber sein Liberalisierungsprogramm aufgab. Gomulka wurde schließlich seines autoritären Wesens wegen gefürchtet. Gomulka begann massiver als je zuvor gegen die Bundesrepublik zu polemisieren. Er forderte immer heftiger die Anerkennung der Oder-Neiße-Grenze sowie die Anerkennung der DDR. Am 15. März 1967 wurde aus Anlaß eines Staatsbesuches von Walter Ulbricht und Willi Stoph ein Freundschafts- und Beistandspakt mit der DDR unterzeichnet. Etwa zwei Jahre verfolgte Gomulka diese Linie, jedoch am 17. Mai

1969 schlug er versöhnlichere Töne an. Die Möglichkeit diplomatischer Beziehungen mit der Bundesrepublik sei durchaus gegeben, allerdings sei die Bedingung die Anerkennung der Oder-Neiße-Grenze. Vor allem polnische Intellektuelle waren mit ihm nicht einverstanden. Im Lande setzte eine neue Diffamierung von Polen jüdischer Herkunft ein. Im März 1968 kam es ähnlich wie in westlichen Ländern zu Studentenunruhen. Gomulka machte Schriftsteller und Intellektuelle verantwortlich, die er sowieso nicht mochte. Er mußte energisch um seine Stellung kämpfen. Einer seiner Hauptfeinde im sozialistischen Lager wurde Walter Ulbricht. Gomulka hatte früher Nichteinmischung, nationale Souveränität, einen nationalen Weg zum Sozialismus vertreten. Er gab das alles auf und protestierte auch nicht gegen das sowjetische Vorgehen in der ČSSR im August 1968. Im November 1968 sprach Breschnjew auf dem polnischen Parteitag über die beschränkte Souveränität der sozialistischen Länder. Gomulka applaudierte dem Gast aus dem Kreml aus purem Opportunismus. Innerhalb der Partei hatte Gomulka zwar vorübergehend neu gewonnen, sein Schicksal war dennoch schon jetzt besiegelt. Die Absicht der westdeutschen SPD-FDP-Regierung, mit Polen zu einer Aussöhnung zu kommen, wurde von Gomulka begrüßt. Mitte Dezember 1970 kam es in verschiedenen polnischen Städten wie z. B. in Gdansk (Danzig), Szczecin (Stettin) und Gdynia (Gdingen) zu schweren Unruhen.

Damit war Gomulkas Schicksal besiegelt. In der Parteiführung entbrannte ein Kampf um die Macht. Am 20. Dezember wurde Gomulka gestürzt, und er dürfte für immer von der politischen Bühne Polens verschwunden sein. Mit ihm wurden aus dem Politbüro ausgeschlossen das Staatsoberhaupt Marian Spychalski, die Wirtschaftsexperten Boleslaw Jaszczuk und Ryszard Strzelecki sowie der Parteiideologe Zenon Kliszko. Gomulka ist mit der Tochter (Zaria Unszlicht) eines sowjetischen Politikers polnisch-jüdischer Abstammung verheiratet. Er führte immer ein bescheidenes und ruhiges Leben, und es kann ihm kaum der Vorwurf gemacht werden, sich persönliche Vorteile verschafft zu haben. Nach fünfjährigen Studien in Polen veröffentlichte der indische Historiker Peter Raina eine Gomulka-Biographie (Köln 1970). Es heißt da: »Als oberster Parteisekretär ist er geblieben, was er als kleiner Parteifunktionär war, ein Kleinbürger par excellence, pünktlich und arbeitsam im Dienst, langweilig und nüchtern in seinen Reden, ein unauffälliger Bewohner einer kleinen Eigentumswohnung, vom Volke nicht geliebt, aber auch nicht gehaßt.«

Im Februar 1969 floh aus Polen der Dolmetscher des polnischen Polit-Büros, des Staatsrats und der Regierung: der Österreicher Erwin Weit. Er veröffentlichte nach seiner Flucht Erinnerungen über seine dreizehnjährige Dolmetschertätigkeit: »Ostblock intern« (Hamburg 1970). Weit erinnert an Gomulkas Verbrechen in den Jahren 1944 bis 1948, als er Tausende von angeblich Oppositionellen einkerkern und ohne Gerichtsverhandlung hinrichten ließ: »ein Stalin der Polen«. Vielleicht am interessantesten ist die Behauptung Weits, daß Gomulka gar nicht an einer wirklichen Aussöhnung Westdeutschlands mit den Polen interessiert war. Brandt und Scheel waren ihm nur willkommen, weil auch ihm natürlich an der »endgültigen Grenzregelung« gelegen war.

Durch gelegentliche Randbemerkungen politisch denkender Menschen in Polen konnte selbst der Ausländer schon vor dem Sturz Gomulkas spüren, daß dessen Tage gezählt waren. Das wirtschaftliche Chaos war zu evident. Wer wird sein Nachfolger werden? fragte sich jeder. Nur gelegentlich wurde jener Mann genannt, der sofort nach dem Sturz Gomulkas dessen Amt antrat: Edward Gierek. Ob dieser Technokrat die Volksrepublik aus einer politisch wie wirtschaftlich schwierigen Lage befreien wird, bleibt abzuwarten. Es geht ihm allerdings der Ruf voraus, er sei ein vorzüglicher Wirtschaftsexperte, ein bewährter Organisator und ein Spezialist in Fragen der Industrie und des Bergbaus. Als Gierek auf den Posten des Ersten Sekretärs gesetzt wurde, hielt ich mich in Belgien auf und hatte Gelegenheit, mit belgischen Sozialisten über ihn zu sprechen. Gierek hat siebzehn Jahre in Frankreich und Belgien gearbeitet und hat noch heute dort viele Freunde. Zehn Jahre arbeitete er in den Kohlenminen von Zwartberg; zwei Söhne wurden ihm hier geboren, eine Tochter liegt auf dem Kirchhof von Genk begraben. Man rühmt sein fließendes Französisch und Niederländisch sowie seinen drastischen Humor. Die Nichte, Leonia Mamwicky-Gierek in Genk, berichtete, Gierek habe regelmäßig die Kirche besucht und sei immer sehr freundlich und hilfsbereit gewesen.

Edward Gierek wurde als Sohn eines Bergmannes am 6. Januar 1913 in dem Dorf Porabka (Oberschlesien) geboren und verzog mit seiner Mutter im Jahre 1923 zunächst in das nordfranzösische Kohlenrevier. Mit dreizehn Jahren fuhr Gierek bereits in eine Schachtanlage des Departements Pas de Calais. Er wurde früh Mitglied der französischen Gewerkschaft und trat 1931, also im Alter von achtzehn Jahren, in die französische KP ein. Drei Jahre später wurde er als politischer Rädelsführer aus Frankreich ausgewiesen. Er leistete seinen Militärdienst in Polen ab und verzog dann in das belgische Bergbaugebiet Borinage. Auch während des zweiten Weltkrieges war er im Westen; es heißt, er habe zur Résistance gehört. Erst 1948 kehrte Gierek nach Warszawa zurück. Die Partei schickte ihn als Sekretär nach Katowice, und er half bei der Wiederingangsetzung der vom Kriege zerstörten Industrie, des Bergbaus und der Landwirtschaft. 1956 wurde Gierek Mitglied des Polit-Büros in Warszawa, blieb aber weiterhin in Schlesien tätig. Als General de Gaulle 1967 Katowice besuchte, wurde er zu seinem Erstaunen von Gierek in perfektem Französisch begrüßt. Gierek interessiert sich für moderne Literatur und Malerei und wird von konservativeren Genossen als Snob empfunden. Als Gierek am 20. Dezember 1970 zum Nachfolger Gomulkas bestimmt worden war, erklärte er im Fernsehen: »Eiserne Regel unserer Wirtschaftspolitik und Politik überhaupt muß immer die breite Konsultation mit der Arbeiterklasse und der Intelligenz sein . . . Die letzten Ereignisse haben uns auf schmerzhafte Weise an die grundlegende Wahrheit erinnert, daß die Partei die gemeinsame Sprache mit den werktätigen Menschen nicht verlieren darf.« Mit Edward Gierek kam neu zur Macht einer der schärfsten Gegner Gomulkas, der einstige Innenminister, General Mieczyslaw Moczar (geb. 1913), der ins ZK einzog; er gilt als ein Mann des harten konservativ-stalinistischen Kurses[8]. Allerdings dürfte er wie Gierek in erster Linie polnischer Nationalist sein; es bleibt abzuwarten, ob er die Partei mehr oder weniger auf einen prosowjetischen Kurs ausrichten wird. Daß der Kreml nichts anderes erwartet, steht fest. Einen zweiten Dubček oder gar Tito wird man kaum hochkommen lassen.

Die Kommunistische Volksrepublik Polen hat eine kollektive Repräsentation durch einen vom Parlament gewählten, fünfzehn Mitglieder zählenden Staatsrat. Dessen Präsident war seit

[8] Im Juni 1967 wurde er als Sekretär des ZK abgesetzt.

1968 Marschall Marian Spychalski (geb. 1906), der aber als treuer Gefolgsmann seines Parteichefs zusammen mit Gomulka gestürzt wurde. Spychalskis Nachfolger wurde der bisherige Regierungschef, der Vorsitzende des Ministerrates Josef Cyrankiewicz. Im Dezember 1971 wurde er von Prof. Dr. Henryk Jablonski (geb. 1910) abgelöst. Dieser Geschichtswissenschaftler war bereits als Student politisch aktiv. Er war unter Cyrankiewicz Vizepräsident der Akademie der Wissenschaften, seit 1947 Unterstaatssekretär und schließlich Minister für Unterricht und Wissenschaft. Ihm werden hohes Wissen und diplomatische Fähigkeiten nachgerühmt. Regierungschef, also Vorsitzender des Ministerrats, ist seit den dramatischen Dezembertagen 1970 ein Wirtschaftsexperte: Piotr Jaroszewicz. Seit 1957 vertrat er die Volksrepublik Polen im COMECON (Rat für gegenseitige Wirtschaftshilfe), er war Mitglied des Exekutivrates des COMECON und leitete seit 1958 das Komitee für die wirtschaftliche Zusammenarbeit Polens mit dem Ausland beim Ministerrat. Jaroszewicz wurde am 8. Oktober 1909 in Nieswicz geboren, stammt aus einer Lehrerfamilie und war von 1934 bis 1939 selber Lehrer. Nach Ausbruch des deutsch-polnischen Krieges floh er in die UdSSR und war wiederum Lehrer. Er wurde in der in der UdSSR gegründeten polnischen Armee aktiv und kehrte mit ihr in die Heimat zurück. Mitglied der KP wurde er 1944 und war bereits 1945 Delegierter. Er war Stellvertretender Chef der Hauptabteilung für politische Ausbildung der polnischen Streitkräfte, wurde Verteidigungsminister und Divisionsgeneral. Seit 1952 war er ohne Unterbrechung Stellvertretender Ministerpräsident. 1945 bis 1956 war er auch Bauminister, seit 1964 ist er Kandidat des Politbüros.

Noch eines Mannes muß hier zumindest kurz gedacht werden, denn er machte eine Zeitlang Schlagzeilen: Adam Rapacki (1909 bis 1970), polnischer Außenminister von 1956 bis 1968. Rapacki wurde berühmt durch den nach ihm benannten Plan zur Schaffung einer international kontrollierten raketen- und atomwaffenfreien Zone in Mitteleuropa. Auf Veranlassung der USA wurde der Plan von der UNO abgelehnt; es hieß, er sei zu begrenzt, um die Atomkriegsgefahren in Mitteleuropa verringern zu können. Der Rapacki-Plan wurde noch wiederholt abgeändert, passierte viele internationale Gremien, konnte aber nie den Beifall aller finden. Jedenfalls bemühte sich hier ein Pole um die Sicherung des Friedens in Europa.

Eine unübersehbare Kraft im heutigen Polen ist Stefan Kardinal Wyszyński. Er wurde am 3. August 1901 in Zuzela im Nordosten Polens geboren. Nach seinem Studium in Lublin wurde er am Seminar von Włocławek Dozent für Sozialwissenschaften; er war Redakteur einer Zeitschrift für Priester und veröffentlichte Artikel und Bücher über Sozialfragen. Während des zweiten Weltkrieges war Wyszyński an einer Untergrund-Universität als Dozent für Soziallehre tätig. Auch führte er im geheimen Exerzitien für Laien und Ordensleute durch. 1946 wurde Dr. Wyszyński Bischof von Lublin; zwei Jahre später Erzbischof von Gnesen und Warszawa und damit Primas von Polen. Im April 1950 half er beim Abschluß eines Abkommens zwischen Kirche und Staat. Darin erkannte die Kirche das kommunistische Regime an; sie erhielt dafür hinsichtlich der Kultausübung, der religiösen Unterweisung und der Presse Zugeständnisse. Dessenungeachtet kam es auch fürderhin immer wieder zu Auseinandersetzungen zwischen Kirche und Staat. Als Papst Pius XII. Erzbischof Wyszyński im Januarkonsistorium 1953 zum Kardinal ernannte, fuhr dieser deshalb nicht nach Rom, weil er befürchten mußte, nicht mehr zurückkehren zu dürfen; deshalb empfing er den roten Hut später. Eine neue Krise kulminierte, als sich Kardinal Wyszyński für einen eingekerkerten Bischof einsetzte; der Kardinal wurde in Haft genommen. Nach seiner Freilassung mußte er seinen Aufenthaltsort ständig wechseln. 1956 flaute die stalinistische Ära in Polen ab, was Kardinal Wyszyński zugute kam. Gomulka sorgte dafür, daß er nicht mehr verfolgt wurde. Wyszyński vermied seitdem jeden offenen Bruch mit dem Regime, er ist dessenungeachtet einer der kämpferischen Kardinäle in Europa. Was den Ausländer überrascht, sind die stets gut besuchten Kirchen in Polen. Und man sieht in ihnen auch viele junge Leute. Parteiprominenz zeigt sich zwar nicht gern in Kirchen, wo sie bekannt ist, dafür geht sie in andere. Parteigänger lassen ihre Kinder noch immer taufen, auch wenn sie zum feierlichen Akt nicht mitgehen, sondern »Oma und andere Weiber« schicken oder die Zeremonien dort vornehmen lassen, wo sie nicht bekannt sind. Sofort nach der Amtseinsetzung Giereks und Jaroszewicz' konfrontierten die polnischen Bischöfe die neue Partei- und Regierungsspitze mit Forderungen nach größerer innerer Freiheit.

Neben der italienischen und spanischen ist die Hierarchie der katholischen Kirche in Polen eine der stärksten überhaupt. Kardinal Wyszyński hat stets sichtbar werden lassen, daß Kommunismus und Katholizismus in Polen einen Kulturkampf ausfechten. Von 33 Millionen Polen dürften Dreiviertel gläubig zu ihrer Kirche stehen; die KP hat, wie erwähnt, 2,3 Millionen Mitglieder. Vor dem Krieg gab es in Polen fast 12 000 Priester, heute 17 000. Verschiedentlich hörte ich in Polen: »Ohne die Kirche wären wir verloren. Sie wird der Partei so lange die Stirn bieten, wie es irgend geht, und sich nicht auf Kompromisse einlassen. Allerdings brauchen wir auch Rückendeckung vom Ausland. Wenn aber Menschen im Westen vor lauter Mißinterpretationen der Freiheit aus den Kirchen austreten, tun sie auch uns einen sehr schlechten Dienst. Die Christenheit muß gemeinsam um die Freiheit vom Kommunismus kämpfen, oder sie wird eines Tages gemeinsam das Schicksal kommunistischer Barbarei erleiden.«

In Moskau verkehrte ich mit Schriftstellern und war auch in deren Wohnungen. Gewiß ist es schwierig, zu offenen Gesprächen zu gelangen; der sowjetische Schriftsteller fürchtet den Kreml. Der polnische Schriftsteller dagegen scheint mehr zu fürchten: die Partei, die Kirche, die Sowjetunion oder gar alle zusammen. Mit der Partei darf er es nicht verderben; denn dann könnte er seine Existenzbasis verlieren. Die Kirche ist offenbar den allermeisten nach wie vor willkommen, vor allem eben auch als ein Regulativ gegenüber der Partei. In der Sowjetunion muß man Sympathisierende haben, weil man sonst nicht übersetzt wird. Einem Besucher aus dem Westen gegenüber sind die polnischen Autoren vorsichtig. Aber selbst wenn sie der Partei fest verbunden sind, werden sie das einem westlichen Kolle-

---

Oben: Im Dezember 1970 wurde der langjährige polnische KP-Chef Gomulka gestürzt, und sein Nachfolger wurde Edward Gierek (Mitte des Bildes).

Unten: Schlüsselfigur des Prager Frühlings war der KP-Chef Alexander Dubček (obere Reihe, rechts). Der »sowjetische Panzerkommunismus« zerschlug die Absichten Dubčeks, einen »Sozialismus mit menschlichem Gesicht« einzuführen.

gen gegenüber kaum zugeben, um sich nicht die Chance westlicher Kontakte zu verbauen. Ich lernte eine Anzahl freundlicher Kollegen kennen und hatte lange Gespräche mit ihnen, verlor allerdings nie das Gefühl eines nicht ganz ehrlichen Dialoges.

Die sympathischste Unterredung hatte ich mit einem auch im Westen bekannten Autor, mit Jan Dobraczyński (geb. 1910). In seinen Werken repräsentiert er einen entschieden katholischen Standpunkt. Als ich ihn Ende 1970 kennenlernte, hatte er 47 Bücher in einer Gesamtauflage von 1,6 Millionen Exemplaren veröffentlicht. Dobraczyński sagte: »Ich vertrat und vertrete die Ansicht, daß der Sozialismus, der in Polen aufgebaut wird, eine breite Zusammenarbeit von Gläubigen und Nichtgläubigen erfordert. Ein ideologischer Dialog bereichert ideell beide Seiten. Und nur ein so breites Fundament der Zusammenarbeit ermöglicht es, eine Atmosphäre zu schaffen, in der eine junge, moralisch gesunde Generation aufwachsen könnte.« Aufschlußreich, was er über die Jugend sagte. Die auftretenden Wandlungen seien im allgemeinen nicht über eine gewisse Exzentrizität, eine gewisse intellektuelle Verflachung, hinausgekommen. Tendenzen zu einem Verzicht auf Verantwortung und einer Bagatellisierung moralischer Grundsätze machten sich auch in Volkspolen schon bemerkbar. Dobraczyński erklärte: »Die katholische Kirche hat mit Sicherheit einen großen Teil ihres Einflusses auf die Jugend eingebüßt. Dieser Verlust ist um so empfindlicher, als ihre Vertreter nicht immer die Notwendigkeit einer Änderung der Lehrmethoden zur Kenntnis nehmen wollen. Mir scheint, daß auch der Marxismus nicht vermochte, auf die Jugend stärkeren Einfluß zu gewinnen. Andererseits aber werden bei der Jugend gewisse Sehnsuchtsgefühle und Wünsche wach – vorerst noch sehr nebelhaft –: die Suche nach Wahrheit und nach Idealen, die über das Lebensniveau hinausreichen.«

## *9. Tschechoslowakische Sozialistische Republik* oder: *Solch ein Frühling wird nicht wiederkehren*

Kleine Ereignisse illustrieren zuweilen die Weltgeschichte. Es war am Eröffnungsabend der Prager Musikfestspiele 1969: am 12. Mai, Smetanas Todestag. Václav Neumann hatte Smetanas Sinfonische Dichtung »Mein Vaterland« im Smetanasaal dirigiert. Václav Holzknecht, der Präsident der Festspiele, stellte mich dem Präsidenten der Republik, Armee-General Ludvík Svoboda, vor. Ich sagte dem Staatsoberhaupt, daß ich aus dem Westen käme, ihm und seiner Nation in diesen schweren Monaten das Allerbeste wünsche; auch wir im Westen setzten Hoffnung auf ihn. Da sah mich Präsident Svoboda mit seinen stechenden, hellblauen Augen eindringlich an. Verriet er nicht mit diesem Blick, daß er mich verstanden hatte? Er nahm nochmals meine Hand und drückte sie lange. Dieser »Gefühlsaustausch« war mir aufschlußreicher als ein Interview. Seine Frau stand neben uns und beobachtete uns. Ein Adjutant übersetzte ihr meine Worte. Danach reichte sie mir beide Hände, und auch dieser Händedruck bezeugte, daß sie mich begriffen hatte. Svoboda war zunächst ein »Held des Ostens« gewesen, dann war er zum »Helden des Westens« geworden, und nun mußte er wieder ein »Held des Ostens« werden. Ihm war sicherlich nicht wohl dabei.

Wenige Tage später gab der Geiger David Oistrach im Dvořáksaal ein Konzert. Wir waren uns in Tel Aviv begegnet; er und seine Begleiterin, Frida Bauer, sprechen fließend Deutsch. Oistrachs Auftreten zu diesem Zeitpunkt war ein Wagnis. Viele Prager boykottierten den an sich in der ČSSR sehr beliebten Künstler als Repräsentanten der Sowjetmacht. Oistrach erzählte mir, er habe damit gerechnet, vor leerem Hause spielen zu müssen, auch antisowjetische Demonstrationen hatte er einkalkuliert. Nichts dergleichen geschah; die Veranstaltung war ausverkauft. Kurz ehe das Konzert begann, erschien Professor Holzknecht zusammen mit dem kürzlich gestürzten Ersten Sekretär der KPČ. Alexander Dubček saß fünf Plätze von mir entfernt, und ich konnte ihn, ohne daß es auffiel, über zwei Stunden lang beobachten. Ich dachte an den Prager Frühling vor zwölf Monaten, dachte an den 21. August 1968 und die darauffolgenden dramatischen Wochen. Dubček war damals der am meisten diskutierte Mann der Zeitgeschichte; ein Vorbild für den Widerstandskämpfer schlechthin, vielleicht der einzige, der sich – noch mutiger als Tito? – gegen eine Hegemonie des Kremls erhob. Nun saß er, völlig unscheinbar und gelangweilt, in diesem Konzert. Er war zweifellos abkommandiert; wenn es zu Demonstrationen gegen Oistrach gekommen wäre, hätte vielleicht nur er sie einzudämmen vermocht. Nach den herrlichen Darbietungen applaudierte Dubček verlegen mit den Fingerspitzen. Als ich ihm vorgestellt wurde, hielt ich eine weiche, schlappe Hand. Der Dolmetscher versuchte ein Gespräch in Gang zu bringen. Dubček war nur körperlich anwesend, nicht geistig. Er war ein gebrochener Mann. Als er nach dem Konzert seinen Balkonplatz verließ und durch die Menge zum Portal ging, kümmerte sich keiner um ihn. Wie somnambul lächelte Dubček vor sich hin. Ein Bekannter sagte: »Es ist eigentlich unglaublich! Vor Monaten war Dubček ein gefeiertes Weltidol, heute scheint alles, was er versucht hat, vergessen zu sein.« Ein anderer, verärgert: »Ach, wer ist dieser kleine Slowake denn? Parzival, der reine Tor – nichts anderes!«

Die Tschechoslowaken empfinden ihr Land nicht nur als das »Herz«, sondern auch als das »Dach« Europas, weil es an der wichtigsten europäischen Wasserscheide liegt und das Quellgebiet großer Flüsse ist, die in drei europäische Meere strömen: die Elbe mit der Moldau in die Nordsee, die Oder in die Ostsee, die Theiß mit ihren Nebenflüssen in die Donau und damit ins Schwarze Meer. Archäologische Entdeckungen in Südmähren und in der Südslowakei haben neue Tatsachen über die hohe Entwicklungsstufe der alten Slawen und ihres ersten Staates – des Großmährischen Reiches im 9. Jahrhundert – zutage gefördert ...

Am 28. Oktober 1918 entstand die Tschechoslowakische Republik. Ihr größter Förderer und erster Präsident war Tomáš G. Masaryk (1850–1937), ein bedeutender Gelehrter, Staatsmann und Menschenfreund; mit einer Studentendelegation aus Leipzig durfte ich ihn in der Prager Burg bewundern. Die Tschechoslowakei genoß jetzt überall in der Welt Anerkennung. Die KP wurde 1921 gegründet, ein erster Bündnisvertrag mit der UdSSR

1935 geschlossen. Sudetendeutsche Nationalsozialisten versuchten im September 1938 einen Putsch. Es folgte die Losreißung großer Gebiete von der Tschechoslowakei durch das »Münchener Abkommen« (29. September 1938) zwischen Deutschland, Italien, Frankreich und Großbritannien (ohne Zulassung tschechoslowakischer Vertreter!) und die gewaltsame Errichtung des »Protektorats Böhmen und Mähren« im März 1939. Hitler veranlaßte die Abtrennung der Slowakei von der Republik und erklärte sie zu einem selbständigen Staat, der fortan von den L'udáken (den Volksparteilern) beherrscht wurde. Im »Protektorat« kamen 1939–1945 etwa 350 000 Menschen ums Leben. 1942 wurde die Gemeinde Lidice zerstört, in Theresienstadt 1941 ein Getto für Juden installiert.

Sowjetische Truppen machten der Hitler-Besatzung ein Ende, amerikanische Truppen drangen bis vor Prag. Im Mai 1945 trat die Tschechoslowakei wieder als selbständiger Staat in die Geschichte ein. Das Programm der neuen tschechoslowakischen Regierung wurde am 5. April 1945 im Schatten der Sowjetmacht in Košice (Ostslowakei) verkündet. Edvard Beneš, der bereits als Nachfolger Masaryks von 1935 bis 1938 Staatspräsident gewesen war, übernahm das Amt aufs neue, Stellvertretender Ministerpräsident wurde 1945 der Kommunist Klement Gottwald, ein Zimmermann (geb. 1896); 1946 wurde er Ministerpräsident. Die Karpaten-Ukraine mußte an die UdSSR abgetreten werden. Eine planmäßige Sowjetisierung wurde, erleichtert durch die vorausgegangene Beschlagnahme des Besitzes der vertriebenen Deutschen und der Kollaborateure, durch den kommunistischen Staatsstreich vom Februar 1948 in verstärktem Maße fortgeführt, die Verfassung und gesellschaftliche Organisation nach Sowjet-Muster umgestaltet und entsprechend eine Isolierung vom Westen herbeigeführt. Im Mai 1948 trat Beneš zurück, Gottwald wurde Staatspräsident, nach dessen Tod im März 1953 folgte ihm Antonín Zápotocky (1884–1957).

1957 wurde der bisherige Erste Sekretär der KP Präsident der Republik: Antonín Novotný (geb. 1904). In den Jahren 1963 bis 1967 wurde er immer mehr angegriffen, selbst innerhalb der Partei. Deshalb wurde Novotný entmachtet und am 30. Mai 1968 aus dem ZK ausgeschlossen; von der Parteimitgliedschaft wurde er nur suspendiert, inzwischen aber wieder aufgenommen. Zu den Männern, die während der Präsidentschaft Novotnýs im Zuchthaus saßen, gehörte der Nachfolger Dubčeks als Parteisekretär, Gustáv Husák, der Novotný (im März 1968) so charakterisierte: »Es existiert eine absolut unanzweifelbare politische Verantwortung Antonín Novotnýs für brutale Repressalien, für Inhaftierungen unschuldiger Kommunisten, für Gesetzesverletzungen, für betrügerische Rehabilitierungen, als die Sachen bereits völlig klar waren, für Folterungen und Leiden von Tausenden von Kommunisten und auch mancher anderer unschuldiger Leute, die durch Ruzyně[9] und dergleichen hindurchgegangen sind.«

Wie kam es zu jener Entwicklung, die für die kleine Nation so ungemein folgenreich war und eine rücksichtslose Invasion durch Truppen der Warschauer-Pakt-Staaten zur Folge hatte? Wenigstens einige Hauptereignisse seien hier vermerkt, und zwar anhand jener Zeittafel, die Josef Škvorecký seiner Dokumentation »Nachrichten aus der ČSSR« (Frankfurt a. M. 1968) beigegeben hat: »27.–29. Juni 1967: IV. Kongreß des ŠČSS (Tschechoslowakischer Schriftstellerverband) in Prag. Ernste Differenzen zwischen den Schriftstellern und der Parteiführung. Maximalforderung der Schriftsteller ist die Abschaffung der Zensur . . . – 5. Januar 1968: Novotný wird vom ZK seines Amtes als Erster Sekretär der KP enthoben. Nachfolger wird Dubček. Novotný bleibt Staatspräsident. Der sowjetische Parteisekretär Breschnjew war nach Prag geflogen, um Novotný zu stützen, konnte ihn aber nicht halten[10] . . . Eine mächtige Erneuerungsbewegung erfaßte alle Bereiche der ČSSR . . . – 29. Januar: Dubček trifft zu zweitägigem Besuch in Moskau ein. Er spricht mit Breschnjew, Staatspräsident Podgorny und Außenminister Gromyko. Das Schlußkommuniqué spricht von ›herzlicher Freundschaft, Aufrichtigkeit und gegenseitigem Einvernehmen‹ . . . – 9. März: Das Präsidium des Prager Parteiausschusses verlangt die Einberufung einer Plenarsitzung des ZK der KPČ mit dem Ziel, Novotný auch als Präsidenten abzusetzen. – 21. März: An der tschechoslowakischen Ostgrenze werden umfangreiche sowjetische Truppenbewegungen beobachtet.

[9] Ruzyně ist ein Prager Stadtteil, in dem das Zentralgefängnis liegt, wo 1950 bis 1954 die Verhafteten auf ihre Prozesse »vorbereitet« wurden.

[10] Breschnjew war bereits am 8. Dezember 1967 in Prag gewesen. Er wollte Novotný nicht halten, gab sogar dessen Gegnern grünes Licht: »Das ist eure Sache, Genossen.«

– 22. März: Staatspräsident Novotný tritt unter dem Druck der öffentlichen Meinung zurück. – 23. März: In Dresden Gipfeltreffen der Sowjetunion, Polens, Ungarns, Bulgariens, der DDR und der ČSSR. Die Rumänen sind nicht eingeladen. Die Prager werden in die Enge gedrängt. Vor allem Ulbricht zeigt sich mißtrauisch. In Dresden wird der außenpolitische Hauptangriff gegen die Bundesrepublik gerichtet ... – 30. März: Das Präsidium der Nationalversammlung der ČSSR wählt General Svoboda zum Staatspräsidenten in geheimer Wahl ... – 9. April: In Prag vereidigt Präsident Svoboda die neue Regierung unter Ministerpräsident Černik. Sie ist nach dem Prinzip der Trennung von Partei und Regierung gebildet. – 3. Mai: Dubček fliegt mit Černík für zwei Tage nach Moskau. Sie treffen Breschnjew, Kossygin und Podgorny. Der knappe Wortlaut des Kommuniqués verrät, daß die Gegensätze tief gehen ... – 30. Mai: Sowjetische Truppen überschreiten in großer Zahl die tschechische Grenze zu ›Stabsmanövern‹ ... – 27. Juni: Das ›Manifest der 2000 Worte‹ von Ludvík Vaculík erscheint in den *Literární listi.* Es verlangt eine tatkräftige Demokratisierung. Das Manifest dient den Sowjets als Ziel für schärfste Angriffe gegen die Reformer ... Die Anwesenheit der russischen Truppen in der ČSSR erregt die Bevölkerung in steigendem Maß. Der letzte sowjetische Soldat verläßt die ČSSR am 3. August. – 12. August: Ulbricht trifft sich in Karlsbad zu einer achtstündigen Besprechung mit Dubček. Die Tschechen empfangen Ulbricht frostig. Einen Tag vorher haben neue Manöver russischer, ostdeutscher und ungarischer Truppen entlang der tschechischen Grenze begonnen. – 15. August: Der rumänische Partei- und Staatschef Ceausescu trifft in Prag zur Unterzeichnung eines Freundschaftspaktes ein. Er wird ebenso stürmisch gefeiert wie Tito (der wenige Tage zuvor in Prag war) ... – 21. August: Truppen der UdSSR, der DDR, Polens, Ungarns und Bulgariens haben die ČSSR besetzt. Parteichef Alexander Dubček, Parlamentspräsident Smrkovský sowie Josef Špaček und František Kriegel werden von Sowjetsoldaten verschleppt, Ministerpräsident Černík wird ebenfalls verhaftet. Die UdSSR begründet die Intervention mit einem angeblichen Hilfeersuchen tschechoslowakischer Kommunisten gegen die ›konterrevolutionären Kräfte‹ in der ČSSR.«

Am 17. August 1968 erhielt ich vom Schriftstellerverband eine telegraphische Einladung, am 2. September als Gast nach

Prag zu kommen. Am 21. August früh, im Auto auf der Fahrt zur »documenta«, hörte ich, was sich in diesen Stunden in Prag ereignete. Mit einem Transistor verfolgten wir beim Rundgang durch die »documenta« die Vorgänge in der ČSSR. Welche kaum ertragbare Diskrepanz zwischen der Extravaganz westlicher Künstler auf dieser Ausstellung der Avantgarde und dem verzweiflungsvollen Kampf der Tschechoslowaken. Kurz danach war ich dann als Gast des Schriftstellerverbandes in Prag. Ich traf Graham Greene, der zu mir sagte: »Die Situation ist absurder als in manchem absurden Drama!« Allerdings, dachte ich, sinnwidrig ist vieles in der ČSSR. Und da wurde mir verständlicher, warum es mir bisher so schwergefallen war, eine Ordnung in all das zu bringen, was ich täglich erlebte. Warum jedoch stieß mich das absurde, hektische Prag nicht ab? In Prag spürte man in jenen Tagen Geist als eine militante Kraft. Den Pragern gab diese Tatsache die notwendigen Energien, das äußerst problematische Leben zu ertragen.

Die ČSSR hat fast 14,5 Millionen Einwohner, wovon 31% in der Slowakei leben. Die Bevölkerung ist überwiegend römisch-katholisch, die Anhänger der Tschechoslowakischen Kirche und die Protestanten zählen je etwa 8%. 65,2% sind Tschechen, 28,7% Slowaken, 3,9% Magyaren, 125 000 Deutsche. Praha hat etwas über 1 Million Einwohner. Tschechisch und Slowakisch sind Staatssprachen. Die ČSSR hat fast keine Analphabeten. Das geschriebene Wort hat immer einen hohen Rang gehabt. Auch Bauern und Arbeiter besitzen gute Bücher. Ein Prager Tankstellenwart erklärte mir stolz: »Schriftsteller gelten bei uns als Vorhut der Nation. Sie sind unser Gewissen und unsere Sprecher.« Der Prager Publizist Josef Maxa enthüllte in seinem Buch »Die kontrollierte Revolution« (Wien 1969) ein bislang unbekanntes Faktum. Die Rehabilitierung Kafkas Anfang der sechziger Jahre durch Eduard Goldstücker, damals Ordinarius der Germanistik an der Karls-Universität (unter dem Druck der Sowjets mußte er emigrieren), hat den ideologischen Gärungsprozeß beschleunigt. Goldstückers Demarche in Sachen Kafka und die Tatsache, daß er überhaupt das Augenmerk auf das literarische und geistige Leben der liberalen zwanziger Jahre richtete, bestärkte die Schriftsteller darin, sich gegen den Stalinismus zu erheben. Ludvík Vaculík beschuldigte in seiner Rede vor dem IV. Schriftstellerkongreß das Regime, in zwei Jahrzehnten nicht ein einziges menschliches und gesellschaftliches Problem gelöst zu haben. Friedrich Dürrenmatt hierzu: »Der Kommunismus unserer Zeit vermag nur zu überleben, wenn er den Mythos einer unfehlbaren Partei fallenläßt, wenn er sich weiter denkt, wenn er demokratisch wird.« Genauso dachten die Schriftsteller der ČSSR, und so kam es zum offenen Konflikt zwischen ihnen und den orthodoxen Kräften innerhalb der KPČ. Ein Funktionär des Schriftstellerverbandes erläuterte mir die Entwicklung: »Der Krieg zwischen Israel und den arabischen Staaten war gerade zu Ende. Die Intellektuellen protestierten, daß sie durch die offiziellen, zensurierten Publikationsmittel falsch unterrichtet würden. Der Eklat zwischen Politik und Gesellschaft war unleugbar. Es brach der ›Prager Frühling 1968‹ aus. Die Sowjets dagegen hielten nichts vom ›Tauwetter an der Moldau‹ und okkupierten unser Land.« Eine halbe Million sowjetischer Soldaten waren in der ČSSR. Heinrich Böll, der sie in Prag einmarschieren sah, nannte es »eine Demonstration absurder Dummheit«.

Mehr über den Gang der Ereignisse erfahren wir, wenn wir uns mit jenen Persönlichkeiten beschäftigen, die im Mittelpunkt der Auseinandersetzungen standen. Da war zunächst Novotnýs Nachfolger als Staatspräsident: Ludvík Svoboda (Svoboda heißt im Tschechischen Freiheit, weshalb dieser Name eine Zeitlang zugleich eine Parole war). Geboren am 25. November 1895 in Hroznatin (Mähren), studierte er Agrarwissenschaft. Im ersten Weltkrieg kämpfte er als k. u. k. Offizier in Rußland. 1918 blieb er Soldat; als Oberstleutnant wurde er Lehrer an der Militärakademie. Nach Hitlers Einmarsch in die Tschechoslowakei 1938 half er bei der Organisation einer Untergrundbewegung im Gebiet Kremsier, danach ging er nach Polen, um die tschechoslowakischen Streitkräfte aufzubauen. September 1939: zusammen mit 800 tschechischen Offizieren und Soldaten weicht er in die UdSSR aus; diese Gruppe wurde zum Kern einer mit der Roten Armee kämpfenden Brigade (später ein Armeekorps). Mit sowjetischen Truppen rückte Svoboda bei Kriegsende in Prag ein. März 1945: Minister für nationale Verteidigung, kurz danach: Oberbefehlshaber der tschechoslowakischen Armee. Nun erst trat Svoboda in die KP ein, er erhielt ein Mandat in der Nationalversammlung und wurde ins ZK gewählt. Auch nach dem kommunistischen Putsch im Februar 1948 blieb er Verteidigungsminister. April 1950: Stellvertretender Ministerpräsident. Mai 1951: Wahl zum Mitglied des Präsidiums der KP. Als das Kabinett Zápotocký im September 1951 umgebildet wurde, schied Svoboda aus dem Kabinett aus und wurde tschechoslowakischer Gesandter in Bern (bis Juni 1957). Jahrelang hörte man alsdann kaum mehr etwas von ihm; er widmete sich inzwischen kriegshistorischen Studien. Am 30. März 1968 erfolgte Svobodas Wahl zum Staatspräsidenten. Man brauchte jetzt einen besonnenen Mann, der auch in der UdSSR Ansehen genoß. 1969 erhielt er einen der Lenin-Friedenspreise, nachdem er schon zum »Helden der Sowjetunion« ernannt worden war und 66 Orden erhalten hatte.

Als alter Masaryk-Bewunderer kannte ich eine tragische Geschichte. Svobodas Sohn Mirek war im Alter von siebzehn Jahren von Deutschen im KZ ermordet worden. Der Grund? Der Schüler hatte das Denkmal Masaryks, dessen Nachfolger sein Vater einunddreißig Jahre später werden sollte, mit Blumen geschmückt. Wo anders sollte er die Masaryk-Verehrung gelernt haben als im Elternhaus? Svoboda wurde erst sehr spät Kommunist. Ob er es aus Überzeugung oder Opportunismus wurde, kann nur er selber beantworten. Fest steht: Er ist ein tschechoslowakischer Patriot. Er hat mehrfach erzählt, daß es ihn im zweiten Weltkrieg sehr unglücklich machte, wie seine Landsleute von Stalin fast leichtsinnig geopfert wurden. Sicherlich begrüßte er den »Prager Frühling«. Als im August 1968 Reformpolitiker vom Kreml verschleppt worden waren, drohte Svoboda mit Selbstmord, falls seine Freunde nicht sofort freigelassen und an den Verhandlungstisch gebracht würden. Dubček und andere verdankten ihm ihr Leben. Am 17. April 1969 sagte Svoboda zur Ablösung Dubčeks: »Der Name des Genossen Dubček wird in unser aller Gedächtnis für immer mit der Nach-Januar-Politik der KPČ verbunden bleiben.« Später aber sprach Svoboda von »Mangel an Leninscher Prinzipienfestigkeit«. Wie reimt sich das alles zusammen? Ein ehemaliger tschechoslowakischer Diplomat sagte zu mir: »Svoboda will Schlimmeres verhüten. Und wenn er geht oder stirbt, kann es bei uns nur noch schlimmer werden. Er ist etwa mit jenen deutschen Offizieren zu vergleichen, die Hitler ablehnten und doch in der Armee blieben, um Schlimmeres zu verhüten – Kollaborateure wider Willen.« Im Westen spürte man das wohl instinktiv, als man in der ersten

Hälfte 1968 Svoboda fast genausoviel Sympathie entgegenbrachte wie Dubček.

Der eigentliche Held des »Prager Frühlings« ist mittlerweile völlig bedeutungslos geworden. 1970 wurde Dubček (geb. am 21. November 1921 in Ukrovek, Slowakei) für wenige Monate Botschafter in der Türkei. Fotos zeigten ihn im Diplomatenfrack mit weißen Handschuhen; er wirkte völlig hilflos. Als er aus Ankara in die ČSSR zurückkehrte, zog er sich aus der Öffentlichkeit zurück. Am 3. Juli 1970 wurde er aus der KPČ ausgeschlossen. Er ist heute Angestellter der slowakischen Forstverwaltung und bewohnt ein relativ komfortables Haus in Bratislava. Seine Frau und seine Kinder arbeiten. Immerhin, er wurde nicht ermordet. Und viele Tschechoslowaken lieben ihn heute noch. Unbekannte schicken seiner Frau zu jedem 21. eines jeden Monats einen Blumenstrauß; die Geheimpolizisten bekommen laufend Ärger, weil sie die unbekannten Spender nicht finden.

Dabei war Dubček sicherlich nicht jener charismatische Führer, den die ČSSR in jenen Monaten benötigte. Idealismus genügt nicht allein, um Ideale durchsetzen zu können. Ich habe viele Menschen gesprochen, die Dubček gut kennen. Immer wieder hörte ich, er sei zu sentimental; bei vielen Anlässen habe er geweint. Vielleicht das beste Buch über Dubček schrieb der Engländer William Shawcross: »Dubček, der Mann, der die Freiheit wollte« (München 1970). Shawcross gibt zu, daß Dubček viele Fehler hatte, »aber ein einziger Blick auf die sture und unoriginelle Herrschaft Husáks genügt, um zu erkennen, wie unbedeutend Dubčeks Fehler neben seinen bemerkenswerten Vorzügen waren. Dubček hat einen völlig neuen politischen Führungsstil geprägt. Mit seiner absurden Ehrlichkeit, seiner einfachen Bescheidenheit, seiner Gefühlsbetontheit, seinem Gesichtsausdruck, der zuweilen an den eines verschämten Schulmädchens erinnerte, mit seiner stockenden Redeweise und dem unerschütterlichen Glauben an seine Ideale war er vielleicht der einzige politische Führer in der Welt, der von seinem Programm sagen konnte: ›Früher war das Volk mit der Partei und ihrer Politik nicht glücklich . . . Da wir das Volk nicht ändern können, müssen wir die Partei ändern.‹« Allerdings war der Westen nicht unschuldig an der Tragödie Dubčeks. Als man im Frühjahr 1968 mehr als bisher von ihm hörte, wurde er von der westlichen Presse (selbst von der konservativen, orthodox antikommunistischen) schnell hochgespielt, als sei er der heißersehnte Befreier vom kommunistischen Einpeitscher – nicht allein in der ČSSR, sondern in allen von kommunistischen Diktaturen unterjochten Völkern. Das war jedoch Dubček nie, und das wollte er nie sein. Er war und blieb immer überzeugter Kommunist, wenn auch einer von jenen, mit denen auch der Nichtkommunist vernünftig reden kann. Es geht hier auch nicht allein um die Tragödie Dubčeks selbst, sondern um all jene, die vorübergehend an seiner Seite kämpften – wie der abgesetzte Parlamentspräsident Josef Smrkovský, der allerdings auch in seinen Möglichkeiten überschätzt worden ist. Während jener Begegnung mit Graham Greene in Prag sagte mir dieser, er sei von Smrkovský sehr beeindruckt, gegen ihn käme selbst ein Husák nicht auf. Bei meinem Gespräch mit Smrkovský meinte dieser bitter: »Laßt doch alle Hoffnungen fahren! Der Jubel der Bevölkerung um uns täuscht ein falsches Bild vor.« Er sollte recht behalten. Bald wurde Gustav Husák der führende Mann. Vielleicht wird er sogar noch Präsident der Republik. (Smrkovský starb am 15. Januar 1974.)

Gustav Husák, Slowake wie Dubček, wurde am 10. Januar 1913 in Dúbravka geboren. Er studierte Jura in Preßburg (heute Bratislava) und promovierte. 1933: Mitglied der KPČ. Wegen illegaler kommunistischer Tätigkeit war er in der Kriegszeit mehrfach inhaftiert. Dessenungeachtet rief Dr. Husák im September 1943 mit Novomeský und (dem 1952 hingerichteten) Clementis im Untergrund den slowakischen Nationalrat ins Leben. Hier vereinte er Kommunisten und »Bürgerliche«, später führte er die Zusammenarbeit zwischen Kommunisten und Sozialdemokraten herbei. 1944: Stellvertretender Vorsitzender der KP der Slowakei. Von 1945 an hatte Husák die verschiedensten Ressorts in der Landesregierung inne, so für Landwirtschaft, Kirchenfragen usw. Im slowakischen Nationalrat und in der tschechoslowakischen Nationalversammlung hatte er von 1945 an für sechs Jahre einen Sitz. Der 1963 als Ministerpräsident gestürzte Viliam Široký erklärte 1950: »Genosse Husák und Genosse Novomeský haben in unsere Partei die Ideologie des bürgerlichen Nationalismus hineingetragen. Sie gerieten ins Schlepptau der slowakischen nationalistisch eingestellten Bourgeosie.« Daraufhin wurde Husák 1951 seiner Ämter enthoben, aus der Partei ausgeschlossen, verhaftet und 1954 zu lebenslänglichem Kerker verurteilt. Seine Begnadigung erfolgte 1960. Er arbeitete nunmehr in einer Baufirma, später auf bescheidenem Posten in der slowakischen Akademie der Wissenschaften. Seine Rehabilitierung erfolgte 1963; er wurde danach erneut in die KPČ aufgenommen, was dem Partei- und Staatschef Novotný nicht behagte. Für ihn blieb Husák schuldig; er habe die Parteieinheit verletzt. Aber im Januar 1968 stürzte Novotný zunächst als Parteichef, drei Monate später als Staatsoberhaupt. In der neuen Regierung wurde Husák Stellvertretender Ministerpräsident, und er agierte zunächst sehr vorsichtig. Er stimmte nicht in die Lobgesänge für den Reformkurs ein, und heute weiß man, warum: Klarer als andere erkannte dieser Pragmatiker die Gefahren, die den Reformisten um Dubček seitens der UdSSR drohten. Husák wurde Ende 1968, gleich nach dem Einmarsch der Truppen des Warschauer Paktes, Erster Sekretär der KP der Slowakei, bis er, nach der Entmachtung Dubčeks, Erster Sekretär der KP der gesamten ČSSR wurde.

Das Volk war sich im klaren darüber, was die Ablösung Dubčeks durch Husák bedeutete. Schon bald nannte man die ČSSR zynisch »Husákistan«. Wieder jedoch wollte es die westliche Presse besser wissen. Husák, so hieß es fälschlicherweise, würde niemals »das Land an die Russen verraten«. Und abermals sollte sich der Westen täuschen. Husák entwickelte sich zu dem folgsamen Parteigänger, den sich die Sowjetunion gewünscht hatte, um »die Schande des Prager Frühlings auszulöschen«. Im Mai 1971 fand der sogenannte 14. Parteitag statt; eigentlich hätte er der 15. genannt werden müssen. Ein 14. Parteitag hatte schon einmal im August 1968 während des Einmarsches der sowjetischen Panzer stattgefunden. Die *Prawda* schrieb von einem »illegalen Auflauf«. Auch Husák bezeichnete jenen Parteitag als illegal und versuchte, ihn aus der fünfzigjährigen Geschichte der KPČ zu tilgen. Nach neuerlichen Angriffen auf den von ihm besonders gehaßten Novotný nahm er sich Dubček, Černik und Smrkovský vor, die das politische Funktionieren der Staats- und Parteiorgane gelähmt hätten. Auf diesem Parteitag im Mai 1971 wurde Dr. Husák nicht nur in seinem Amt als Parteichef bestätigt, sondern nach sowjetischem Vorbild zum Generalsekretär der KPČ ernannt. Sie setzt sich jetzt nur aus treuesten Anhängern der Sowjetunion zusammen; übrigens schmolz die KPČ auf Grund der gar nicht mehr zu kontrollierenden Parteiverfahren und Parteiausschlüsse von etwa 1,7 Millionen Mitgliedern auf etwa 1 Million zusammen. Die Moskauer *Prawda* war jedenfalls bezüglich dieses Parteitags beruhigt: »Das war ein Parteitag des Sieges über die Feinde des Sozialismus in der ČSSR, ein Parteitag des Triumphes der Ideen des Sozialismus.« Sie verschwieg, daß Zehntausende von Tschechoslowaken seit der Invasion ihr Heimatland verlassen haben. Von den im Lande verbliebenen führen heutzutage Hunderttausende ein kummervolles Leben in der inneren Emigration. (Vgl. A. Müller: »Motive und Formen des Engagements in der ČSSR« in R. Italiaander »Diktaturen im Nacken«, München 1971.)

Die Tragödie der ČSSR wurde auch von einzelnen Persönlichkeiten reflektiert, von denen man es zuvor kaum erwartet hatte. Ein europäischer Theologe, dessen Bedeutung mit der Karl Barths verglichen wurde, war Josef Lukl Hromádka (1889 bis 1969). Der Gelehrte sagte zu mir bei einem Gespräch in seiner Prager Privatbibliothek: »Man kann sagen, daß der durch die Ereignisse in der ČSSR hervorgerufene Schock in Ausmaß und Grausamkeit nicht mit den düsteren Ereignissen in Ostasien oder in einigen afrikanischen Ländern verglichen werden kann. Dennoch sind die Dimensionen der tschechoslowakischen Krise politisch, moralisch und psychologisch so groß, daß sie in dieser Hinsicht der schwersten Krise nach dem zweiten Weltkrieg gleichkommen.« Hromádka betonte, daß die internationale Situation seit dem 21. August 1968 noch komplizierter und gefährlicher geworden sei, als sie vorher war. »Dieser Tag enthüllte ganz deutlich die Gefahr, von der Menschen in allen Kontinenten bedroht sind: Es ist die Gefahr, daß ein mächtiger Staat, bewaffnet mit allen Kriegsmitteln, ein Staat mit einer großen Bevölkerung und einem großen Gebiet, sich das Recht nimmt, despotisch gemäß seinen eigenen Interessen und Ideen gegen diejenigen zu entscheiden, die schwach sind und keine ausreichenden Mittel zur Selbstverteidigung haben.«

Einige Worte über den gegenwärtigen Regierungschef: Lubomír Štrougal (geb. 1924). Schon als Jurastudent wurde er Mitglied der KPČ; er wurde 1958 ins ZK gewählt. 1959: Landwirtschaftsminister, 1961: Innenminister. Obwohl er stets als Vertreter des »orthodoxen Kommunismus« galt, war er unter Dubček u. a. Stellvertretender Ministerpräsident. Nach dem Sturz Dubčeks wurde er u. a. Sekretär des ZK-Büros und Stellvertreter von Husák. Im Januar 1970 wurde Štrougal Regierungschef und im Dezember 1971 in diesem Amt bestätigt. Štrougal ist mitverantwortlich für die anhaltenden »Säuberungen« in der Partei, in der Kultur, in den Massenmedien. Durch Geheimbefehle sind die Werke von etwa 300 tschechoslowakischen Historikern, Philosophen, Schriftstellern und Journalisten verboten, außerdem zahlreiche Werke von ausländischen Autoren. Etwa 150 tschechoslowakische Autoren haben keine Möglichkeit mehr, ihre Werke zu veröffentlichen. Die Tschechoslowakei ist nun ein Land, in dem die Breschnjew-Doktrin in allen ihren Facettierungen mustergültig gehandhabt wird. Der »sowjetische Panzerkommunismus« wird einen »Systemwechsel durch Annäherung« immer zu verhindern wissen.

# *10. Republik Österreich*
# oder:
# *Humanitas als Lebenszustand*

Der im englischen Exil lebende spanische Diplomat und Historiker Salvador de Madariaga besuchte in den sechziger Jahren Wien. Er äußerte sich einem Sektionschef des Bundeskanzleramtes gegenüber erfreut über den wirtschaftlichen Aufstieg Österreichs und hob hervor, daß von der Besatzung keine Spuren übriggeblieben seien. Der Sektionschef antwortete: »Österreich, Exzellenz, liegt am Schnittpunkt dreier Kulturkreise, dem des Schnapses, des Weines und des Bieres. Deshalb wurden wir mit den Russen fertig, also mit dem Wodka, mit den Franzosen, also mit dem Wein, und mit den Engländern, also mit dem Bier. Das einzig Erstaunliche ist, daß wir auch den Coca-Cola-Kulturkreis überwunden haben.« – Es wird mir immer unbegreiflich bleiben, daß es einmal Österreicher gab, die den »Anschluß« wünschten; und darunter waren »Rote« ebenso wie »Schwarze«. Die Österreicher sind doch grundverschieden von den Deutschen, wie auch die Schweizer; daß sie alle drei Deutsch sprechen, ist nicht entscheidend.

Österreicher sind von Haus aus Demokraten, und ihre geistigen Menschen haben mancherlei zur Entwicklung der demokratischen Gedanken in der Welt beigetragen. Wenn es dennoch mit der Demokratie häufig hapert, so deshalb, weil Untertanengeist und Bürokratismus seit je weitverbreitete Übel sind. Damit wollen die Sozialisten, die erstmals die Staatsgeschäfte in die Hand genommen haben, aufräumen. Die im April 1970 an die Regierung gekommenen »Roten« wollen eine Demokratisierung in allen Bereichen des österreichischen Lebens und Wirkens durchsetzen. Daß es ihnen gelänge, wäre zu wünschen. Aber weil ihre Majorität sehr klein ist, bleibt ungewiß, ob die sozialistische Regierung sich lange halten kann. Doch selbst wenn die »Roten« den »Schwarzen« weichen müssen, werden die »Schwarzen« gezwungen sein, den von den »Roten« begonnenen Demokratisierungsprozeß fortzusetzen.

Österreich hat rund 7 400 000 Einwohner (Wien 1,6 Millionen). Die Bevölkerung Österreichs besteht zu 98% aus Deutschstämmigen, den Rest bilden kleine kroatische, magyarische, slowenische und tschechische Minderheiten. Die Umgangssprache ist Deutsch. 89% sind Katholiken, 6,2% Protestanten, den Rest bilden Juden und andere Minderheiten. Österreichs Geschichte und die Wesenheit seiner Bevölkerung wurden maßgeblich dadurch mitbestimmt, daß dieses Land am Schnittpunkt der drei großen Kulturkreise Europas liegt: des romanischen, des germanischen und des slawischen ...

In der Schlacht am Lechfeld (955) wurden die Magyaren geschlagen, und nun erst konnte eine feste Staatsstruktur errichtet werden. Einundzwanzig Jahre später kam Österreich (urkundlich erstmals erwähnt 996) unter das Herrschergeschlecht der Babenberger; Ende des 13. Jahrhunderts folgten denen die Habsburger, die bis 1918 regierten. Der Aufstieg des Hauses Habsburg, das bald ein Weltreich beherrschte, »in dem die Sonne nicht unterging«, war gleichermaßen der Aufstieg Österreichs. 1848 wurde auch Österreich von den Wirrnissen der Revolution erfaßt. Nun erhielt das Land seine erste Verfassung; 1867 folgte eine neue Verfassung, welche die österreichisch-ungarische Doppelmonarchie implizierte. 1888/89 gründete der aus Prag stammende Viktor Adler die Sozialdemokratische Partei Österreichs. Die Ermordung des Thronfolgers Erzherzog Franz Ferdinand in Sarajewo am 28. Juni 1914 durch slawische Nationalisten war der unmittelbare Anlaß für den ersten Weltkrieg. An seinem Ende löste sich die österreichisch-ungarische Monarchie auf; es folgte die Gründung der »Nachfolgestaaten« Tschechoslowakei, Ungarn, Jugoslawien (und bis zu einem gewissen Grade auch Polen und Rumänien). Am 11. November 1918 verzichtet Kaiser Karl I. auf die Ausübung seiner Herrscherrechte; einen Tag später proklamierte die Provisorische Nationalversammlung die Republik Österreich. Die letzte Kaiserin Zita wohnt noch heute in der Schweiz, ihr Sohn, Dr. Otto Habsburg-Lothringen, lebt als Wissenschaftler und Schriftsteller in Bayern; er versucht die europäische Integration zu fördern. Nach dem Tode des Gründers der Paneuropa-Union, Richard Coudenhove-Kalergi, wurde er Präsident der Union.

Die Auflösung des österreichisch-ungarischen Wirtschaftsblocks brachte die junge Republik in erhebliche Schwierigkeiten. Die Grenzen zu den Nachbarn waren gesperrt; Österreich hatte seine wichtigsten Absatzmärkte verloren. Das Aufkommen autoritärer Regime in Italien und in Deutschland behinderte die Entwicklung. 1934 wurde Österreich von einem Bürgerkrieg heimgesucht. Der österreichische Bundeskanzler Engelbert Dollfuß wurde während eines nationalsozialistischen Staatsstreich-Versuchs am 25. Juli 1934 im Wiener Bundeskanzleramt ermordet. Im März 1938 führte der Österreicher Adolf Hitler gewaltsam den Anschluß Österreichs an das Deutsche Reich herbei; Zehntausende Österreicher wurden verhaftet und in die KZs verschleppt. Erst nach sieben blutigen und bitteren Jahren, nach der Besiegung des nationalsozialistischen Regimes, entstand die Zweite Republik. Vom Osten her überschritten die österreichischen Grenzen sowjetische Truppen, vom Westen her amerikanische und vom Süden englische. In Wien gab es Großbrände, in ganz Österreich herrschten Hunger und Chaos. Während noch in verschiedenen Gebieten Österreichs gekämpft wurde, bildete der Sozialdemokrat Dr. Karl Renner eine provisorische Regierung. Am 1. Mai 1945 wurde die demokratische Verfassung Österreichs von 1920 in der abgeänderten Fassung von 1929 durch ein Verfassungsüberleitungsgesetz erneut in Kraft gesetzt. Im Oktober 1945 erkannten die vier Besatzungsmächte (UdSSR, USA, Großbritannien und Frankreich) die provisorische Regierung unter der Bedingung an, daß noch im selben Jahr allgemeine Wahlen abgehalten wurden; sie fanden am 25. November 1945 statt. Renner wurde Präsident der Republik. Er ernannte Leopold Figl von der Österreichischen Volkspartei zum Bundeskanzler; dieser bildete mit Adolf Schärf als Vizekanzler eine Koalitionsregierung.

Die Besatzungsmächte teilten das Land in vier Zonen auf wie Deutschland. Wien wurde (wie Berlin) in vier Sektoren eingeteilt; aber der Stadtkern Wiens wurde internationalisiert. Nach einer Währungsreform begann sich die wirtschaftliche Lage Österreichs langsam zu bessern. Durch den Marshallplan erfolgten Kapitalinvestitionen, die der Wirtschaft sehr halfen. Die österreichischen Staatsmänner waren im Umgang mit den Repräsentanten des Besatzungsregimes sehr geschickt, wodurch Besatzungshärten immer mehr gemildert werden konnten. Bundespräsident Renner starb 1950. Nach seinem Tode wurde zum erstenmal in der Geschichte Österreichs das Staatsoberhaupt direkt vom Volk gewählt. Im zweiten Wahlgang erhielt General a. D. Theodor Körner, Bürgermeister von Wien (wie Renner

Mitglied der Sozialistischen Partei Österreichs) die meisten Stimmen. Nach den Nationalratswahlen im Februar 1953 wurde der Vorsitzende der Österreichischen Volkspartei, Julius Raab, mit der Bildung einer neuen Regierung betraut, der wiederum Adolf Schärf als Vizekanzler angehörte.

Das Ziel der österreichischen Regierung war der baldige Abzug der vier Besatzungsmächte und der Abschluß eines Staatsvertrages mit der UdSSR. In mehr als 300 Sitzungen erörterten die Außenminister der vier Großmächte und ihre Stellvertreter in London, Moskau, New York, Washington und Paris einen solchen Vertrag, ohne daß zunächst eine Einigung zustande gekommen wäre. Plötzlich, im Februar 1955, deutete der sowjetische Außenminister W. M. Molotow auf einer Tagung des Obersten Sowjets in Moskau die Bereitschaft des Kremls an, einen Staatsvertrag mit Österreich zu unterzeichnen. Im April 1955 reisten unter Führung des Bundeskanzlers Julius Raab Vizekanzler Schärf, Außenminister Figl und Staatssekretär Bruno Kreisky nach Moskau, und sie erhielten tatsächlich die Zustimmung der Sowjetregierung zum Staatsvertrag. Drei Monate später trat in Wien eine Botschafterkonferenz der vier Großmächte zusammen, zu der eine österreichische Delegation zugelassen war. Am Sonntag, dem 15. Mai 1955, wurde im Wiener Schloß Belvedere unter dem Jubel der in großer Zahl herbeigeströmten Bevölkerung jener Staatsvertrag unterzeichnet, der am 27. Juli 1955 in Kraft trat. Noch vor Ablauf der im Vertrag vorgesehenen neunzigtägigen Frist verließ am 25. Oktober 1955 der letzte ausländische Soldat österreichischen Boden. Am Tage darauf beschloß der österreichische Nationalrat das Bundesverfassungsgesetz über die Neutralität Österreichs. Der österreichische Staatsvertrag wird von vielen Politikern und Staatsmännern als eine Art Wunder angesehen, und zwar deshalb, weil die Sowjetregierung etwas freigab, was sie ebensogut weiterhin besetzt halten konnte. Dies hat sich bislang nur einmal ereignet, und zwar eben hier in Österreich.

Der einzige noch lebende Zeuge für das, was sich seinerzeit ereignet hat, ist der gegenwärtige österreichische Bundeskanzler Dr. Bruno Kreisky. Er erzählte mir: »Es hatte ein unglaubliches Aufsehen in der Welt hervorgerufen, daß die Mächtigen im Kreml, die sonst nie Einladungen angenommen haben, plötzlich den österreichischen Botschafter in Moskau aufsuchten. Da waren

Größen wie Bulganin, Molotow, Mikojan, Kaganowitsch usw., also alle die ganz Großen von damals ... Wenn die Russen sich zu einer Sache entschlossen haben, dann kann sie ihnen nicht zu klein sein, nicht zu unbedeutend, als daß sie sie nicht mit großem Aplomb machen. Das hat zur Folge gehabt, daß wir schon recht bald animiert waren. Jedenfalls mußte der reichlich eingeschenkte Wodka bei jedem Toast bis zu Ende getrunken werden, und die Stimmung war dementsprechend angeregt. Es war eben ein Fest im altrussischen Stil. Sehr spät erhob sich Bulganin – er war damals der Höchstrangige der sowjetischen Gäste in der österreichischen Botschaft – und sagte in seinem Toast: ›Wir haben Sie hergebeten, da die Deutschlandfrage in absehbarer Zeit keine Lösung finden wird, warum soll da Österreich noch länger warten?‹ ... Wir Österreicher wurden jedenfalls plötzlich von Bittstellern zu Staatsmännern und als solche mit allen Ehren empfangen, und zwar in einem Ausmaß, wie sie damals keiner Großmacht erwiesen wurden. Der österreichische Staatsvertrag brachte die erste kleine Entspannung in der Führung des kalten Krieges.« Der österreichische Staatsvertrag ist und bleibt für alle Zeiten ein erfreuliches Unikat innerhalb der ersten fünfundzwanzig Jahre europäischer Nachkriegspolitik.

Im September 1955 verabschiedete der Nationalrat ein Wehrgesetz, das die Bildung eines Bundesheeres auf Grund allgemeiner Wehrpflicht vorsieht; es sind aber heute manche Kreise dafür, daß das Bundesheer (»das nur Geld kostet und im Ernstfall nichts ausrichten kann«) aufgelöst werde. Im Dezember dieses denkwürdigen Jahres 1955 wurde Österreich Mitglied der UNO, vier Monate später Mitglied des Europarates. Seit dem 21. Dezember 1971 ist der österreichische Diplomat Dr. jur. Kurt Waldheim Generalsekretär der UNO. 1957 wurde Wien Sitz der Internationalen Atomenergie-Organisation, zehn Jahre später ließ sich die *United Nations Industrial Development Organization* als zweite Institution der UNO in Wien nieder. 1970 fanden in der österreichischen Bundeshauptstadt die SALT-Verhandlungen (SALT = *Strategic Arms Limitation Talks*) statt. 1957 starb Bundespräsident Theodor Körner. Sein Nachfolger wurde der frühere Vizekanzler Adolf Schärf, der 1965 starb. Vierter österreichischer Bundespräsident wurde der frühere Bürgermeister Wiens, Franz Jonas. Der Regierung Julius Raab folgte 1961 die von Alfons Gorbach; 1964 wurde Dr. Josef Klaus

Bundeskanzler, der auch nach der Nationalratswahl vom März 1966 das Kabinett bildete, das zum erstenmal in der Geschichte der Zweiten Republik eine Alleinregierung der Österreichischen Volkspartei (ÖVP) war. Nach dem Ergebnis der Nationalratswahl vom März 1970 wurde Bruno Kreisky mit der Regierungsbildung beauftragt. Koalitionsverhandlungen mit der ÖVP scheiterten, und deshalb entschloß sich Kreisky zur Bildung eines sozialistischen Minderheitskabinetts.

Franz Jonas wurde am 23. Mai 1965 durch Volkswahl zum Bundespräsidenten gewählt; seine Wiederwahl erfolgte 1971. Wie seine Amtsvorgänger Renner, Körner und Schärf wurde Jonas von der Sozialistischen Partei Österreichs (SPÖ) nominiert. Jonas wurde am 4. Oktober 1899 in Wien als eines von acht Kindern einer Arbeiterfamilie geboren und erlernte später, da ein Besuch höherer Schulen finanziell unmöglich war, den Beruf eines Schriftsetzers, den er bis 1932 ausübte. Dennoch gelang es dem jungen Arbeiter, sich durch den Besuch von Abendkursen, Volkshochschulen und der Wiener Arbeiterhochschule ein umfangreiches Wissen anzueignen. Während des ersten Weltkrieges war Jonas Soldat. Er begann seine politische Laufbahn als Funktionär der Buchdruckergewerkschaft und der Sozialdemokratischen Partei. 1932 wurde er Sekretär der Bezirksorganisation Wien-Floridsdorf. Nach mehrfacher politischer Verfolgung und Arbeitslosigkeit während der Jahre 1934 bis 1945 trat Jonas kurz nach dem Ende des zweiten Weltkrieges in die Gemeindeverwaltung von Wien-Floridsdorf ein; 1946 wurde er Bezirksvorsteher. 1948 kam er als amtsführender Stadtrat für Ernährungsangelegenheiten in das Wiener Rathaus. 1949 übernahm er den Sektor Bauangelegenheiten. Als der damalige Bürgermeister von Wien, Theodor Körner, 1951 zum Bundespräsidenten gewählt wurde, rückte Jonas nach und bekleidete bis zu seiner Wahl zum Bundespräsidenten das Amt des Landeshauptmannes und Bürgermeisters der Bundeshauptstadt Wien. Jonas war seit 1945 Obmannstellvertreter und seit 1949 Obmann der Landesorganisation Wien der SPÖ. In dieser Eigenschaft war er Mitglied des Parteivorstandes und einer der drei Stellvertretenden Parteivorsitzenden. Die SPÖ entsandte Jonas 1952 in den Bundesrat und 1953 in den Nationalrat, dem er bis zu seiner Wahl zum Bundespräsidenten ununterbrochen angehörte. – Franz Jonas ist seit 1922 verheiratet. Er ist der Prototyp eines ruhigen, verläßlichen und überaus korrekten Menschen, der sich stets zu dem bekennt, was er sagt und tut. Am 12. November 1968 hielt er im Wiener Parlament eine Rede aus Anlaß des fünfzigjährigen Bestehens der Republik und sagte: »Die Republik Österreich ist das einzige Land aus der alten Doppelmonarchie, das das System der parlamentarischen Demokratie erhalten konnte. Fast die Hälfte ihres fünfzigjährigen Bestandes hat die Republik Österreich unter abnormalen staats- und verfassungsmäßigen Verhältnissen gelebt . . . In den vergangenen fünfzig Jahren war Österreich ein Experimentierfeld der Geschichte für den politischen, wirtschaftlichen und menschlichen Wert oder Unwert von Demokratie und Diktatur.«

Die SPÖ ist mit über 700 000 eingetragenen Mitgliedern die relativ größte Arbeiterpartei Westeuropas, die zwar alle vier bisherigen Bundespräsidenten Österreichs stellte, aber nie einen Bundeskanzler. Der Wiener Gelehrte Kurt L. Shell, derzeit Professor an der Staatsuniversität New York, hat in »Jenseits der Klassen? Österreichs Sozialdemokraten seit 1934« (Wien 1969) eine kritische Studie vorgelegt, die zeigt, wie sich die österreichischen von den deutschen Sozialdemokraten unterscheiden. Die Österreicher seien strukturerhaltender, also konservativer als die »Reichsdeutschen«.

Kreiskys Vorgänger, Bundeskanzler Klaus – vaterländisch-katholischer Rechtsanwalt – zeigte sich gern im Steireranzug und wurde von der ÖVP als »echter Österreicher« herausgestellt. Es gelang ihm aber nicht, Österreich aus seinem verschlafenen Provinzlertum herauszureißen. Dr. Klaus hat sich inzwischen ins Privatleben zurückgezogen; derzeitiger ÖVP-Bundesparteiobmann ist Dr. Karl Schleinzer. Peter Feldl, ein jüngerer Wirtschaftspolitiker, bejahte die Frage »Schläft Österreich?« (Wien 1969) und warf den vor Kreisky Regierenden vor, daß sie Österreich verspielen, »wie die, die 1918 regierten, das größere Österreich, Österreich-Ungarn, verspielt haben«. Da nun versprach

---

Oben: Der Ungar János Kádár (links) gehört zu den kommunistischen Spitzenführern des Ostblocks. Auf dem Bild begrüßt er den früheren polnischen Parteichef Gomulka.

Unten: Zu den profiliertesten österreichischen Nachkriegspolitikern zählen Bundespräsident Franz Jonas und Bundeskanzler Bruno Kreisky, namhafte Vertreter der Sozialdemokratie.

Bruno Kreisky, ein moderner Intellektueller, der über Adorno genauso Bescheid weiß wie über Marcuse, eine »Große Alternative«. Er umgab sich mit tüchtigen »Eierköpfen«, und fast im Alleingang – weil seine Partei (im Gegensatz zu der seines Freundes Willy Brandt) eben nur wenige fortschrittliche Männer hat – führte er den Wahlkampf 1969, und er schaffte es tatsächlich, wenn auch nur mit drei Parlamentssitzen Mehrheit.

Bruno Kreisky wurde am 22. Januar 1911 in Wien geboren. Er entstammt väter- und mütterlicherseits Familien, welchen Ärzte und Politiker, Lehrer und Industrielle angehörten. Sein Großonkel Joseph Neuwirth war schon im 19. Jahrhundert Mitglied des Österreichischen Reichsrates, sein Vater war Generaldirektor der Österreichischen Wollindustrie A.G. und der Textil A.G. sowie Zensor der Österreichischen Nationalbank. Bruno Kreisky studierte in Wien an der Universität Jura und Nationalökonomie und promovierte zum Dr. jur. Als Funktionär der »Revolutionären Sozialistischen Jugend« wurde er 1935 arretiert und 1936 wegen Hochverrats im Sozialistenprozeß verurteilt. 1938 von der Gestapo fünf Monate lang festgehalten, gelang ihm schließlich die Flucht nach Schweden. In Stockholm setzte er seine volkswirtschaftlichen Studien fort, wirkte als wissenschaftlicher Mitarbeiter der Stockholmer Konsumgenossenschaft und war Korrespondent westeuropäischer Zeitungen. Politisch betätigte er sich in der sozialistischen Emigrantenbewegung und versuchte, jenen österreichischen Soldaten zu helfen, die aus Norwegen und Dänemark nach Schweden geflüchtet waren. Nach 1945 organisierte er im Auftrag schwedischer Regierungsstellen Hilfsaktionen für Österreich und bereitete die Aufnahme diplomatischer Beziehungen zwischen Österreich und den skandinavischen Staaten vor. Von 1946 bis 1950 arbeitete er als Diplomat an der Österreichischen Gesandtschaft in Stockholm.

1951 kehrte Kreisky nach Österreich zurück und übte in der Präsidentschaftskanzlei die Funktion eines Kabinettsvizedirektors aus. 1953 wurde er Staatssekretär im Außenministerium und nahm an der Berliner Konferenz 1954 und an den Staatsvertragsverhandlungen 1955 in Moskau teil. 1959 wurde Bruno Kreisky Bundesminister für Auswärtige Angelegenheiten. In dieser Eigenschaft besuchte er zahlreiche internationale Konferenzen. Er führte die Verhandlungen über den Beitritt seines Landes zur EFTA und bereitete ein Arrangement Österreichs mit der EWG vor. In dieser Zeit wurde außerdem die Normalisierung des Verhältnisses Österreichs zu den Oststaaten eingeleitet. Besonderes Interesse bekundete Kreisky für die »Dritte Welt«, in diesem Zusammenhang kam es zur Gründung des »Wiener Institutes für Entwicklungsfragen«, dem er als Präsident vorsteht; im »Österreichischen Jugendrat für Entwicklungshilfe« ist er als Vizepräsident tätig. Seine Sorge galt schließlich der Förderung des diplomatischen Nachwuchses, welche in der Gründung der Diplomatischen Akademie in Wien einen Höhepunkt fand. 1956 wurde er als Abgeordneter in den Österreichischen Nationalrat gewählt. 1959: Stellvertretender Vorsitzender der SPÖ. 1966: Landesparteivorsitzender der SPÖ Niederösterreichs. Der Parteitag der SPÖ wählte ihn 1967 zum Bundesparteivorsitzenden (1968 bestätigt). Bei der Nationalratswahl im März 1970 gelang es der SPÖ unter Kreisky erstmals in der Geschichte der Zweiten Republik Österreichs, die parlamentarische Mehrheit zu erlangen. Am 21. April 1970 wurde Bruno Kreisky von Bundespräsident Jonas mit der Bildung einer neuen Bundesregierung betraut, der er als Bundeskanzler vorsteht. Am 10. Oktober 1971 fanden Neuwahlen statt. Die SPÖ errang zum erstenmal in der Geschichte der Österreichischen Republik die absolute Mehrheit (50,2%), und Kreisky wurde erneut Bundeskanzler. Er konnte eine SPÖ-Regierung bilden, die im Parlament über eine absolute Majorität verfügt.

Bruno Kreisky ist mit Frau Vera, einer gebürtigen Schwedin, verheiratet. Seiner Ehe entstammen zwei heute bereits erwachsene Kinder. Bundeskanzler Bruno Kreisky ist ein Mann angenehmer, lässiger Eleganz, und die Dialoge mit ihm sind stets voller Anregungen; er ist ein Staatsmann, der zuhören kann. Bruno Kreiskys Buch »Die Herausforderung« ist ein wichtiger Beitrag zur Politik an der Schwelle des Atomzeitalters (Wien 1968). Alle, die Kreisky gut kennen, haben beobachtet, daß er an Sicherheit gewonnen hat, seitdem er zum Bundeskanzler bestellt worden ist.

Dr. Kreisky gewährte mir in den vergangenen Jahren mehrere Gespräche[11]. Er verwendet gern den Begriff Mitteleuropa im Gespräch über politische Europafragen, weil er die Abgrenzung in West- und Osteuropa nicht mehr für ausreichend hält. »Es scheint

[11] Vgl. R. Italiaander: »Diktaturen im Nacken«, München 1970.

mir keine Frage zu sein, daß Deutschland, Österreich, die Schweiz zu Mitteleuropa gehören und daß Italien in diesen Bereich, wenn auch nicht geographisch, so doch wirtschaftlich und kulturell tief hineinragt. Und wenn es auf der anderen Seite der großen Demarkationslinie zwischen den Demokratien und Diktaturen nun Völker gibt, die nach Mitteleuropa drängen, dann sollten wir sie nicht zurückstoßen, sondern sie in diesem Bestreben ermutigen. Wenn Kroaten und Serben, Tschechen und Slowaken, Ungarn, Polen und auch Rumänen – wenn sie alle nach Mitteleuropa streben, dann soll uns das wenigstens dazu veranlassen, Überlegungen anzustellen, inwieweit hier Formen der wirtschaftlichen und kulturellen Zusammenarbeit gefunden werden können, als Ansatzpunkte für neue Entwicklungen.«

Bundeskanzler Kreisky holte sich in seine sozialistische Regierung einen »Bürgerlichen« als Außenminister: Rudolf Kirchschläger, einen praktizierenden Katholiken, der nicht Sozialist ist, aber das besondere Vertrauen des Bundeskanzlers genießt. Kirchschläger war vor seiner Berufung zum Minister Gesandter in Prag. Wien wollte vor einer Regelung der Vermögensfragen die Gesandtschaft nicht in den Rang einer Botschaft erheben; denn die ČSSR hat als einziger osteuropäischer Staat noch keine Entschädigung für enteignetes österreichisches Vermögen gezahlt. Ich lernte in Bundesaußenminister Kirchschläger einen überaus liebenswürdigen und korrekten Diplomaten kennen, der sich eines sehr guten Rufes in seinen Kollegenkreisen erfreut. Rudolf Kirchschläger wurde am 20. Mai 1915 in Niederkappel (Oberösterreich) geboren, promovierte 1940 an der Universität Wien zum Dr. jur. und übte bis zum Jahre 1954 das Amt eines Richters aus. Anschließend im Bundesministerium für Auswärtige Angelegenheiten tätig, leitete er seit 1956 die Völkerrechtsabteilung und war seit 1962 Stellvertretender Generalsekretär des Bundesministeriums für Auswärtige Angelegenheiten, sodann Leiter des Kabinetts des damaligen Bundesministers Kreisky. Als hervorragender Völkerrechtler wurde Kirchschläger immer wieder zu internationalen Konferenzen entsandt. Bei der Wiener Konferenz über diplomatische Beziehungen (1961) und bei der Wiener Konferenz über konsularische Beziehungen (1963) leitete Kirchschläger jeweils die österreichische Delegation. Die Abhaltung dieser Konferenzen ging weitgehend auf seine Initiative zurück. Österreich ist seit dem 20. Oktober 1972 nichtständiges

Mitglied des Weltsicherheitsrates. Bundesminister Kirchschläger ist verheiratet und hat einen Sohn. Außenpolitik ist, laut Kirchschläger, eine nicht nach vorgeschriebenen Normen zu vollziehende, aber bestimmten Regeln unterliegende Gestaltungskraft. »Es wäre in der Welt von heute unrealistisch zu sagen, daß die Vereinten Nationen mit den Mitteln des Zuhörens, des Redens und des Austauschpflegens den Weltfrieden in diesen 25 Jahren absolut erhalten hätten. Aber wir wissen auch – aus unserem eigenen Leben, und das Leben der Staaten vollzieht sich häufig nach denselben Gesetzen –, daß die Nichterfolge stets offenbar werden, der Erfolg aber, der aus der Begegnung, der aus der Diskussion entsteht, wird, wenn er sich nicht unter dramatischen Umständen vollzieht, niemals offenbar. Jedenfalls haben uns die Vereinten Nationen, zu denen sich Österreich bekennt, gelehrt, über das eigene Ich hinaus zu denken und zu versuchen, das Universelle in das Blickfeld zu bekommen.«

Wie viele Ausländer, so glaubte auch ich ursprünglich, Österreich läge vor mir wie ein offenes Buch, ich brauchte nur darin zu lesen. Österreich ist kein offenes Buch! Mit anderen Ländern Europas kann man leichter »fertig werden« als mit Österreich. Es ist vielleicht eines der widerspruchsvollsten Länder Europas. Ich meine, daß heute noch gilt, was Charles de Talleyrand vor etwa 200 Jahren schrieb: »Der konservative Einfluß Österreichs ist für die Erhaltung des europäischen Gefüges unentbehrlich. Österreich zerstören hieße das Chaos an die Stelle der Ordnung setzen ... Österreich muß bleiben. Das ist für das Wohl der zivilisierten Nationen unbedingt notwendig.«

# *11. Volksrepublik Ungarn* oder: *Mit dem Westen weiterhin verbunden*

Drei Monate nach der Invasion in der ČSSR durch Truppen des Warschauer Paktes war ich wieder einmal in Budapest. Es war aus Anlaß eines Schriftsteller-Kongresses. Neues Licht fiel auf den KP-Chef Kádár. Ausländische Diplomaten erzählten, daß Kádár einen Nervenzusammenbruch erlitten hatte, weil er sich dem Befehl des Kremls, ungarische Truppen in die ČSSR zu senden, nicht habe widersetzen können. Er zeigte sich nicht in der Öffentlichkeit, solange seine Truppen nicht aus dem »sozialistischen Bruderland« zurückgekehrt waren. Es kursierten politische Witze. Einer sei angeführt. Frage: »Warum sind ungarische Truppen nach der ČSSR gefahren?« Antwort: »Um den Mann zu suchen, der die Sowjets gerufen hat.« Zusatzfrage: »Und warum sind sie so lange geblieben?« – »Weil sie jenen Mann nicht gefunden haben.«

Menschen, die viel gereist sind und es deshalb eigentlich wissen müßten, haben festgestellt, die ungarische Hauptstadt Budapest sei sowohl mit Paris wie mit Wien zu vergleichen. Mit beiden hat Budapest fraglos den Charme gemeinsam. Wie Paris und Wien hat Budapest heute noch anheimelnde altmodische Stadtteile. In Budapest wurden sie während des zweiten Weltkrieges schwer beschädigt, aber die Budapester lieben ihre alte Stadt so sehr, daß sie jene Quartiere nach Kriegsende restauriert haben. In Budapest wird wie überall in der Welt viel gebaut, die Stadt breitet sich aus. Budapest mit seinen Vororten zählt bereits über zwei Millionen Einwohner.

Symbolisch für die Gesellschaftsumschichtung ist die Wohnraumbeschränkung; alle Wohnungen sind überfüllt. Es gibt in Budapest nur noch wenige private Hausbesitzer. Die meisten wurden enteignet. Meist frühmorgens und unangemeldet kamen Funktionäre und erklärten: »Ihr Haus gehört Ihnen nicht mehr. Auch nicht mehr Ihr Geschäft. Verlassen Sie Haus und Geschäft sofort.« Es ist freilich erstaunlich, wie sich die Ungarn mit den Verstaatlichungen abfinden.

Die Ungarn sind allen politischen Erschütterungen zum Trotz das liebenswürdige Volk geblieben, als das man sie kennt. Die meisten Ungarn fühlen sich heute mehr denn je mit dem Westen verbunden. Vor der kommunistischen Revolution emigrierten viele Ungarn ins Ausland. Als Robert Ranke-Graves Budapest besuchte, wurde er gefragt, warum. Antwort: »Ich habe bei meinen Weltreisen überall Ungarn getroffen. Es waren meistens tüchtige und liebenswerte Menschen. Ich bin nach Ungarn gekommen, um einmal selber zu sehen, wie es in der Hauptstadt aussieht.« Ein kleines Land wie Ungarn ist kaum in der Lage, eine eigene Politik zu treiben. Die Ungarn richten sich offiziell nach dem Kreml aus; eine andere Wahl bleibt ihnen nicht. Im Schulunterricht ist Russisch obligatorisch. Die Ungarn erhalten aus der UdSSR Bücher, Filme, Redner, Theatergruppen, Ballette. Die Jungen sind weniger verdrossen als die Alten.

Die Ungarn empfinden sich häufig als etwas Besseres und spötteln manchmal anmaßend über die »Balkanländer«. Sie berufen sich dabei auf ihre Vergangenheit. – Ein Problem für sich ist die ungarische oder magyarische Sprache, die zur ugrischen Gruppe der finnisch-ugrischen Sprachenfamilie gehört. Sie wird von rund 13 Millionen Menschen in Ungarn, in den ungarischen Nachbarländern und zerstreut in verschiedenen europäischen und überseeischen Ländern gesprochen.

Mit den Provinzen Pannonien und Dakien reichte das Römische Reich bis zur Donau.

Fürst Geza (972–997) einigte die Stämme und leitete die Christianisierung ein. 1308 wurde Karl von Anjou König und stellte die königliche Zentralgewalt gegenüber den Magnaten wieder auf. Anfang des 16. Jahrhunderts fiel Ungarn den Türken in die Hände. Das türkische Besatzungsgebiet diente den Türken als Aufmarschweg gegen Wien und wurde von ihnen entvölkert.

1683–1699 befreiten sich die Ungarn von den Türken. Kaiser Leopold I. von Österreich verwaltete Ungarn absolutistisch. Die Niederlage der Mittelmächte im ersten Weltkrieg hatte in Ungarn chaotische Zustände im Gefolge. Kaiser Karl I. von Österreich nannte sich als König von Ungarn Karl IV. Er verzichtete am 11. November 1918 auf die Ausübung seiner Herrscherrechte, und fünf Tage später wurde Ungarn Republik. Die Rumänen in Siebenbürgen erklärten ihren Anschluß an Rumänien, die Tschechen besetzten Oberungarn, die Serben Südungarn. Ministerpräsident Graf Michael Károlyi übergab am 21. März 1919 die Herrschaft dem kommunistischen Führer Béla Kun. Ungarn war jetzt für fünf Monate eine Räterepublik; zu ihren Ministern gehörte der weltberühmte marxistische Theoretiker Georg Lukács. Im März 1920 wurde Ungarn wieder ein Königreich mit Admiral Horty als Reichsverweser. König Karl IV. versuchte vergeblich, den Thron zurückzuerlangen, dennoch setzten sich rechtsradikale Strömungen durch. Während des zweiten Weltkrieges, nach der Niederwerfung Jugoslawiens, erhielt Ungarn Teile der abgetrennten Gebiete zurück. Ungarn trat an der Seite der Achsenmächte in den Krieg ein; im März 1944 besetzte die deutsche Wehrmacht das Land. Sieben Monate später verkündete Horty den Austritt Ungarns aus dem Krieg. Als der Führer der Pfeilkreuzler, Ferenc Szálasi, Staatsführer wurde, war Ungarn bereits Kriegsschauplatz, und die Sowjets standen 20 Kilometer vor Budapest. Bald besetzten Sowjettruppen das ganze Land, und Ungarn erklärte Deutschland den Krieg.

Im April 1945 stand Ungarn unter sowjetischer Besetzung. Zunächst kam eine Koalitionsregierung (Bauern, Sozialdemokraten, Kommunisten) an die Macht. Im Februar 1946 wurde Ungarn Republik und Ferenc Nagy Ministerpräsident. Soweit die Volksdeutschen nicht mit den geflohenen deutschen Truppen außer Landes gegangen waren, wurden sie zwangsweise ausgesiedelt. Es kam zur Enteignung des Großgrundbesitzes und zur Verstaatlichung der Wirtschaft; durch eine Inflation trat die völlige Verarmung des Mittelstandes ein. Im Februar 1947 stellte der Pariser Friedensvertrag die Grenzen von 1938 wieder her; mit sowjetischer Hilfe errangen die Kommunisten in den folgenden Jahren immer mehr Einfluß. Die tatsächliche Macht lag bereits längere Zeit beim Ersten Sekretär der KP, Mátýas Rákosi, welcher von 1952 bis 1953 Ministerpräsident war. Schon im August 1949 war Ungarn nach sowjetischem Vorbild eine Volksrepublik geworden. Die Einführung des Kolchosensystems stieß auf den harten Widerstand der Kleinbauern. Der Stalinist Rákosi wurde im Juli 1953 von Imre Nagy als Ministerpräsident abgelöst. Nagy machte Deportationen rückgängig, strebte für die Bevölkerung einen höheren Lebensstandard an, lockerte das Kolchosensystem, hob grobe Ungesetzlichkeiten auf. Unter Nagy war die schnelle Industrialisierung gemildert worden, unter Ministerpräsident A. Hegedüs (seit April 1955) wurde sie wieder beschleunigt. Im selben Jahr wurde Ungarn in die UNO aufgenommen. Mitte Juli 1956 wurden die bislang sehr strengen Zügel gelockert und verschiedene kommunistische Funktionäre rehabilitiert. Rákosi verlor seine Parteiämter. Immer mehr Ungarn wünschten eine größere Demokratisierung und eine Lockerung der Beziehungen zu der UdSSR.

Am 23. Oktober 1956 begann mit Studentendemonstrationen ein Volksaufstand für demokratische Freiheiten, an dem sich viele prominente Intellektuelle wie der große Epiker Tibor Déry beteiligten. Imre Nagy wurde erneut Ministerpräsident und versprach Reformen. Diese Entwicklung paßte nicht in den Plan der UdSSR, und so schickte sie Truppen. Es kam zu dem ungarischen Aufstand, der seit dem 4. November 1956 blutig unterdrückt wurde. 194 000 Ungarn flüchteten nach dem Aufstand nach Österreich und Jugoslawien. Neuer Ministerpräsident wurde János Kádár. Er gründete am 3. November 1956 die revolutionäre Arbeiter- und Bauernregierung, die mit Unterstützung der Sowjets den Aufstand niederschlug.

Die Ungarische Volksrepublik zählt 10 295 000 Menschen, von denen 98% Magyaren sind; Minoritäten bilden die verbliebenen 200 000 Deutschen, 100 000 Slowaken, 80 000 Kroaten und 20 000 Rumänen. Fast zwei Drittel der Bevölkerung sind römisch-katholisch, über ein Viertel Protestanten. Aber wie in allen sozialistischen Ländern des Ostblocks wird versucht, das Christentum völlig aus dem Leben des Volkes zu eliminieren. Ungarn hat als kollektives Staatsoberhaupt den Präsidialrat der Nationalversammlung; sein Vorsitzender ist seit 1967 Pál Losonczi (wiedergewählt 1971), geboren 1919 als Kind einer armen Bauernfamilie in Bolho (Komitat Szabolcs). Er war zunächst selber Landarbeiter, von 1945 bis 1948 Kleinbauer. 1945 trat er der KP bei. 1948 gründete er die landwirtschaftliche Produktionsgenossenschaft »Roter Stern« in Barcs, die wegen ihrer Erfolge preisgekrönt wurde und die Losonczi bis 1960 leitete. 1953: Wahl ins Parlament. 1957: Vollmitglied des ZK. 1960 übernahm er die Leitung des Landwirtschaftsministeriums und setzte die Vollkollektivierung der Landwirtschaft durch. Nach der Wahl im März 1967 kam es zu einer Regierungsumbildung, die Umbildungen der Parteiführung im Gefolge hatte. Aus Alters- und Gesundheitsgründen trat der wenig profilierte Vorsitzende des Präsidialrates, also das nominelle Staatsoberhaupt, zurück: István Dobi. Viele hatten geglaubt, daß jetzt Kádár an die Spitze des Staates treten würde, aber gewählt wurde Losonczi. Wegen seiner Erfolge in der Kollektivierung der Landwirtschaft in der Frühphase erhielt er 1954 die Medaille »Held der sozialistischen Arbeit«, 1956 den Kossuth-Preis und 1957 wegen seiner Haltung während des Volksaufstandes die Erinnerungsmedaille der Arbeiter- und Bauernmacht.

Regierungschef ist Ministerpräsident Jenö Fock, Mitglied der Ungarischen Sozialistischen Arbeiterpartei. Als Sohn eines Arbeiters wurde er 1916 im Komitat Gyoer (Raab) geboren. Er wurde als Mechaniker ausgebildet, trat 1932 in die KP ein, deren nationalem Jugendkomitee er ab 1937 als Mitglied angehörte. 1940 wurde er von einem Militärgericht zu drei Jahren Gefängnis verurteilt. Nach dem Kriege kam ihm das zugute; in der Partei und in der Wirtschaft stieg er schnell auf. 1950 schon war er Abteilungsleiter im Ministerium für Schwerindustrie. Erstmals Regierungsmitglied war er in den Jahren 1952–1954, und zwar als Stellvertretender Minister für Hüttenwesen und Maschinenbau. Ab Oktober 1954 war er im Außenhandel tätig und bereitete das ungarisch-ostdeutsche Handelsabkommen vor. Ab Juli 1955: Leiter der ungarischen Handelsmission in Ost-Berlin. 1956–57 Sekretär des Nationalrats der ungarischen Gewerkschaften. 1956 erfolgte seine Wahl zum Kandidat-Mitglied des ZK. 1957–1961: Sekretär im ZK der Ungarischen Sozialistischen Arbeiterpartei (ein Name, der für KP steht). Seit 1959 gehört Jenö Fock auch dem Politbüro an. Im September 1961 wurde Ferenc Münnich als Ministerpräsident von János Kádár abgelöst. In dessen Regierung wurde Fock einer der ersten Stellvertretenden Ministerpräsidenten und blieb das auch in den folgenden Kabinetten Kádár und Kallai. Zu Jenö Focks Arbeitsbereichen gehören Fragen der Industrie und Industrieentwicklung; er ist einer der entschiedenen Verfechter des »neuen Wirtschaftsmechanismus«. In diesem Zusammenhang wurden ihm viele wichtige Missionen übertragen. Er verhandelte mit Berthold Beitz, dem Generalbevollmächtigten der Firma Krupp, Essen, über die Zusammenarbeit der ungarischen Industrie mit dem Essener Konzern. Ministerpräsident wurde Jenö Fock im März 1967. Seine Berufung zum Regierungschef ist ein Zeichen dafür, daß die Partei die Reformen auf dem Gebiet der Wirtschaft in Zukunft konsequenter als bisher durchführen möchte.

Wir kommen nun zu jenem Manne, in dessen Vita sich die neue ungarische Geschichte am ausgeprägtesten widerspiegelt: János Kádár. Seine Mutter war eine Magd, sein Vater Landarbeiter. Ihr Sohn wurde am 26. Mai 1912 in Kapoly (Transdanubien) geboren. Er war strebsam, verdiente sich Geld durch Gelegenheitsarbeiten und konnte so die Bürgerschule in Budapest besuchen. Er machte eine Lehre als Feinmechaniker durch und trat als Siebzehnjähriger der Jugendorganisation der Gewerkschaft Vasas bei. Mit neunzehn Jahren gehörte er zur Führungsgruppe des illegalen kommunistischen Jungarbeiterbundes. Zwanzig Jahre alt, trat er der KP bei und wurde Generalsekretär der Jugendorganisation. Er wurde mehrfach ins Gefängnis gesperrt und erhielt 1937 eine Freiheitsstrafe von drei Jahren. 1942: Mitglied des ZK, 1944: Sekretär des ZK, 1945: Mitglied des Politbüros. Ein Freund Kádárs war der Führer der illegalen Partei: László Rajk. 1944: neue Verhaftung bei dem Versuch einer Kontaktnahme mit Tito. Als die sowjetischen Truppen in Ungarn einmarschiert waren, wurde Kádár Erster Sekretär der Budapester Parteiorganisation und leitete deren Aufbau. 1946 sah man ihn als Stellvertretenden Generalsekretär der Partei.

László Rajk wurde 1948 aus seiner Schlüsselposition als Innenminister verdrängt und zum Außenminister ernannt. Kádár wurde Innenminister, Rajk fiel bei der Partei in Ungnade, und es heißt, Kádár habe dazu beigetragen, ihn zu stürzen, indem er ihn zwang, eine Selbstbezichtigung abzugeben unter der Zusicherung, daß er nach dem Prozeß in die UdSSR gehen könne. Der Verrat an dem ehemaligen Freund zahlte sich nicht aus. Im April 1951 wurde Kádár der Spionage, des Verrats und des Titoismus angeklagt und verhaftet. Drei Jahre lang wurde er eingekerkert, und er wurde mehrfach schwer gefoltert, allerdings nicht vor Gericht gestellt. Kádár hatte ein zähes Durchhaltevermögen. Einige Monate nach seiner Entlassung, ab Oktober 1954, betätigte er sich erneut politisch, und zwar jetzt im Nationalkomitee der Nationalen Front; er war bald Leiter des XIII. Bezirks der KP in Budapest und 1955 des Parteikomitees des Komitats Pest. Ein Jahr nach seiner Haftentlassung, als Gerö nach dem Sturz Rákosis Erster Sekretär der KP geworden war, wurde Kádár wiederum Mitglied des Politbüros und des ZK.

Ende Oktober 1956, während des Volksaufstandes, der so viel Blut kostete, wurde Kádár Erster Parteisekretär. Zunächst feierte er die Aufständischen. Als Mitglied der Regierung Nagy wendete er sich allerdings dagegen, daß, wie er meinte, die Volkserhebung Reaktionären zur Macht verhülfe. Nachdem Imre Nagy den Austritt aus dem Warschauer Pakt erklärt hatte und die Sowjets zur Gewaltanwendung bereitstanden, verließ Kádár die Hauptstadt, bildete am 4. November 1956 südöstlich Budapest, in Szolnok, eine Gegenregierung und forderte sowjetische Hilfe an. Das war der vom Kreml längst erwartete willkommene Schlachtruf. Die Sowjets rückten mit Panzern an, die Regierung Imre Nagy wurde verhaftet und der Aufstand mit brutalsten Mitteln niedergeschlagen. Kádár trat mit einem sehr national betonten Programm vor die Öffentlichkeit und erklärte, daß er sich von Nagy habe trennen müssen, weil durch ihn die Reaktion hätte die Oberhand gewinnen können. Kádár baute die Kader der KP neu auf und gründete eine neue Sicherheitspolizei. Hilfe des Auslands nahm er nur insoweit an, als sie sich auf materielle Hilfsmaßnahmen beschränkte. Als Protest gegen die Resolution der UNO wurde Generalsekretär Dag Hammarskjöld die Einreiseerlaubnis verweigert, während einige Jahre später sein Nachfolger, der Burmese U Thant, Budapest besuchen durfte.

János Kádár bereiste im Herbst 1957 die Chinesische Volksrepublik und die UdSSR, im Januar 1958 trat er als Ministerpräsident zurück und überließ das Amt Ferenc Münnich, dessen Kabinett er als Staatsminister angehört hatte. Kádár wußte, daß die KP nicht populär ist, und besonders seit dem 8. Parteitag im November 1962 versucht er es mit einer milden »Liberalisierung«. Die »Patriotische Volksfront« steht auch unter kommunistischer Leitung, ihr gehören aber viele Nichtkommunisten an. Durch diese Organisation versucht Kádár eine Art Versöhnung zwischen Kommunisten und Nichtkommunisten herbeizuführen. Wiederholt hat er betont, daß es heute nicht mehr auf die KP-Zugehörigkeit, sondern auf fachliche Qualifikation bei der Besetzung von Ämtern ankäme. Er veranlaßte 1963 eine Amnestie. Seitdem ist die Kulturpolitik etwas weltoffener. Um Touristen wird geworben, damit der Staat Devisen erhält. Die wirtschaftliche Lage verbesserte sich, wobei die UdSSR half. Vom 13. September 1961 bis zum 28. Juni 1965 war János Kádár wieder Regierungschef und Staatschef in einer Person. Erst als sich im Ostblock die Tendenz durchsetzte, die Ämter des Regierungs- und

Parteichefs zu trennen, überließ er den Ministerpräsidentensessel zunächst Kallai, dem also Jenö Fock folgte.

Kádár ist kinderlos verheiratet. Maria Kádár, seine Ehefrau, stammt aus einer Arbeiterfamilie. Sie arbeitete lange Jahre in einer Nachrichtenagentur und ist jetzt im Informationsbüro des Kabinettsrates tätig. Wenn sie sich neben ihrem Ehemann sehen läßt, kann man eine elegante Ungarin bewundern. Die entscheidende Kraft in allen Fragen ist in Ungarn jedenfalls die von Kádár geführte kommunistische »Ungarische Sozialistische Arbeiterpartei« (600 000 Mitglieder); eine zweite Partei gibt es nicht. Diese KP bestimmt die Kandidaten für die Einheitsliste der vaterländischen Volksfront, der die Gewerkschaften und sonstige Massenorganisationen angehören. 1967 gaben 99,7% der Wähler ihre Stimme für die Einheitsliste ab. Auch Kádár bemüht sich um eine Verbesserung der Beziehungen zum Ausland.

Ungarn hat einen ungewöhnlichen Außenminister. János Péter ist 1910 in dem Dorf Alzónek als Sohn eines Eisenbahners geboren. Nach Aussagen von Ungarn-Flüchtlingen soll er deutscher Abstammung sein. Er besuchte die theologische calvinistische Akademie in Budapest, studierte auch in Paris und in Glasgow. Als junger Pfarrer kam er weit in Europa herum. Ihn interessierte damals die ökumenische Bewegung innerhalb der protestantischen Kirche; er war für den Weltkirchenrat tätig. Als er nach 1945 sah, daß die Kommunisten zur Macht kamen, soll er mit der sowjetischen Geheimpolizei zusammengearbeitet haben. Für den von den Sowjets beherrschten Weltfriedensrat war er ab 1950 tätig. Er bekam als Pfarrer eine Anstellung im ungarischen Generalkirchenkonvent, zog 1949 ins Parlament ein und wurde bald darauf in Debrecen evangelischer Bischof. Man erzählt sich, er habe sein Amt benutzt, um die evangelische Kirche in Ungarn von antikommunistischen Elementen zu befreien. Er war der erste, der die ungarische reformierte Kirche der von den Sowjets gesteuerten Friedensbewegung anschloß.

Bischof János Péter vertrat die ungarische reformierte Kirche bei der 2. Versammlung des Weltkirchenrats in Evanston, USA. Er erklärte, kein Kommunist zu sein, und er versuchte die Versammlung davon zu überzeugen, daß in der Volksrepublik Ungarn religiöse Freiheit herrsche. Zur Zeit des ungarischen Aufstandes trat er als Bischof zurück. Nach östlichen Quellen heißt es, daß er mit der konterrevolutionären Politik der reaktionären

Geistlichkeit nicht einverstanden war und deshalb 1956 sein Wirken als Kleriker aufgegeben habe. Die erste Kádár-Regierung machte ihn zum Präsidenten des Instituts für Kulturelle Beziehungen mit dem Ausland, und im Februar 1958 wurde der langjährige Geistliche Erster Stellvertreter des Außenministers, um im September 1961 selbst Chef des Außenministeriums zu werden. Seit 1966 ist János Péter außerdem Mitglied des ZK. Er war Mitglied der ungarischen Delegation bei der UNO. Aufsehen erregte, daß er im April 1971 Papst Paul VI. zu einem Gespräch aufsuchte. Inzwischen erreichte uns aus Budapest die Nachricht, daß János Peter im Januar 1974 »im Zusammenhang mit der Übernahme einer anderen wichtigen gesellschaftlichen Arbeit« von seinem Amt abberufen wurde. Sein Nachfolger wurde sein langjähriger Staatssekretär Frigyes Puja.

Zu den faszinierenden Persönlichkeiten Ungarns in diesem Jahrhundert gehört zweifellos der weltberühmte Gelehrte Georg Lukács (1885–1971). Er zählte seit Jahrzehnten zu den führenden marxistischen Ideologen Europas. Heute wird er besonders viel in Italien gelesen, aber auch in spanischsprechenden Ländern Lateinamerikas. Häufig hat es seinetwegen Auseinandersetzungen gegeben. Man hat ihm Mißdeutungen und Fehlinterpretationen vorgeworfen. 1919 war Georg Lukács während der ungarischen Räterepublik Volkskommissar für Unterrichtswesen. Später lebte Lukács als Professor in Moskau. In seinen Artikeln zitierte er häufig Stalin. Wie er mir selber erzählte, warf man ihm deshalb aktiven Stalinismus vor. Er verteidigte sich, indem er sagte, daß er Stalin nur deshalb dreimal in jedem Aufsatz zitiert habe, damit er überhaupt veröffentlichen und überleben konnte. Im Juni 1941 wurde Lukács in Moskau verhaftet und kam nur durch die Intervention Rákosis nach einigen Wochen Kerker wieder frei. 1956 war Lukács Kultusminister in Imre Nagys Revolutionsregierung, weshalb er nach der Niederschlagung der »Konterrevolution« verhaftet und deportiert wurde. Seit 1956 werden Lukács' Bücher in Ost-Berlin als »revisionistisch« nicht mehr verlegt; sein Name ist hier tabu.

Vor den Ländern der freien Welt hatte er keinen Respekt. Er hatte sich ein seltsames Weltbild zurechtmodelliert. Er glaubte fälschlicherweise, daß in den nichtsozialistischen Ländern überwiegend Menschen leben, die nur an einem Krieg interessiert seien. Dabei hatte er große Sympathie für die Deutschen; er hat in Deutschland studiert. Er zitierte in unserem Gespräch häufig deutsche Autoren und war unaufhaltsam kämpferisch. Gern erwähnte er seinen deutschen Lehrer, den Sozialökonomen und Soziologen Max Weber, der gesagt haben soll, daß es die Tragödie der Deutschen sei, nie einen ihrer Könige geköpft zu haben; Franzosen und Engländer hätten Könige enthauptet, und das sei heilsam gewesen. Georg Lukács fühlte sich als Europäer. Den meisten Verfechtern der Europa-Idee warf er vor, Europas Grenzen hörten für sie am »Eisernen Vorhang« auf. Ein anderes Thema, das Lukács sehr eifrig werden ließ, war der Nationalismus in der Welt. Er reagierte allergisch, wenn man ihn daran erinnerte, daß es auch in sozialistischen Ländern Nationalismus gibt. Nicht anders verhielt es sich mit dem Rassismus. Natürlich verdammte Lukács die *Apartheid* in der Südafrikanischen Republik, und er feierte mit leidenschaftlichen Worten die *Black-Power*-Bewegung in den USA. Er wollte jedoch nicht sehen, daß es Rassismus auch in der Sowjetunion gibt. Er wirkte hilflos, als ich ihm sagte, eine bemerkenswerte neue Arbeiter- und Bauernkultur sei auch in der UdSSR noch nicht entstanden. Sie werde kommen, behauptete er und fügte etwas verlegen hinzu, wir stünden erst jetzt an der Zeitwende. Lukács war verwurzelt in einem Sozialismus, den die Geschichte überholt hat.

Das ungarische Volk ist nach wie vor sehr offen für alles, was in der Welt geschieht. Der ungarische Komponist Zoltán Kodály hat geschrieben: »Eine unserer Hände wird von den östlichen Brudervölkern gehalten, die andere Hand von Bach und Palestrina. Können wir diese beiden Welten zusammenfassen? Können wir zwischen Europa und Asien Brücke sein und, vielleicht, ein beide verbindender Übergang? Das wäre eine für weitere 1000 Jahre hinreichende Aufgabe.«

Ungarn als Brücke zwischen Ost und West, zwischen Europa und Asien . . .? Es mag auch heute noch Ungarn geben, die eine gewisse Zerrissenheit durch ein gemischtes Erbe in sich fühlen. Mir scheint indessen, daß sich die allermeisten Ungarn doch mehr mit dem Westen verbunden fühlen und sich nichts inniger ersehnen, als einen engeren Kontakt mit dem Westen Europas zu haben.

## *12. Sozialistische Republik Rumänien* oder: *Der Wunsch nach Bewegungsfreiheit*

Die Bulgaren und Rumänen beargwöhnen einander seit je, besonders seit dem Einmarsch der Truppen der Warschauer-Pakt-Staaten in die ČSSR. Die Flugzeuge zwischen Sofija und Bucureşti sind seit Jahren schon wenig besetzt. Einmal flog ich diese Strecke, als außer mir in der Caravelle nur eine Gruppe junger Männer war. Ich erfuhr, daß es sich um »die polnischen *Beatles*« handelte. Als ich die Tage darauf in Bucureşti (1,4 Millionen Einwohner) Plakate von ihrem Auftreten in einem Zirkus sah, nahm ich mir vor, dem Konzert beizuwohnen. Es kamen über tausend junge Rumänen. Sie waren angezogen wie die männliche und weibliche Jugend im Westen, die zu derartigen Konzerten geht. Was sie unterschied, waren ihre auffallend angenehmen Umgangsformen. Die jungen Männer machten vor jungen Mädchen Verbeugungen und küßten ihnen galant die Hand; die Rumänen legen auf gute Manieren und gepflegtes Äußeres sehr großen Wert. Im Zirkus selbst war die Stimmung schnell auf einem Siedepunkt. Die amüsanten jungen Polen musizierten hervorragend. Eine exzellente Show! Die rumänischen Zuhörer klatschten, pfiffen, schrien, es herrschte Ekstase wie bei einem Auftritt der *Rolling Stones*. Einige junge Leute begaben sich in die Gänge zwischen den Sitzen, tanzten wie in Trance, junge Männer zogen Hemd und Unterhemd aus, einer ließ die Hosen fallen und präsentierte sich im Slip. Aus der *beat show* wurde fast eine *sex show*; dabei war alles durchaus ästhetisch. Ich konnte es nicht fassen, daß ich dies alles in einer kommunistischen Volksrepublik erlebt hatte. – Ich besuchte Dancings, Varietés, Theatervorstellungen. Auch hier war fast alles wie im Westen. In Rumänien wird genau wie in Jugoslawien Beckett, Albee, Genet, Pinter und auch der Exilrumäne Eugen Ionesco gespielt. Daß dabei dem ersten Mann im Staate, Nicolae Ceausescu, nicht immer wohl zumute ist, versteht sich. Er warnte: »Es kommt vor, daß literarische und künstlerische Arbeiten um so höher eingeschätzt werden, je weniger sie dem Publikum, den breiten Massen zugänglich sind. Was aber von euch, Genossen Künstler, verlangt wird, ist, daß ihr in die Tiefe des Lebens des Volkes dringt und aus dem Verständnis seines Strebens und seines heldenhaften Kampfes heraus das grandiose Bild des sozialistischen Rumänien veranschaulicht.«

Die rumänische Sprache ist die Muttersprache von über 88% der Bevölkerung. Das Rumänische gehört zur Familie der romanischen Sprachen; es bewahrt die grammatikalische Struktur der lateinischen Sprache, der größte Teil des Grundwortschatzes ist ebenfalls lateinischen Ursprungs. Wenn ein Rumäne keine Fremdsprache spricht, kann man sich über das Italienische mit ihm verständigen. In der Redaktion der *Enciclopedică Română* wurden mir anschauliche Beispiele dieser Sprache gegeben: Ein Mensch (*om* – hominem) oder Mann (*bărbat* – barbatum) heiratet (*se însoară* – inuxorare) eine Frau (*o femeie* – feminam) oder ein Weib (*muiere* – mulierem) und begründet eine Familie oder ein Heim (*o casă* – casam), bestehend aus Söhnen (*fii* – filium), deren Eltern (*părinti* – parentem) sie sind, aus Schwestern (*surori* – sororem), Brüdern (*frati* – fratrem), Schwägern (*cumnati* – cognatum), Schwiegerleuten (*socru* – socrum), Schwiegersöhnen (*gineri* – generem) und Schwiegertöchtern (*nurori* – nororem) und Enkeln (*nepoti* – nepotem).

Die ältesten Bewohner des Territoriums Rumänien waren die Geto-Daken, eine indo-europäische Volksgruppe, die zur Familie der Thraker gehört. Der Staat der Daker (Dazien), der vom 1. Jahrhundert v. Chr. bis zum 1. Jahrhundert n. Chr. seine Blüte erreichte, wurde 106 nach zwei heftigen Kriegen von Kaiser Trajan in eine Provinz des Römischen Reiches umgewandelt. In den 165 Jahren der Römerherrschaft entwickelte sich die dako-romanische Bevölkerung, die das ethnische Grundelement für die Herausbildung des rumänischen Volkes war. Zwischen dem 10. und dem 13. Jahrhundert entstanden auf dem Territorium des ehemaligen Dazien kleine rumänische Staatsgebilde ... Im 16. Jahrhundert kamen die rumänischen Länder unter türkische Herrschaft, ohne aber in Paschaliks verwandelt zu werden. Zu Beginn des 18. Jahrhunderts hat das Osmanische Reich in der Moldova und in der Walachei das Fanariotenregime eingeführt, d. h., die Herrscher wurden aus den Reichen der in Konstantinopel lebenden Griechen ernannt. Die nationale Idee, die sich Ende des 18. und Anfang des 19. Jahrhunderts entwickelte, wurde ein wichtiger Faktor im nationalen Befreiungskampf.

1859 haben sich die Walachei und die Moldova unter dem Fürsten Alexandru Ioan Cuza zu einem einzigen Staate (der seit 1862 Rumänien heißt) zusammengeschlossen. 1877 hat Rumänien seine Unabhängigkeit ausgerufen, die infolge der Teilnahme am Russisch-Türkischen Krieg von 1877–1878 durch den Berliner Kongreß (1878) anerkannt wurde. Nach dem Tod König Carols I. (1914) folgte sein Neffe Ferdinand (1914–1927) auf dem Thron. Rumänien nahm ab 1916 am ersten Weltkrieg auf seiten der Entente teil, welche die Erfüllung des Wunsches nach nationaler Einheit versprochen hatte. Im Oktober 1918 hat sich die Bukowina (die 1775 von Österreich besetzt worden war) mit Rumänien vereinigt. So wurde der Prozeß der Bildung des einheitlichen rumänischen Nationalstaates abgeschlossen; die 1918 geschaffene Sachlage wurde von den Großmächten durch die Friedensverträge von Saint-Germain und Trianon anerkannt.

Die Periode zwischen den beiden Weltkriegen ist in politischer Hinsicht durch die Veränderung des Kräfteverhältnisses zugunsten des Bürgertums gekennzeichnet sowie durch den Machtkampf zwischen den bestehenden politischen Parteien und Gruppierungen (vor allem die National-Liberale Partei und die Nationale Bauernpartei). 1938 hat König Carol II. (1930–1940) die »Personaldiktatur« eingeführt. Im Juni 1940 wurde der nördliche Teil der Bukowina und Bessarabiens infolge ultimativer Noten der Sowjetregierung der UdSSR angegliedert. Am 30. August 1940 haben Hitler und Mussolini Rumänien den Wiener Schiedsspruch aufgezwungen, wodurch der Norden Transsilvaniens Rumänien genommen und Ungarn eingegliedert wurde. Nach dem Thronverzicht Carols II. im September 1940 zugunsten seines Sohnes König Mihai (Michael) I. (1940–1947) hat General Ion Antonescu eine Militärdiktatur errichtet und Rumänien 1941 in den Krieg gegen die UdSSR geführt. Am 23. August 1944 begann die Rumänische Kommunistische Partei zusammen mit den anderen Anti-Hitler-Kräften, einschließlich der königlichen Hofkamarilla nahestehender Kreise, den nationalen antifaschistischen Aufstand. Rumänien hat die Waffen gegen das nationalsozialistische Deutschland gekehrt und sich der Anti-Hitler-Koalition angeschlossen. Es hat auch an den Kämpfen auf dem Territorium Ungarns und der Tschechoslowakei bis zum Ende des Krieges in Europa teilgenommen. Am 6. März

1945 wurde eine Regierung breiter demokratischer Konzentration mit Dr. Petru Groza an der Spitze eingesetzt. Im Pariser Friedensvertrag vom Februar 1947 wird die Annullierung der Bestimmungen des Wiener Schiedsspruches anerkannt. Am 30. Dezember 1947 wurde die Monarchie gestürzt, Rumänien zur Volksrepublik ausgerufen, und die Nation begann mit dem Aufbau des Sozialismus. Im August 1965 wurde Rumänien zur Sozialistischen Republik erklärt. Rumänien ist Mitglied der UNO (seit 1955), der Organisation des Warschauer Vertrages (seit 1955) etc.

Die Sozialistische Republik Rumänien hat über 20 Millionen Einwohner. Außer den Rumänen, die 87,7% zählen, gibt es 8,4% Magyaren, 2% Deutsche, außerdem kleinere Minoritäten von Zigeunern, Ukrainern, Serben, Kroaten, Bulgaren, Slowaken, Tschechen, Russen, Tataren, Türken, Griechen, Armeniern und Polen. Die Staatssprache ist Rumänisch; die Minderheiten sprechen außerdem ihre eigenen Umgangssprachen. Der überwiegende Teil der Bevölkerung (etwa 88%) sind rumänisch-orthodoxe Christen, etwa 6% Katholiken, über 5% Protestanten, über 100 000 Juden; schließlich gibt es auch noch kleine islamische Gruppen. Die Kirche ist vom Staat getrennt, und die freie Ausübung der Kulte wird durch die Verfassung garantiert. Die orthodoxe Kirche wurde im 14. Jahrhundert gegründet und 1925 als autokephale Patriarchie organisiert. Ich habe mehrere Klöster besucht, führte auch hier freimütige Gespräche; die Kirche wird nicht so sehr durch das kommunistische Regime gefährdet, das sie toleriert, sondern eine Gefährdung künftiger kirchlicher Arbeit liegt darin, daß es immer weniger junge Leute dazu drängt, in die Klöster einzutreten oder sich christlicher Wirksamkeit zu widmen.

In der Verfassung vom 21. August 1965 ist verankert, daß Rumänien ein »Staat der Werktätigen aus Stadt und Land« ist. Die Bürger des Landes, ohne Unterschied der Nationalität, des Geschlechts und der Religion, sollen sich gleicher Rechte in allen Bereichen des wirtschaftlichen, politischen, juristischen, sozialen und kulturellen Lebens erfreuen. »Die gesamte Staatsmacht befindet sich in den Händen des Volkes.« Die führende politische Kraft ist die Rumänische KP. Generalsekretär des Zentralkomitees der RKP ist seit 1965 Nicolae Ceauşescu. Sie ist die einzige politische Partei. Am 8. Mai 1921 wurde die RKP gegründet und wirkte von 1924 bis 1944 in der Illegalität. Im Februar 1948 entstand die Rumänische Arbeiterpartei durch die Vereinigung der Kommunistischen Partei mit der Sozialdemokratischen Partei. Im Juli 1965 hat die Rumänische Arbeiterpartei ihren Namen in Rumänische Kommunistische Partei geändert.

Die Grundlage des gesamten Systems der Staatsorgane sind die Große Nationalversammlung (das höchste Organ der Staatsmacht) und die Volksräte (die lokalen Organe der Staatsmacht). Um die aktive Teilnahme der breitesten Massen der Werktätigen am politischen Leben zu ermöglichen, wurde 1968 die »Front der Sozialistischen Einheit« gegründet, ein sozial-politisches Organ, das unter der Führung der RKP alle Massenorganisationen und alle sozialen Kräfte des Landes vereint. In der Zeitspanne zwischen den Tagungen der Großen Nationalversammlung ist das höchste Organ der Staatsmacht mit ständiger Tätigkeit der Staatsrat, dessen Vorsitzender seit 1967 Ceaușescu ist. Der Ministerrat ist das höchste Organ der Staatsverwaltung. Sein Vorsitzender ist seit 1961 Ion Gheorghe Maurer.

Die Sozialistische Republik Rumänien hat kein Staatsoberhaupt, sondern eine kollektive Repräsentation durch den Staatsrat, der aus 17 Mitgliedern besteht und dessen Vorsitzender Ceaușescu ist. Er verkörpert den neuen Typ eines europäischen Kommunisten; ein gepflegter, elegant gekleideter Herr mit guten Umgangsformen. Mißhandlungen im Gefängnis von Doftana hinterließen bei Ceaușescu einen kleinen Sprachfehler. Als Sohn von Bauern wurde er am 26. Januar 1918 in Scornicesti (in der Nähe von București) geboren. Er war Lizentiat der Akademie für Ökonomische Studien in București. Seit 1932 nahm er an der revolutionären Arbeiterbewegung teil und wurde 1933 Mitglied der KP. Er wirkte als Sekretär des Regionskomitees Prahova und Oltenia des Verbandes der Kommunistischen Jugend, dann als Mitglied des ZK dieses Verbandes. Wegen seiner revolutionären und antifaschistischen Tätigkeit wurde er mehrmals verhaftet und war in den dreißiger Jahren und Anfang der vierziger eingekerkert. Nach dem Frontwechsel des Landes im August 1944 wurde er auf der Landeskonferenz der KP (1945) Mitglied des ZK. Auf dem Plenum des ZK vom April 1954 wurde er zum Sekretär des ZK (ein Amt, das er bis zum 22. März 1965 ausübte) und zum Stellvertretenden Mitglied des Politbüros des ZK gewählt, auf dem 7. Parteitag (1955) Mitglied des Politbüros des ZK. Er war Stellvertretender Landwirtschaftsminister (1948–1950) und Stellvertreter des Ministers der Streitkräfte (1950–1954). Nach dem Tod des Ersten Sekretärs der Partei und Staatschefs Gheorghe Gheorghiu-Dej (18. März 1965) wählte das Plenum des ZK am 22. März 1965 Ceauşescu zum Ersten Sekretär des ZK; der 9. Parteitag (Juli 1965) wählte ihn zum Generalsekretär des ZK, zum Mitglied des Exekutivkomitees und des Ständigen Präsidiums des ZK. Am 9. Dezember 1967, während der Tagung der Großen Nationalversammlung, fiel auf ihn die Wahl zum Vorsitzenden des Staatsrates, der auf dem 10. Parteitag (August 1969) die Bestätigung als Parteichef unter Änderung des Titels in Generalsekretär folgte. Er ist Abgeordneter der Großen Nationalversammlung seit 1948, Ehrenvorsitzender der rumänischen Akademie der Sozialen und Politischen Wissenschaften (seit 1970) und wurde bereits 1964 zum Helden der Sozialistischen Arbeit ernannt. Seine Frau ist Chemikerin. Sie war zeitweilig Direktorin eines chemischen Forschungsinstituts und gehörte dem Nationalrat für wirtschaftliche Forschung an. Das Ehepaar hat eine Tochter und zwei Söhne.

Dumitru Popescu hat Ceauşescu mit folgenden Sätzen charakterisiert: »Jede Nation trägt unerschöpfliche Reserven der Schaffenskraft in sich. Um diese freizusetzen, bedarf es jedoch des Impulses. Einen solchen Impuls fanden wir alle in dem Kommunisten Nicolae Ceauşescu, der diese großen Tugenden in sich vereinigt. Als wir Gefahr liefen zu verknöchern, brachte er uns die Natürlichkeit, die Lebendigkeit und das Feingefühl des Volkes wieder, die er in seinem Denken frisch bewahrt. Als wir in Selbstzufriedenheit zu verfallen drohten, eröffnete er uns einen faszinierenden Horizont des Denkens und Begreifens. Als wir resignieren wollten, zeigte er uns, was alles in unserer Kraft liegt. Als ich ihn näher kennenlernte, gab ich mir Rechenschaft, daß er das sichtbare, konkrete Abbild jenes Kommunisten darstellt, von dem die Jugend träumt: das Profil des humanistischen Kommunisten, anspruchsvoll, gerecht und ehrlich, mit freiem, vorurteilslosem Sinn, der sich den Äußerungen der Intelligenz und Weisheit gegenüber aufgeschlossen zeigt.« Diese Aussage interpretiert den um Ceauşescu betriebenen Personenkult. Wenn heute Rumänien von allen Staaten des Warschauer Paktes die größte Bewegungsfreiheit hat, so ist das Ceauşescu zu danken.

Sein heimliches Vorbild dürfte Tito sein. Er ist ein Pragmatiker und wußte die Konflikte zwischen Moskau und Peking für seine Nation zu nutzen; er ließ sich nie vom Kreml einschüchtern. Die RKP zählt 2 Millionen Mitglieder, was 10% der Bevölkerung entspricht. Ceauşescu versucht, seine Genossen für einen »menschlichen Kommunismus« zu begeistern; daher auch seine Sympathie für den unglücklichen Dubček. Harte Verfolgungen oder gar Grausamkeiten gegen Abweichler kommen heute kaum mehr vor. Allerdings ist die Innenpolitik Ceauşescus nach wie vor rigoros, und sei es auch nur zur Abdeckung der kühnen Außenpolitik. Es hat dem Volk imponiert, daß er sich nicht an der Verdammung der Chinesen beteiligte; er gab keine Erklärungen gegen Israel heraus. Im Juli 1971 war Ceauşescu als Staatsgast in Peking, und er soll hier für den Besuch Nixons bei Mao Tsetung plädiert haben. Geradezu kühn waren seine Erklärungen nach dem 21. August 1968. »Wir sind der Ansicht, daß es, um die Beziehungen zwischen den sozialistischen Ländern, zwischen den kommunistischen Parteien auf tatsächlich marxistisch-leninistischen Grundlagen aufzubauen, notwendig ist, ein für allemal der Einmischung in die Angelegenheiten anderer Staaten, anderer Parteien ein Ende zu setzen.« Der sowjetisch-rumänische Vertrag vom 7. Juli 1970 wurde von Rumänien nach über zweijährigem Zögern und nur unter starkem sowjetischem Druck unterzeichnet. Ceauşescu schickte eine Woche nach Vertragsunterzeichnung (am 13. Juli) seinen Verteidigungsminister Ionita nach Peking – vermutlich um zu »erklären«, warum Rumänien am 7. Juli 1970 die Unterschrift nicht mehr verweigern konnte. Im Juni 1970 war Ceauşescu auf Staatsbesuch in Paris und forderte hier eine europäische Sicherheitskonferenz. Unter der Schirmherrschaft der UNO sollte ein europäisches Organ für Fragen der Zusammenarbeit gegründet werden. Dieser Vorschlag demonstrierte erneut seinen Wunsch, mit Hilfe der UNO

---

Oben: Der rumänische Staatsratsvorsitzende Nicolae Ceauşescu empfing zum Erstaunen der kommunistischen Internationale in Bucureşti den amerikanischen Präsidenten Richard Nixon wie einen alten Freund.

Unten: Der Generalsekretär der KPdSU Leonid Breschnjew ist ständig unterwegs, um Bruderparteien aufzusuchen. Dieses Bild zeigt ihn als Gast des Bulgaren Todor Schiwkoff.

die Fesseln des Warschauer Paktes und des COMECON zu lockern.

Regierungschef in Rumänien ist der Vorsitzende des Ministerrates Ion Gheorghe Maurer. Ich folge zunächst wieder dem amtlichen Lebenslauf. Maurer ist am 23. September 1902 in Bucureşti geboren. Er ist Doktor der Rechtswissenschaft. In der Zeit zwischen den beiden Weltkriegen hat er in zahlreichen Prozessen für die Verteidigung von Aktivisten des Antifaschismus und der Arbeiterbewegung gewirkt. Er nahm an der Organisierung und Durchführung des bewaffneten antifaschistischen Aufstandes im August 1944 teil. Auf der Landeskonferenz der KP (1945) wurde er zum Mitglied des ZK gewählt; 1960 erfolgte seine Wahl zum Mitglied des Politbüros und auf dem 9. Parteitag der KP (Juli 1965) die Wahl zum Mitglied des Exekutivkomitees und des Ständigen Präsidiums des ZK der KP. Nach dem politischen Umschwung hatte er mehrere verantwortungsvolle Ämter auf Staatsebene inne, u. a. Minister-Unterstaatssekretär im Ministerium für Verkehr und öffentliche Arbeiten, im Ministerium für Volkswirtschaft und im Ministerium für Industrie und Handel. Zwischen 1957 und 1958 war er Außenminister und zwischen 1958 und 1961 Vorsitzender des Präsidiums der Großen Nationalversammlung, was etwa dem Rang eines Staatsoberhauptes entspricht. Seit 1961 ist er Vorsitzender des Ministerrates; er war auch Stellvertretender Vorsitzender des Staatsrates (1961–1965). Er ist Abgeordneter der Großen Nationalversammlung, Mitglied der rumänischen Akademie der Sozialen und Politischen Wissenschaften (1970), »Held der Sozialistischen Arbeit« (1962) sowie Dr. h. c. der Universität Teheran. So trocken, wie sich das liest, ist aber der rumänische Ministerpräsident keineswegs. Man sagt ihm nach, daß er wie wenige andere kommunistische Spitzenfunktionäre doktrinäre Härte mit weltmännischem Charme, eiserne Zielstrebigkeit mit taktischer Beweglichkeit, Schläue mit Intelligenz verbinde.

Zu den führenden Köpfen der Regierung gehört auch der bisherige Außenminister Corneliu Mănescu (geboren am 8. Februar 1916). Jurist wie Maurer, gehört er der KP schon seit 1936 an. Im Rang eines Generalleutnants war er zeitweise Stellvertreter des Verteidigungsministers, danach (1955–1960) Vizepräsident des Staatlichen Planungskomitees. Seit 1960 gehörte er dem Ministerium des Äußeren an. 1960 wurde er für ein gutes Jahr

Botschafter in Budapest und von 1961 bis 1972 war Mănescu schließlich Außenminister. Ihm folgte im Oktober 1972 der bisherige Stellvertretende Außenminister George Mocovescu (geb. 1913). Nach dem Studium der Rechte war er Journalist, Literaturkritiker, Professor für Literaturtheorie und Stellvertretender Vorsitzender des Schriftstellerverbandes, Mitglied der KP, seit 1936 war Mocovescu zunächst illegal tätig, bis er nach 1945 verschiedene hohe politische Ämter einnehmen konnte.

In zahlreichen Gesprächen in Rumänien habe ich mich bemüht, eine Quintessenz der Politik des »geliebten und bewährten Führers der Partei und des Volkes, des glühenden Patrioten und Internationalisten«, Nicolae Ceauşescu, zu gewinnen. Dr. Ovidiu Trăsnea, Dozent an der Universität Bucureşti, formulierte den Stand der Innenpolitik: »Hauptmerkmal des Aufbaus der sozialistischen Gesellschaft und des Übergangs zur Vervollkommnung dieser Gesellschaft ist es, daß sich die Führungsrolle der KP immer nachdrücklicher durchsetzt, und zwar als Ergebnis eines geschichtlichen Vorgangs, der sich durch wachsende sozial-ökonomische, politische und ideologische Homogenität der Gesellschaft auszeichnet.« Was sind die Leitlinien der rumänischen Außenpolitik? Dr. habil. Alexandru Bolintineanu, Leiter der Völkerrechtsabteilung beim Institut für juristische Forschungen der Akademie in Bucureşti, gab darüber Auskunft: »Als sozialistisches Land stellt Rumänien in den Mittelpunkt seiner Außenpolitik die Freundschaft und Allianz mit den anderen sozialistischen Ländern, mit denen es durch gemeinsame Ziele, durch die gemeinsame soziale Ordnung, durch gemeinsame philosophische und ideologische Überzeugungen verbunden ist. Gleichzeitig leistet Rumänien seinen Beitrag zum Streben der Menschheit nach Fortschritt und Frieden, indem es Beziehungen zu allen Ländern, unabhängig von deren sozialer und politischer Ordnung, herstellt, durch Aktionen und Initiativen zur Verbesserung des weltpolitischen Klimas, damit die großen Fragen des Friedens und der Sicherheit gelöst werden, durch eine rege Tätigkeit im Rahmen der internationalen Organisationen. Eine der Hauptlinien der außenpolitischen Tätigkeit Rumäniens ist auch die ständige Entwicklung der politischen, wirtschaftlichen und gesellschaftlichen Beziehungen zu Staaten mit anderer sozialpolitischer Ordnung . . .«

## *13. Volksrepublik Bulgarien*
## oder:
## *Das neu entdeckte Selbstbewußtsein*

Gleichgültig, ob man sich als politischen Menschen empfindet oder nicht – es gibt in jedem Leben politische Ereignisse, die nie vergessen werden. Vom 21. September bis zum 23. Dezember 1933 fand in Leipzig am Reichsgericht der Reichstagsbrand-Prozeß statt. Das Reichstagsgebäude in Berlin war am 27. Februar 1933 durch Brandstiftung zerstört worden; Hitler schrieb den Brand den Kommunisten zu und veranlaßte Reichspräsident Hindenburg zum Erlaß jener Notverordnung, welche die wichtigsten Grundgesetzrechte außer Kraft setzte. Der Brandstiftung angeklagt waren u. a. der jugendliche niederländische Kommunist Marinus van der Lubbe, der zum Tode verurteilt wurde. Zu den übrigen Angeklagten gehörten außer dem deutschen Kommunisten Torgler drei Bulgaren namens Poppov, Tanev und Dimitroff; sie mußten freigesprochen werden. Ihre ausgezeichnete Verteidigung lag in den Händen des bis dahin zumindest unter uns bürgerlichen Studenten noch unbekannten Georgi Dimitroff. Seine Bilder gingen durch die Zeitungen, er wirkte auf uns zunächst wie ein typischer Künstler oder Intellektueller vom Balkan. Aber bald hörten wir für damalige Verhältnisse Ungewöhnliches. Dieser Dimitroff hatte mehr Mut als die meisten Intellektuellen, die mit den Nazis konfrontiert wurden. Er verteidigte sich und seine Sache meisterhaft. Wir versuchten, für den Prozeß Karten zu bekommen, wurden jedoch abgewiesen. Einmal allerdings hatten wir Gelegenheit, Dimitroff und seine Genossen flüchtig zu sehen, wie sie durch die Gänge des Reichsgerichtsgeländes in ihre Zellen zurückgebracht wurden. Wir bewunderten sie heimlich. Später konnten wir die Worte Dimitroffs lesen: »Ich verteidige meine eigene Person als angeklagter Kommunist . . . Ich verteidige meine eigene kommunistische revolutionäre Ehre. Ich verteidige meine Ideen, meine kommunistische Gesinnung. Ich verteidige den Sinn und Inhalt meines Lebens.« Das war tapfer; denn jedes Wort der Propaganda konnte ihn näher an den Galgen bringen. Vor Gericht hatte

Dimitroff einen Disput mit dem preußischen Ministerpräsidenten Hermann Göring. Dieser verlor dem bulgarischen Revolutionär gegenüber jegliche Selbstbeherrschung. Der Londoner *Daily Telegraph:* »Das Gericht beging Harakiri, da es nicht den Mut fand, Herrn Göring sofort aus dem Verhandlungssaal zu entfernen wegen Beleidigung des Angeklagten Dimitroff.« Auch für uns Nichtkommunisten hatte Göring sich nicht nur eine schreckliche Blöße gegeben, sondern er hatte Dimitroff zu einem Märtyrerschein verholfen. Das inzwischen kommunistisch regierte Leipzig hat es sich nicht nehmen lassen, Dimitroff »als einem der bedeutendsten revolutionären Arbeiterführer und marxistischen Staatsmänner unseres Jahrhunderts« ein eigenes Museum zu widmen. Diese Erinnerungen wurden in mir wach bei einem Besuch Sofijas, der bulgarischen Hauptstadt (800 000 Einwohner).

Georgi Dimitroff wurde am 18. Juni 1882 in Radomir in ärmlichen Verhältnissen geboren. Ursprünglich Drucker, wurde er bald hauptberuflich kommunistischer Funktionär. Nach dem ersten Weltkrieg nahm er an bewaffneten Aufständen teil. *In absentiam* zum Tode verurteilt, mußte er außer Landes gehen. Dimitroff lebte in der Emigration u. a. in Moskau, Wien, Amsterdam, Paris und Berlin. Nach seinem Freispruch in Leipzig kehrte er am 27. Februar 1934 als sowjetischer Staatsbürger nach Moskau zurück und wurde Generalsekretär der Komintern. Nachdem sowjetische Truppen 1944 Bulgarien besetzt hatten, übernahm Dimitroff, der am 6. November 1945 nach Bulgarien zurückkehrte, die geistige Führung der BKP: Er wurde Vorsitzender des ZK. Am 22. November 1946 wurde Dimitroff (als Nachfolger Georgijeffs) Ministerpräsident. Er schloß zwar 1947 einen Beistands- und Freundschaftspakt mit Jugoslawien, tat aber ansonsten alles, um Bulgarien fest an die UdSSR zu binden. Wenn heute die bulgarische Volksrepublik als ein Satellit der UdSSR gilt, so geht das auf die von Dimitroff eingeschlagene Politik zurück, von der seine Nachfolger nicht abgewichen sind. (Allerdings ist Dimitroff nicht allein für die prosowjetische Orientierung Bulgariens verantwortlich. Hier spielen vielmehr zahlreiche Faktoren mit: die überlieferte Russophilie der Bulgaren, das prosozialistische und prosowjetische Engagement der Intelligenz vor dem Krieg etc.). Der nur dreiundsechzigjährige Politiker und Staatsmann wurde am 14. April 1949 krankheitshalber beurlaubt, begab sich zur Behandlung nach Moskau, wo er am 2. Juli 1949 an Zuckerkrankheit verstarb. Stalin hielt dem Toten die Ehrenwache. Nach seiner Einbalsamierung wurde er nach Sofija überführt. Die neue bulgarische Industriestadt im Braunkohlegebiet nördlich der Mariza heißt nach ihm Dimitrograd.

Stetig, wenn auch langsam hat sich das Land in den letzten fünfundzwanzig Jahren entwickelt; es wurde einmal nicht – wie in den Jahrhunderten zuvor – durch stetige Unruhen erschüttert. Das erste bulgarische Reich wurde 681 von Chan Asparuch gegründet. Vom 9. bis in die Mitte des 11. Jahrhunderts nahm Bulgarien den größten Teil der Balkanhalbinsel ein, das Land galt damals als eine der einflußreichsten Nationen in Europa. Von 1396 bis 1878 darbten die Bulgaren unter den türkischen Invasoren, die eine wirtschaftliche, soziale und kulturelle Entwicklung des Landes verhinderten. Die Bulgaren litten fünfhundert Jahre lang unter dem osmanischen Joch; besonders wurde auch die Ausbreitung des Christentums verhindert. Die Rückständigkeit des heutigen Bulgarien geht mit auf die Ausbeutung und Grausamkeit der Türken zurück. Ende des 18. Jahrhunderts begann die bulgarische Wiedergeburt. Die Bulgaren kämpften um ihre Freiheit und wurden dabei sehr wesentlich von den Russen unterstützt. Die Türken wurden mit russischer Hilfe entscheidend am Chipkapaß geschlagen. Der Aprilaufstand 1876 war ein Höhepunkt der nationalen Befreiungsbewegung, wurde jedoch von den Türken grausam niedergeschlagen. Erst 1878, so heißt es in der offiziellen Geschichtsschreibung, »befreite das russische Volk Bulgarien um den Preis von 200 000 seiner Söhne vom osmanischen Joch«. Diese Befreiung allerdings eröffnete den Weg zur freien Entwicklung des Kapitalismus. Immerhin konnte Dimiter Blagoev 1891 die Sozialdemokratische Partei gründen. Dimitroff stieß 1902 zu den Blagoev-Anhängern. Das Land litt unter den beiden Balkankriegen (1912 und 1913) sowie unter den beiden Weltkriegen. 1941 rief das Moskauer Auslandsbüro der BKP (die Partei war verboten) das Volk zum Kampf um die Befreiung des Landes vom Faschismus und von der kapitalistischen Herrschaft auf und forderte die Gründung der »Vaterländischen Front«. Der neuen Revolutionsbewegung schlossen sich 250 000 aktive Kämpfer an; 30 000 Partisanen und Helfer der Partisanen verloren ihr Leben. Am 9. September 1944 »stürzte das aufständische bulgarische Volk mit der entscheidenden Hilfe der Sowjetarmee die monarcho-faschistische Diktatur; die königliche Familie mußte das Land verlassen«. (Sie ging im November 1946 ins Exil nach Ägypten.)

Was war vorausgegangen? 1941 war Bulgarien im Drei-Mächte-Pakt, es gewährte den deutschen Truppen das Durchzugsrecht und rückte nach dem deutschen Feldzug gegen Jugoslawien und Griechenland in Makedonien und Thrakien ein. Die bulgarische Regierung lehnte es ab, der UdSSR den Krieg zu erklären, trat aber dem Antikomintern-Pakt bei und erklärte im Dezember 1941 der USA und Großbritannien den Krieg. Nach dem Tode König Boris' III. war 1943 ein Regentschaftsrat für seinen minderjährigen Sohn Simeon gebildet worden. Schon im Dezember 1943 hatte auf der Konferenz von Teheran F. D. Roosevelt, der weder von europäischer Geschichte noch von europäischer Geographie allzuviel wußte, Bulgarien dem sowjetischen Einflußbereich zugesprochen. Nach dem Zusammenbruch der deutschen Balkanfront hatten sich die Bulgaren für neutral erklärt. Am 5. September 1944 erklärte die UdSSR Bulgarien den Krieg, nachdem Bulgarien bereits die Beziehungen zu Deutschland abgebrochen hatte. Die Bulgaren waren darüber so entsetzt, daß die Regierung ihrer Armee jeden Widerstand untersagte; am 8. September rückten die Sowjettruppen von Rumänien aus ein. Eine agrar-kommunistisch-militärische Regierung unter K. Georgijeff wurde am 9. September gebildet; sie schloß mit der Sowjetunion und den Alliierten einen Waffenstillstand. Jetzt kamen die Kommunisten ans Staatsruder. 8. September 1946: Abschaffung der Monarchie. 15. September 1946: Ausrufung der Volksrepublik Bulgarien unter Ministerpräsident Georgi Dimitroff. 4. Dezember 1947: Einführung einer Sowjet-Verfassung. Die kommunistische Regierung mußte auch hier an einem Nullpunkt beginnen. Zweifellos ist schon vielerlei erreicht worden, und doch steht das in keinem Vergleich mit dem, was z. B. in dem benachbarten Jugoslawien Titos erzielt worden ist, nach dem mancher Bulgare mit Eifersucht blickt.

Die Volksrepublik Bulgarien zählt über 8,4 Millionen Einwohner; 93% sind Bulgaren, je etwa 2% Türken, Mazedonier und Zigeuner. Die Staatssprache ist Bulgarisch. Etwa 78% sind orthodoxe Christen, etwa 8% Moslems; Minoritäten bilden Katholiken und Juden. Parteimitglieder wollen nichts mehr von der Kirche wissen. Sie ist vom Staat getrennt; bei den Gottesdiensten sieht man neben konservativen alten Leuten immer wieder gläubige junge Menschen. Ich sprach Christen, die von einem »schweren Kampf« der Kirchen sprachen, ich traf aber auch Christen, die von einer unangefochtenen Position der Kirchen redeten. Es handelt sich gewissermaßen um einen späten Dank der Partei wegen der positiven Rolle der Kirche unter den Türken und zur Zeit der »Wiedergeburt«. Aber Illusionen hat gewiß kein Christ in einem kommunistischen Staat.

Staatsoberhaupt war von 1964 bis Juli 1971 der Vorsitzende der Volksversammlung Georgi Trajkoff. Auch in seiner Vita spiegelt sich die Geschichte des neuen Bulgarien. Wie Dimitroff wurde er von armen Eltern geboren (8. April 1898 in Varbeni in der Nähe von Lerin). Die Beendigung einer Gymnasialausbildung war ihm versagt, da er früh verdienen mußte. Im Alter von 21 Jahren war er schon Funktionär der »Bulgarischen Agrarischen Volksunion«; durch sie wurde er Politiker. Trajkoff organisierte ab 1920 die Agrarunion im Bezirk Varna am Schwarzen Meer und war gleichzeitig Chefredakteur der Zeitschrift *Semedelski glas*. Trajkoff war in den folgenden zehn Jahren mehrfach aus politischen Gründen im Gefängnis. 1935 begann König Boris ein monarchistisch-autoritäres Regime, das Trajkoffs revolutionäre Tätigkeit erschwerte. 1942 soll er der illegalen »Vaterländischen Front« als Aktivist beigetreten sein, die seinerzeit noch nicht total kommunistisch war. Er selbst war allerdings schon entschiedener Kommunist und bekam Funktionärsaufgaben. Oktober 1945: Mitglied des Nationalrats der mittlerweile vollkommen kommunistisch gewordenen »Vaterländischen Front«. Unter seiner Ägide vollzog sich 1945–48 die Eingliederung der Agrarunion in die KP. 1946–49: Minister für Landwirtschaft und Staatsgüter in der Regierung Dimitroffs. Im Juni wählte ihn die Agrarunion zu einem ihrer drei Sekretäre; am 8. Mai 1948 wurde Trajkoff Vorsitzender der Agrarunion. 1949 wurde er zusätzlich Stellvertretender Vorsitzender des Ministerrats; von 1956 bis 1964 war er Erster Stellvertretender Vorsitzender. Am 23. April 1964 schließlich nahm er den Platz des verstorbenen Dimitar Ganeff als Vorsitzender des Präsidiums der Volksversammlung ein. Als auf Grund der neuen Verfassung vom 18. Mai 1971 ein Staatsrat nach DDR-Muster als oberstes Leitungsorgan gebildet wurde, übernahm Parteichef

Todor Schiwkoff im Juni mit dem Amt des Vorsitzenden des Staatsrates auch die Funktion des Staatsoberhauptes und gab die Leitung der Regierung ab. Entgegen früheren Erwartungen wurde aber nicht Schiwkoff Ministerpräsident, sondern Stanko Todoroff. Schiwkoff verlor sogar das Amt des Ersten Stellvertretenden Ministerpräsidenten, blieb jedoch einer der übrigen Stellvertretenden Ministerpräsidenten im Kabinett Todoroff vom 8. Juli 1971. Georgi Trajkoff ist wieder Vorsitzender der Volksversammlung.

Die Bulgarische Kommunistische Partei hält alle Schlüsselstellungen in der »Vaterländischen Front«, die bei den Wahlen von 1966 99,9% aller Stimmen erhielt – worüber sich selbst parteifromme Bulgaren amüsierten. Die Laufbahn Todor Schiwkoffs ähnelt der Trajkoffs. Kein höheres Studium, sehr früher Eintritt in die Parteiarbeit. Das Leben ein Traum? Das Leben die Partei! Schiwkoff wurde am 7. September 1911 in dem Dorf Prawez (bei Sofija) geboren. Eltern: Kleinbauern. Buchdruckerlehre, wie sie Dimitroff durchmachte. Absolvierung der Schule für Graphik. Arbeit in der Staatsdruckerei. Nebenbei Besuch eines Gymnasiums als Externer. Neunzehnjährig Eintritt in den Kommunistischen Jugendverband (1930); zwei Jahre später Eintritt in die BKP, die damals illegal war. Sehr bald völliges Aufgehen in der Parteiarbeit, die ihn bei Ausbruch des zweiten Weltkrieges als Bezirksparteisekretär in Sofija sah. Als die deutschen Truppen in Bulgarien einmarschiert waren und der Krieg zwischen Deutschland und der UdSSR begonnen hatte, wurde Schiwkoff Mitglied der Partisanenbewegung. Im Juli 1944 war er Stellvertretender Kommandeur der operativen Zone von Sofija. (Es ist immer wieder erstaunlich, wie im »Kriegshandwerk« ungeschulte Männer hohe Posten erhalten.) Sein weiterer Aufstieg war kometenartig. 1944: Kandidat des ZK; 1948: Mitglied des ZK. 1948–49: Parteisekretär des Stadtkomitees von Sofija. 1950: Kandidat des Politbüros und Sekretär des ZK. Außerdem ist Schiwkoff seit 1945 Deputierter des Parlaments und seit 1956 seines Präsidiums. Nach dem Sturz Tscherwenkoffs (16. April 1956) wurde Schiwkoff unter Ministerpräsident Jugoff der dominierende unter allen Funktionären, der in der UdSSR immer größeres Ansehen genießt. Schiwkoff begleitete 1960 N. S. Chruschtschow und andere Sowjetblock-Führer zur UNO-Generalversammlung nach New York.

Dimitroff hatte Bulgarien auf Moskau-Kurs gelenkt. Schiwkoff verstärkte die Kontakte, so daß heute Bulgarien als der engste Partner der UdSSR angesehen wird. Schiwkoff wurde ein energischer Fürsprecher der Kollektivierung des Bodens; im Januar 1959 verkündete Schiwkoff agrarpolitische Wirtschaftsthesen. Er schloß Kolchosen zu Großkolchosen zusammen, die eine Basis für die ersten Volkskommunen in Europa nach chinesischem Vorbild werden sollten. Es scheint, daß dieser Plan wieder aufgegeben worden ist. (Genaues konnte ich in Sofija darüber nicht erfahren; für Besichtigungen von Kolchosen war ich dankbar, aber ihre Wirksamkeit konnte ich damit gewiß nicht erfassen.)[12] In der Kuba-Krise stand Schiwkoff wie stets demonstrativ auf seiten Chruschtschows. Im November 1962 reinigte er die Partei von all jenen, die sich nicht vorbehaltlos zum Kremlismus bekannten und statt dessen vielleicht mit dem Maoismus liebäugelten. Anstelle Anton Jugoffs wurde er Ministerpräsident, ein Amt, in dem er im März 1966 nach den Parlamentswahlen erneut bestätigt wurde – bis er im Juni 1971 Vorsitzender des Staatsrates und Staatsoberhaupt wurde. Der ehemalige Buchdrucker Todor Schiwkoff lebt vom Wohlwollen Moskaus. Bulgarien und die UdSSR brauchen sich gegenseitig, und Schiwkoff unterläßt es nicht, darauf immer wieder hinzuweisen. Er hat erklärt, er wolle auch mit den Nachbarn – wie Jugoslawien, Albanien und der Türkei – gute Beziehungen pflegen, seine außenpolitischen Erfolge in dieser Richtung waren bislang allerdings mäßig. Der mit einer Ärztin verheiratete Todor Schiwkoff ist Autor mehrerer Bücher; in Ost-Berlin erschien deutsch 1970: »Ausgewählte Reden und Aufsätze.« Aus der hier abgedruckten Rede »Ein Vierteljahrhundert auf dem Weg des Sozialismus« (9. September 1965) zitiere ich: »Nur wenn die Diktatur des Proletariats stark und unerschütterlich ist, wenn sich die Volkswirtschaft erfolgreich entwickelt, indem sie materielle Voraussetzungen für die ununterbrochene Hebung des Lebensstandards des Volkes, für die Befriedigung seiner wachsenden materiellen und geistigen Bedürfnisse schafft, nur dann kann es eine wahre Demokratie geben, eine Demokratie, die sich auf die Macht des Volkes stützt und wirklich den Volksinteressen dient.«

[12] Der Plan, größere Landwirtschaftsbetriebe zu schaffen, lebte im April 1970 mit der Gründung »agro-industrieller Komplexe« wieder auf.

Mit Stanko Todoroff wurde ein Funktionär bulgarischer Regierungschef, der bisher weniger als Politiker, sondern mehr als Wirtschaftler von sich reden gemacht hatte. Stanko Todoroff wurde am 20. Dezember 1920 in Klenowik (südlich von Sofija) als Sohn eines Bergmannes geboren. Er war ursprünglich Schneider. Schon als Fünfzehnjähriger trat er einer kommunistischen Jugendgruppe bei. Von 1940 bis 1943 war er Soldat, desertierte, wurde 1943 Mitglied der BKP und in der Widerstandsbewegung tätig. 1944 wurde er bei einer Aktion verwundet und ins Gefängnis gesperrt, er konnte fliehen und seine Untergrundtätigkeit erneut aufnehmen. Von 1947 bis 1950 war er besonders aktiv innerhalb der kommunistischen Jugendbewegung. Er stieg alsdann zum Ersten Sekretär des Kreiskomitees Burgas der BKP auf. 1952 erfolgte seine Ernennung zum Leiter der Agrarabteilung im ZK der BKP, außerdem wurde er Landwirtschaftsminister. Der VI. Parteitag der BKP (1954) berief ihn ins ZK, 1957 wurde er Sekretär des ZK, 1959 Kandidat des Politbüros und Stellvertretender Vorsitzender des Ministerrats. Er war drei Jahre lang Leiter der Staatlichen Plankommission, wurde 1961 Vollmitglied im Politbüro des ZK und 1966 einer der fünf Sekretäre des ZK. Todoroff ist Abgeordneter des Parlaments. Er war seit 1962 ständiger Vertreter Bulgariens im COMECON. Er leitete in Moskau bulgarisch-sowjetische Wirtschaftsverhandlungen und war zu Wirtschaftsgesprächen nicht nur in verschiedenen europäischen Hauptstädten, sondern auch in der Mongolei und in Südamerika. Für viele Bulgaren war es überraschend, daß er Ministerpräsident wurde. Seine Frau ist Chefredakteurin der Frauenzeitschrift *Schenata Dnes*.

Über ihre politischen Führer reden die Bulgaren, wie man mir bei Autofahrten durch das Land versicherte, weniger als andere Ostblockvölker, obwohl man deren Bildnisse vielerorts in monumentalen Ausmaßen sieht. Geflüstert werden gelegentlich politische Witze. Ein Bulgare erzählte mir: »Wir sind ein hochbegabtes Volk! Unsere Regierung hat für ihre Kontakte mit dem Kreml ein einzigartiges Telefon. Es besitzt nur eine Hörmuschel, keine Gesprächsmuschel. So braucht man nur zu hören, was der Kreml will, und gar nicht zu antworten.«

Die Bulgaren beanspruchen für sich Kyril und Methodios, die Heiligen und Apostel der Slawen, die zu Beginn des 9. Jahrhunderts in Saloniki geboren wurden. Die beiden Brüder wurden Mönche, und wegen ihrer großen Begabung für Missionsarbeit und diplomatische Aufgaben wurden sie aus ihren Klöstern in die Hauptstadt zurückgerufen. Sie gelten als hervorragende Vertreter der kulturellen Renaissance von Byzanz. A. D. 863 verließen sie Konstantinopel mit einer slawischen Übersetzung der Bibel. Zunächst benutzten sie eine phonetische Schreibweise, die *Glagolitsa.* Aber im 10. Jahrhundert wurde diese durch eine andere Ausgabe des gleichen Alphabets ersetzt: durch die *Cyrilitsa*, welche heute noch von den slawischen Mitgliedern der orthodoxen Kirche verwendet wird. Das Kyrillische wurde auch in Rußland eingeführt, und die Bulgaren spotten, so hätten sie wenigstens eines nach Rußland exportieren können, während sie sonst doch nur importieren. Für die Bulgaren ist das kyrillische Alphabet zu einer nationalen Frage geworden, seitdem die Mazedonier Kyril für sich beanspruchen. Auf jeden Fall ehren wir in den beiden Brüdern zwei Männer, die als Christen einen unübersehbaren Beitrag zur europäischen Kultur geleistet haben. – Zum Schluß eine bevölkerungspolitische Kuriosität: Bulgarien ist das Land der Hundertjährigen. Das gerontologische Zentrum in Sofija hat nach gründlicher Forschungsarbeit feststellen können, daß die Volksrepublik hinsichtlich der Zahl der Hundertjährigen pro Kopf der Bevölkerung an erster Stelle in Europa steht. Anfang 1970 gab es hierzulande 428 Hundertjährige. Nur noch in der UdSSR gibt es so viele Hochbetagte. Die Untersuchungen der Langlebigkeit weisen im übrigen darauf hin, so versicherten mir Professoren in Sofija, daß sich die Zahl der Hundertjährigen in Bulgarien künftig noch erhöhen werde.

## *14. Sozialistische Föderative Republik Jugoslawien* oder: *Aus der kommunistischen Reihe getanzt*

Muß es noch hervorgehoben werden? Die Sozialistische Föderative Republik Jugoslawien gehört zu den mannigfaltigsten, geographisch wie kulturell reichsten Nationen Europas. Was alles Jugoslawien eigentlich ist, kann in wenigen Sätzen gar nicht ausgedrückt werden. Jugoslawien: das sind blaue, anscheinend aus einer Märchenwelt stammende Berge in Montenegro, das sind flache, wogende, gelbe Kornfelder in Mazedonien und Kroatien, das sind internationale Badeorte an der Adria, das sind Wirtschaftsunternehmen und Fabriken, die bereits auf die Bedürfnisse der Menschen des 21. Jahrhunderts eingestellt sind. Alte Städte wie Mostar und Dubrovnik sind Juwelen; wenn sie z. B. in Frankreich lägen, würden die Kunsthistoriker mehr Wallfahrten dahin unternehmen und noch mehr über sie schreiben. Das mag subjektiv sein, Dubrovnik jedoch zählt für mich zu den schönsten Städten des alten Europa. Aber da ist auch Sarajewo! Als peinlich in dieser Stadt empfinde ich den künstlich produzierten Fußabdruck jenes Mannes, der von einer Straßenecke aus am 28. Juni 1914 den österreichisch-ungarischen Thronfolger Franz Ferdinand ermordet hat. Die über hundert Moscheen von Sarajewo, der nach Zünften abgeteilte Bazar *Čaršija* und die kleinen Speiselokale versetzen den Reisenden geistig in den Orient. Auch in Skopje gibt es zeitlose orientalische Bazare, die man in diesem europäischen Land kaum erwartet. Dann sind da die alten Stadtteile von Zagreb und Beograd. Wie wunderbar, daß die Stadtverwaltungen alles zur Konservierung der alten Architektur beitragen; denn diese alten Viertel sind europäische Schatzkammern, die immer kostbarer werden. In Jugoslawien wird jedoch auch überaus modern gebaut. Am 23. Juli 1963 um 5.17 Uhr (man kann das an der als »Denkmal« stehen gebliebenen Ruine des Bahnhofs ablesen) wurde Skopje, die Hauptstadt Mazedoniens, durch ein Erdbeben zum größten Teil vernichtet. Ein internationales Architektenteam entwickelte die Pläne für den Wiederaufbau Skopjes. Die Planung ist genauso in die Zukunft weisend wie die des wiedererstandenen Rotterdam. Es ist imponierend, was alles in dieser verwüsteten Stadt in kurzer Zeit geleistet worden ist. Erstaunlich ist ebenso das neue Beograd, die gastliche Hauptstadt (fast 700 000 Einwohner). Hier gibt es ein Museum der Modernen Kunst, wie es sich sonst nur »verrückte« amerikanische Mäzene leisten. Ein neues Riesenhotel könnte ebensogut in Buenos Aires oder Tokyo stehen. Am meisten haben mich sowohl in Beograd wie in Zagreb die Hochhäuser der KP erstaunt. Weder innen noch außen erinnern sie an politische Zentren; hier könnten ebenso »monopolkapitalistische Versicherungen« ihren Sitz haben.

Und die Menschen Jugoslawiens! Natürlich gibt es auf dem Lande einfache, altmodische Bauern ebenso wie in Friesland, in der Camargue oder in Andalusien; 25% der Frauen und 10% der Männer Jugoslawiens sind Analphabeten. Aber alle, die irgendwie mit der Stadt zu tun haben, sind elegant gekleidet und lassen dadurch vergessen, daß man sich in einem kommunistischen Lande befindet. Die Warenhäuser sind genauso vollgepfropft mit Nützlichem und Nutzlosem wie Warenhäuser im Westen. Einmal schlenderte ich abends durch Beograd mit Jovan Čirilvo, der sich als Direktor der Festspiele des avantgardistischen Theaters *Bitef 212* einen guten Namen gemacht hat. Auf einem Platz sahen wir Hunderte von langhaarigen jungen Männern in Blue jeans, Hunderte von jungen Mädchen in farbenfrohen Hosen, Minis oder Maxis. Alle ausnahmslos attraktiv, ja verführerisch, dank ihrer guten Figuren und ihres gepflegten Äußeren. »Worauf warten sie?« fragte ich Jovan Čirilvo. »Das sind junge Leute, die in die sehr begehrte Diskothek des Hauses des Kommunistischen Jugendverbandes eingelassen zu werden wünschen. Eine Anzahl dieser jungen Männer spielen übrigens in meinem Theater in dem Musical *Hair* mit.« Beograd war die erste kommunistische Hauptstadt, die *Hair* spielte; und auch hier waren einige Minuten lang die Darsteller splitternackt auf der Bühne.

In einer Farbenfabrik hatte ich ein Gespräch mit Mitgliedern des Betriebsrates. Nach Wirtschaft und Politik kamen wir auf die Literatur zu reden. Der Betriebsratsvorsitzende geriet ins Schwärmen und erklärte, sein liebster Philosoph sei Lenin und sein liebster Dichter sei Marcel Proust. Ich glaubte zunächst, mich verhört zu haben. Er erklärte mir daraufhin äußerst gewandt, daß man als Kommunist sehr wohl Lenin und Proust gleichzeitig bewundern könne. Besonders gern unterhielt ich mich mit jungen Funktionären der Partei. Sie erwiesen sich als gute Marxisten und hatten andere Wünsche als ich. Ihre vornehmlichen Ziele waren nämlich eigene Autos, gute Wohnungen, Auslandsreisen, Eisschränke, die neuesten Grammophonplatten aus aller Welt. Die Jugoslawen sind die einzigen Kommunisten, die – wenn sie das vorhaben – am nächsten Tag in jeglichen Teil der Welt reisen können; niemand verhindert das. Jugoslawien darf für sich in Anspruch nehmen, ein freiheitlicher kommunistischer Staat zu sein. Ich sprach mit Studenten der philosophischen Fakultät der Universität Beograd, die sich 1968 an den Aktionen gegen »die rote Bourgeoisie« beteiligt hatten. Sie alle haßten Stalin und den Stalinismus, waren aber auch kritisch gegen die Apparatschiks. Einer sagte einen Satz, den ich schon in beiden Deutschland gehört hatte: »Lerne die Roten kennen, wenn sie etwas geworden sind!« Einmal saßen wir in Zagreb im Partei-Hochhaus. Einer sagte bitter: »Auch in unserem Lande gibt es noch immer Stalinismus.« Ich war erstaunt. »Sehen Sie doch selbst«, fuhr er fort, »da sind zum Beispiel diese viel zu großen Fenster. Sie ermöglichen den draußen Vorübergehenden zu sehen, daß wir hier beieinander sitzen. Man kann uns also kontrollieren – und auch so etwas ist Stalinismus! Oder schauen Sie hinunter auf die Freitreppe, die in dieses Gebäude führt. Jeder, der hier ein und aus geht, kann beobachtet, also wieder kontrolliert werden. Auch das ist Stalinismus, also unmenschlich. Wir kennen nur ein Ziel: Menschlichkeit in höchster Potenz. Das ist das, was wir unter Sozialismus verstehen. Alles andere ist Betrug.« Als die Truppen der Warschauer-Pakt-Staaten die ČSSR besetzten, protestierte Präsident Josip Broz Tito sehr unmißverständlich, und innerhalb vierundzwanzig Stunden geschahen in den jugoslawischen Städten Wunder. Ohne Befehl, aus eigener Initiative, halfen Bürger den Experten, nationale Kunstschätze aus Kirchen und Museen zu entfernen und zu verstecken, damit sie nicht den Sowjets in die Hände fallen konnten, falls es dem Kreml in den Sinn kommen sollte, auch in Jugoslawien einzufallen. Innerhalb weniger Tage waren Millionen jugoslawischer Männer, gleichgültig, ob sie schon der Armee angehörten oder nicht, einsatzbereit und ausgerüstet, das Vaterland zu verteidigen.

Wirklich, die Jugoslawen sind ein erstaunliches Volk. Unter ihnen sind viele, die versuchen, der Gegenwart und der Zukunft im Zeichen eines freiheitlichen Marxismus ein neues Gesicht zu geben. In Jugoslawien geht es heute mehr als in anderen kommunistischen Staaten um die persönliche Freiheit des Menschen. Wolfgang Leonhard in »Die Dreispaltung des Marxismus« (Düsseldorf 1970): »Im Unterschied zur sowjetischen These, die Persönlichkeit müsse dem Kollektiv und den ›Höheren Zielen‹ des Kampfes für den Kommunismus untergeordnet werden, erklären die jugoslawischen Kommunisten: ›Der Sozialismus kann das persönliche Glück des Menschen nicht irgendwelchen höheren Zielen unterordnen, da das höchste Ziel des Sozialismus eben das persönliche Glück des Menschen ist.‹ Bereits in der sozialistischen Phase muß dem Menschen ›in stets wachsendem Maße die Unabhängigkeit und Freiheit seines Denkens, Glaubensbekenntnisses und anderer Überzeugungen‹ sowie ›die Unantastbarkeit und Integrität der Persönlichkeit und der Menschenwürde‹ garantiert werden. Die Verwirklichung der persönlichen Rechte des Menschen kann ›nicht auf irgendwelche ‚höheren Phasen' der sozialistischen Entwicklung hinausgeschoben werden‹.«

Die ersten Völker, die im Altertum das heutige Jugoslawien besiedelten, waren im Westen die Illyrer und im Osten die Thraker. Im 5. Jahrhundert v. Chr. kamen die Griechen, denen die Kelten, die Römer und die Slawen folgten. Deren Bekehrung zum Christentum fand im 9. Jahrhundert statt . . . Am 1. Dezember 1918 verkündete Prinzregent (seit 1921 König) Alexander I. das »Königreich der Serben, Kroaten und Slowenen« unter der Dynastie der Karadjordjevič. Parlamentskrisen und öffentliche Unruhen lösten einander ab. Im Januar 1929 kam es zu einer Königsdiktatur. Ihr Ziel war, durch Ausschalten aller Stammes-, Religions- und Parteigegensätze Serben, Kroaten und Slowenen zu »Jugoslawen« und den derart geeinten Staat außenpolitisch handlungsfähig zu machen. Dessenungeachtet wurde das junge Königreich stets mehr eingekreist. König Alexander fiel am 9. September 1934 in Marseille einem Attentat von Emigranten zum Opfer; sein Nachfolger wurde Prinz Pavel Karadjordjevič. Durch den Ausbau der Kleinen Entente (seit 1933), den Balkanpakt (Februar 1934), durch Freundschaftsverträge mit Bulgarien und Italien (beide 1937) waren die Grenzen gesichert. Mit Frankreich, Großbritannien und Deutschland bestanden gute Beziehungen. Im zweiten Weltkrieg (1941) wurde Jugoslawien veranlaßt, sich dem Dreimächtepakt anzuschließen. Unter dem deutschen Angriff brach der Staat zusammen; er wurde zwischen Italien, dem »unabhängigen Staat Kroatien«, Deutschland, Ungarn, Bulgarien, Albanien, einem neuen Montenegro und Restserbien aufgeteilt. Es bildeten sich zwei Widerstandsgruppen: die weiterkämpfenden Reste der königstreuen Armee unter Draža Mihailović und die kommunistisch geführte Volksbefreiungsarmee unter Josip Broz Tito. Nach dem Zusammenbruch Italiens im September 1943 und nach der Konferenz von Teheran im November-Dezember 1943 setzte sich Tito gegen Mihailović durch. Tito bildete Volksbefreiungsausschüsse, aus deren Gesamtheit am 29. November 1943 das neue Jugoslawien und später die Sozialistische Föderative Republik Jugoslawien hervorging. Damit waren König Petar II. (1923–1970) und die in London weilende Exilregierung des Königreiches machtlos geworden. Die neuen Verfassungen von 1946 und 1953 schufen die Basis für einen Bundesstaat, der alle stammesmäßigen, religiösen, geschichtlichen und sozialen Spannungen beseitigen will. Es entstanden die 6 Volksrepubliken Serbien, Kroatien, Slowenien, Bosnien/Herzegowina, Mazedonien und Montenegro, die ihre eigenen Parlamente, Vollzugsräte und Flaggen haben. Beograd blieb weiterhin Hauptstadt. 1947, im Frieden von Paris, erhielt Jugoslawien eine Reihe dalmatinischer Inseln; Triest blieb umstritten. Im Juni 1948 brach Tito mit der UdSSR und der Kominform. Bis dahin war das Projekt einer gesamtbalkanischen Föderation mit einem kommunistisch geführten Albanien, Bulgarien und Griechenland im Gespräch[13]. 1954 führte Tito einen defensiven Balkanpakt unter Anlehnung an den Atlantikpakt herbei. Er wurde im übrigen der Protagonist einer blockfreien Politik.

Jugoslawien zählt heute über 20 Millionen Einwohner, von denen 41,7% Serben, 23,5% Kroaten, 8,8% Slowenen, 7% Mazedonier, 4,4% Albaner, 3% Magyaren und 2,7% Montenegriner sind; hinzu kommen u. a. rumänische, slowakische, türkische, italienische und deutsche Minderheiten sowie Zigeuner. Staatssprachen sind Serbo-Kroatisch bzw. Kroatisch-Serbisch, Slowenisch

[13] Der bulgarische Ministerpräsident Dimitroff unterstützte den Plan, und es gab Gerüchte, er sei vom Kreml umgebracht worden, weil dort dieser Plan logischerweise mißbilligt wurde.

und Mazedonisch. 41,5% Jugoslawen sind serbisch-orthodoxe Christen, 31,8% römisch-katholisch, 12,3% islamisch, dann gibt es noch kleine protestantische Minoritäten, 12,3% Konfessionslose und 7000 Juden. Es hat mich immer wieder erstaunt, wie voll die Kirchen sind, so daß Ausländer kaum hineinkommen. Die einzige zugelassene Partei ist der über 1 Million Mitglieder zählende »Bund der Kommunisten Jugoslawiens«, der auch die entscheidenden Positionen in der Volksfront »Sozialistischer Bund des werktätigen Volkes« besitzt. (Durch die Umbenennung in »Bund« wollte sich die KPJ von den KPs stalinistischer Prägung unterscheiden, aber auch in Erinnerung an Marx tat sie das, der wollte, daß die Kommunisten keine besondere Partei sind, vielmehr ein Teil der Arbeiterklasse.) Außerdem sind die Gewerkschaften von Bedeutung.

Staatsoberhaupt ist Präsident Marschall Josip Broz Tito, eine der hervorragendsten Gestalten des politischen Lebens Europas im 20. Jahrhundert. Er hat seiner Nation einen respektablen Platz unter allen Völkern erobert, einen Platz, den Jugoslawien zuvor nie innegehabt hat. Wer ist dieser Tito? Während des zweiten Weltkrieges hörte man das erste Mal von ihm. Lobend war es, wenn er Partisan genannt wurde; die Nazipresse sprach vom »Banditen Tito« und machte einen Bluthund aus ihm, den man gar zu gern umgelegt hätte. Tito überlebte alle Verfolgungen, und heute genießt er in weiten Kreisen der gegenwärtigen Welt Hochachtung. Ein anderer großer Kommunist haßte und fürchtete ihn: Stalin, dem Tito mit Unerschrockenheit begegnet ist. Und alle, die in Stalin noch heute einen überragenden Mann sehen, verabscheuen Tito. Allerdings nicht nur die, auch mancher junge Kommunist lehnt ihn ab; Tito habe »Göring-Allüren«, sagen sie, es würde zuviel Personenkult mit ihm getrieben. Zwei Städte – Titograd und Titoov Užice – tragen seinen Namen. Schon 1964 schrieb ich in »Die neuen Männer Asiens«: »Man hat Soekarno mit Tito verglichen. Beide sind in den Augen radikaler Sozialisten in ihrem Auftreten fraglos ›semifeudal‹. In beiden Ländern sagten mir junge Leute, der Staatschef sei ihnen nicht radikal genug. Falls in diesen jungen Nationen nicht eine Rechtsrevolution stattfindet, dürften nach dem Willen der jungen Generationen die nächsten Führer mehr dem Typ eines Mao Tse-tung oder Chou En-lai entsprechen.« In Europa ist Tito der dienstälteste KP-Führer, außerhalb Europas wird er nur von Mao Tse-tung überflügelt. »Er verkörpert kommunistisches Barock«, sagt mir ein älterer Beamter im Außenministerium in Beograd. Daran mußte ich wieder denken, als Tito im März 1971 in Frack und Zylinder Papst Paul VI. im Vatikan seine Aufwartung machte, er, der Atheist, der einst die Katholiken verfolgt hatte und dafür exkommuniziert worden war. Aber Tito ist häufig aus der kommunistischen Reihe getanzt.

Geboren wurde er am 25. Mai 1892 als Kind einer armen Kleinbauernfamilie in Kumrovec in Kroatien. Dieses gehörte damals zu Österreich-Ungarn, und es ist also Unsinn, wenn jugoslawische Autoren schreiben, Tito sei in der Volksrepublik Kroatien geboren. Oder kamen etwa Richard Wagner und Nietzsche in der DDR zur Welt? Titos Geburtsname war Broz Franje Josip; den Namen Tito hat er sich erst später als Partisan zugelegt. Der Bauernjunge absolvierte die Grundschule. Die Familie besuchte regelmäßig die Kirche, und der kleine Joza war sogar Meßdiener. Eines Tages wurde er von einem unbeherrschten Priester geohrfeigt, und seitdem besuchte er die Kirche nicht mehr. Es heißt, daß er als junger Mann nach den USA auswandern wollte; er hatte aber kein Geld für die Überfahrt. Der Plan, Lokomotivführer zu werden, scheiterte gleichfalls. Nach der Schule war er eine Zeitlang Aushilfskellner. Danach ließ er sich als Schlosser und Mechaniker ausbilden; er war Mitglied der Metallarbeiterunion und der Sozialdemokratischen Partei. Er wurde wandernder Handwerksbursche, arbeitete nicht nur in seiner Heimat, sondern in Wien und Pilsen, in München und Mannheim. Zu jener Zeit war es, daß er Deutsch und Tschechisch lernte – und Walzer tanzen, was ihm immer besonders viel Freude machte.

1913, mit einundzwanzig Jahren, wurde er zum k. u. k. Militärdienst, und zwar zum Domobranen-Regiment Nr. 25, eingezogen. Daß er einmal eine kaiserlich-königliche Uniform trug, unterschlagen kommunistische Historiker gern, desgleichen die Tatsache, daß er ein begeisterter k. u. k. Soldat war, deshalb einen Unteroffizierskurs mitmachen durfte und k. u. k. Stabswachtmeister wurde. Im Herbst 1914 kämpfte er gegen die Russen, die ihn gefangennahmen. Er lebte daraufhin in einer kleinen Stadt an der Wolga; er hatte einen Lanzenstich erhalten, war schwer verwundet worden und erst in einem russischen Feldlazarett zu sich gekommen. Außerdem bekam er Lungenentzündung und Typhus. Als Rekonvaleszent lernte er perfekt Russisch – ohne zu ahnen, daß die Sprache in seinem späteren Leben eine bedeutende Rolle spielen sollte. (Tito lernte im Selbstunterricht außerdem Slowenisch, Tschechisch und Kirgisisch.) Nach der Lazarettzeit war er Mechaniker in einer Mühle, später Leiter eines Bautrupps deutscher Kriegsgefangener an der Transsibirischen Eisenbahn; hier kamen ihm seine deutschen Sprachkenntnisse sehr zugute. Entscheidend für sein Leben war gewiß, daß er in Rußland die »Urrevolution« mitmachte. Allerdings wurde er wegen seiner eigenen politischen Haltung zur Zeit der Kerensky-Regierung ins Gefängnis gesperrt. Jedenfalls war Tito kein Marxist von Jugend an. Er kam zum Kommunismus aus sozialer und materieller Unzufriedenheit und war wohl obendrein stark beeindruckt vom russischen Humanismus. Nach der Gefängniszeit arbeitete er in Petersburg, das bald in Leningrad umgetauft werden sollte. Er wirkte insgesamt drei Jahre für die bolschewistische Revolution.

Erst 1920 kehrte er nach Kroatien zurück, stolz trug er die Fellmütze der Roten Garde. Er hatte inzwischen eine Russin geehelicht, die ihm seinen ersten Sohn gebar, der aber nur zwei Tage lebte. Was aus seiner ersten Frau geworden ist, weiß niemand. Tito trat sogleich nach seiner Heimkehr der Kommunistischen Partei Jugoslawiens bei. Er arbeitete erneut als Mechaniker und Metallarbeiter, außerdem als Partei- und Gewerkschaftsfunktionär. 1927 wurde er in Zagreb Sekretär des Gebietsausschusses der Metallarbeitergewerkschaft, ferner Sekretär des Verbandes der Leder- und Verarbeitungs-Industrie-Gewerkschaft sowie Sekretär des Stadtkomitees der KPJ. Seine kommunistische Agitation mißfiel der königlichen Regierung. Tito wurde 1927 in Ogulin zu sieben Monaten Haft und 1928 in Zagreb zu fünf Jahren Zuchthaus verurteilt, die er in verschiedenen Strafanstalten absaß. Freigelassen, wurde er 1934 Mitglied des Gebietskomitees der KPJ für Kroatien und in dieser Eigenschaft Mitglied des ZK der KPJ. Diese schickte ihn nach Moskau, wo er Mitglied des »Balkansekretariats« der Komintern wurde; es stand unter der Leitung des deutschen Kommunisten Wilhelm Pieck, der später Präsident der DDR werden sollte. Tito hielt Vorträge an der Internationalen Leninschule und an der Kommunistischen Universität der nationalen Minderheiten des Westens. 1936 erfolgte in Moskau seine Ernennung zum

Organisationssekretär des ZK der KPJ. Er kehrte mit einigen Genossen dieses ZK nach Jugoslawien zurück.

Tito organisierte zur Zeit des Bürgerkrieges in Spanien die Entsendung jugoslawischer Kämpfer in die Internationale Brigade. 1937 wurde er Zentralsekretär der KPJ. Jetzt brach die bedeutsamste Ära der Geschichte der revolutionären Arbeiterbewegung Jugoslawiens an. Tito organisierte die KPJ neu und bereitete sie auf Auseinandersetzungen mit dem Faschismus vor. Während des zweiten Weltkrieges – seit 1941 – begann er, an der Spitze des ZK der KPJ stehend, den Volksaufstand und ernannte sich selbst zum Obersten Befehlshaber der Streitkräfte. Tito hat sich zeitlebens für das Militärwesen interessiert, und es heißt, er sei schon als junger Mann ein eifriger Leser des berühmten Werkes »Vom Kriege« des preußischen Generals Karl von Clausewitz gewesen. Die jugoslawische Widerstandsbewegung war die erste in Europa, die sich eigene Gebiete als Basis ihrer Revolution freikämpfte. Reich ist die Literatur, die ihn als ebenso kühnen wie umsichtigen Partisanenführer feiert. Im Beograder »Militärmuseum der Jugoslawischen Volksarmee« wird auf äußerst eindringliche Weise an Hand überreicher Exponate dargestellt, was alles die von Tito angeführten Partisanen zur Befreiung des besetzten Landes leisteten. (Es stimmt dabei nachdenklich, in kommunistischen Staaten immer wieder festzustellen, mit welchem Eifer der Militarismus gefeiert wird und wie sich geradezu eine kommunistische Militärmythologie entwickelt; Beiträge zum Pazifismus oder gar zur Kriegsdienstverweigerung werden in den kommunistischen Ländern weniger gegeben als in den nichtkommunistischen Nationen.) Die jugoslawische Geschichtsschreibung ist sich darin einig: »An der Spitze des Volksbefreiungsheeres und der Partisaneneinheiten stehend, führt Tito den Volksbefreiungskampf und die Volksrevolution zum Sieg. Er regt die Schaffung von Organen der Volksgewalt an: Volksbefreiungsausschüsse und das zentrale Organ: der Antifaschistische Rat der Volksbefreiung Jugoslawiens (AVNOJ). Auf der zweiten, am 29. November 1943 in Jajce abgehaltenen AVNOJ-Tagung wird Tito zum Vorsitzenden des Nationalen Komitees zur Befreiung Jugoslawiens gewählt und zum Marschall Jugoslawiens ernannt.« Nach der Befreiung des Landes »leitete Tito den Wiederaufbau und die Grundsteinlegung zum Ausbau des Sozialismus«. Seit 1945 war er Ministerpräsident der Bundesregierung und Verteidigungsminister. 1953 wurde Tito zum Präsidenten der Republik auf Lebenszeit gewählt, und bis 1963 war er auch Präsident des Bundesvollzugsrates (= Bundesregierung). Tito gilt als einer der Initiatoren der Konferenzen der Staats- und Regierungschefs blockfreier Staaten. Im Bereich der Außenpolitik vertritt Tito die Prinzipien des Rechts der kleinen Völker auf Gleichheit, Freiheit und Unabhängigkeit, ferner die Prinzipien der Koexistenz und einer konstruktiven Zusammenarbeit zwischen Staaten mit unterschiedlichen Gesellschaftssystemen. Seine Politik der Blockfreiheit und Koexistenz hat er selber viele Male definiert; wohl zum ersten Mal in einer Rede vor der Bundesversammlung in Beograd am 7. März 1955: »Eine solche Politik schließt jegliche passive oder gleichgültige Haltung der Neutralisten gegenüber den internationalen Geschehnissen aus und regt zu Fühlungnahmen, Verhandlungen und zur einvernehmlichen Lösung der Probleme mit allen Ländern an, ungeachtet der Gesellschaftsordnung und der Weltanschauung ... Die Politik der aktiven Koexistenz erfordert eine Zusammenarbeit mit allen Staaten, ohne Rücksicht auf Unterschiede in der Gesellschaftsstruktur und der politischen Ordnung ... Diese Unterschiede stellen jedoch eine innere Angelegenheit der Staaten dar, in die sich andere Staaten nicht einmischen dürfen ... Die Politik der aktiven Koexistenz bedingt weiterhin eine volle Achtung der Unabhängigkeit und der Souveränität von Staaten, die Zurückhaltung vor jeglicher Aggression und vor jeder aggressiven Druckausübung und – was von besonderer Wichtigkeit ist – die Nichteinmischung in die inneren Angelegenheiten anderer Staaten.« Es war folgerichtig, daß Tito gegen die Besetzung der ČSSR durch Truppen der Warschauer-Pakt-Staaten protestierte. Am 21. August 1968 gab Tito folgende Erklärung ab: »Der ohne Aufforderung oder Genehmigung der gesetzlichen Regierung erfolgte Einmarsch fremder Militäreinheiten in die ČSSR gibt uns zu tiefer Besorgnis Anlaß.«

Die jugoslawischen Kommunisten waren nach dem zweiten Weltkrieg zunächst linientreu, d. h. auf dem von Moskau vorgeschriebenen Kurs. Aber »sie zeichneten sich durch ein weit größeres Verständnis, durch eine bedeutend ausgeprägtere internationalistische Betrachtungsweise und durch tiefere marxistische Kenntnisse aus als die dogmatisch-bürokratischen, oft nationalistischen Vertreter aus Moskau« (W. Leonhard). Aus stalinistischen Ländern des Ostblocks flohen Kommunisten nach Jugoslawien. Bald warf die Komintern Tito Abweichung von der Parteilinie vor. Tito blieb dessenungeachtet bei seinen Ansichten über die Notwendigkeit einer Anpassung des Kommunismus an nationale Eigenarten. Daraufhin wurde »der Revisionist Tito« jahrelang – auf Befehl des Kreml – durch den Ostblock boykottiert. Tito wiederum sah sich genötigt, mit dem Westen Fühlung aufzunehmen, wobei er immer seine Unabhängigkeit zu wahren trachtete. Umfangreiche Material- und Warenlieferungen aus dem Westen stützten Tito, der am 14. Januar 1953 die Verfassung änderte: das bolschewistische Kolchosensystem wurde aufgelockert und die Arbeiterselbstverwaltung in den Betrieben eingeführt. Also unter dem Druck Stalins und wegen der Enttäuschungen über die UdSSR begannen die jugoslawischen Kommunisten unter Tito eigene Wege zu gehen. In Theorie und Praxis folgte eine Abkehr vom Stalinismus, eine Rückbesinnung auf die ursprünglichen Vorstellungen und Konzeptionen von Marx und Engels. Eingeführt wurden geheim gewählte Arbeiterräte; dies waren die ersten Schritte, das Staatseigentum in gesellschaftliches Eigentum zu verwandeln, die bürokratische, zentralistische Planwirtschaft durch eine sozialistische, gesellschaftliche Selbstverwaltung zu ersetzen. Die Lockerungen im Kulturleben, die allmähliche Verwandlung der jugoslawischen KP in einen »Bund der Kommunisten« im Rahmen einer gesellschaftlichen Selbstverwaltung waren die logische Konsequenz. Schon im November 1952, auf dem 4. Kongreß, wurde offiziell erklärt, daß der »Bund der Kommunisten« kein operativer Leiter und Befehlsgeber mehr sei, sondern in erster Linie durch Überzeugungskraft wirke. So entstand vom Sommer 1948 bis zum Tode Stalins dank Tito ein neues Modell einer sozialistischen Gesellschaft ... Für Titos politisches Denken und Handeln wurde der Begriff Titoismus geprägt. Die kürzeste Definition dafür gab Titos offizieller Biograph und Freund Vladimir Dedijer (»Tito«, New York 1953): »Titoismus ist identisch mit dem Recht jeder Nation zur Gleichheit mit anderen und mit dem Recht einer unabhängigen Entwicklung. Das ist, in der Realität, die Basis der Außenpolitik Jugoslawiens. Sie basiert auf den Prinzipien der Charta der UNO.«

Es zeugt für Tito, daß er an das Jugoslawien nach seinem Ableben denkt. Viel ist, wie erwähnt, die Rede davon, daß Jugoslawien vielleicht wieder auseinanderfalle in Republiken, die sich genauso befehden werden wie einst vor der Gründung des ersten jugoslawischen Staates am 1. Dezember 1918. Tito teilt die Sorgen seiner Landsleute. Auf einem Treffen des Zagreber politischen Aktivs sagte er im September 1970: »Im Ausland ist viel darüber geschrieben worden, daß Jugoslawien zerfällt, wenn ich abtrete. In Jugoslawien sind zu viele und verschiedene Vermutungen darüber angestellt worden, wer meinen Platz einnehmen wird. Ich bin der Auffassung, daß dies zu einer sehr ernsten Krise führen kann ... Wir müssen ein Organ schaffen, das Autorität besitzt und volle Verantwortung trägt ... In einem Wort, in Jugoslawien sollte es einen Kollektivpräsidenten geben, d. h., die Mitglieder des Präsidiums sollten die volle Verantwortung für das tragen, was geschieht ... Ich glaube, daß dies die einzige Lösung ist, die es uns gestattet, unsere Einheit zu erhalten.« Einzelheiten über den Staatsrat, der nach der Ankündigung Titos künftig als kollektives Führungsgremium an der Spitze des Landes stehen soll, gab dessen engster Mitarbeiter: Edvard Kardelj. Danach soll jeweils einer der Präsidenten der jugoslawischen Teilrepubliken für einen Zeitraum von ungefähr einem Jahr zum Vorsitzenden dieses Präsidium genannten Gremiums gewählt oder delegiert werden. Wenn Tito den amerikanischen Präsidenten Richard Nixon nach Beograd einlud und in Rom Papst Paul VI. aufsuchte, so sind das alles Schritte, die dazu beitragen sollen, Jugoslawien nach allen Seiten hin abzusichern. Wie prophezeite Milovan Djilas schon vor Jahren: »Zweifellos wird Titos Nachfolger einen uneinigen, vernachlässigten, der Gier des sowjetischen, großrussischen Imperialismus ausgesetzten Staat übernehmen.«

Große Hilfe bietet Tito seine dritte Frau. Nach der verschollenen Russin heiratete er eine Ansagerin von Radio Beograd, die Slowenin Berta Has, von der er kurz nach dem zweiten Weltkrieg geschieden wurde. Aus der ersten und aus der zweiten Ehe hat Tito je einen Sohn, die beide mit dem Vater und dessen dritter Frau zusammenleben. Iovanka Tito ist eine geborene Budisavlevitsch und stammt wie ihr Ehemann aus Kroatien (Jahrgang 1924). Sie nahm an Titos Partisanenkampf teil, ab 1945 arbeitete sie für ihn im Parteisekretariat. Sie hat den Rang eines Majors, ist in der Frauen- und Jugendarbeit aktiv, und sie ist obendrein eine der elegantesten Damen unter den Frauen der KP-Chefs.

Neben Tito ist gegenwärtig Edvard Kardelj eine dominierende Persönlichkeit auf dem politischen Schachbrett Jugoslawiens. Er wurde am 27. Januar 1910 in Ljubljana als Arbeitersohn geboren; er wollte Lehrer werden. Doch früh schon widmete er sich der Politik. Er wurde bereits als Siebzehnjähriger KP-Mitglied und mußte wegen verbotener Agitation von 1930 bis 1932 ins Gefängnis. Da er nach seiner Freilassung weiter verfolgt wurde, emigrierte er nach Moskau, arbeitete mit Tito am Neuaufbau der illegalen KPJ und übernahm nach seiner Heimkehr deren Leitung in Slowenien. Seit 1941 half er bei der Aufstellung von Partisanengruppen, Tito berief ihn im selben Jahr in das Hauptquartier der Nationalen Befreiungsarmee. 1943 erfolgte Kardeljs Wahl zum Vizepräsidenten des Nationalen Freiheitskomitees. 1945: erster Vizepräsident in der ersten Regierung Tito, außerdem Präsident der Kontrollkommission (bis 1948). Kardelj wurde immer bekannter als Vertrauensmann Titos, besonders seit dem Konflikt mit Moskau. Er machte sich von 1948 bis 1954 als Leiter der Außenpolitik Jugoslawiens zum kompromißlosen Vertreter einer Politik der Selbständigkeit gegenüber Moskau. Es war Kardelj, der das theoretische Fundament für Jugoslawiens Neutralismus gelegt hat. Wie Tito sprach auch er immer wieder über die Notwendigkeit der Koexistenz. Er war Vorsitzender des Komitees für Koordination. Von 1946 bis 1951 war er außerdem Leiter der Delegationen Jugoslawiens bei der UNO, wodurch er internationale Reputation gewann. Nach Verkündigung der neuen Verfassung, die hauptsächlich auf seine Ideen zurückging, wurde er einer der Vizepräsidenten des Bundesexekutivrates, der an die Stelle der Regierung getreten war. Er war Vertreter Titos in dessen Funktion als Staatspräsident. Kardelj gehört dem Präsidium des ZK des »Bundes« an, das an die Stelle des Politbüros getreten ist, und war lange Zeit Sekretär des ZK.

Am 17. Juni 1953 erklärte Kardelj, daß sich in der DDR die arbeitenden Massen gegen das despotische, in Wirklichkeit nicht sozialistische System erhoben hätten. Er nannte die Schriften von Milovan Djilas gefährlich, in denen es u. a. hieß: »Die Parteilinie ist, daß es keine Parteilinie gibt.« Kardelj trug dazu bei, daß Djilas kaltgestellt wurde. Wie Tito kritisierte Kardelj lebhaft die sowjetische Intervention in Ungarn, weshalb nur er in Moskau von der *Prawda* als Revisionist angeprangert wurde. Kardelj reiste als getreuer Makler Titos immer häufiger ins Ausland. Sein Buch »Vermeidbarkeit und Unvermeidbarkeit des Krieges« erschien in mehreren Sprachen (deutsch 1961 in Reinbek); er schrieb noch weitere Bücher, die weltweit diskutiert wurden. Kardelj warnte vor der chinesischen Politik. Zunächst wurde er wieder in Moskau angegriffen, zwei Jahre später aber machte sich die *Prawda* Kardeljs Thesen zu eigen. 1963 übernahm er für vier Jahre das Amt des Parlamentspräsidenten. Heute gehört er nach wie vor zur Parteispitze. Seine Frau, Pepica Kardelj, war, wie die Frau Titos, eine Partisanin, und sie wird heute zu den führenden Kommunistinnen des Landes gezählt.

Während der Arbeit an diesem Kapitel wird bekannt, daß der bisherige Regierungschef Mitja Ribicic zurücktreten werde. Als Nachfolger wurde genannt: Džemal Bijedić, Präsident der Nationalversammlung der Sozialistischen Republik Bosnien/Herzegowina. Am 30. Juli 1971 wurde inzwischen die neue Regierung unter dem Vorsitz von Bijedić in ihr Amt eingeführt. Der ehemalige Partisan, Studentenführer, Innenminister (geb. 1917) übernahm ein schweres Amt am Ende der Ära Tito, deren Repräsentanten zum Vorwurf gemacht worden ist, nicht den Anschluß an die Zukunft bekommen zu haben. Auch nach Titos Tod wird Jugoslawien kommunistisch beiben, darüber dürfte kein Zweifel bestehen. Unvergessen wird allerdings den Jugoslawen bleiben, daß schon zu Titos Zeiten ein Mann den Titoismus unmißverständlich kritisiert hat: der genannte Milovan Djilas. Er wurde 1911 in Montenegro geboren, studierte Jura, saß zwischen 1933 und 1937 im Gefängnis der königlichen Regierung, wurde nach seiner Entlassung Mitglied des ZK der KPJ und schließlich Partisan unter Tito. Nach dem Krieg war Djilas

Oben: Das größte Ansehen als KP-Chef genießt in der ganzen Welt der Marschall von Jugoslawien, Präsident auf Lebenszeit, Josip Broz Tito. Seine Frau Jovanka ist eine ehemalige Partisanin.

Unten: Unter dem KP-Chef Enver Hoxha entwickelte sich Albanien auf bemerkenswerte Weise. Das kleine Balkanland erhielt entscheidende Hilfe durch Chou En-lai.

Verbindungsmann Titos in Moskau, Minister, Generalsekretär und Chefideologe des Titoismus sowie 1953 Präsident des Bundesparlaments. Weil er sich für eine größtmögliche Demokratisierung Jugoslawiens einsetzte, wurde er befehdet, aller seiner Ämter enthoben und schließlich wegen verschiedener Veröffentlichungen – z. B. der Bücher »Die neue Klasse« (Wien 1958) und »Gespräche mit Stalin« (Wien 1962) – zwischen 1956 und 1962 wiederholt zu Kerkerstrafen verurteilt, diesmal also von seinen eigenen Genossen. 1966 in Freiheit gesetzt, veröffentlichte er sogleich abermals ein kritisches Buch: »Die unvollkommene Gesellschaft« (Wien 1969). Wie man zu Milovan Djilas auch stehen mag, er ist ein Politiker und Autor von hohem Mut. Ein neuer Herr der alten Welt? Als er 1969 in New York den Freiheitspreis erhielt, war auf der Plakette zu lesen: »Dem heldenhaften Führer und Rebellen – seine Vernunft und sein Gewissen machten ihn zum Feind der Tyrannen.« Worum geht es Milovan Djilas? Er will »die Legende von der Wissenschaftlichkeit der Lehren von Marx und Lenin« zerstören; er will ihre Unvereinbarkeit mit der Wirklichkeit des Menschen in der Natur beweisen. In »Die unvollkommene Gesellschaft« bekennt er: »Das Reifen und die Läuterung meiner Anschauungen vollzogen sich allmählich und selbständig, aus spezifischen, durchaus nicht religiösen, sondern vorwiegend, wenn nicht sogar einzig und allein humanistischen Motiven in Richtung eines neuen, undogmatischen, nicht idealisierten, existentiellen Humanismus. Wenn ich den Begriff ›Humanismus‹ verwende, so denke ich an eine ständige Analyse der Lebensbedingungen der Menschen und auch an ein ständiges Eingehen auf ihre Notwendigkeiten und Bedürfnisse. Es scheint mir nämlich, daß wir Zeugen des Niedergangs jeder Art von Humanismus sind, der von dogmatischen und theoretischen Hypothesen über das menschliche Wesen ausgeht: Das gilt vor allem vom kommunistischen Humanismus, den nie jemand in gültiger Weise zu erklären vermocht hat, obwohl die Kommunisten vor Liebe zum abstrakten ›künftigen‹ Menschen hinschmelzen, während sie gleichzeitig den realen und lebendigen Menschen entrechten und vernachlässigen.« Die Wurzel von Milovan Djilas' Haltung ist die Auffassung, daß der Kommunismus eine revolutionäre, das heißt »eine vorübergehende Phase ist zwischen der nichtindustriellen Gesellschaft und der industriellen und nachindustriellen Gesellschaft«.

Der Nicht-Kommunist fühlt sich in Jugoslawien freier als z. B. in der Sowjetunion oder in Bulgarien. Ein objektiver Gedankenaustausch mit jugoslawischen Kommunisten scheint möglich zu sein, soweit man es nicht mit sturen Funktionären zu tun hat, die allerdings überall in der Welt unangenehm auffallen – auch in den Staaten mit einer parlamentarischen Demokratie. Daß Jugoslawien für den Westen interessant bleibt, steht zu hoffen: »Das Ergebnis nüchternen Bedenkens der westlichen Interessenlage heißt, daß Jugoslawien, so wie es heute ist, mit seinem eigenen marxistisch-sozialistischen Modell, mit seinem Interesse an Entspannung, mit seiner Kooperationsbereitschaft, aber auch mit seiner den Westen oft (und den Osten eher noch öfter) störenden Außenpolitik, mit seiner Rolle im internationalen Kommunismus – daß es mit alldem für die westliche Welt einen wichtigen Aktivposten darstellt.« (J. G. Reißmüller) Dieser Aktivposten wurde von Josip Broz Tito geschaffen. Der Westen sollte ihm das niemals vergessen; denn der Marschall von Jugoslawien hat sich als ein Brückenbauer zwischen Ost und West bewährt wie kein zweiter kommunistischer Staatsmann.

## *15. Volksrepublik Albanien* oder: *Ein Vorposten Chinas in Europa*

Diese kommunistische Volksrepublik unterscheidet sich vor allem dadurch von den übrigen kommunistischen Staaten Europas, daß sie weniger gute Beziehungen zu Moskau, dafür aber um so bessere zu Peking unterhält. Albanien hat den Rotchinesen auf europäischem Boden einen Vorposten eingeräumt. Peking hat Experten vieler Gebiete nach Albanien geschickt. Die Chinesen geben den Albanern ökonomische und technische Hilfe; sie haben ihnen wichtige Fabriken eingerichtet. Mit dem Giganten aus Asien im Rücken erlaubt sich die albanische Regierung Ausfälle gegen den »Kremlismus« und andere »Revisionisten« wie sonst kein zweites kommunistisches Land in Europa. Die Regierung tut sich überhaupt schwer mit anderen Ländern. Das albanische Volk hat einen Komplex der Xenophobie. Ich habe kein zweites Land auf Erden kennengelernt, wo man den Ausländern mit solchem Mißtrauen begegnet. Albaner sind außerdem stolz, selbstbewußt und daher wohl zunächst ohne Kontakt zum Fremden; doch hat man die Albaner für sich gewonnen, sind sie besonders herzlich und hilfsbereit.

Albanien galt jahrhundertelang als das rückständigste Land des europäischen Kontinents. Neben Albanern leben hier slawische, griechische und walachische Minoritäten; die Staatssprache ist Albanisch, dessen Grundlage der Dialekt der Tosken ist. Von den über 2 Millionen Einwohnern sind über 50% Moslems, über 30% Christen; aber seit der Kulturrevolution im Jahre 1967 sind die allermeisten Moscheen und Kirchen geschlossen. Religion gilt auch hier als »Opium fürs Volk«. Junge Menschen wachsen in der »Religion« des Marxismus-Leninismus auf. Offiziell gilt »das Land der Skipetaren« (d. h. Söhne der Adler) als das atheistischste Land Europas. Wie andere sozialistische Länder ist Albanien peinlich sauber; ein Symbol für die fast preußische Zucht und Ordnung.

In der politischen Geschichte Südosteuropas hat Albanien als Tor zur Adria immer Bedeutung gehabt. Die byzantische Herrschaft löste die römische ab, seit dem 10. Jahrhundert wurde das

Gebiet Zankapfel zwischen Griechen, Bulgaren, Serben, Normannen, Venetianern und einheimischen Fürsten. Im Kampf gegen die Türken tat sich der letzte albanische Fürst von Kruja, Gjergj Kastriota, hervor. Er ging unter dem Namen Skanderbeg (1444–1468) in die nationale Geschichte ein, weil er zum ersten Male die albanischen Stämme unter sich vereinigen konnte. Ein sogenannter selbständiger Staat wurde das Land erst 1913. Ich schreibe sogenannter, weil die Mittelmächte Teile Albaniens im ersten Weltkrieg besetzten, und in den dreißiger Jahren bezog das Italien Mussolinis Albanien in seine imperiale Konzeption ein. Im August 1939 besetzten die Italiener das Land; König Ahmed Zogu I. mußte fliehen. Die deutsche Besatzung Albaniens (September 1943 bis November 1944) stellte dem Namen nach die staatliche Selbständigkeit wieder her.

Schon im November 1941 war die Kommunistische Partei Albaniens gegründet worden. Nach dem Abzug der Deutschen übernahm der kommunistische Generaloberst Enver Hoxha die Staatsführung. Am 11. Januar 1946 deklarierte die aus den kommunistischen Wahlen hervorgegangene Konstituierende Versammlung Albanien zur demokratischen Volksrepublik. Der UdSSR war ein Stützpunkt an der Adria hochwillkommen, also half sie dem jungen Staat zunächst. 1955 trat Albanien sowohl dem Warschauer Pakt wie der UNO bei. Auf der Bukarester Konferenz im Juni 1960 aber plädierte Albanien sehr zugunsten der Volksrepublik China; es kam zum Konflikt mit dem Kreml. Im Oktober 1961 erfolgte die Verurteilung Albaniens auf dem 22. Kongreß der KPdSU; daraufhin wurden im Dezember die diplomatischen Beziehungen mit der UdSSR abgebrochen. Chinas Stunde hatte geschlagen! Um die Jahreswende 1964/65 war der chinesische Ministerpräsident Tschou En-lai in der Hauptstadt Tirana (162 000 Einwohner). Nachdem Albanien schon 1962 von den Sitzungen des COMECON und des Warschauer Paktes ausgeschlossen worden war, verließ Albanien den Warschauer Pakt im September 1968 nach heftigen Protesten gegen die Okkupation der ČSSR durch Truppen der Warschauer-Pakt-Staaten unter Anführung sowjetischer Panzer.

Albanien hat zumindest drei sehr markante Staatsmänner. Da ist zunächst das Staatsoberhaupt, der Vorsitzende des Präsidiums der Volksversammlung, Generalmajor Haxhi Lleshi. Er wurde 1913 in Reshen (Distrikt Dibra) geboren und besuchte nur die

Grammatikschule; er war während der italienischen Okkupation Leiter der Widerstandsgruppe in Dibra. 1943: Mitglied der Kommunistischen Partei, 1945: Mitglied der Volksversammlung. Er ist Mitglied des ZK der inzwischen umgetauften Partei, die jetzt Partei der Arbeit Albaniens heißt. Der Generalmajor ist ein bedeutender Kopf, tritt aber weniger in Erscheinung als der Regierungschef, d. h., der Vorsitzende des Ministerrats, Generalleutnant Mehmet Shehu. Dieser kam am 10. Januar 1913 als Sohn eines gläubigen Moslems in Corush (Distrikt Mallakastra) zur Welt. Bis 1932 besuchte er die amerikanische Schule in Tirana, war noch drei Jahre lang auf dem Militärkolleg in Neapel, erhielt zusätzlich für ein Jahr eine Offiziersausbildung in Tirana und zum Abschluß das Patent eines albanischen Leutnants. 1937 emigrierte er nach Frankreich, wo er der KP beitrat. Shehu kämpfte im Spanischen Bürgerkrieg, war 1939 bis 1942 interniert und wurde Mitglied der KP Italiens. Illegal nach Albanien zurückgekehrt, widmete er sich der Organisation eines kommunistischen Kaders in Vlora; im Partisanenkrieg (1941–1944) war er einer der bekanntesten militärischen Führer. Während die Beziehungen zum jugoslawischen Nachbarn verhältnismäßig normal waren, lebte er zurückgezogen und hatte sowohl im Politbüro wie im ZK der Partei keine Stellung. Als zweiter Mann des Staates trat er erst 1948 erneut in Erscheinung. 1954 wurde er an Stelle Enver Hoxhas Ministerpräsident. Auch seine drei Jahre ältere Frau, Sanxhaktari Fiqrete Shehu, ist politisch sehr rege tätig. Sie ist seit 1952 Vollmitglied des ZK der Partei und seit 1966 Leiterin der Parteischule des ZK. Ministerpräsident Mehmet Shehu ist ein scharfer und daher gefürchteter Formulierer seiner politischen Gedanken. In einer Rede nach der Besetzung der ČSSR sagte er am 12. September 1968 in Tirana[14]: »Die Aggression der Sowjetrevisionisten und ihrer Handlanger gegen die ČSSR und das tschechoslowakische Volk hat den Namen und die Ehre der UdSSR, des Sowjetvolkes und der Sowjetsoldaten tief besudelt. Während der Sowjetsoldat Stalins im zweiten Weltkrieg als Befreier nach der ČSSR kam, steht er heute, die Befehle der revisionistischen Clique Breschnjew-Kossygin blindlings ausführend, vor dem tschechoslowakischen Volke als Eroberer da ... Was für schreckliche und tragische Verän-

[14] Der Text wird in der offiziellen albanischen Übersetzung wiedergegeben.

derungen seit dem Tode des großen Stalin! ... Die revisionistische Sowjetführung ist so tief gesunken, daß sie jedes Gefühl der Moral verloren hat ... Warum billigen die amerikanischen Imperialisten die Besetzung der ČSSR durch die Truppen der fünf Mitgliedsstaaten des Warschauer Vertrags? Weil die Einflußzonen schon lange geteilt sind: Die ČSSR gehört zur Herrschaft der Sowjetrevisionisten ... Heute befinden sich die Freiheit und Souveränität der Völker und der Weltfrieden in großer Gefahr. Die Quelle dieser Gefahr liegt in der amerikanisch-sowjetischen Zusammenarbeit. Diese konterrevolutionäre Zusammenarbeit hat zum Endziel die Beherrschung der Welt durch die beiden Großmächte.«

Noch mächtiger als Lleshi und Shehu ist der Sekretär des ZK der Albanischen Partei der Arbeit: Enver Hoxha. Gleich beim Einfahren in das albanische Land von der jugoslawischen Grenze aus sah ich auf Plakate, Häuserwände und selbst auf Hügel und Berge geschrieben seinen Namen. Er gilt als der große Denker, Volkserzieher, Nationalökonom, Planer, Staatsmann und Nationalheros. Keinesfalls darf Enver Hoxha kritisiert werden. Was er sagt, gilt. Am 16. Oktober 1909 wurde er in kleinbürgerlichen Verhältnissen in Gjirokastra geboren. In Albanien brachte er es bis zur Oberschule in Korça. 1930 emigrierte er nach Frankreich und studierte Naturwissenschaften in Montpellier. Als er für seine Studiengelder nicht mehr aufkommen konnte, wurde er in Paris Journalist beim Zentralorgan der KP *L'Humanité*. In Brüssel wurde er Sekretär des albanischen Konsulats und studierte gleichzeitig in der belgischen Metropole Jura. Aufgrund seiner Mitarbeit bei der Zeitung *L'Humanité* wurde er aus dem konsularischen Dienst entlassen, und er kehrte 1936 nach Albanien zurück. Er war Professor am Gymnasium in Tirana, später in Korça. Die Italiener mißtrauten ihm. Er eröffnete in Tirana einen Tabakladen, der das Zentrum kommunistischer Untergrundtätigkeit wurde. Enver Hoxha tat viel für die Einigung der Widerstandsgruppen gegen die Besatzer. Erst im Oktober 1941 verließ er Tirana; *in absentia* wurde er zum Tode verurteilt. Im Untergrund wurde er provisorischer Sekretär der Kommunistischen Partei und beeinflußte fortan ihre Geschicke entscheidend. Obwohl er keine militärische Ausbildung wie Mehmet Shehu erfahren hatte, wurde er ein militärischer Führer, der sehr schnell beim Volke Popularität genoß. Es war folgerichtig, daß er Ministerpräsident und Außenminister des jungen Staates wurde. Doch Chruschtschow empfahl den albanischen Freunden eine Trennung von Parteiführung und -verwaltung, und daher also konzentrierte sich Enver Hoxha ab 1954 auf die Partei. Die verschiedenen Reformen, ideologisch und verwaltungsmäßig, in den letzten Jahren gehen vor allem auf ihn zurück. Übrigens ist auch seine Frau, Nexhmije Xhuglini Hoxha (geb. 1921), politisch aktiv. Sie ist Leiterin einer Abteilung des ZK der Partei der Arbeit. Genau wie Mehmet Shehu ist Enver Hoxha ein Redner, der das Volk stark in seinen Bann zieht, obwohl er manchmal viele Stunden hintereinander redet.

Am 29. November 1969 feierte das albanische Volk den »25. Jahrestag der Befreiung des Vaterlandes und des Sieges der Volksrevolution«. Regierung und Volk berauschten sich an der »glänzenden Manifestation der richtigen marxistisch-leninistischen Linie der Partei Albaniens, der unbestreitbaren Überlegenheit des Sozialismus über den Kapitalismus ... mit der Hacke in der einen Hand und dem Gewehr in der anderen« (Hacke und Gewehr sind in Albanien das, was in der UdSSR Hammer und Sichel sind). Die albanische Regierung erklärte im Jubiläumsmonat, daß Albanien »der europäische Staat mit der fortgeschrittensten gesellschaftlichen und ökonomischen Ordnung der Geschichte« sei. Die albanische Industrie erzeugt heute um 58mal mehr als 1938. Vor dem Kriege habe die Lebenserwartung nicht mehr als 38 Jahre betragen, mittlerweile sei sie auf 66 Jahre gestiegen. Albanien sei das einzige Land auf der Welt, wo die Bevölkerung keine Steuern zahlt. Bei der Befreiung Albaniens seien 90% der Bevölkerung Analphabeten gewesen; heute bestehe Acht-Jahre-Schulpflicht. »Der größte Sieg dieser 25jährigen Zeitspanne ist aber die Schaffung des neuen Menschen mit hohen revolutionären Eigenschaften, der bewußt und mit einzigartiger Selbstlosigkeit arbeitet, das allgemeine Interesse der Gesellschaft, des Vaterlandes, des Sozialismus und der Revolution über alles stellt.« Enver Hoxha legte erneut ein glühendes Bekenntnis zu dem großen chinesischen Bruder ab[15]: »Das albanische Volk ist mit dem chinesischen Volke durch eine enge, brüderliche, ewige und unverbrüchliche Freundschaft verbunden,

[15] Wiederum handelt es sich um die offizielle albanische Übersetzung.

ebenso die Partei der Arbeit Albaniens mit der großen Kommunistischen Partei Chinas.«

Obwohl ich nur kurz in Albanien war, glaubte ich doch zumindest vorsichtige Vergleiche anstellen zu können, da ich alle anderen kommunistischen Länder Europas und dazu auch Kuba bereist habe. Gewiß ist Enver Hoxha kein Führer, der sein Volk mit Samthandschuhen anfaßt, aber er ist mit jenem Problem konfrontiert, das alle Männer angeht, die mit einem Lande in der Entwicklung zu tun haben. Er steht vor der Notwendigkeit der Veränderung, und diese bedingt sicherlich hier wie in allen Entwicklungsländern bis zu einem gewissen Grade die Anwendung von Gewalt. Es wird von der Diktatur Enver Hoxhas gesprochen, und auch hier hat der Stalinismus schreckliche Opfer gekostet . . . Es ist Enver Hoxha nicht abzusprechen, daß er sehr viel für das kleine Volk getan hat; auch der Nichtkommunist sollte das anerkennen. Die Albaner haben außerdem das sozialistische Lager in Osteuropa gespalten, und auch das dürfte für die Fortentwicklung Osteuropas, ja vielleicht Gesamteuropas nicht ohne Einfluß bleiben. Wir sollten nicht nur den nichtsozialistischen Kleinstaaten in Europa mehr Bedeutung beimessen, sondern gleichfalls einem kommunistischen Lande wie der Volksrepublik Albanien. Es könnte der Tag kommen, da seine Stimme in irgendeinem europäischen oder gar globalen Gremium zählt[16].

[16] Vgl. auch R. Italiaander (Hrsg.): »Albanien – Vorposten Chinas« (München 1970), sowie R. Italiaander: »Diktaturen im Nacken« (München 1971).

## *16. Königreich Griechenland*
## oder:
## *Die Diktatur der Junta*

Vor Antritt einer neuen Griechenlandreise besuchte mich ein jüngerer, schneidiger griechischer »Diplomat«. Er wollte wissen, welche Persönlichkeiten anderer Länder ich zu berücksichtigen dächte. Als Beispiel nannte ich den kürzlich ernannten Ministerpräsidenten eines nordischen Landes. Da meinte er verächtlich: »Das ist doch ein Homosexueller, der darf überhaupt nicht Staatsmann sein.« Der Grieche ließ sich generell verächtlich über europäische Staatsmänner aus. Er nannte nur einen Politiker, den er für fähig hielt, insbesondere Ordnung in das »verrottete England« zu bringen: den rechtsradikalen Enoch Powell. Dieser wüßte z. B., was man in England mit den »Niggern« machen müsse. Er fragte mich beiläufig, ob Neger überhaupt Menschen seien. Meine Empörung bewegte ihn nicht ... Er nannte die griechische Regierung eine junge, dynamische, die auf Advokaten und Berufsdiplomaten verzichten könne. In der heutigen Welt brauche man auf diplomatischen Posten nur Spezialisten, Ingenieure, Technokraten. Drohend erklärte er, daß er über meine privaten Beziehungen in Griechenland durchaus unterrichtet sei; meine Freunde lehnten die Revolution ab, und das gefiele ihm nicht. Diesen Typ fand ich 1969 noch einige Male in Griechenland selber. Es wurde mir erklärt, er sei nicht selten bei jungen Leuten, die jetzt unter der Junta etwas zu sagen hätten. Eine andere Gruppe fiel mir auf: junge Leute, die durchaus idealistisch waren – allerdings war ihr Idealismus vom Regime der Obristen mißbraucht worden.

Griechische Geschichte ist partiell Weltgeschichte; das alte Griechenland hat wie das alte Rom (und Jerusalem) wesentlich zur Gestaltung Europas beigetragen, was oft beschrieben worden ist. Wir wollen deshalb in diesem Fall nur an Ereignisse aus den letzten 100 Jahren erinnern. Anfang des 19. Jahrhunderts kämpften die Griechen um ihre Freiheit gegen die türkischen Unterdrücker. Mit englischer, französischer und russischer Hilfe wurde die türkisch-ägyptische Flotte am 20. Oktober 1827 geschlagen. 1829 und 1830 wurde die Unabhängigkeit Griechenlands als ein Kompromiß bestätigt. Die Schutzmächte einigten sich auf Prinz Otto (geb. 1815), den zweiten Sohn König Ludwigs I. von Bayern, als König, der aber 1862 durch eine Intrige gestürzt wurde. Sein Nachfolger wurde 1863 Prinz Wilhelm von Dänemark als König Georgios I. 1913 wurde dieser ermordet, und Konstantin I. übernahm die Herrschaft, bis er zugunsten seines Sohnes Georgios II. abdanken mußte. Am 25. März 1924 wurde die Republik ausgerufen. Am 12. Oktober 1935 konnte Georgios II. den Thron erneut besteigen. 1939 besetzten die Italiener Albanien, woraufhin England und Frankreich die Unabhängigkeit Griechenlands garantierten. Dennoch fielen die Italiener Ende Oktober 1940 in Epirus ein, wurden zurückgeworfen und verloren ein Drittel Albaniens an die Griechen. Im April 1941 besetzte Hitlers Wehrmacht Griechenland und im Mai/Juni Kreta, der König floh nach London und konnte erst im September 1946 den Thron (zum dritten Male!) erneut einnehmen; er starb allerdings schon einige Monate später (1. April 1947), und zwar auf eine sehr merkwürdige Weise, die bis heute nicht geklärt werden konnte; es heißt, der König wurde vergiftet. Fast wäre es nun zu einer kommunistischen Revolution gekommen. Paul I., der Bruder König Georgios' II., besiegte die kommunistischen Aufständischen. Nach seinem Tode folgte ihm sein Sohn Konstantin II. Der Vater war mit der deutschen Prinzessin Friederike von Braunschweig (einer Enkelin von Kaiser Wilhelm II.) verheiratet, die heute mit ihrem Sohn in Rom im Exil lebt und in ihrem großen Ehrgeiz (Spitzname: Friki-Schreck) schon häufig einen unheilvollen Einfluß auf die Landespolitik gehabt hat. Der am 2. Juni 1940 in Athen geborene König Konstantin II. ist mit einer Tochter des dänischen Königspaares, Prinzessin Anne-Marie, verheiratet; das Paar hat drei Kinder.

Griechenland hat fast 9 Millionen Einwohner, überwiegend Griechen, zu denen aber bulgarische, türkische und armenische Minderheiten kommen. Die Staatssprache war zunächst Neugriechisch und ist seit dem Putsch der Offiziere 1967 Hochgriechisch. Die vorherrschende Religion ist die der griechisch-orthodoxen Kirche. Mit König Georgios II. kehrten Politiker konservativer und liberaler Schule in das Land zurück. 1944 im »roten Dezember« sowie 1946–1949 versuchten Kommunisten in bewaffneten

Aufständen an die Macht zu gelangen. Erst unter Ministerpräsident Konstantin Karamanlis (geb. 1907) und unter der von ihm 1955–1963 geführten rechtsorientierten Volkspartei ERE (= Ethniki Risospastiki Enossis = Nationale radikale Union) traten etwas stabilere Verhältnisse im politischen und wirtschaftlichen Leben ein. Vordringliche soziale Aufgaben wurden allerdings nicht bewältigt, und man warf der Regierung Karamanlis sogar autoritäre Methoden vor. Es kam 1958 zur Bildung einer starken Opposition unter dem liberalen Politiker und »Volkstribunen« Georgios Papandreou (1888–1968), und im Sommer 1963 mußte Karamanlis zurücktreten; er lebt heute in Paris. Bei den Wahlen von 1964 errang Papandreous Zentrumsunion die Mehrheit (52,75% der Stimmen). Diese Regierung war geprägt von demokratischer Freiheit und sozialer Verantwortung. Allerdings war Georgios Papandreous Wirtschaftspolitik nicht solide genug; Griechenland geriet immer mehr in die Hände seiner ausländischen Kreditgeber. Es kam zu einem ideologischen Bruch innerhalb der Partei sowie zu einer Kontroverse zwischen G. Papandreou und dem jungen König Konstantin II., der beim Tode seines Vaters erst vierundzwanzig Jahre alt und unerfahren war. Die Zentrumsunion zerbrach; der nationalliberale Flügel folgte Papandreou nicht mehr.

In der Folgezeit wurde Griechenland durch Minderheitskabinette regiert, die gedeckt wurden durch die Duldung der ERE und der kleinen nationalliberalen Fortschrittspartei unter Spyros Markezinis, einem Wirtschaftsexperten. Der Parteichef der ERE, Prof. Panayotis Kanellopoulos (geb. 1902), stürzte – im Einvernehmen mit G. Papandreou – die »Amtsregierung« Paraskevopoulos und kündigte Wahlen für den 28. Mai 1967 an. Der rechtsextreme Flügel der ERE unter Panayotis Pipinellis widersetzte sich im Hinblick auf eine von ihm gewünschte autoritäre Lösung einer Zusammenarbeit zwischen Kanellopoulos und Georgios Papandreou, die sich anbahnte. Die Zentrumspartei rückte unter dem Einfluß von Papandreous Sohn Andreas (geb. 1919) immer mehr nach links. P. Kanellopoulos wurde im März 1967 mit der Regierungsbildung und der Durchführung der Wahlen beauftragt. Nur drei Wochen war die Regierung im Amte, dennoch stabilisierten sich die Verhältnisse, wenn auch nach wie vor die höchste Not leidende Landbevölkerung weiterhin vernachlässigt wurde. Kanellopoulos war bereit zu einer Koalition mit der Zentrumsunion Papandreous. Das griechische Dilemma, das gleich nach dem Kriege begann, schien ein Ende zu haben.

Doch am 21. April 1967 besetzte eine Panzereinheit der Verschwörergruppe unter der Führung des Obersten Georgios Papadopoulos in den frühen Morgenstunden das Hauptquartier der Armee und befahl eine NATO-Übung[17]. Zu spät erkannten die Kommandeure der verschiedenen Truppen-Einheiten die Täuschung. König Konstantin II., die Regierung, alle demokratischen und kommunistischen Politiker wurden verhaftet. Neue Herrin über Griechenland wurde eine Militärjunta, zunächst mit dem Staatsanwalt des Obersten Gerichts Constantin Kollias, später mit Papadopoulos selber als Ministerpräsidenten, mit Stylianos Pattakos als Innenminister, Nikolaos Makarezos als Koordinationsminister, Johannes Ladas als »Griechenlands Himmler« – um nur einige der führenden Männer zu nennen. Das Parlament wurde aufgelöst, und alle Parteien wurden verboten. Was danach geschah, ist jüngste Vergangenheit und in aller Erinnerung. König Konstantin II. versuchte am 13. Dezember 1967 einen Gegenputsch. Von seiner ehrgeizigen Mutter wurde er wieder einmal völlig falsch beraten, und am 13. Dezember 1968 mußte die königliche Familie ins Exil. Die Junta setzte als seinen Vertreter einen Regenten ein: General Georgios Efstratios Zoitakis.

Solche Aufstände seitens des Militärs sind nichts Neues in Griechenland. Seit der Jahrhundertwende hatte es an etwa zwanzig Aufständen teilgenommen und etwa dreißig Geheimorganisationen ins Leben gerufen. Die neue Junta glaubte völlig freie Hand zu haben, ihre eigentliche Blutherrschaft begann. 8000 bis 10 000 Griechen wurden während der ersten Tage der Revolution verhaftet, Tausende unter barbarischen Verhältnissen auf einsame unbewohnte Inseln verbannt. Tausende versuchten, ins Ausland zu fliehen. Die Emigration der griechischen Elite fügte dem Land neuen großen Schaden zu. Mancher verlor den Mut, und dadurch hatten die Obristen ein leichtes Spiel.

Über die Obristen selbst gibt es wie über alle Haudegen nicht allzu Wissenswertes zu berichten. Georgios Papadopoulos wurde 1919 in Eleochorion, Ilias-Achaia, geboren. Er ist Berufs-

[17] Es handelt sich um den Alarmplan »Prometheus«, »der im Falle eines Krieges mit einem kommunistischen Land einer kommunistischen Machtergreifung im eigenen Land habe vorbeugen wollen«. (Vgl. Paul Meynaud: »Bericht über die Abschaffung der Demokratie in Griechenland«, Berlin 1968.)

offizier und kämpfte im zweiten Weltkrieg im Nahen Osten, nahm am griechischen Bürgerkrieg teil und war Militärgouverneur des Distrikts Evros. 1962 trat er in den griechischen Geheimdienst ein und soll sich hier durch ungewöhnliche Skrupellosigkeit in der Bekämpfung von Verdächtigten und Gegnern ausgezeichnet haben; seine Ausbildung in der sogenannten psychologischen Kriegführung erhielt er in den USA im Pentagon durch den CIA. Am 21. April 1967 war Oberst Papadopoulos Vorsitzender des Revolutionsrates. Sein Cypernbesuch im Sommer 1967 gab Anlaß zur griechisch-türkischen Krise vom November/Dezember 1967. Nach der Flucht Konstantins II. nach Rom machte sich Papadopoulos zum Ministerpräsidenten sowie zum Verteidigungs- und Kultur-Minister der umgebildeten Nationalen Revolutions-Regierung. Er gilt als ein Verfechter einer autoritären, nationalistischen und staatssozialitischen Politik, die sich auf inneren Terror sowie den moralischen Beistand einer umfunktionierten Kirche stützt, in deren oberen Gremien jetzt nur noch der Junta hörige Geistliche einen Sitz haben.

Seitdem die Junta in Athen an der Macht ist, drangen an die Weltöffentlichkeit Berichte über schändliche Terrorakte sowie Folterungen an Griechen und Griechinnen. Mehrere europäische Staaten, angeführt von den skandinavischen Ländern und den Niederlanden, forderten den Ausschluß Griechenlands aus dem Europarat. Wenige Tage vor der maßgeblichen Sitzung in Paris veröffentlichte die Londoner *Sunday Times* (7. Dezember 1969) Auszüge aus dem 1200 Seiten umfassenden Report der Straßburger Kommission für Menschenrechte, den sie im Auftrag des Europarates verfaßt hatte. 15 Juristen hatten 87 Zeugen befragt und berichteten nun von 213 Fällen von Folterungen und anderen kriminellen Grausamkeiten, verübt an Gegnern der Junta. Auf Grund dieser Tatsache war damit zu rechnen, daß Griechenland aus dem Europarat ausgeschlossen werden würde. Der nach Paris entsandte Außenminister Pipinellis zog es vor, Griechenlands freiwilligen Rücktritt bekanntzugeben.

Aber damit waren die inneren Schwierigkeiten noch nicht beendet. Im August 1971 nahm Papadopoulos eine beachtliche Kabinettsumbildung vor. Er selber hielt wie bisher mit Abstand die stärkste Stellung. Neben dem Ministerpräsidium, dem Außen- und Verteidigungsministerium übernahm er ein neues Ministerium für Regierungspolitik. Innenminister Pattakos und

Koordinationsminister Makarezos verloren Ämter und waren fortan nur noch Stellvertretende Ministerpräsidenten. Nach mehreren kleineren und größeren Putschversuchen seiner Gegner – angeblich auch unterstützt von dem im Exil lebenden König Konstantin II. – verfügte Papadopoulos eine Volksabstimmung über die Abschaffung der Monarchie und die Einführung einer Präsidialrepublik in Griechenland. Die Abstimmung fand am 29. Juli 1973 statt. 78,4% der wahlberechtigten Griechen wählten den ehrgeizigen Obersten zum Präsidenten mit siebenjähriger Amtszeit; ein zweiter Kandidat war übrigens nicht aufgestellt worden. Die Revolution ist jedenfalls in der neuen Republik fest verankert, und es macht der Junta nichts aus, daß der von Papadopoulos abgesetzte König alles zu einer Farce erklärte oder daß ausländische Blätter schrieben, das Abstimmungsergebnis habe schon vorher festgestanden. Der neue Präsident hat außerdem die Ämter des Außenministers, Verteidigungsministers und Ministers für Planungs- und Regierungspolitik inne. Er hat jetzt fraglos die Höhe seiner Macht erreicht. Er versuchte, vielen seiner Kritiker Wind aus den Segeln zu nehmen, als er Gegner amnestierte, selbst einen Mann, der ihm nach dem Leben getrachtet hatte. Ob die Republik Griechenland nun endlich eine Demokratie sein wird, ist nicht vorauszusagen, und zwar deshalb, weil noch nicht ausreichend Demokraten sichtbar sind, die in der Lage wären, Besseres als die Mitglieder der Junta zu leisten.

Worum geht es den Gegnern des Regimes? Erstens: die Junta zu beseitigen; zweitens: ein Griechenland aufzubauen, das nicht mehr mit den vielen Fehlern behaftet ist, die zur Militär-Diktatur geführt haben. Diese Probleme lähmen, ja spalten das Lager der Junta-Gegner. Die Widerstandsbewegung in Griechenland gliedert sich in mehrere Gruppen. Da ist zunächst die *Dimokratiki Amyna* (DA = Demokratische Verteidigung). Sie ist eine Widerstandsorganisation, die aus der Partei der Zentrumsunion und den Reihen der parteilosen Sozialisten und Sozialdemokraten stammt. Präsident ist General Iordanidis, der 1970 vor dem Militärtribunal in Athen zu acht Jahren Gefängnis verurteilt worden ist. Dieser Organisation gehören die Professoren G. Mangakis und Karageorgas sowie der Soziologe V. Filias an. Die DA ist die bedeutendste Widerstandsorganisation in Griechenland. Sie umfaßt die junge Generation, die Studenten, die liberale und sozialistische Intelligenz. Sie ist kritisch gegenüber der Erbschaft der Zentrumsunion, und sie operiert unabhängig von Andreas Papandreou, zu dem sie sich sehr zurückhaltend, ja ablehnend verhält. Vertreter der DA im Ausland ist der ehemalige Kultusminister von Georgios Papandreou, Dr. Georgios Mylonas in Genf. Viele Funktionäre und Mitglieder der DA wurden in den letzten Jahren seit dem Putsch der Offiziere zu hohen Gefängnisstrafen verurteilt. Präsident der *Panhellinion Antidiktatoriuon Kinima* (PAK = Panhellenische Befreiungsbewegung) ist Professor Andreas Papandreou. Seine Organisation wurde im Mai 1968 von ihm im Ausland gegründet und angeblich nach Griechenland »importiert«. Die PAK hat sowohl im Ausland wie in Griechenland keine nennenswerte Volksbasis. Sie ist mehr oder weniger ein Ausdruck der Persönlichkeit von Andreas Papandreou und seiner geringen Hausmacht. Die Organisation hat keine demokratische Struktur; sie wird nur von Papandreou kommandiert. Hier gilt nicht die direkte Wahl von organisierten Mitgliedern, sondern die direkte Nominierung von Andreas Papandreou selbst. Die *Patriotiko Antidiktatoriko Metopo* (PAM = Patriotische antidiktatorische Front) wurde im Mai 1967 von dem Komponisten Mikis Theodorakis gegründet. Es handelt sich um eine Organisation der Linken. Nach der Spaltung der Kommunistischen Partei im Februar 1968 wurde auch diese Organisation in zwei gleichnamige Teile gespalten. Die Theodorakis-Organisation (der reformistische Flügel) hat ein nationales Komitee mit einem Präsidium als oberstem Organ, während der dogmatische Flügel ein Zentralkomitee als oberstes Organ besitzt. Es versteht sich, daß nach der Spaltung die Widerstandstätigkeit beider Teile gelähmt und gehemmt ist und sie keine nennenswerte Resonanz seitens des griechischen Volkes haben kann. Die Tätigkeit beider Teile der PAM beschränkt sich gegenwärtig auf die Herausgabe von illegalen

---

Oben: Einer der profiliertesten Staatsmänner der älteren Generation war der ehemalige Staatspräsident der Türkei, General Ismet Inönü.

Unten: Eine Militärjunta, angeführt von den Offizieren Georgios Papadopoulos (rechts) und Stylianos Pattakos (links), führte einen Umsturz in Griechenland herbei, stürzte den König und rief die Republik aus.

Rolf Italiander'e
İsmet İnönü
1969

Schriften. In den Reihen der Rechten gibt es zahlreiche kleine, meist auf Familien- oder Freundeskreisen basierende Widerstandsgruppen, die zwar keinen nennenswerten Widerstand leisten, aber trotzdem die antidiktatorische Gesinnung des griechischen Volkes aufrechterhalten. Unter den studentischen Widerstandsorganisationen ist die bedeutendste *Rigas Fereos*, eine linke Organisation, die innerhalb des Universitäts-Bereiches tätig ist. Ihre Mitglieder haben zwar Mut, aber ihnen fehlt Erfahrung. Einzelne Gruppen im Ausland, wie die Zentrums-Union im Ausland oder trotzkistische und maoistische Gruppen, wären außerdem zu nennen. Die Zentrums-Union (Generalsekretär Prof. Dr. N. Nikolaidis, z. Z. Roma) hat im August 1968 das Attentat gegen G. Papadopoulos organisiert. Als Widerstandsaktionen könnte man außerdem die oppositionellen Tätigkeiten einzelner Professoren, Offiziere, Richter, Schriftsteller oder Schauspieler bezeichnen, die versuchen, in der Presse über das Regime aufzuklären.

Wie lange wird Griechenland ein »Garnisonstaat« bleiben? Das griechische Volk schwankt zwischen Arroganz und Lethargie. Papadopoulos will, daß seine Jugend »im Namen der ganzen Menschheit« philosophiert. Der Diktator glaubt tatsächlich, daß »kein anderes Volk auf Erden ein so klares Ideal« hat wie das Griechenland der Junta. Die Massen des Volkes spielen mit dem *Komboloi*, einem Überbleibsel der vierhundertjährigen Türkenherrschaft, einer Perlenkette, die man durch die Finger laufen läßt wie die Katholiken den Rosenkranz. Die Widerstandsbewegung sollte allen ihren Anhängern untersagen, mit dem *Komboloi* zu spielen. Solange die Griechen *Komboloi* spielen, werden sie sich nicht zu einem klaren Kampf für die parlamentarische Demokratie entschließen, die doch die meisten von ihnen herbeisehnen. Der Bewunderer Griechenlands, Henry Miller, stellte fest, daß das Mannestum der Griechen eine »seltsame Mischung von Schwäche und Stärke« sei. Die Schwäche sollte nicht länger bei der Opposition zu Hause sein. Und vielleicht hat die Opposition jetzt in der Republik sogar mehr Chancen als unter dem schwachen König.

Während der Drucklegung dieses Buches ereignete sich ein neuer Putsch. Nach blutigen Studentenunruhen im November 1973 wurde der Belagerungszustand erklärt. Alsdann stürzte eine Gruppe national-revolutionärer Offiziere die Regierung des

Präsidenten Papadopoulos und erklärte ihn zum Verräter. Neuer Präsident wurde General Faidon Gisikis (geb. 1917) und Regierungschef der Finanzexperte Adamanlios Androutsopoulos (geb. 1919). Es ist vorläufig nicht abzusehen, ob das neue Regime den berechtigten Forderungen der tatsächlichen Demokraten im Lande entsprechen wird.

## *17. Republik Türkei*
## oder:
## *Die gefährdete Südost-Festung Europas*

Wir wurden bereits in der Volksschule auf die Türken aufmerksam gemacht. Der Deutschlehrer war im ersten Weltkrieg in Istanbul stationiert gewesen und zitierte bei jeder Gelegenheit den »kranken Mann am Bosporus«. Auf dem Gymnasium sprach der Geschichtslehrer fast jede Woche einmal von Mustafa Kemal Pascha, der später den Ehrennamen *Atatürk* (Vater der Türken) erhielt. Dieser Lehrer war immer auf der Seite von Rebellen, und der *Gazi* (der Sieger) war ein Mann nach seinem Sinn. Die heutige Türkei ist nicht zu verstehen ohne die Geschichte Atatürks. Für den Ausländer ist der Kult mit ihm fast bestürzend. In Ankara hat Atatürk mehrere Denkmäler. Ein offizielles Foto, das in vielen Amtsräumen hängt, ist derart retouchiert, daß es ausschaut, als sähe Atatürk wie ein Gott aus den Wolken auf sein Volk herab. Wer nach führenden Männern der Türkei fragt, hört: »Wir brauchen niemand anders; denn wir haben Atatürk.« Für sehr viele Türken ist er einer der größten Männer der Weltgeschichte überhaupt. Nun, viele Türken halten sich – obwohl sie die zahlreichen Analphabeten beklagen – für die geistig höchststehende Nation auf Erden; dabei ist die geistige Elite klein.

Einige Stichworte zur Geschichte. Das alte türkische Reich, im 11. Jahrhundert durch den Sieg der Seldschuken bei Malazgirt entstanden, wurde bald darauf geteilt; es entwickelte sich aber im 15. und 16. Jahrhundert erneut zu einem mächtigen und blühenden Staat, der seine Macht 500 Jahre lang bis nach Südosteuropa und Nordafrika ausdehnte; die Türken standen sogar vor Wien. Vom Beginn des 19. Jahrhunderts an setzte ein langsamer Verfall ein; die Türken erlitten 1878 Niederlagen durch die Russen und 1912–1913 im Balkankrieg. Im ersten Weltkrieg stand das Osmanische Reich auf seiten der Mittelmächte und verlor dadurch nach Kriegsende große Gebiete. Die Republik wurde 1923 ausgerufen. Hauptstadt ist nun nicht mehr die auf dem Balkan gelegene Stadt Istanbul (früher Konstantinopel), sondern das in Kleinasien gelegene Ankara (fast 1 Million Einwohner), eine recht künstliche Stadt. 1939 schloß die Türkei ein Bündnis mit England und Frankreich und blieb zunächst im zweiten Weltkrieg neutral. Unter alliiertem Zwang mußte sie am 23. Februar 1945 Deutschland den Krieg erklären, führte jedoch keine Truppen mehr an die Front. In der Gegenwart nennt sich das Land eine nationale, demokratische und soziale Republik; sie liegt als einziger Staat sowohl in Europa wie in Asien. Von der Bevölkerung sind 90% Türken, etwa 6% Kurden, 1% Araber, der Rest sind Tscherkessen, Griechen, Lasen, Bulgaren, Georgier und Armenier. Die Staatssprache ist Türkisch; 98% Türken sind sunnitische Moslems.

Der Entwicklungsprozeß der jüngeren Geschichte ist, wie erwähnt, aufs engste mit Atatürk verknüpft, und so ist es notwendig, auf ihn zurückzukommen. Dieser Staatsmann wurde 1881 in Saloniki geboren (der Geburtstag steht nicht fest). Da er außerhalb der Grenzen der späteren türkischen Republik geboren wurde, sahen seine Gegner in ihm einen Ausländer, und selbst als er schon der Schöpfer der modernen Türkei war, wurde ihm das noch vorgehalten. Sein Vater war zunächst Zöllner, später Holzhändler. Der Sohn besuchte auf eigenen Wunsch die Kriegsakademie; er nahm als Gesinnungsfreund Enver Paschas 1908/9 an der jungtürkischen Revolution teil. Im ersten Weltkrieg kämpfte er an den Dardanellen, im Kaukasus und in Palästina. Ab Mai 1919 begann er in Anatolien den militärischen Widerstand gegen die Alliierten und gegen die Griechen zu organisieren; er brach die Beziehungen zur Regierung des in Istanbul residierenden Sultans ab. Ab 1920: Vorsitzender der Großen Nationalversammlung (= Parlament) und Leiter der Vollzugsgewalt. In den folgenden zwei Jahren vertrieb er die Griechen aus Kleinasien. Im November 1922 beseitigte er das Sultanat. Am 29. Oktober 1923 wurde er zum Präsidenten der Republik gewählt. (Wiederwahlen: 1927, 1931, 1935.) Die Abschaffung des Kalifats erfolgte 1925. Atatürk wußte das Selbstbewußtsein des Volkes wiederzuerwecken, und das Volk zeigte erstaunliches Verständnis für seine tiefgreifenden Reformen, zu denen die Gleichstellung der Frau gehörte, die Förderung der neuzeitlichen Bildung für alle, die Einführung einer neuen Schrift und der in Europa üblichen Kleidung. Er war nur etwas über zwei Jahre verheiratet. Atatürk soll einen »großen Verschleiß an jungen

Mädchen« gehabt haben. Er starb am 10. November 1938. Sein Kampfgefährte, Freund und Kritiker Ismet Inönü sagte in einer Botschaft an die türkische Nation am Tage der Beerdigung: »Sein lauter Ruf, dessen Wichtigkeit anfangs nicht erkannt wurde, hat mit nie versagender Kraft das Gewissen der gesamten Welt aufgerüttelt. Nachdem er seine größten Siege errungen hatte, verbrachte er sein Leben allein damit, die Rechte der türkischen Nation, ihre ewigen Dienste an der Menschheit und ihre Tugenden, die sie der Geschichte einmeißelte, unter Beweis zu stellen.«

Als Atatürks Sachwalter wird Ismet Inönü angesehen (geboren am 25. September 1884 in Izmir, früher Smyrna). Der greise General und Staatsmann lebt heute in Ankara und hat eine soldatische Ehrenwache vor seiner Villa. Wie Atatürk nahm er 1908 an der jungtürkischen Revolution teil. Im ersten Weltkrieg war er Führer eines Armeekorps in Palästina. 1920: Generalstabschef. Militärisch beendete er den Krieg gegen die Griechen durch die Siege in den Schlachten zwischen dem 10. Januar und dem 30. März 1921 bei Inönü (daher sein zweiter Name) und diplomatisch als Außenminister (seit 1922) durch den Frieden von Lausanne. Im Oktober 1923 wurde er Ministerpräsident unter Atatürk, nach dessen Tod am 10. November 1938 Staatspräsident (wiedergewählt 1939, 1943, 1946). Präsident der von Atatürk gegründeten Republikanischen Volkspartei wurde Ismet Inönü im Mai 1946. Als die Demokratische Partei im Mai 1950 den Wahlsieg errang, trat er als Staatspräsident zurück. Nach Atatürk ist Ismet Inönü fraglos der bedeutendste Türke dieses Jahrhunderts; »eine orientalische Mischung von Churchill, de Gaulle und Adenauer«, sagte mir ein englischer Diplomat, der ihn gut kannte. Als ich mit Ismet Inönü über europäische Staatsmänner sprach, sagte er: »Sie sind allesamt medioker.« (Ismet Inönü starb im Januar 1974.)

Sieben Jahre lang Staatsoberhaupt war Cevdet Sunay. Er war zeitlebens Berufssoldat, besuchte die Militärschule in Kuleli, die Militärakademie und wurde für die schwere Artillerie ausgebildet. Im ersten Weltkrieg war er Kriegsfreiwilliger und geriet in Gefangenschaft. 1934: Major, 1943: Oberst, 1950: General; in diesem Jahr trat er in den Generalstab ein, den er 1966 als Chef verließ. Am 28. März 1966 wurde General Cevdet Sunay Präsident der Türkischen Republik. Im April 1973 wurde er durch den Admiral Fahri Korutürk (geboren 1903) abgelöst. Nach Absolvierung der Marineakademie war dieser in mehreren europäischen Hauptstädten zunächst Marine-Attaché, später Chef einer Flottille, Direktor der Marineakademie, Oberbefehlshaber der Kriegsmarine, Botschafter in Moskau und in Madrid. Admiral Korutürk war von Präsident Sunay zum Senator ernannt worden. Er gilt als ein Mann konservativer Gesinnung. Mit seiner Gesundheit ist es nicht zum besten bestellt, aber er ließ sich auf das höchste Amt des Staates berufen, um die Querelen um das Amt zu beenden.

Die Türkei hat einen beachtlichen Verschleiß an Regierungschefs. Als ich 1969 die Türkei besuchte, war Süleyman Demirel Ministerpräsident, ein wenig profilierter Technokrat. 1924 wurde er in dem Dorf Islamkoy in der Provinz Isparata geboren. Er studierte Ingenieurwissenschaft in den USA, was ihn prägte. 1964 wurde er Präsident der Gerechtigkeitspartei, 1965 Ministerpräsident und im Oktober 1969 wiedergewählt. »Ich kenne die Unbeständigkeit des Kremls«, sagte er zu mir. »Aber wo bleibt die Einigung Europas? Sie läßt viel zu lange auf sich warten! Wir Türken werden ungeduldig. Die Türkei ist eine Brücke zwischen Europa und Asien. Brücken sind immer empfindlich in Krisenzeiten. Meine Regierung wird gewiß alles tun, um die türkische Brücke stark zu machen. Vergessen Sie nicht, daß ich Ingenieur bin.« Ich begegnete viel Skepsis gegenüber seinem Regierungsprogramm. Die sozialen Probleme würden von ihm völlig vernachlässigt. Zu wenig Krankenhäuser! Zu wenig Schulen und Hochschulen! Überhaupt würden die Erziehungs- und Bildungsprobleme nicht bewältigt. Demirel hatte mir gesagt, die weit über 40% türkischen Analphabeten würden innerhalb weniger Jahre lesen und schreiben lernen. Mehrere Gewährsmänner dagegen erklärten mir, die Analphabetenzahl läge jetzt bei 80%, und es sei lächerlich, solch eine zuversichtliche Prognose zu machen. Demirel hatte mir gegenüber geäußert, er sei der Bundesrepublik Deutschland dankbar, weil sie jedes Jahr Zehntausende von türkischen »Gastarbeitern« aufnimmt. Seine Kritiker meinten, die meisten dieser Menschen seien für die Türkei verloren; denn was sie auch in Westdeutschland täten, dort ginge es ihnen auf jeden Fall viel besser als zu Hause.

Im Winter 1970/71 machten sich immer mehr radikale Elemente bemerkbar, vier amerikanische Soldaten wurden entführt, in der Technischen Universität kam es zu blutigen Kämpfen, der »Terror der Straße« breitete sich aus. Stand die Türkei am Vorabend einer blutigen Revolution von links? Um mehr Unheil abzuwenden, stürzte die Generalität unter Anführung des Generalstabschefs Memduh Tagmac die Regierung Demirel und forderte die Bildung einer »Regierung der Nationalen Koalition«. Falls das nicht gelänge, würde das Militär die Macht übernehmen. Die Generale beauftragten den Jura-Professor Nihat Erim mit der Bildung einer neuen Regierung. 1912 in dem westanatolischen Städtchen Kandira geboren, studierte er in Istanbul und Paris; hier erwarb er seinen juristischen Doktorgrad. 1939 wurde er Professor für Völkerrecht an der Universität Ankara, später Professor für Internationales Recht an der Hochschule für politische Wissenschaften der Hauptstadt. Als Rechtsberater der türkischen Regierung (seit 1943) nahm er in San Francisco an der Gründungsversammlung der UNO teil. Seine Wahl ins Parlament erfolgte durch die Republikanische Volkspartei Ismet Inönüs. 1949 wurde er Stellvertretender Ministerpräsident, kehrte aber 1950 an die Universität zurück, blieb allerdings weiterhin politisch tätig. Er vertrat die Türkei z. B. im Europarat, wo er 1965 Vizepräsident der Beratenden Versammlung war. Ein ausgezeichneter Diplomat und Kenner der internationalen Situation, wählten die Militärs fraglos eine profilierte Persönlichkeit. Als ich Ende 1969 bei ihm zu Gast war, ließ er bereits neue politische Ambitionen in all seinen Darlegungen durchblicken. Das Kabinett Erim blieb allerdings kaum 13 Monate im Amt, auf 11 Monate brachte es das Kabinett Ferit Melen, eine Koalitionsregierung, der schließlich nach 12 Monaten im April 1973 das gegenwärtige Kabinett des Unabhängigen Naim Talu folgte. Wie kann die politische Lage in einem Land stabil werden, wenn Minister, die sich kaum in einem Amt eingearbeitet haben, dieses kurzfristig wieder räumen müssen? Und im Oktober 1973 mußten abermals Wahlen ausgeschrieben werden. Schließlich bildeten Links und Rechts eine Koalition. Neuer Regierungschef: der Sozialdemokrat Bülent Ezevit von der Republikanischen Volkspartei.

In Ankara und auch in Izmir gibt es Sprungtürme, die bereits zu Lebzeiten Atatürks errichtet worden sind; Atatürk hielt sehr viel von der Fliegerei. Von den Sprungtürmen sollen mit dem Fallschirm nicht nur Soldaten abspringen, sondern auch Bürger, selbst Frauen und Mädchen. Atatürk wollte das Volk zu Zivilcourage erziehen; dann und wann sieht man tatsächlich junge Leute beiderlei Geschlechts mit Fallschirmen abspringen. Doch es sind eben verhältnismäßig wenige. Ein Universitätsprofessor, der mit mir ein solches Springen beobachtete, sagte: »Eben weil Atatürks Revolution unvollendet ist, springen so wenige.« Die Türkei ist die Südost-Festung Europas. Trotz aller Bemühungen um Fortschritt ist diese Stückwerk geblieben. Es gibt für die westliche Allianz nur eine Aufgabe: die Türkei wirtschaftlich und militärisch zu stärken, aber weitaus uneigennütziger, als es jetzt geschieht. Die gegenwärtige Investitionspolitik wird heftig angegriffen; das Ausland nehme viel mehr Geld aus dem Lande heraus, als es investiere. In diesem Zusammenhang fällt wieder einmal das böse Wort Neokolonialismus. Vor dem Amerikahaus in Ankara stehen seit Jahren schon Wachtposten mit Maschinenpistolen; Antiamerikanismus also auch hierzulande. Die NATO-Präsenz wird von vielen Türken als eine Besatzungstruppe beargwöhnt oder gar schärfstens abgelehnt. Das türkische Militär hat häufig bewundernswerte Tapferkeit bewiesen. Der Abzug der NATO allerdings würde das Land vogelfrei machen, d. h. den Kommunisten ausliefern. Wir haben hier wieder einmal eine – im Augenblick wenigstens unlösbare – Polarität. Würde die Türkei kommunistisch werden, so bedeutete das für das freiheitliche Europa und das auf Europa angewiesene Nordamerika einen neuen Aderlaß.

## *18. Republik Cypern* oder: *Griechisch-türkischer Zwist*

Wir beobachteten Makarios III., als er in der cypriotischen Hauptstadt Nicosia an einem Nationalfeiertag eine Parade abnahm. Wir standen inmitten des Diplomatischen Corps. Es war ein irritierendes Bild, einen Erzbischof der orthodoxen Kirche eine militärische Parade abnehmen zu sehen. Gehören Soldaten, Kanonen, Tanks zusammen mit dem hohen Auftrag eines Priesters? Kerzengerade, als ei er selbst aus der Armee hervorgegangen, stand dieser umstrittene Cypriote, stolz und überzeugt von sich und seiner Stellung, auf einer Tribüne. Man mochte Groll gegen ihn in der Brust haben, er imponierte. Später erlebten wir ihn noch bei einem Staatsempfang. Jetzt gab er sich nicht mehr als disziplinierter Offizier, sondern mehr als äußerst verbindlicher Diplomat. Ewig lächelnd und sich offenbar gern die Hand küssen lassend, machte er die Runde durch den Kreis seiner Gäste. Der Staatschef von Cypern wirkt insbesondere auf Frauen, und das weiß er auch. Makarios III. von Cypern zählt zu den undurchsichtigen Erscheinungen des gegenwärtigen europäischen politischen Geschehens.

Cypern ist die drittgrößte Insel des Mittelmeeres. Im Mittelalter herrschten auf der Insel Venetianer, bald folgten ihnen Türken. 1878 überließ die Pforte die Verwaltung Cyperns England; dieses tat viel für die Entwicklung des Handels. 1925 wurde die Insel britische Kolonie. 1931 kam es zu einer Erhebung gegen England, weil griechische Bewohner der Insel eine Vereinigung mit Griechenland wünschten. Die Bevölkerung (630 000 Menschen) besteht aus 78,8% Griechen, die der autonomen orthodoxen Kirche angehören, 17,5% Türken sowie armenischen und anderen Minoritäten. Staatssprache ist Griechisch und Türkisch. England verhinderte einen Anschluß an Griechenland, willigte allerdings in die Unabhängigkeit der Kolonie ein, die sie im August 1960 erhielt. Zum Führer der Unabhängigkeitsbewegung wurde der Erzbischof, der heute Präsident der Republik Cypern ist.

Erzbischof Makarios III. von Cypern (ein Grieche) wurde bereits im Dezember 1959 zum Präsidenten gewählt, konnte aber sein Amt erst übernehmen, als Cypern im Sommer 1960 autonom wurde. Geboren 1913 auf Cypern, trat er 1926 in das Kloster von Kykko als Novize ein, studierte Theologie und Jurisprudenz an der Universität von Athen und vervollkommnete seine theologischen Studien an der Universität von Boston, USA, wo er zum Doktor der Theologie promovierte. Priester wurde er 1946, Bischof von Kituim 1948. Unter seinem Einfluß stimmten 1950 97% der griechischen Bevölkerung Cyperns zugunsten eines Anschlusses an Griechenland mit Hilfe der von ihm gegründeten Bewegung *Enosis*. Makarios brachte 1954 mit Hilfe der griechischen Regierung die cypriotische Frage vor die UNO. Die Engländer verbannten ihn 1956 auf die Seychellen. 1957 begab er sich nach Athen. 1959 wurde er nach London eingeladen, wo er die Autonomie der Insel durchsetzte.

Und doch ist die cypriotische Frage noch immer offen und die politische Zukunft ungewiß. Immer wieder kommt es auf der Insel zu bürgerkriegsähnlichen Handlungen. Auch der Ausländer kann sich auf der Insel nicht frei bewegen. Um von der Hauptstadt Nicosia (mit den Vororten über 100 000 Einwohner) nach einem Teil der Insel zu gelangen, auf dem vor allem Türken wohnen, kann man nur im Konvoi und unter Bewachung von Militär der UNO, und zwar zu bestimmten Stunden, fahren. Dies ist nicht nur für den Ausländer unangenehm, sondern auch für die Griechen und Türken, die auf der Insel zu Hause sind. Auch hier redet man von einer »Wiedervereinigung, die in der Ferne liegt«. Schon haben Türken davon gesprochen, jenen Teil der Insel, den sie bewohnen, zu einem unabhängigen Staat zu formieren, der sich an die Türkei anlehnen würde. Makarios III. wird vorgeworfen, als Christ zu wenig nachgiebig gegenüber der türkisch-islamischen Minderheit zu sein. Der Vizepräsident Dr. Fazil Küçik ist zwar ein Türke, der sogar Vetorecht hat, von dem er aber anscheinend wenig Gebrauch machen kann; er hat nur noch die Führung in den türkischsprachigen Gebieten. Der Erzbischof ist ein starker Mann, begabt in der Kunst der Intrige. Bei meinen Gesprächen mit Regierungsvertretern wurde deutlich, daß die permanenten griechisch-türkischen Gespräche auf Cypern wenig Ergebnisse zeitigen. Nur in kleinen Fragen kommt man sich dann und wann entgegen. Der von den Türken 1967 gegründete provisorische Verwaltungsrat wird von der Regierung als ungesetzlich angesehen. Allerdings hat der Erzbischof eingesehen, daß mit Gewalt, die er früher gern sogar skrupellos anwendete, nicht alles zu erreichen ist. Außenpolitisch schwenkte der Staatsmann im Priestergewand auf eine bündnisfreie, blockfreie Politik ein. Makarios III. spielt mit Vorliebe auf allen Instrumenten. Er schmeichelt sowohl dem Westen einschließlich der USA wie der UdSSR, dem Ostblock und den Nahost-Staaten. Die Kommunistische Partei Cyperns kann auf eine lange Tradition zurückblicken, und es wird geschätzt, daß 30% der Bevölkerung – mehr oder weniger aus Verzweiflung – kommunistenfreundlich sind. Der Kreml betrachtet die Entwicklung in Cypern mit Genugtuung. Im Juni 1971 war der Erzbischof Staatsgast in Moskau. Aus diesem Anlaß wurde hervorgehoben, daß die UdSSR für die Unabhängigkeit und territoriale Unantastbarkeit Cyperns eintrete und damit für den Abzug aller fremden Truppen, für die Liquidierung ausländischer Militärstützpunkte und für eine friedliche Lösung der zwischen Griechen und Türken strittigen Frage ohne Einmischung von außen. Auch in Cypern wolle die Sowjetunion dazu beitragen, daß das Mittelmeer zu einem »Meer des Friedens« werde. Die Sowjetunion hat jedenfalls Cypern in ihre Mittelmeerpolitik einbezogen, und dieser Erzbischof leistet dabei Hilfe. Aber zunächst müssen die innenpolitischen Probleme gelöst werden. In dem Partisanen-General Georgios Grivas hat Makarios einen harten Gegner bekommen, der Cypern gewaltsam mit Griechenland vereinen will. (General Grivas starb am 27. Januar 1974 im Alter von 75 Jahren.) Vielleicht gibt es eines Tages – nach dem Tode von Makarios? – ein Griechisch-Cypern und ein Türkisch-Cypern? Von europäischem Einheitsstreben ist jedenfalls auf Cypern leider nichts zu spüren.

## *19. Staat Malta* oder: *Neue Hilfe für die Sowjetunion*

Ist Malta ein europäischer Grenzfall? Oder ein afrikanischer? Wozu zählt diese Inselgruppe im Mittelmeer? Denn zu Malta als Hauptinsel gehören noch die Inseln Gozo, Comino und Filfla (rund 320 000 Einwohner). Ich selbst möchte diese schönen Eilande südlich Siziliens mit einem angenehm milden Klima jedenfalls zu Europa rechnen, wenn auch die Malteser ein Mischvolk aus Italienern, Arabern und anderen Mittelmeervölkern sind. Weil die Inseln überbevölkert sind, verteilen sich die Malteser als Landwirte, Händler und Seefahrer über das gesamte Mittelmeergebiet bis nach Tunesien. Ihre Sprache, das Maltesische, ist eine arabische Mundart mit stark italienischem, besonders sizilianischem Wortschatz, lautlich vom vorarabischen Griechischen und Lateinischen beeinflußt. Neben diesem Maltesisch ist Englisch Amtssprache. Die meisten Malteser haben den römisch-katholischen Glauben; protestantische Gruppen sind unübersehbar. Malta ist eine Parlamentarische Monarchie; denn das Staatsoberhaupt ist der englische Souverän, derzeit Königin Elisabeth II., die durch einen Generalgouverneur vertreten wird, der seinen Sitz in der Hauptstadt La Valetta hat, die etwas weniger Einwohner zählt als die Zwergrepublik Andorra, nämlich fast 18 000 Menschen.

Geschichtlich war Malta auch immer in die europäischen Ereignisse mit einbezogen. Nachdem sich Napoleon der Inseln bemächtigt hatte, wurden sie 1800 von den Engländern besetzt, die sie im Pariser Frieden 1814 endgültig zugesprochen bekamen. Malta wurde britische Kolonie, bald mit beschränkter Selbstverwaltung. 1947 erhielten die Malteser volle Selbstregierung unter Aufsicht des britischen Kolonialministeriums. 1964 wurde Malta ein unabhängiger Staat innerhalb des *Commonwealth.* Infolge seiner strategischen Lage wurde Malta unter britischer Herrschaft zu einem der wichtigsten Flotten- und Luftstützpunkte des *Commonwealth* ausgebaut.

Die englischerseits weniger benötigten Trockendocks (die Schließung des Suezkanals spielte hinein) sollten der NATO nutzbar gemacht werden. Die Sowjetunion zeigte sich seit jeher interessiert, die Docks für ihre Handelsflotte zu verwenden.

Der letzte britische Generalgouverneur Sir Maurice Henry Dorman (geboren am 7. August 1912 in Stafford) hat Großbritannien schon auf vielen Posten in Übersee gedient, und immer wieder kreuzten sich auch unsere Wege bei meinen eigenen Unternehmungen. Nach seinem Studium in Cambridge war er in Tanganjika, Palästina, auf der Goldküste, in Trinidad und Tobago sowie in Sierra Leone als Beamter der Krone tätig. Der neue Ministerpräsident Dom Mintoff verlangte, daß der bisherige Generalgouverneur durch einen Malteser ersetzt werde. Im Juli 1971 ernannte Königin Elisabeth den Malteser Sir Anthony Mamo, bisher Justizminister und Präsident des Verfassungsgerichts von Malta, zum Generalgouverneur. Premierminister Maltas war bis Juni 1971 Dr. jur. Giorgi Borg Olivier. Nach ihm wurde der bisherige Oppositionsführer Dom Mintoff Ministerpräsident, nachdem Oliviers Partei bei Parlamentswahlen einen Sitz weniger als Mintoffs Partei (28:27) erhalten hatte. Mintoff verfocht im Wahlkampf eine Politik der strikten Neutralität und der Lockerung der Beziehungen Maltas zum Westen. Nach seiner Vereidigung sagte Mintoff, das maltesisch-britische Verteidigungsabkommen aus dem Jahre 1964 sei nicht mehr gültig; den italienischen NATO-Befehlshaber auf Malta, Admiral Birindelli, erklärte er zur persona non grata, dem Chef der amerikanischen Siebten Flotte ließ er ausrichten, der angemeldete Besuch seiner Schiffe in La Valetta sei unerwünscht! Mintoffs Politik hilft genau wie die von Präsident Makarios auf Cypern niemand so sehr wie den Kremlherren. Der Sozialist betonte zwar gleich nach seiner Amtsübernahme seine »Neutralität nach allen Seiten«, aber niemand glaubte ihm. Es heißt, Mintoff habe sich sowjetischem Druck gebeugt. Die Lage im Mittelmeer wird jedenfalls durch eine wachsende Bedrohung durch die sowjetische Flotte gekennzeichnet. Und auf Island wird ebenso von gewissen Linken der Abzug der amerikanischen Streitkräfte gefordert. Ist es übertrieben, von einer ernsten Bedrohung der Flanken der europäischen Verteidigung zu sprechen?

## 20. *Republik Italien*
## oder:
## *Zwischen Demokratie und Totalitarismus*

Über die Italiener sind so viele grundfalsche Ansichten verbreitet, daß es angebracht ist, mit einer Episode zu beginnen. Von einem Senator ist bekannt, daß er sich als militanter Antifaschist hervortat. Aber ausgerechnet er setzte sich nach dem Sturz des *Duce* dafür ein, daß Bauten, Skulpturen und Denkmäler, die Mussolini errichtet hatte, nicht zerstört wurden. Ich fragte den Senator nach seinen Beweggründen. Er antwortete: »Roma hat schon so viel verkraftet, da wird es bestimmt auch noch Mussolinis Bauten verdauen können. Wenn ich die Bauten des Imperialisten Mussolini ablehne, muß ich gleichfalls die Bauten der Imperialisten Caesar, Nero, Augustus etc. ablehnen, also schleifen lassen. Auf diese wahnwitzige Idee ist jedoch gottlob niemand gekommen.« Die Italiener wissen, daß eine Gegenwart, die keine Vergangenheit kennt, ohne Zukunft ist.

Tatsächlich, Italien ist anders als die meisten europäischen Länder, und daher wird das Volk oft mißverstanden, ja gering eingestuft. Wie töricht! Denn nicht hoch genug kann die Menschlichkeit der Italiener eingeschätzt werden. Weil die Italiener einige Jahre mit den Nationalsozialisten die Achse Berlin–Rom bildeten, werden Italiener und Deutsche häufig mit derselben Elle gemessen. In Wirklichkeit sind diese beiden Völker geradezu konträr. Es ist deshalb falsch, das Wort faschistisch für vieles anzuwenden, was nicht links ist. So wie heute der Kommunismus in den verschiedenen sozialistischen Ländern vielerlei Gesichter hat, so wiesen auch die Rechtsradikalen Unterschiede auf, als sie an der Macht waren. Was sind markante Unterschiede zwischen Faschismus und Nationalsozialismus? 1932 hörte ich in Leipzig Vorlesungen des italienischen Gastprofessors Franco Valsecchi. Geboren 1903 in Milano, lehrte der international bekannte Historiker später u. a. in Wien und Milano, ehe er 1953 Ordinarius in Roma wurde; er ist heute überdies Berater im Außenministerium. Nach achtunddreißig Jahren sprachen wir uns in Roma wieder. Ein Historiker kann Konflikte objektiver beurteilen als eine beteiligte Persönlichkeit. Ich sagte: Sie beobachteten in Leipzig wie in Wien das Aufkommen der Nationalsozialisten. Worin sehen Sie den Unterschied zwischen dem deutsch-österreichischen Nationalsozialismus und dem italienischen Faschismus?

Franco Valsecchi: »Die Krise nach dem ersten Weltkrieg weist in Deutschland und in Italien deutliche Parallelen auf. Der deutschen Polemik gegen den Versailler Vertrag entspricht in breiten Schichten der italienischen öffentlichen Meinung die Enttäuschung wegen der sogenannten ›verfehlten Ziele‹ des Krieges – besonders für die adriatische Grenze und die Verteilung der Kolonien –: ein Seelenzustand, den die Nationalisten in dem prägnanten ›Slogan‹ zusammenfaßten: ›gewonnener Krieg, verlorener Sieg‹. Dazu kam das Unbehagen der Frontkämpfer vor dem Übergang zum normalen Leben mit allen seinen Problemen, die Schwierigkeit, sich in die verworrenen ökonomischen und sozialen Verhältnisse der Nachkriegszeit einzuschalten. Hinzu kam weiterhin die Angst des alten Bürgertums und der neuen Reichen vor der sozialen Verwirrung und die kommunistische Bedrohung; das Unsicherheitsgefühl des Kleinbürgertums, das die Last des Krieges am meisten getragen hatte und sich jetzt geopfert fühlte, gedrückt zwischen die entgegengesetzten Kräfte: die Entwicklung des Kapitalismus einerseits, das wachsende Selbstbewußtsein und den Kampfgeist der Arbeiterklasse andererseits. In Italien war das alles allerdings weniger radikal als in Deutschland. Die Deutschen sind immer gründlicher, auch in der Politik.«

R. I.: Ich glaube, wesentliche Unterschiede zwischen dem Nationalsozialismus und dem Faschismus feststellen zu müssen. Zum Beipiel wäre ich selbst wahrscheinlich ohne italienische Hilfe, die mir im Kriege zugute kam, gar nicht mehr am Leben. Würden Sie als Historiker bezeugen können, daß unter dem faschistischen Regime die Humanität noch stets praktiziert wurde? – Franco Valsecchi: »Allerdings! Selten verlieren die Italiener das Gefühl für die grundlegenden menschlichen Werte, um abstrakten Prinzipien zu folgen. Ihre angeborene juridische Begabung wird häufig zu einer Waffe gegen die Starrheit der Gesetze. So wurde der Faschismus folgendermaßen definiert: ›eine Tyrannei, temperiert durch die Nichtbeachtung der Gesetze‹ ... Als der Faschismus aufhörte, eine auf dem bewegten Boden der Nachkriegszeit gewachsene Bewegung zu sein, um sich in ein ständiges ›Regime‹ zu verwandeln, erstarrte er zu einem rein formalen

System (ohne festen Inhalt), das immer weniger dem Empfinden der Massen entsprach. Es gab eine offizielle Wahrheit, die den wirklichen Gefühlen des Landes vollkommen fremd war. Der grundlegende Skeptizismus der Italiener gewann die Oberhand: Für die große Mehrheit der Italiener wurde der Faschismus eine rein äußerliche, gespielte Rolle, eine Art Theaterstück, in dem man zu spielen verpflichtet und das nicht ernst zu nehmen war. Als das Spiel mit dem Krieg zu einer Tragödie ausartete, versuchte der gesunde Menschenverstand der Italiener gegen jeden Exzeß zu reagieren.«

R. I.: Kommen wir zur Gegenwart! Das Ausland ist beunruhigt über den Neofaschismus. Sehen Sie in ihm eine Gefahr für das heutige republikanische Italien? – Franco Valsecchi: »Nein, ich glaube nicht an eine neofaschistische Gefahr im eigentlichen Sinn des Wortes. Die Geschichte wiederholt sich nicht. Gewiß gibt es Leute, die Sehnsucht nach der Vergangenheit haben; aber die gehören der Vergangenheit an, nicht der Gegenwart.«

R. I.: Die KPI ist die größte KP des Westens. Wie beurteilen Sie die Chancen der Kommunisten? – Franco Valsecchi: »Sie haben sehr recht, für die italienischen Massen ist der Kommunismus durchaus anziehend. Nicht so sehr aus ideologischen Gründen, deren Tragweite nicht immer verstanden wird; weit mehr, weil der Kommunismus für die Arbeitermassen als das wirksamste Mittel gilt, um ihre Interessen zu fördern, ihren Ansprüchen Geltung zu verschaffen. Oder man sieht ihn als Bürgschaft für ein sicheres, geschütztes Leben an, die Verwandlung aller Bürger in Staatsbeamte: eine Art Bürokratisierung, die jedem seinen Platz zusichert, ein sicheres Gehalt und eine Pension gewährleistet. Und dann scheint der Kommunismus die konsequente, radikale Verkörperung des Prinzips der Egalität, er entspricht damit dem instinktiven Gefühl der Massen, dem Neid gegen die ›Privilegierten‹, die ›Reichen‹, die ›Kapitalisten‹. So besitzt er eine elementare Anziehungskraft, die nichts mit den Theorien zu tun hat und eben tatsächlich immer wirkungsvoller und gefährlicher wird.«

R. I.: Ausländer haben den Eindruck, als stünde Italien an einem Scheideweg von Demokratie und Totalitarismus. Viele sind ausgesprochen ängstlich in bezug auf Italien, das zur EWG gehört. Ich bin zwar kein Nationalökonom, weiß aber, daß italienische Unternehmer bereits gewaltige Kapitalien ins Ausland transferiert haben, weil ihnen offenbar starke Bedenken bezüglich Italiens Zukunft gekommen sind. – Franco Valsecchi: »Die Lage Italiens Anfang der siebziger Jahre ist tatsächlich unstabil. Die Mitte-Links-Regierung ist durch tiefe Spaltungen zerrissen. Ob sie dem Druck einer kompakten und zielbewußten Opposition zu widerstehen imstande sein wird, ist schwer vorauszusagen. Sie scheint kaum in der Lage zu sein, die Auflösung der Autorität des Staates aufzuhalten. Dabei ist in breiten Schichten der italienischen Bevölkerung eine tiefe Müdigkeit gegen die wachsende Unordnung und die herrschende Anarchie zu beobachten. Die Kommunisten nützen sehr geschickt diese Stimmung aus, um sich als einzige Bürgen einer stabilen, strengen Ordnung hinzustellen. Sie nützen den Aufruhr der Extremen, der Maoisten, der Castroisten, der Studentenbewegung als Stoßtrupps gegen die bürgerliche Ordnung aus, aber sie selbst täuschen eine vorsichtige Mäßigkeit vor, verkleiden sich gewissermaßen in bürgerliche Gewänder« ...

Was die italienische Geschichte anbetrifft, brauchen wir ebensowenig wie bei der griechischen weit zurückzugehen; denn eine gewisse Vorstellung hat jeder Leser. Aber ein flüchtiger Blick auf die Zeit von 1914 an dürfte die heutige Situation verständlicher werden lassen. Zu Beginn des ersten Weltkriegs erklärte Italien seine Neutralität, während eine kleine nationalistische Minderheit, die Interventisten, den Anschluß an die Entente forderte. Benito Mussolini (1883–1945), ein bisheriger Sozialistenführer, sowie der Dichter Gabriele d'Annunzio (1863–1938) befürworteten eine Intervention. In einem Londoner Vertrag (April 1915) verpflichtete sich Italien zum Kriegseintritt. Auf der Pariser Friedenskonferenz 1919 wurden ihm Gebiete zugesprochen, allerdings keine deutschen Kolonien; diese behielten sich die Großmächte vor. Nach dem ersten Weltkrieg kam es fast zu einem Bürgerkrieg. Die faschistische Bewegung wuchs, Mussolini marschierte am 28. Oktober 1922 mit seinen »Schwarzhemden« nach Roma. Er wurde Ministerpräsident und versuchte, ein neues Italien zu schaffen. Seine Verbindung zu Hitler wurde ihm zum Verhängnis. Vergeblich bemühte er sich, Hitler vom zweiten Weltkrieg abzuhalten. Er wurde selbst in diesen Krieg hineingezogen. März 1943: Streiks in Oberitalien. Selbst der Große Faschistische Rat wendet sich gegen den *Duce*. König Victor Emanuel III. (1869–1947), der fälschlicherweise eine Zeitlang geglaubt hatte, er könne die Dynastie dank der Faschisten retten, läßt Mussolini, bitter enttäuscht von ihm, am 25. Juli 1943 verhaften. Marschall Badoglio bildet eine neue Regierung. Am 3. September 1943 wird der Waffenstillstand mit den Alliierten verkündet. Der König und Badoglio fliehen vor den Alliierten. Der wieder befreite Mussolini gründet die auf das deutsche Besatzungsgebiet beschränkte *Repubblica Sociale Italiana.* Er soll nur kurz Chef dieses neuen Regimes sein. Nach der Kapitulation der deutschen Streitkräfte (März und April 1945) wird die »Soziale Republik« aufgelöst. Im Dezember 1945 übernimmt Alcide De Gasperi (1881–1954) die Regierung, die dieser liberale Katholik mit wechselnder Koalition bis Juni 1953 behält. Durch den Pariser Friedensvertrag (10. Februar 1947) verliert Italien einige Territorien; es muß auf alle Kolonien verzichten. Allerdings wird ihm 1950 von der UNO die Treuhänderschaft über Italienisch-Somaliland übertragen. 2. Juni 1946: Bei einer Volksabstimmung plädieren 12,7 Millionen gegen 10,7 Millionen Italiener für die Republik. Der nach der Abdankung Victor Emanuels III. auf den Thron gekommene König Umberto II. (geb. 1904) verläßt am 13. April 1946 das Land. Eine neue republikanische Verfassung tritt am 1. Januar 1948 in Kraft. De Gasperi spielt bis zu seinem Tode eine überragende Rolle in der italienischen Politik. Die ersten Wahlen 1948 bringen den bürgerlichen Mittelparteien im Zeichen des beginnenden kalten Krieges einen Sieg über den kommunistisch-sozialistischen Block und sichern der *Democrazia Cristiana* (DC) in der Kammer die absolute Mehrheit. Mit Hilfe des Marshallplans entwickelt sich die Wirtschaft in schnellem Tempo. Italien modernisiert sich bis in abgelegene Gebiete. Im Juni 1953 verliert die DC ihre Majorität. Im Frühjahr 1960 tritt Amintore Fanfani mit einem Programm der *Apertura a sinistra* (»Öffnung nach links«) hervor. Fanfani ist seit 1968 Präsident des italienischen Senats.

Geboren am 6. Februar 1908 in Pieve Santo Stefano (Arezzo), promovierte er zum Doktor der Wirtschaftswissenschaften und habilitierte sich bereits mit vierundzwanzig Jahren als Privatdozent. Ab 1936 war er Professor für Wirtschaftsgeschichte. Seit September 1943 hielt sich Fanfani in der Schweiz auf und unterrichtete bis Kriegsende die in Flüchtlingslagern internierten italienischen Studenten. 1945 nach Italien zurückgekehrt, wandte er sich der Politik zu. Beim ersten Kongreß der *Democrazia*

*Cristiana* wurde Fanfani zunächst in den Nationalrat der Partei gewählt, später in die Zentralleitung. 1946: Abgeordneter bei der Verfassunggebenden Versammlung (Wiederwahl 1948). Den ersten Regierungsauftrag erhielt Professor Fanfani 1947 als Minister für Arbeit und Sozialversicherung im ersten Einparteienkabinett der DC; dieses Amt bekleidete er fast drei Jahre. 1950 bis 1951 arbeitete er den »Siebenjahresplan für den Bau von Arbeiterwohnungen« aus, dieser Plan wurde nach ihm benannt und war das erste konkrete Programmations-Beispiel. Im Juli 1951 betraute ihn Alcide De Gasperi mit dem Landwirtschaftsministerium. Im 8. Kabinett De Gasperi und in der Regierung Giuseppe Pella war er Innenminister. Nach dem Rücktritt Pellas wurde Fanfani am 12. Januar 1954 selbst mit der Regierungsbildung beauftragt, aber das neue Kabinett war nur von kurzer Dauer. Juli 1954: auf dem Parteikongreß der DC in Napoli zum politischen Sekretär gewählt (in Trento erfolgte 1956 die Bestätigung in diesem Amte). Im Juli 1958 übernahm er erneut das Amt des Ministerpräsidenten und dazu das des Außenministers, doch bereits im Februar 1959 trat er von beiden Ämtern und vom Amt als politischer Sekretär der DC zurück. 26. Juli 1960 bis 21. Februar 1962: erneut Ministerpräsident. Am 22. Februar desselben Jahres bildete er abermals eine Regierung – die vierte unter seinem Vorsitz – und blieb bis zum 21. Juni 1963 im Amt. Im 2. Kabinett Aldo Moro wurde Fanfani am 5. März 1965 zum Außenminister ernannt und blieb wiederum nur ein halbes Jahr auf diesem Posten. Am 21. September 1965 wurde er zum Präsidenten der XX. Vollversammlung der Vereinten Nationen gewählt. Und auch dieses Amt war ihm nur wenige Monate vorbehalten: Ministerpräsident Moro berief ihn am 23. Februar 1966 erneut zum Außenminister. Fanfani gab das Außenamt auf, als am 5. Juni 1968 seine Wahl zum Präsidenten des Senats ihn in einen neuen Wirkungskreis rief. Wenn ich ziemlich minuziös Fanfanis politisches Schachspiel skizziere, so um nicht allein festzuhalten, welcher Belastung ein italienischer Politiker und Staatsmann vom Rang eines Fanfani ausgesetzt ist, sondern auch wie unstabil in den letzten Jahren die italienischen Regierungen gewesen sind.

Verharren wir eine Weile und wenden wir uns dem Allgemeinen zu. Die *Repubblica Italiana* zählt über 53 Millionen Einwohner, 235 000 deutschsprachige Südtiroler sowie slawische, albanische, französische und ladinische Minoritäten sind darin einbegriffen. Staatssprache ist Italienisch; Deutsch ist als Amtssprache der Provinz Bozen zugelassen, Französisch in Aosta. Über 99% Italiener sind römisch-katholisch. Protestanten gibt es rund 100 000, Juden 35 000, hinzu kommen noch einige tausend Orthodoxe. Diese demokratische Republik wurde bis 1970 zentralistisch regiert, alsdann erhielten nach dem neuen Regionalstatut alle Regionen größere Selbstverwaltung. Die gegenwärtige politische Situation kennzeichneten die Wahlen von 1972 für die Deputiertenkammer. Es erhielten die Christlich-Demokratische Partei 38,8% Stimmen (267 Sitze), die Kommunisten 27,2% (179 Sitze), die Sozialisten 9,6% (61 Sitze), die mit den Monarchisten vereinigten Neo-Faschisten 8,7% (56 Sitze), die Sozialdemokraten 5,1% (29 Sitze), die Liberalen 3,9% (20 Sitze), die Republikaner 2,9% (14 Sitze); auf die Erwähnung kleiner Splitterparteien wird verzichtet; erwähnenswert ist aber, daß die Südtiroler Volkspartei immerhin 3 Sitze bekam.

Einige Sätze zumindest über den sozialdemokratischen Staatspräsidenten Saragat, der im Dezember 1971 von dem Christdemokraten Leone abgelöst worden ist. Giuseppe Saragat wurde am 19. September 1898 in Turin geboren. Am ersten Weltkrieg beteiligte er sich als Freiwilliger. Nach Beendigung seiner Studien promovierte er an der Universität seiner Heimatstadt in Wirtschafts- und Handelswissenschaften und trat in die volkswirtschaftliche Abteilung der *Banca Commerciale Italiana* ein. Seine ersten politischen Erfahrungen gewann Saragat im Kulturkreis um Pietro Gobettis Zeitschrift *»Rivoluzione liberale«*. 1922: Beitritt zur Sozialistischen Einheitspartei. Saragat nahm an dem sofort nach der Ermordung Giacomo Matteottis, des Generalsekretärs der Sozialistischen Partei (10. Juni 1924 in Roma), einberufenen sozialistischen Kongreß in Roma teil, wo er sich das Vertrauen der führenden Persönlichkeiten des italienischen Sozialismus erwarb. 1925: Aufnahme in die Parteileitung. Aber im folgenden Jahr war er mit allen übrigen Mitgliedern der Parteileitung gezwungen, Italien zu verlassen, da der Faschismus an Boden gewann. Saragat ging zuerst nach Österreich, später nach Frankreich. Während seines Exils hörte er niemals auf, sich publizistisch zu betätigen. Nach dem Sturz Mussolinis kehrte Saragat nach Italien zurück, wo er verhaftet und an die deutschen Besatzungsbehörden ausgeliefert wurde. Mit Hilfe von Partisanen gelang es ihm zu fliehen und zusammen mit anderen Vertretern der Widerstandsbewegung die Geheimtätigkeit inmitten der Sozialistischen Proletarischen Einheitspartei wiederaufzunehmen. Mit der Wiederaufnahme des demokratischen Lebens Italiens begann die Regierungstätigkeit Saragats, der im 1. Kabinett Ivanoe Bonomi (Juni bis Dezember 1944) zum Minister ohne Portefeuille ernannt wurde. Im April 1945 wurde Saragat als Botschafter Italiens nach Paris entsandt, wo er mit dem Außenminister De Gasperi an der Friedenskonferenz teilnahm. Im Januar 1946 wurde Saragat Abgeordneter der Verfassunggebenden Versammlung und am 26. Juni desselben Jahres Vorsitzender der Versammlung selbst. Im Januar 1947 gründete er die Italienische Sozialistische Arbeiterpartei *(Partito Socialista dei Lavoratori Italiani – P. S. L. I.)*, die in der Folgezeit ihren ursprünglichen Namen in Italienische Sozialdemokratische Partei änderte. Er übernahm das politische Sekretariat der neuen Partei. 31. Mai 1947 bis 23. Mai 1948: Stellvertretender Ministerpräsident im 4. Kabinett De Gasperi. Nachdem er 1948 zum Abgeordneten gewählt worden war, wurde er auch für die folgenden Legislaturperioden in den Jahren 1953, 1958 und 1963 wiedergewählt. Im 5. Kabinett De Gasperi bekleidete er das Amt des Stellvertretenden Ministerpräsidenten und des Ministers der Handelsmarine. Im November 1949 trat G. Saragat von der Regierung zurück und übernahm von neuem das Amt des Sekretärs der Sozialdemokratischen Partei, das er bis 1954 ununterbrochen innehatte. 1954 trat der Staatsmann als Stellvertretender Ministerpräsident wieder in die Regierung ein, und zwar in das Kabinett Mario Scelba (Februar 1954 – Juli 1955). In diesem Amt wurde er auch im 1. Kabinett Antonio Segni (Juli 1955 – Mai 1957) bestätigt. Von November 1957 bis 1964 war er wiederum Sekretär der Italienischen Sozialdemokratischen Partei. Schließlich übernahm er im 1. und 2. Kabinett Aldo Moro das Außenministerium, bis er am 28. Dezember 1964 zum Staatspräsidenten gewählt wurde. Der Sozialdemokrat Saragat hat nie Zweifel an seinem Europäertum aufkommen lassen, und er hat stets den Atlantikpakt bejaht: »Eines der Grundelemente der italienischen Diplomatie ist die Loyalität gegenüber dem Atlantischen Bündnis ... Vom Verteidigungsstandpunkt aus gesehen ist das Atlantische

Bündnis ein militärischer Organismus. Es ist aber auch und vor allem ein Ausdruck der Solidarität, die ihre Basis in der gemeinsamen Zivilisation der Verbündeten hat ... Dieses Europa soll auch Großbritannien umfassen und alle anderen demokratischen Länder, die bereit sind, den Buchstaben und den Geist der Römischen Verträge zu akzeptieren.« Soweit Saragat. – Im Dezember 1971 wurde Giovanni Leone Staatspräsident. Er gehört der Christlich-Demokratischen Partei an. Am 3. November 1908 wurde er in Neapel geboren. Er promovierte sowohl zum Dr. jur. wie zum Dr. rer. pol. Seit 1957 hatte er an der Universität Rom einen Lehrstuhl für Strafprozeßrecht inne. Wiederholt nahm Leone hohe Posten innerhalb der DC ein und wurde 1968 Ministerpräsident. Bei seiner Vereidigung als Staatspräsident forderte er mit Nachdruck zum sozialen Frieden in Italien auf.

Als ich Walter Hallstein im Juli 1970 fragte, wen er in Italien als einen bedeutenden Politiker mit Zukunft ansähe, nannte er spontan Emilio Colombo. Kurz nach diesem Gespräch wurde aus Roma gemeldet, daß Colombo das ihm von Staatspräsident Saragat angetragene Amt des Ministerpräsidenten angenommen habe, das er aber mittlerweile wieder abgeben mußte. Emilio Colombo wurde am 11. April 1920 in Polenza geboren. Er promovierte in den Rechtswissenschaften und war in der Katholischen Aktion tätig. Erst nach dem Kriege wandte er sich der Politik zu. 1946 zum Abgeordneten bei der Verfassunggebenden Versammlung gewählt, nahm er das Amt des Sekretärs der Landwirtschaftskommission wahr: er wurde in allen nachfolgenden Legislaturperioden wiedergewählt. Staatssekretär war er beim Landwirtschaftsministerium im 5. und 6. Kabinett De Gasperis. Sodann wurde er Staatssekretär beim Ministerium für Öffentliche Arbeiten im 8. Kabinett De Gasperi und im gleichen Amt von den Regierungen Pella, Fanfani und Scelba übernommen. 1955: Landwirtschaftsminister im 1. Kabinett Segni und vom Kabinett Zoli bestätigt. In diesen Jahren beteiligte sich Emilio Colombo an der Ausarbeitung des Programms für die Erschließung Süditaliens, an der Durchführung der Gesetze für die Landwirtschaftsreform sowie an der fortschreitenden Einbeziehung der italienischen in die europäische Agrarwirtschaft. Als Außenhandelsminister im 2. Kabinett Fanfani wirkte er mit an der Ausarbeitung und Durchführung des EWG-Gründungsvertrages. Vom 2. Kabinett Segni 1959 zum Industrie- und

Handelsminister bestellt, behält er dieses Amt im Kabinett Fernando Tramboni und in drei Kabinetten Fanfanis. In diesem Amt bemühte er sich um die Integration der sechs EWG-Länder und übernahm eine führende Rolle bei der Ausarbeitung der Brüsseler Vereinbarungen über den Übergang zur zweiten Etappe der EWG. Nach siebenjähriger Erfahrung als Schatzminister, ab 1963 im Kabinett Giovanni Leone und in den nachfolgenden Regierungen, wird er vom Staatspräsidenten mit der Regierungsbildung beauftragt. Praktisch umspannt seine bisherige Ministertätigkeit sämtliche Mitte-Links-Regierungen, angefangen mit den drei von Aldo Moro geführten Regierungen, gefolgt vom 3. Kabinett Leone und schließlich in der Regierung Rumor.

Seine europäische Gesinnung fand Anerkennung durch die Verleihung des Robert-Schuman-Preises (1968). Colombo setzte also die »Öffnung nach links«-Politik seiner Vorgänger fort. In einer Erklärung sagte er: »Die Aufeinanderfolge analoger Krisen während der letzten Jahre ließ einerseits die quertreiberischen Tendenzen erkennen, die die linke Mitte zu schwächen strebten, während sie andererseits die objektiven Gründe wieder in den Vordergrund rückte, welche die vier Parteien veranlaßten, sich in dieser Koalition wieder zusammenzufinden und sich in ihr zu vereinigen, nachdem sie selber diese Koalition in Schwierigkeiten versetzt hatten.« Als Mariano Rumor im Juli 1973 ein neues Kabinett bildete, holte er sich den erfahrenen Colombo als Finanzminister.

Der gegenwärtige Ministerpräsident Mariano Rumor gehört gleichfalls zu den alten Haudegen unter den italienischen Politikern. Geboren am 16. Juni 1915 in Vicenza von streng katholischen Eltern, begann er nach seinem Studium seine Berufslaufbahn als Geschichtslehrer. 1948 zog er in das Parlament ein, De Gasperi förderte ihn, und so konnte Rumor immer wichtigere Ämter übernehmen: Er war zweimal Unterstaatssekretär, Parteisekretär der *Democrazia Cristiana,* Landwirtschaftsminister, Innenminister, Ministerpräsident. Wie der britische Premierminister Heath ist auch Rumor Junggeselle, er raucht nicht, trinkt nicht, fährt nicht Auto und liebt Beethoven über alles.

Seit 1948 war verschiedentlich Minister Aldo Moro, gegenwärtig ist er wieder einmal Außenminister. Geboren am 23.

September 1916 in Maglie (Lecce), gehört Moro jener Generation an, die in der Katholischen Aktion unter Pius XII. groß geworden ist, zu jener Zeit, als das zivile Leben und die Einrichtungen des Staates in Zerfall gerieten und sich katholische Kräfte darauf vorbereiteten, in christlichem Geist erneut Verpflichtungen zu übernehmen. Nach seiner Promotion als Jurist war Moro zunächst Rechtsanwalt. 1940: Ordentlicher Professor für Strafrecht an der Universität Bari und Lehrbeauftragter für Rechtsphilosophie an derselben Universität. Von 1939 bis 1942 war er Landesvorsitzender des Katholischen Studentenbundes; anschließend Vorsitzender des Katholischen Akademikerverbandes. Hier fanden sich die besten Traditionen katholischer Kultur zusammen, die an den Universitäten vom Faschismus unterdrückt wurden. Im Einflußbereich seiner Zeitschrift *Studium* bildete sich allmählich immer mehr eine katholische politische Führungsschicht heran, die nach einem Jahrhundert relativer Zurückhaltung wieder stärker nach politischer Verantwortung in der Führung der Staatsgeschäfte strebte. In dieser Richtung lagen die ideologischen Thesen des jungen Moro, der Studien über die Lage der Nation, über die Möglichkeiten zur Wiedererweckung des nationalen Gewissens, zur Wiederherstellung der Freiheit sowie der vom Kriege in Unordnung gebrachten Wirtschaft betrieb. Moro wurde 1945 im Wahlbezirk Bari-Foggia ein führender Vertreter der jungen Generation, die sich mit der älteren Generation um De Gasperi verband. Er gehörte der Kommission der »75« und dem Koordinationsausschuß der »18« für die Ausarbeitung der italienischen republikanischen Verfassung an und war zugleich auch Vizepräsident der Christlich-Demokratischen Parlamentsfraktion. Nach seiner Wiederwahl 1948 übernahm Moro erstmals ein Regierungsamt im 5. Kabinett De Gasperi. Er wurde Staatssekretär im Außenministerium und zeitweilig mit der Leitung des damals noch bestehenden Afrika-Ministeriums betraut. In der zweiten Legislatur zum Abgeordneten wiedergewählt, wurde er Vorsitzender der DC-Fraktion in der Kammer. Justizminister im 1. Kabinett Segni (1955 bis 1957), übernahm er in der nachfolgenden Regierung Adone Zoli das Unterrichtsministerium (1957 bis 1958). In der dritten Legislatur (1958) für den Wahlkreis Bari-Foggia abermals gewählt, war er auch erneut Unterrichtsminister im Kabinett Fanfani (1958 bis 1959). Nach dem Rücktritt Fanfanis erfolgte im

März 1959 seine Wahl zum Parteisekretär der *Democrazia Cristiana*. Als Mann des Ausgleichs und geschickter Vermittler ist es Aldo Moro immer wieder gelungen, die internen Gegensätze der DC zu überbrücken und sie auf einer gemäßigten Linie zu halten. Ideologisch bereitete er schon damals die Zusammenarbeit zwischen Katholiken und Sozialisten vor, in der Moro die einzige Möglichkeit sieht, die kommunistische Partei in Italien zu isolieren und zu einer stabilen Absicherung des demokratischen Systems in Italien zu gelangen. Am 4. Dezember 1963 wurde Aldo Moro Ministerpräsident und in diesem Amt 1964 und 1966 bestätigt (bis zum 26. Juni 1968). Im Kabinett Rumor (August 1969) wurde er Außenminister und blieb das auch, als Emilio Colombo Regierungschef wurde. Rumor holte ihn auf diesen Posten im Jahre 1973 zurück.

Hier einige charakteristische Äußerungen Moros: »Die Neutralität, zu der uns die kommunistische Partei verlocken möchte, kommt für uns nicht in Frage, weil sie den Verpflichtungen des italienischen Staates widerspricht ... Es ist unrealistisch und kann äußerst gefährlich sein, an eine Zurückdrängung der kommunistischen Welt mit Gewalt zu denken ... Aber auch eine Zurückdrängung der westlichen Welt könnte nicht hingenommen werden und wäre ebenfalls äußerst gefährlich.«

Zu Südtirol sagte Aldo Moro: »Bei voller Wahrung der Integrität des italienischen Staates, die außer Diskussion steht, wird die Regierung alle Anstrengungen machen, um die Minderheiten in Südtirol in ihren legitimen Interessen zu schützen, bei gleichzeitiger Respektierung selbstverständlich der ebenso legitimen Interessen der in Südtirol ansässigen italienischsprachigen Bevölkerung.« (Inzwischen machte der österreichische Bundespräsident Franz Jonas im November 1971 dem damaligen Staatspräsidenten Saragat einen Staatsbesuch, und sie [beide sozialdemokratischer Herkunft] konnten »nach einem Jahrhundert mit blutigen Kämpfen und bitterer politischer Feindschaft die

---

Oben: Ein hochangesehener Staatsmann Italiens ist der gegenwärtige Ministerpräsident Dr. Mariano Rumor, der seinem Land schon auf verschiedenen Ministerposten gedient hat.

Unten: Auf seinen Studienreisen durch Europa wurde Rolf Italiaander von vielen Staatsmännern zu Gesprächen empfangen. Eine Privataudienz gewährte ihm gleichfalls Papst Paul VI. in Rom.

Versöhnung zwischen beiden Nationen auf dem Hintergrund europäischer Zusammenarbeit feiern. Seit der Verständigung über das Südtirol-Paket ist der letzte schwere Brocken aus dem Weg der bilateralen Verständigung geräumt« [»Neue Zürcher Zeitung«]).

Von den lebenden Politikern und Staatsmännern Italiens wäre noch mancher zu nennen – solche im Amte, solche ohne derzeitiges Amt, wie der letzte Premierminister Giulio Andreotti (geb. 1919 in Roma). Er war Innenminister, Finanzminister, Schatzminister, Handelsminister, Verteidigungsminister, Industrieminister. Der »Dauphin De Gasperis« ist ein Mann, mit dem sich zu unterhalten ein Vergnügen ist. Er sagte: »Wenn man in die Politik geht, so ist das wie im Kino. Im Dunkeln folgt man der Platzanweiserin und setzt sich, wo sie einen hinführt.« – »Hat man in der Politik nicht die Wahl, wer einen führen soll?« fragte ich. Andreotti antwortete: »Nicht in Italien.« – Ich sagte: »Es heißt, Sie sollen nach neuer Macht streben.« Er schmunzelte: »Warum nicht? Macht verdirbt nur den, der sie nicht hat.«

Von der *Partito Liberale Italiano* lernte ich den Generalsekretär kennen: Giovanni Malagodi (geb. 1904 in Cento in der Bassa Padana). Er war mehrfach Direktor von Großbanken und ist seit 1954 auf seinem gegenwärtigen Posten. Ein gebildeter Mann, der Deutsch wie ein Deutscher spricht, aber spürbar enttäuscht ist, daß auch er dem Liberalismus in Italien nicht zum Durchbruch verhelfen konnte. Die Liberalen in Italien fristen derzeit ein kümmerliches Dasein.

Ein sozialistischer Politiker darf keinesfalls übersehen werden, der jahrzehntelang das politische Leben in Italien mitgeprägt hat: Pietro Nenni, geboren am 9. Februar 1891 in Faenza (Ravenna). Er war anfangs Journalist. Seine politische Tätigkeit begann er sehr jung in der Republikanischen Partei. 1911 organisierte er einen Streik gegen den Kolonialkrieg in Libyen, wofür er ein Jahr Haft erhielt. 1913: Herausgeber der in Ancona erscheinenden republikanischen Zeitschrift *Lucifero.* 1914: mit Enrico Malatesta Anführer eines unter dem Namen *Settimana Rossa* (»Rote Woche«) bekannten Aufstandes. Wegen Gefährdung der Staatsgewalt wurde er vor Gericht gestellt, aber amnestiert. Nenni setzte sich für den Eintritt Italiens in den ersten Weltkrieg ein, an dem er aktiv teilnahm. 1921: Beitritt zur

Italienischen Sozialistischen Partei (PSI). Als Berichterstatter des *Avanti* nach Paris entsandt, wurde er 1922 Chefredakteur und 1923 Herausgeber dieses Blattes. In Milano wurde er zweimal verhaftet und zu sechs Monaten Gefängnis verurteilt wegen einer von ihm verfaßten Schrift über Matteotti, den erbitterten Gegner des Faschismus. 1926: Mitherausgeber der Zeitschrift *Il Quarto Stato*. Im November 1926 war Nenni genötigt, ins Exil zu gehen. Er verbrachte mehrere Jahre in Frankreich. In der französischen Metropole übernahm er das Amt des Parteisekretärs der PSI und das des Herausgebers der Zeitung *Nuovo Avanti* bis zum Vorabend des letzten Krieges. 1936 bis 1938 war er in Spanien Delegierter der Sozialistischen Internationale; Mitglied des Verteidigungsausschusses von Madrid; politischer Divisionskommissar der Brigade »Garibaldi«. Nach der Niederlage der republikanischen Kräfte in Spanien suchte Pietro Nenni erneut in Frankreich Zuflucht, wo er jedoch 1943 von der Vichy-Regierung ausgewiesen und von der deutschen Polizei verhaftet wurde. Nach seiner Deportation nach Deutschland wurde er von den Nationalsozialisten der faschistischen Regierung ausgeliefert, die ihm im April 1943 die Insel Ponza als Zwangsaufenthalt zuwies. Anfang August befreit, übernahm er erneut die Führung seiner Partei und die Herausgeberschaft des *Avanti*. Nach dem 8. September 1943 (Sturz Mussolinis) war er einer der führenden Männer des Nationalen Befreiungskomitees. Beim Kongreß von Firenze (1949) wurde er zum Parteivorsitzenden gewählt. Nenni hatte in den ersten Nachkriegsjahren verschiedene Regierungsposten. Er war Stellvertretender Ministerpräsident, Minister der verfassunggebenden Versammlung, Außenminister. 1963: Parteisekretär der neuen Sozialistischen Partei, 1964: deren Vorsitzender. Es war Aldo Moro, der ihn in seine drei Regierungen als Stellvertretenden Ministerpräsidenten berief. Abermals Außenminister war Nenni im nur sieben Monate amtierenden Kabinett Rumor. Dann erst gab der mittlerweile fast achtzig Jahre alte Politiker und Staatsmann alle Parteiämter an Jüngere ab, um sich zurückzuziehen. Aber noch heute wird der bewährte Sozialist immer wieder in politicis um Rat gefragt.

Ähnlich verhält es sich mit dem Chef der *Partito Comunista Italiano:* Luigi Longo, einer der markantesten Marxisten Europas, geboren am 15. März 1900 in Fubine Monferrato (Provinz Alessandria). Obwohl er drei Jahre eine Ingenieurschule besuchte, wurde er Journalist. 1920: Beitritt zur Sozialistischen Partei. Als Parteisekretär der kommunistischen Fraktion des Piemont beteiligte er sich an der Gründung der KPI. Danach widmete er sich der Organisation des antifaschistischen Widerstandes. Ende 1922 war er in Moskau Delegierter beim IV. Kongreß der Kommunistischen Internationale, dem letzten Kongreß unter dem Vorsitz von Lenin. Als Chefredakteur von *Avanguardia* wurde Longo 1923 und 1924 verhaftet. 1926: in Lyon beim III. Kongreß der KPI als Vertreter der italienischen Jungkommunisten im Sekretariat der Internationale der Kommunistischen Jugend; damals nahm er seinen Kampfnamen *Gallo* an. Von 1927 bis 1932 in Frankreich und in der Schweiz mit dem Sonderauftrag, falsche Ausweise für die Überschreitung der Grenzen und für die illegale Arbeit in Italien zu verschaffen. Longo kehrte von 1933 bis 1935 in die UdSSR zurück als Vertreter der KPI bei den leitenden Gremien der Komintern. 1935 organisierte Longo in Brüssel den Kongreß gegen den Krieg in Äthiopien. Danach reiste er nach Spanien, um sich den Gegnern Francos anzuschließen. Er war politischer Kommissar der 2. Internationalen Brigade und erhielt Ende 1936 die Leitung des Generalinspektorats sämtlicher Internationaler Brigaden. Nach Frankreich übergesiedelt, übernahm er den Vorsitz der *Unione Popolare Italiana,* welche die italienischen emigrierten Antifaschisten zusammenfaßte. 1939 verhaftet und im KZ von Vernet interniert; von dort aus 1941 auf Antrag der faschistischen Regierung ausgeliefert, die ihn auf die Insel Ventotene verbannte. Nach seiner Befreiung 1943 leitete er den Partisanenkampf. Nach Übersiedelung nach Norditalien war er Vertreter der KPI im Befreiungskomitee Norditaliens, Oberbefehlshaber der Stoßbrigaden »Garibaldi« und Stellvertretender Befehlshaber des »Freiwilligen-Freiheitskorps«. Er wurde mit dem amerikanischen *Bronze Star* ausgezeichnet. Im April 1947 wurde ihm die Goldene Garibaldimedaille verliehen. Bei Kriegsende wurde Longo Stellvertretender Parteichef; erster Mann der Partei war damals noch Palmiro Togliatti, dessen Nachfolge Longo nach Togliattis Tod 1946 antrat. Abgeordneter war er wiederholt, auch Mitglied verschiedener Regierungsausschüsse. Minister allerdings wurde Longo im Gegensatz zu Togliatti nie. Luigi Longo tat sich indessen als Chefredakteur der *Via Nuova* und als Mitherausgeber der *Critica marxista* hervor.

Eben weil die Kommunisten in Italien die zweitstärkste Partei bilden, ist es statthaft, außerdem den neuen Stern am roten Himmel zu erwähnen, einen der originellsten Köpfe unter den europäischen Kommunisten. Enrico Berlinguer wurde 1922 in Sassari auf Sardinien geboren. Sein Vater gründete in Sardinien eine Widerstandsgruppe, war Hochkommissar für Entfaschistisierung während der ersten Nachkriegskabinette und wurde schließlich Senator sowie sozialistischer Abgeordneter im italienischen Parlament. Der Sohn schloß sich bereits in jungen Jahren den Kommunisten an. Anfang 1944 wurde er wegen seiner Aktivität als Sekretär des kommunistischen Jugendverbandes in Sassari einige Monate inhaftiert. Ende 1944 kam er nach Roma, arbeitete im Sekretariat des Kommunistischen Jugendverbandes und wurde ein Jahr später ins ZK der KPI gewählt. 1949–56: Generalsekretär des italienischen Kommunistischen Jugendbundes. 1950–1953: Präsident der Weltföderation der demokratischen Jugend. 1950: Stellvertretendes Mitglied des KP-Parteivorstandes, 1957: Direktor der Zentralhochschule der Partei; im selben Jahr wurde er Stellvertretender Parteisekretär der sardinischen Partei-Organisation. 1958 kehrte Berlinguer nach Roma zurück. 1959 wurde er als Vollmitglied des Parteivorstands mit der Leitung der Abteilung Organisation betraut. Von 1962 bis 1966 zeichnete er für das Sekretariat verantwortlich. Nach dem X. Parteikongreß wurde er Mitglied des Politbüros. Bei den Wahlen im Mai 1968 erhielt Berlinguer, der erstmals für das Parlament kandidierte, die meisten KP-Stimmen in Roma. Seither gilt er als aussichtsreichster Kandidat für die Nachfolge Longos als Chef der KPI.

Auf internationaler Ebene wurde der Funktionär 1964 bekannt, als er auf dem Parteikongreß der französischen KP die Chinesen kritisierte und später im Jahr die italienische KP-Mission anführte, welche nach dem Sturz Chruschtschows in Moskau Erklärungen forderte. Im Dezember 1966 reiste Berlinguer mit einer Delegation über Hanoi nach Peking, wo er von der chinesischen Parteispitze nicht empfangen wurde. Trotzdem hat sich Berlinguer gegen den Vorwurf einer ablehnenden Haltung gegenüber den Chinesen stets gewehrt. Er ist der engste Vertraute Longos und wurde bereits von Togliatti gefördert. Auf dem Parteitag in Bologna (Februar 1969) wurde Berlinguer zum Stellvertretenden Generalsekretär der Partei gewählt. Damit haben die Führer des linken und des rechten Parteiflügels auf Longos Betreiben Berlinguer als einem Mann der Mitte Platz gemacht. Hervorstechende Ergebnisse jenes Parteitags waren u. a. die Entmythologisierung des auf Moskau eingerichteten Einheitsbegriffs vom proletarischen Internationalismus, die Milderung der innerparteilichen Diktatur und der inoffizielle Übergang der Parteiführung von der alten, im Exil der Stalin-Ära geprägten Garde in die Hände der jüngeren Parteigeneration. Berlinguer deutete die Invasion in die ČSSR als Beweis der inneren Widersprüche im sozialistischen Lager. Er nahm sie zum Anlaß, um die Fragwürdigkeit des Systems, der Beziehungen zwischen Gesellschaft und Staat, zwischen Volk und Partei, zwischen Ideologie und Macht im kommunistisch beherrschten Ostblock aufzuzeigen. Und er stellte diesem System den »italienischen Weg zum Sozialismus« gegenüber, dessen Ziel ein »sozialistisches Italien« sei, das sich »grundlegend von allen bisher verwirklichten sozialistischen Gesellschaftsordnungen unterscheiden werde«. Enrico Berlinguer, von dem *Le Monde* schrieb, er erinnere in seiner Erscheinung an Jean-Louis Barrault, versetzt Italien auch dadurch in Staunen, daß er in seinen Reden lieber Machiavelli als Lenin zitiert.

Zumindest einige wenige Worte über die Neofaschisten. Zu den prominenten Führern gehört Principe Junio Valerio Borghese (verheiratet mit der russischen Gräfin Daria Wasilevna Olsuvieo), Verwandter u. a. von Papst Paul V., der als Camillo Borghese geboren wurde. Der gegenwärtige Fürst Borghese (geb. 1906) ist Ehrenpräsident der neofaschistischen *Movimento Sociale Italiano.* Er befehligt zwanzig neofaschistische, paramilitärische Gruppen der außerparlamentarischen Rechten Italiens, zu der in sechzehn Städten etwa 5000 Menschen gehören (Altfaschisten und mißleitete junge Leute). In der Nacht vom 7. zum 8. Dezember 1970 sagte er einen vorgesehenen Rechtsputsch ab. Mitte April 1971 drohte er erneut »zuzuschlagen«, wurde aber wiederum verraten und mußte untertauchen oder außer Landes gehen. In jenen Tagen in Roma hörte ich eine ganze Anzahl Leute sagen, sie bedauerten es, daß der Fürst wieder nicht zum Zuge gekommen sei. Das erinnerte an das Ergebnis einer Meinungsumfrage. Das Doxa-Institut hatte gefragt: »Würden Sie, wenn es einen anständigen, uneigennützigen und energischen Mann gäbe, der nur an das Wohl der Italiener denkt, diesem

Mann vorübergehend alle Macht geben, um die dringendsten Reformen durchzuführen?« Es ergab sich, daß zwei von drei Italienern einen »starken Mann« wählen würden, falls er sich ihnen anböte. Einen »anständigen Diktator auf Zeit« bejahten 65% der Befragten. Doxa resümierte deshalb: »Italien befindet sich in einem Vor-Alarm-Stadium.« Fraglos ist die »schwarze Welle« (genannt nach den Schwarzhemden der Faschisten) in Italien im Ansteigen begriffen, seitdem die »rote Welle« mehr als bisher aufbrandet. Angelo Tasca schrieb in seinem Standardwerk über den Faschismus (»Glauben, Gehorchen, Kämpfen«, Wien 1969), daß die verfehlte Politik der Linken den Aufstieg des Faschismus möglich machte. Es wäre sehr zu wünschen, daß die Linke aus ihren damaligen Fehlern gelernt hat. Eine einwandfreie Bestätigung dafür, daß sie es wirklich getan hat, kann deshalb nicht gegeben werden, weil noch nicht klar zu erkennen ist, ob Italien auf eine moderne Demokratie zusteuert oder auf einen totalitären Staat. Es heißt, daß der Faschismus die Wiege des Kommunismus in Italien war. Das derzeitige Versagen der Demokratie in Italien könnte ebenso dem Neofaschismus nutzen. Auf jeden Fall scheint es derzeit, daß der Totalitarismus in Italien gewisse Chancen hat, wenn er auch anders sein wird als in anderen Ländern[18].

Vor langen Jahren sagte der »Lachende Diplomat« und Schriftsteller Daniele Varé in Roma zu mir: »Zu den Tragödien in meinem Vaterland gehört, daß es hier mehr Parteigänger als Patrioten gibt. Liegt's an der Landschaft? Am Klima? Welches Land ist so abwechslungsreich wie Italien? Die Bewohner dieses Landes sind noch differenzierter als die Landschaft. Ich habe mich schon oft gefragt, ob es überhaupt den Begriff ›Italiener‹ geben darf.« Wegen dieses Zweifels nehme der Leser dieses Kapitel nur als einen weiteren Versuch, etwas über ein Volk auszusagen, das jeder zu kennen glaubt.

[18] Bei den Gemeindewahlen im Juni 1971 wurde die Position des *Centro Sinistra* erneut geschwächt. Die Neofaschisten gewannen fast eine halbe Million Stimmen, und die Christdemokraten verloren 300 000 (bei knapp 6 Millionen Wählern). Zu der militanten linksextremistischen Opposition von annähernd 30% der Bevölkerung ist nun doch eine gewichtige rechtsextremistische gekommen, was beweist, daß viele Politiker den Neofaschismus doch unterschätzen.

## 21. *Vatikanstadt*
## oder:
## *Die Bürde des Papsttums*

Auf dem Territorium der italienischen Republik gibt es eine absolute Wahlmonarchie, die zwar ein souveräner Staat ist, aber ein Teil des italienischen Wirtschaftsgebietes: den *Stato della Città del Vaticano;* Residenz der Päpste seit ihrer Rückkehr aus Avignon (1377). Die Fläche beträgt 0,44 qkm, sie ist also noch kleiner als die von San Marino. Die Vatikanstadt hat etwa 850 Einwohner, von denen über 500 vatikanische Staatsbürger sind. Die *Santa Sede* hat sogar eine eigene Nationalgarde. Es erübrigt sich, zu erwähnen, daß hier alle Menschen den römisch-katholischen Glauben haben; vielleicht ist die Vatikanstadt der einzige Staat der Welt ohne eine religiöse Minorität. Die Vatikanstadt dürfte auch der einzige Staat sein, in dem die Amtssprache Lateinisch ist; allerdings sprechen die meisten Bewohner untereinander Italienisch. Das päpstliche Staatsgebiet wurde 1929 durch die Lateranverträge geschaffen. Freies Eigentum der Vatikanstadt sind ferner außerhalb des Vatikans verschiedene auf italienischem Staatsgebiet gelegene, aber exterritoriale Kirchen und Amtsgebäude sowie der päpstliche Sommerpalast und die Villa Barberini in Castelgandolfo in den Albaner Bergen. Es würde den Rahmen dieses Buches sprengen, auf die Geschichte des *Vaticano* einzugehen; denn das ist katholische Kirchengeschichte. Soviel sei nur erwähnt, daß im Laufe des 15. und 16. Jahrhunderts der Vatikan zum größten Palast der Welt aufgebaut worden ist; man schätzt 4000 Räume.

Der Papst übt die gesetzgebende, vollziehende und richterliche Gewalt aus; er ist also das Staatsoberhaupt. Der Kardinalstaatssekretär ist der zweitmächtigste Mann im Vatikan. Das Oberste Verwaltungsgremium ist die Kardinalskommission. Die Geschäfte der inneren Verwaltung werden von einem Generalgouverneur wahrgenommen.

Dieses Jahrhundert hat bereits sieben Päpste erlebt, und es könnte noch einen oder zwei oder sogar mehr Päpste auf dem Stuhl Petri sehen. Leo XIII. regierte von 1878 bis 1903, Pius X.

von 1903 bis 1914, Benedict XV. von 1914 bis 1922, Pius XI. von 1922 bis 1939, Pius XII. von 1939 bis 1958, Johannes XXIII. von 1958 bis 1963. Ihm folgte Paul VI. Die erste Papstaudienz erlebte ich 1933. Ich war erstaunt, wie die Besucher dem Kirchenfürsten Pius XI. laut zujubelten: *»Evviva il Papa!«* Pius XII. sah ich mehrfach als Nuntius Eugenio Pacelli in Berlin, wo er als Diplomat hohes Ansehen genoß. Im Kriege führte ich ein Gespräch mit ihm über Hitler und die rassischen Verfolgungen. Ich habe anderweit (»Akzente eines Lebens«, Bremen 1970) davon berichtet. Die Diskussion über diesen Gelehrten auf dem Heiligen Stuhl wird anhalten. Johannes XXIII., den »guten Papst«, sah ich in den Straßen Roms, wie er sich fröhlich lachend unter die Fußgänger mischte und sich mit jedermann unterhielt. Er ist in die Geschichte des Papsttums eingegangen als »der Mann mit dem sehr großen Herzen«. Papst Paul VI. sprach ich erstmals als Kardinalstaatssekretär während meiner Audienz bei Pius XII.

Der gegenwärtige Kardinalstaatssekretär Jean-Marie Villot (geb. 1905) ist ein Franzose. Seit dem Spanier Raffaele Merry Del Vel (unter Pius X., 1903 bis 1914) ist er der erste Nichtitaliener als Chef des Staatssekretariats. Paul VI. möchte Geistliche aus verschiedenen Nationen beschäftigen. Diese Internationalisierung behagt konservativen Italienern nicht. Auch wurden früher meistens Nuntien in dieses Amt berufen, nur selten Bischöfe. Französische Prälaten sind in Rom gefürchtet.

Giovanni Battista Montini – so der bürgerliche Name des gegenwärtigen Papstes und Bischofs von Rom – ist der Sohn eines wohlhabenden Rechtsanwalts, Bank- und Geschäftsmannes, Direktors einer Zeitung und Mitbegründers einer Schule. Vater Montini war Abgeordneter der Volkspartei genauso wie der Bruder des späteren Papstes. Dieser wurde am 26. September 1897 in Concesio bei Brescia auf dem Landsitz seiner Familie geboren. Als Schüler war er oft krank, konnte deshalb nicht regelmäßig die Schule besuchen und mußte sich mit Privatlehrern auf die Reifeprüfung vorbereiten. An der *Gregoriana* sowie an der Staatsuniversität in Roma studierte er kanonisches Recht, Philologie und Philosophie. Seine Weihe zum Priester erfolgte im Mai 1920. Danach besuchte er die vatikanische Akademie zur Ausbildung päpstlicher Diplomaten. Für ein Jahr war er der Vertretung des Vatikans in Warszawa zugeteilt. Von 1923 an war Montini dreißig Jahre lang Mitglied des Staatssekretariats; er kümmerte sich außerdem um die katholische Hochschuljugend und den katholischen Akademikerverband. Er galt als einer der wichtigsten Prälaten im Vatikan und erhielt den Titel eines Pro-Staatssekretärs. Im November 1954 wurde Montini Erzbischof von Milano, wo er sich besonders um soziale Probleme kümmerte. Schon als Bischof unternahm der Lombarde viele Reisen. Als Pius XII. gestorben war, gehörte Erzbischof Montini zu den ersten *papabili*, also zu den Kandidaten für den Stuhl Petri, wurde allerdings dieses Mal nicht gewählt. Vielleicht zum Trost verlieh ihm Johannes XXIII. im Dezember 1958 als erstem Erzbischof die Kardinalswürde. Nach dem Ableben Johannes' XXIII. wurde Kardinal Montini am 21. Juni 1963 nach einem der kürzesten Konklaven der Kirchengeschichte zum 259. Papst gewählt. Er nahm den Namen Paul VI. an und versuchte das Werk seines Vorgängers fortzusetzen, indem er das Zweite Vatikanische Konzil ermahnte, recht tatkräftig zu sein. Seit der Übernahme seines Pontifikats gab Paul VI. mehrere Enzykliken heraus. In der gesamten Papstgeschichte gibt es wenige Persönlichkeiten, die sich derartig häufig zu Zeitfragen geäußert und dadurch die widersprüchlichsten Diskussionen ausgelöst haben. Der Papst hat die große Glaubens- und Autoritätskrise der Kirche erkannt und will, wie seine Verteidiger sagen, »retten, was noch zu retten ist«. Darüber wurde der ursprünglich liberale Mann autoritär und muß es sich heute gefallen lassen, von vielen als erzreaktionär abgelehnt zu werden. Auf seinem Pluskonto stehen die Gespräche mit anderen Kirchenfürsten, wie zum Beispiel mit dem Primas der griechisch-orthodoxen Kirche Athenagoras.

Wer ist dieser Papst Paul VI.? Der französische katholische Publizist Jean d'Hospital, zwanzig Jahre lang Rom-Korrespondent von *Le Monde*, hat es (»Drei Päpste«, Wien 1971) auf die folgende Formel gebracht: »Er ist weder der große Reformator, als den ihn die einen herausstreichen, noch der Wiederhersteller der Rechtgläubigkeit, den die anderen für sich beanspruchen, er strebt nach Erneuerung, und er wacht über Bewahrung.« Was Paul VI. (wie früher schon Pius XII.) vorgeworfen wird, ist, daß er keinerlei Erfahrungen als Pfarrer habe. Vielleicht spürt er das selber als ein Manko, und dieser mimosenhaft sensible Mann wird dadurch noch unruhiger, als er schon anlagemäßig ist; er gerät dadurch ins Schulmeistern, womit er sich nur noch mehr Gegner schafft. Paul VI. spürt, daß dem Christentum immer mehr die Transzendenz verlorengeht, und versucht gerade deshalb seine mystische Idee vom Papsttum den Gläubigen deutlich zu machen. Jean d'Hospital hat in einem Vergleich der drei letzten Päpste geschrieben: »Der erste, Pius XII., glaubte ihre Auswirkungen (d. h. der gegenwärtigen Revolution in der Kirche) dadurch im Zaum zu halten, daß er den zentralistischen Charakter der Kirche verstärkte. Der zweite, Johannes XXIII., hat in der Befürchtung, von den Forderungen des Klerus und der Ungeduld der Laien bestürmt zu werden, ein Konzil ins Leben gerufen, weil er durch dieses die entfesselten Leidenschaften zu beruhigen hoffte. Er hat das entgegengesetzte Ergebnis bewirkt. Der dritte, Paul VI., hat nach einer Kontrolle der Konzilsarbeiten, bei der er einige neuerungssüchtige Initiativen entmutigte – sie drohten die ihm anvertraute Einheit der Kirche zu sprengen –, beschlossen, sich auf dem unterminierten Terrain der Kirche und dem absoluten Primat des Papstes unbeugsam zu zeigen. Er rechnete damit, auf diese Weise ›seine Truppen in der Hand zu behalten‹ wie ein General seine auseinander laufenden Formationen. Aber er hat die Panik nur vergrößert.« Ein sehr besorgter Kardinal sagte zu mir in Rom: »Der Hauptfehler Pauls VI. ist, daß er die Gläubigen zu oft beschimpft. Ein General, der seine Truppen zu häufig kritisiert, muß damit rechnen, daß sie ihm schließlich davonlaufen. Genau das ist heute zu beobachten.«

Private Audienzen pflegt der Papst im Anschluß an die Mittwochs-Audienz zu gewähren. Sie finden, wie in früheren Zeiten, in einem der Audienzsäle des *Cortile di San Damaso* statt. Wer zur Privataudienz zugelassen ist, erhält am Abend zuvor eine schriftliche Einladung. In einem Audienzsaal neben dem »Warteraum« nimmt der Papst auf einem Thron Platz, und der Gast wird zu ihm geführt. Ist der Gast ein Amerikaner, dann steht neben dem Papst ein amerikanischer Pater, der dolmetschen kann, falls es sich als notwendig erweisen sollte.

In einer weißen Soutane saß Paul VI. vor mir. Ich hatte meine Fragen sorgfältig in französischer Sprache vorbereitet, weil mir gesagt worden war, der Papst zöge Französisch einer anderen Fremdsprache vor. Er sprach mich deutsch an, was mich zunächst verwirrte, weil ich damit nicht gerechnet hatte.

Wenn man Papst Paul VI. gegenübersteht, er den Gast anspricht oder Fragen stellt, gewinnt er einen für sich. Er ist sehr herzlich, redegewandt, er reagiert spontan. Dabei heißt es, er habe schmerzhaften Prostatakrebs, er werde mit Drogen fit gehalten; an sich sei er ein müder, abgekämpfter Greis. Allerdings spürt man auch etwas anderes: Paul VI. ist ein Mann voller Komplexe, voller Frustration; privater Ärger in Milano soll ihn noch heute beunruhigen. Im Geiste progressiv, im Herzen traditionalistisch, hat der Papst Angst, »unmodern« zu sein – was nicht hindert, daß er es ist. Verschiedentlich ist Paul VI. das Horoskop gestellt worden. Es soll nicht günstig sein. Einer meiner Gewährsmänner formulierte es so: »Dieser Papst kann tun, was er will: bei den Massen kommt er nicht an. Er könnte auf dem Petersplatz vor dem Vatikan verbrannt werden, und das Volk würde doch nur sagen: ›Na, wenn schon ...‹ Bei Johannes XXIII. war das anders. Der brauchte gar nichts zu tun und wirkte immer positiv.«

Die Kurie bleibt eine fragwürdige Institution. Es ist tröstlich, daß es Rebellen gibt, die eine Veränderung der Kurie dringend wünschen, und es sei schon hier angeführt, was der belgische Kardinal L. J. Suenens über den Vatikan geschrieben hat, als er ein umfassendes Reformprogramm forderte: »Rom ist einem Eichbaum vergleichbar, der groß geworden ist. Die Eiche hat ihre Äste ausgebreitet, und die Vögel finden darin Schutz. Aber schmarotzende Schlingpflanzen schließen den Stamm ein und saugen sein Mark auf.« Die »Ostpolitik« des Papstes wird mehr und mehr kritisiert, und viele Italiener fragen bereits: »Ist Paul VI. etwa gar Kommunist?«

## 22. *Republik San Marino*
## oder:
## *Die kleinste und älteste Republik der Welt*

Wenn der Europareisende Sanmarineser fragt, was ihr Staat eigentlich sei, pflegen sie stolz zu antworten: »Die kleinste und älteste Republik der Welt.« Sie ist an der Adria über die italienische Stadt Rimini zu erreichen. An einer guten *Autostrada* liegt etwa 15 Kilometer südlich von Rimini die Staatsgrenze. Zuerst kommt man an auffallend vielen Neubauten vorbei. Restaurants, Hotels, Pensionen, Lebensmittelgeschäfte schießen wie Champignons aus dem Boden. Auch kleine Industrieunternehmungen. Schließlich steigt die Straße an und führt in Serpentinen in etwa 700 Meter Höhe. Von nun an muß man schräge Straßen oder zahlreiche Treppen aufwärts steigen. Die »Hauptstadt« ist ein Bergort mit engen Gassen, Stiegen, Winkeln.

Es handelt sich um eine christliche Gründung. Ein Steinmetz namens Marino kam aus Dalmatien von der Insel Arbe (= Raab) in das von den Liburnern verwüstete Rimini. Er wollte hier mit seinem Freund Leo an den Verteidigungsanlagen des Hafens arbeiten. Zu jener Zeit wurden die Christen auf Geheiß des römischen Kaisers Diokletian verfolgt. Marino und Leo mußten auf den Monte Titano flüchten. Andere folgten ihnen, es bildete sich auf dem Berg eine christliche Gemeinde. Um das Jahr 1000 setzte die verwaltungspolitische Entwicklung ein. Es entstand eine demokratische, republikanische Verfassung, die heute noch in Kraft ist. Die heutigen Einwohner erzählen immer wieder gern, daß Napoleon I. bei seinem Eroberungszug durch Italien seine Heere achtungsvoll an der Grenze der Republik zurückhielt. Napoleon schickte den Gelehrten Gaspare Monge auf den Berg, um der Regierung und den Bürgern seine Bewunderung für ihre uralte demokratische, republikanische Freiheit auszusprechen.

Seit über sechzehn Jahrhunderten lebt also diese Republik in völliger Unabhängigkeit und in international rechtlicher Gleichstellung mit sämtlichen Staaten der Erde. Der Staat San Marino setzt sich aus der gleichnamigen Hauptstadt (4000 Einwohner) und acht kleinen Gemeinden zusammen. Die Bevölkerung zählt insgesamt 19000 Bewohner (entspricht also etwa der von Andorra); etwa die gleiche Zahl Sanmarineser lebt im Ausland, d. h. in Italien, Frankreich, in den USA und Lateinamerika. (Die Nationalität geht niemals verloren.) Die Einwohner sind »Italiener«; entsprechend ist die Staatssprache Italienisch und die vorherrschende Religion ist die römisch-katholische. Das Parlament heißt *Consiglio Grande e Generale;* es umfaßt 60 Mitglieder, die je fünf Jahre arbeiten. Das »Staatsoberhaupt« bilden seit 1242 jeweils zwei für sechs Monate (1. April und 1. Oktober) durch den *Consiglio* aus diesem gewählte *Capitani Regenti.* Der *Congresso di Stato* bildet die Regierung. Der alle sechs Monate stattfindende Wechsel der *Capitani Regenti* findet jeweils in einer traditionellen Zeremonie statt.

San Marino wird also fast anonym regiert. Schon mancher ausländische Staatsmann, der San Marino besucht hat, konnte hier lernen, wie Demokratie gehandhabt werden sollte. Der Kleinstaat auf dem Monte Titano ist ein Beispiel dafür, daß die Bürger der *nazioni piccolini* nicht weniger selbstbewußt sind als die der großen Nationen.

## *23. Königreich Spanien*
## oder:
## *Vor dem Abgang des Generalissimo*

Über die Zukunft Spaniens in den siebziger Jahren gehen die Meinungen sehr auseinander. Es gibt ernst zu nehmende Männer, die behaupten, das Franco-Regime würde von einem kommunistischen abgelöst werden. Andere glauben an die Zukunft der Sozialdemokratie. Wann allerdings der Umbruch erfolgt, weiß niemand zu sagen. Franco persönlich betont immer wieder, daß er für alle Eventualitäten vorgesorgt habe – »für alle«. Aber hat Franco überhaupt noch viel zu sagen? Bei seinen öffentlichen Auftritten wirkt er senil, und es gibt Leute, die meinen, er werde nur durch Bogumolitz-Spritzen dann und wann wieder auf Touren gebracht. Es bleibt ein Phänomen, wie sich dieser kleine General mit der Fistelstimme, physisch alles andere als ein heldischer Mann, über dreißig Jahre an der Macht halten konnte.

Erinnern wir uns, daß die Phönizier und Griechen mit Spanien Handel trieben, daß die Griechen hier Kolonien gründeten, die im 4. Jahrhundert v. Chr. von den Karthagern erobert wurden ... 1516 wurde das Schicksal Spaniens mit dem österreichischen Haus der Habsburger verknüpft. Entdeckungsreisende wie Columbus bereiteten Spaniens ungeheure Eroberungen vor, die ein riesiges Imperium in der Neuen Welt schufen. Unvorstellbarer Reichtum kam zwar zur spanischen Krone, aber nicht zum Volke. Dynastische und religiöse Streitigkeiten suchten das Land heim, und trotz der Ausplünderungen kolonisierter Länder geriet die Nation immer wieder in große finanzielle Schwierigkeiten. Kriege mit England und Holland sowie der Dreißigjährige Krieg leerten die spanischen Schatzkammern. Die Völker in den Kolonialländern revoltierten, und Spanien verlor im 19. Jahrhundert den größten Teil seines Besitzes, nicht allein den auf dem amerikanischen Festland, sondern obendrein Kuba und die Philippinen. Die spanische Weltmacht war zusammengebrochen wie zuvor andere Weltmächte. Wenn man fortan von Spanien redete, dann von einem verarmten Land, das rückständig war und ständig Hilfe aus dem Ausland benötigte. Politisch blieben Spannungen wie zuvor weiterhin bestehen... 1921 fiel einer der letzten Reste des spanischen Imperiums, Spanisch-Marokko, fast ganz an den geheimnisumwobenen nordafrikanischen Stammesführer Abd-el Krim. Noch war Spanien eine Monarchie: Es regierte Alfonso XIII. Er gestattete dem Generalkapitän in Barcelona, Primo de Rivera, die Errichtung einer Militärdiktatur. Deren Hauptaufgabe war zunächst die Zurückeroberung Marokkos. Weil Abd-el Krim auch die Franzosen bedrohte, taten sich die Spanier mit denen zusammen; Abd-el Krim wurde verbannt. Im Dezember 1925 schränkte Primo de Rivera die Diktatur ein und ersetzte das Direktorium durch ein Zivilministerium. Der Diktator wurde 1930 zum Rücktritt gezwungen, da er weder die sozialen Unterschiede mildern noch eine Lösung für die Fragen des Großgrundbesitzes finden konnte. Sein Nachfolger, Ministerpräsident General Berenguer, scheiterte an den gleichen Problemen und mußte im Februar 1931 abdanken. Das Volk machte den König verantwortlich für die ungerechte und unstabile Lage. Bei den Gemeindewahlen gewannen die Republikaner sehr viele Stimmen. Alfonso XIII. mußte am 14. April 1931 das Land verlassen, und noch am selben Tage wurde in Madrid die Republik ausgerufen.

Am 17. Juli 1936 begann an mehreren Punkten Spaniens eine Militärrevolte, der der bis dahin fast unbekannte General Franco von Spanisch-Marokko aus die entscheidenden Kontingente zuführte. Mit Hilfe deutscher Flugzeuge brachte er spanische Fremdenlegionäre und Marokkaner – *Moros* genannt – nach Südspanien. Der weitaus größte Teil des Landes und Madrid blieben zunächst in der Hand der Republikaner, der *Rojos*. Im Frühjahr 1937 kam es um Madrid zum Stellungskrieg. Die *Rojos* wurden durch internationale Brigaden und sowjetische Waffenlieferung verstärkt. Die »Nationalen« stützten sich neben dem Militär auf die 1933 von José Antonio Primo de Rivera, dem Sohn des Diktators, begründete autoritär und sozial eingestellte Falange und die *Requetés* der klerikalistischen und traditionalistischen Karlisten[19]. Seit Juli 1936 kamen den Weißen italienische Freiwillige

[19] Die Karlisten waren seit 1833 Anhänger des Kronprätendenten; seine Söhne und Enkel verfochten in den Karlistenkriegen ihre Thronansprüche. Sie betonten später die Werte der Tradition und wurden daher auch Traditionalisten genannt.

und später die deutsche Legion Condor zu Hilfe. Nun wurde der Spanische Bürgerkrieg zu einer die ganze Welt spaltenden Streitfrage. Am 28. März 1939 wurde Madrid kampflos eingenommen, und Franco konnte am 2. April 1939 das Ende des Bürgerkrieges verkünden.

Der Spanische Bürgerkrieg war einer der grausamsten Kriege der Weltgeschichte, besonders auch deshalb, weil sich hier Landsleute »mit einer leidenschaftlichen Verbissenheit gegenübergestanden hatten wie einst in Glaubenskämpfen« (Georges Bernanos). Die heutige Geschichtsforschung (Hugh Thomas) spricht von 600 000 Toten, darunter 410 000 durch Kampfhandlungen und Gewaltakte hinter den Fronten.

Franco war bereits im März 1939 dem Antikomintern-Pakt beigetreten; er verließ, nachdem er Regierungschef geworden war, den Völkerbund. Während des zweiten Weltkrieges blieb die Regierung Franco neutral, obwohl die Alliierten, wie auch Hitler und seine Verbündeten, ihn zwingen wollten, am Kriege teilzunehmen. Allerdings schickte Franco nach Beginn des Rußlandfeldzuges die »Blaue Division« zum Kampf gegen den Kommunismus. Die Westmächte erkannten sogleich die Regierung Franco an und traten mit ihr in diplomatische Beziehung, was dem General eine wichtige internationale Reputation verschaffte. Während Hitler 1940 Europa mit Krieg überzog, legte Franco durch ein Syndikatsgesetz die Grundlage für den sozialen Aufbau des Landes. Fraglos hatte Franco für Hitler mehr Sympathien als für dessen Gegner, doch schon damals zeigte er mehrere Gesichter.

Notstände auf allen Gebieten offenbarten sich in Spanien wiederum in krassester Weise 1945. Jetzt glaubten die Monarchisten, ihre Stunde habe geschlagen. Ein Sohn des geflüchteten Königs Alfonso XIII. forderte mit seinen Anhängern den Rücktritt des Generalissimo. Franco war der letzte amtierende Diktator und wurde zunächst zur Zielscheibe der Angriffe aller Demokraten. Es gab zwar seit langem eine spanische Exilregierung; doch sie wurde auch jetzt für Franco nicht gefährlich. Mit Skrupellosigkeit und Geschick meisterte er alle Bedrohungen von innen und außen. Die Monarchisten beruhigte er dadurch, daß er im Juli 1945 eine Zusage für eine spätere Wiedereinführung der Monarchie machte; zwei Jahre später erließ er das Nachfolgegesetz und trat für eine Regelung der Regentschaft ein. (Seine

Maßnahmen wurden durch ein Referendum von 14 Millionen Spaniern – bei 17 Millionen Wahlberechtigten – bekräftigt.) Es begann jetzt die Erziehung des Don Juan Carlos de Borbón y Borbón für Francos Nachfolge.

Im Dezember 1955 erfolgte Spaniens Aufnahme in die UNO.

Es ist noch keinem Historiker gelungen, ein klares Bild dieses Diktators zu geben. Alle Biographien *Franquitos* (des kleinen Franco) sind entweder von Verehrung oder von Haß diktiert. Allerdings sind sich die meisten Autoren darüber im klaren, daß er »gerissen ist wie zehn spanische Juden«. Salvador de Madariaga, spanischer Diplomat und Historiker im Exil, sagte mir, er kenne in der Geschichte keine zweite Persönlichkeit, die einen Liberalen mit einem Reaktionär, einen Klerikalen mit einem Antiklerikalen, einen Monarchisten mit einem Antimonarchisten so zu verbinden weiß, und auf diese Weise wäre eben Franco erfolgreich durch alle Stürme seines Lebens gesegelt. Francisco Paulino Hermenegildo Téodulo Franco y Bahamonde wurde am 4. Dezember 1892 in El Ferrol geboren, einem kleinen Hafenplatz an der galizischen Atlantikküste, der sich jetzt stolz *El Ferrol del Caudillo* nennt. Als Zwanzigjähriger kämpfte er in Nordafrika gegen die Rifkabylen. Als Achtundzwanzigjähriger war er 2. Kommandeur der Fremdenlegion, als Vierunddreißigjähriger bereits General. 1928 bis 1931: Leiter der Obersten Militärakademie von Zaragoza, 1934: Chef des Generalstabs; in dieser Eigenschaft schlug er im Oktober desselben Jahres den sozialistisch-syndikalistischen Aufstand in Asturien nieder. 1936 wurde Franco von der Volksfront-Regierung auf einen militärischen Posten nach den Kanarischen Inseln verbannt, wo er (später außerdem in Nordafrika) den Putsch gegen die ihm verhaßte Regierung vorzubereiten begann. Die Franco-Revolte brach am 17. Juli 1936 aus und hatte den Spanischen Bürgerkrieg und des Generals Erhebung zum Diktator zur Folge. Wie erwähnt, ernannte ihn die *Junta de Defensa Nacional* am 29. September 1936 zum *Caudillo* (Chef des Spanischen Staates) und zum Generalissimo. Im Gegensatz zu seinen Vorgängern in der Zeit der Republik stützte sich Franco im wesentlichen auf die katholische Kirche.

Die Bevölkerung Spaniens zählt fast 33 Millionen Menschen; sie setzt sich aus rund 73% kastilischen Spaniern, etwa 24% Katalanen und rund 3% Basken zusammen. Staatssprache ist im ganzen Land Spanisch; Katalanisch ist in Katalanien und Baskisch im Norden als Umgangssprache anerkannt. Die Majorität der Spanier ist römisch-katholisch, so daß dieser Glaube als Staatsreligion gilt. Islamgläubige gibt es nur noch tausend, also genauso viele wie in Finnland, das keine arabische Invasion gekannt hat. Die Staats- und Regierungsform ist die der Monarchie mit einem Kronprätendenten. Die Gesetzgebende Versammlung, der *Cortes,* setzt sich aus ernannten und ständisch gewählten *Procuradores* zusammen. Der Staatscharakter ist korporativ (also wie in Portugal); es besteht ein starker Einfluß der Syndikate und der *Falange española tradicionalista;* 1966 wurde durch das Staatsorgangesetz ein Rat des Königreiches *(Consejo del Reino)* organisiert. Die Regierung wird von Franco ernannt, und zwar aus Vertretern der Falange, der Armee, der Monarchisten sowie aus der Kirche nahestehenden Persönlichkeiten. Doña Carmen Polo de Franco, die Frau des Diktators, brachte eine Tochter zur Welt: Carmen Franco, die mit dem Marquis Villaverde verheiratet ist.

Zum »Prinzen von Spanien« und damit zum künftigen König machte Franco im Rahmen eines Referendums den Prinzen Don Juan Carlos de Borbón y Borbón[20], Sohn des eigentlichen dynastischen Kronerben Don Juan Carlos Teresa Silvero Alfonso de Borbón y Battenberg, dessen Vater der letzte spanische König Alfonso XIII. war. Don Juan, der den Titel Graf von Barcelona bevorzugt, wurde am 20. Juni 1913 in dem Palast von San Ildefonso bei Madrid geboren, er diente lange Jahre in der britischen Marine, bis er sich in Estoril bei Lisboa in der Villa Giralda mit seiner Frau, der Infantin Maria de Las Mercedes de Borbón y Orleans, niederließ. Der im Sommer 1970 auch zum Stellvertreter des Staatschefs ernannte Prinz Juan Carlos wurde am 5. Januar 1938 im römischen Exil geboren und auf Grund eines Abkommens zwischen Franco und dem Grafen von Barcelona von seinem 10. Lebensjahr ab in Spanien erzogen. Er besuchte die Universität in Madrid und die drei Heeresakademien. Am 14. Mai 1962 heiratete er die griechische Prinzessin Sofia, die der Thronfolge inzwischen drei Kinder, den Prinzen Filipe und zwei Mädchen, gebar.

[20] Zwei weitere Thronprätendenten sind Javier de Borbón-Parma und José Habsburgo y Borbón.

Anfang der siebziger Jahre zeichnet sich das Ende der Franco-Diktatur ab; nach dem Tode Salazars ist Franco der letzte der älteren Diktatoren. Ende 1969 wurde in Spanien ein neues Kabinett gebildet, auf das Franco nicht mehr den Einfluß hatte wie früher. In den Vordergrund trat neuerdings Konteradmiral Luis Carrero Blanco, seit 1967 Vizepräsident des Ministerrats, während Franco allerdings weiterhin Staatsoberhaupt und Regierungschef geblieben ist. Am 4. März 1903 als Sohn eines hohen Offiziers in Santoña geboren, wurde L. C. Blanco zum Seeoffizier ausgebildet. In den zwanziger Jahren beteiligte er sich am Krieg in Marokko und befehligte später Unterseeboote. Er vervollkommnete seine Ausbildung an der Kriegsschule in Madrid sowie in Paris. 1935 wurde er Professor an der Madrider Kriegsschule. Gegen Ende des Spanischen Bürgerkrieges war er im Range eines Vizeadmirals Stabschef eines Kreuzergeschwaders. 1940: Unterstaatssekretär und Nationalrat. 1943: Zweiter Vizepräsident des *Cortes.* 1951–1967: Leiter der Präsidialkanzlei – zuerst als Staatssekretär, ab 1965 im Range eines Ministers. Vor dem *Cortes* sagte er im Juli 1957, daß im Falle von Francos Rücktritt oder Tod die Monarchie neu installiert werden müsse. Er plädierte gegen eine absolute und liberale Monarchie und forderte eine »traditionelle Monarchie«, die an die von Isabella und Ferdinand vor viereinhalb Jahrhunderten anknüpfen müsse. Im Dezember 1966 trat ein Staatsgrundgesetz in Kraft. Es sieht für später die Trennung der Ämter des Staatsoberhauptes und des Regierungschefs vor. Dieses »Organische Gesetz« soll ein Kompromiß zwischen den gemäßigten demokratischen und den autoritären Kräften des Kabinetts sein. Vizepräsident General Munoz Grande mußte zurücktreten, weil nun Regierungsmitglieder nicht mehr gleichzeitig dem Rat des Königreiches angehören dürfen. General Franco ernannte daraufhin am 21. September 1969 Blanco zum Vizepräsidenten der Regierung.

Auch Außenminister Gregorio López Bravo de Castro kommt von der Marine. Geboren am 19. Dezember 1923 in Madrid, war er als Marineingenieur lange Jahre in der Schiffsbauindustrie tätig. Er war Präsident der Vereinigung der Marineingenieure und Leiter des Instituts für Zivilingenieure. Eine Zeitlang beriet Bravo das Nationalinstitut für Ingenieurwissenschaften. Nachdem er als Abgeordneter in den *Cortes* berufen war, wurde er Direktor der spanischen Behörde für Atomenergie.

Handelsminister Ullastres berief ihn zur Reorganisation der Außenhandelsabteilung in sein Ministerium. Als sich auch im Deviseninstitut eine Reorganisation als notwendig erwies, wurde er dort zum Direktor bestellt. López Bravo machte sich einen immer besseren Namen als Kenner der Weltwirtschaftsprobleme, zumal er auch viel in den USA reiste (wo er studiert hatte). Zeitweilig Vertreter des Königreiches Spanien bei der EWG in Brüssel, hat er ab 1962 als Industrieminister die Öffnung der spanischen Wirtschaft zur EWG hin mit eingeleitet. Er gilt als Hauptinitiator der spanischen Wirtschaftsexpansion, als »Europäer« unter Francos Anhängern und Vertreter einer »Wirtschaft des gelenkten Liberalismus«. Als der Generalissimo 1969 seine Regierung umbildete, ernannte er am 29. Oktober Bravo zum Außenminister. Mitglied des *Opus Dei*, unterhält er enge Beziehungen zu Admiral Blanco, und es heißt, er sei als Diplomat sehr geschmeidig. Typisch für die gegenwärtige spanische Politik ist der Umstand, daß die Staatsmänner sowohl den Anschluß an den europäischen Westen wie auch an den Osten suchen. Zwischen Spanien und der UdSSR gibt es einen Zankapfel: die 525 Millionen Dollar betragenden Goldreserven Spaniens, welche die republikanische Regierung zu Beginn des Bürgerkrieges nach der UdSSR zur Aufbewahrung hatte bringen lassen. Der Kreml behauptet seit Jahrzehnten, damit seien seine Lieferungen an Kriegsmaterialien bezahlt worden. (NS-Deutschland ließ sich seine Unterstützung Francos in Form von Anteilen an Erzgruben bezahlen. Mit Idealisten also hatte es keine der beiden kriegführenden Seiten zu tun.) López Bravo verhandelte Ende Dezember 1969 mit dem sowjetischen Stellvertretenden Außenminister Kowalew über die Möglichkeit einer Verbesserung der Beziehungen. Mit Rumänien, Ungarn, Polen und der ČSSR sind die Beziehungen mittlerweile normalisiert worden. Spanien weiß, daß es das sozialistische Lager nicht mehr länger übersehen kann, und López Bravo hat das sowjetische Projekt einer Europäischen Sicherheits-Konferenz begrüßt. Für López Bravo sicherlich typisch ist aber, daß er als Außenpolitiker gleichzeitig mehrere Eisen im Feuer hat. Er weiß, daß sich die weltpolitische Situation plötzlich ändern kann; seine Nation soll darunter nicht leiden.

Einer der interessantesten Köpfe unter den jüngeren Politikern und Staatsmännern ist Dr. Laureano López Rodó, dessen Vater

Industrieller ist. »Die Graue Eminenz« der spanischen Politik, am 18. November 1920 in Barcelona geboren, studierte Jura in Barcelona und Madrid; er promovierte mit Auszeichnung, war 1945 bis 1953 Professor für Verwaltungsrecht an der Universität Santiago de Compostella, ab 1953 in Madrid. Politisch wurde er zunächst, wie López Bravo, im *Cortes* aktiv; er war Sekretär des Ausschusses für die Grundrechte. 1956 bis 1962: Präsident des Exekutivausschusses im Amt für Wirtschaftskoordination und -planung. 1962: Planungsminister. 1965: Minister ohne Portefeuille mit dem Sonderauftrag der Wirtschaftsplanung. Sein Name ist verknüpft mit einem großen Entwicklungsplan, dessen Ziel es ist, Spanien eine neue Infrastruktur zu geben. López Rodó zählt zu den prominenten Mitgliedern des *Opus Dei,* wie überhaupt zahlreiche jüngere führende Wirtschaftsfachleute sich dieser neuen Organisation angeschlossen haben. 1969 kam es zu Streitigkeiten zwischen Falangisten der alten Schule und Mitgliedern des *Opus Dei.* Was warfen die *Camisas Viejas* (die »alten Hemden«) den Männern des *Opus Dei* vor? Sie wollten als »jesuitischer Interessenverband« die gesamte Macht an sich reißen. Als Anfang 1969 der Ausnahmezustand verhängt wurde, glaubten sich die Falangisten einem neuen Sieg nahe, zwei Monate später aber wurde der Ausnahmezustand aufgehoben, und nun fühlten sich die »Liberalen« als Sieger. López Rodó hatte gedroht, als Planungsminister zurückzutreten, falls der Ausnahmezustand nicht aufgehoben werden würde. Mit López Rodó erhielt also eine neue katholische Gruppe eine gewisse Machtstellung, die sich seit dem Ende der zwanziger Jahre nicht nur in katholischen Ländern mehr und mehr durchgesetzt hat: die Priestergenossenschaft vom Heiligen Kreuz, das *Opus Dei,* das sich zwar Priestergenossenschaft vom Heiligen Stuhl nennt, im vatikanischen Register aber als Säkular-Institut eingetragen ist und sich selbst als eine Gläubigenvereinigung versteht.

---

Oben: Seine Gesinnungsfreunde Salazar, Mussolini und Hitler überlebte der spanische Caudillo und Staatschef Francisco Franco y Bahamonde.

Unten: Die Nachfolge des portugiesischen Diktators Salazar trat ein ehemaliger Professor der Universität Lisboa an: Marcello José das Neves Alvas Caetano, einer der konservativsten Staatsmänner Europas.

Am 20. Dezember 1973 wurde Carrero Blanco in Madrid durch eine ferngesteuerte Bombenexplosion ermordet. Sein Nachfolger wurde Carlos Arias Navarro (geb. 1908), ein alter Vertrauter Francos, ehemaliger Bürgermeister von Madrid. Er nahm López Bravo und López Rodó nicht in sein Kabinett auf; denn »die Macht des Opus Dei soll gebrochen werden«.

Keine günstige Prognose für Spanien stellt Salvador de Madariaga in seinem Buch »Spanien« (Stuttgart 1955). Er bezeichnet als die beiden Nationallaster den Separatismus und die Diktatur, also nicht etwa Armee und Kirche, Marxismus und Anarchismus: »Alle spanischen Individuen und Gruppen haben das gleiche Bestreben, sich durch Trennung vom anderen selbst zu befriedigen; sie streben nicht die gemeinsame Ebene an, sondern die einsame Höhe des Diktators.« Separatismus und Diktatur seien nichts anderes als die zwei Seiten ein und derselben Geisteshaltung. »Die immer wiederkehrenden Bürgerkriege in Spanien kann man als politisch gefärbte Ausbrüche einer uralten spanischen Zerstörungssucht deuten, als Proteste des persönlichen Ichs gegen das soziale Ich und all das, was dieses geschaffen hat.« Madariaga ist der Meinung, daß sich die Spanier zu einer gemeinschaftlichen Lebensführung bekehren müßten, die ihnen aber im Grunde nicht liege, ja, die sie sogar verabscheuen. Wie andere, sieht Madariaga das Heil nur darin, daß sich Spanien einem europäischen Staatenbund anschließt. »Ein liberal-humanitäres Spanien würde sich politisch, wirtschaftlich und kulturell völlig in den Rahmen des europäischen Lebens einfügen und binnen weniger Jahre der Welt neue Proben seines schöpferischen Geistes liefern.« Aber noch ist es nicht soweit.

## *24. Freistaat Andorra*
## oder:
## *Eine Zwergrepublik in den Pyrenäen*

In diesem kleinen Staat in den östlichen Pyrenäen (453 qkm) fühlt sich der Europareisende wohl. Vor dem *Casa de la Vall*, dem jahrhundertealten Sitz der politischen, administrativen und gerichtlichen Institutionen der Zwergrepublik steht eine Skulptur, die nicht einen Eroberer oder einen Nationalhelden darstellt, sondern ein anmutiges junges Paar, die eine *Sardana*, den katalanischen Volkstanz, zeigen. Von Gewalt hält der Andorraner nichts; er liebt das ruhige, möglichst vergnügte Leben. Als Bergbewohner der Pyrenäen ist er zwar rauh, aber zugleich weich, mit einem Hang zur Melancholie. Sowohl nach Spanien wie nach Frankreich gibt es nur je eine Autostraße.

Die Hauptsprache der Andorraner ist das Katalanische, mit Fremden sprechen sie Spanisch und Französisch; die meisten Andorraner haben den römisch-katholischen Glauben. Die intensiveren Beziehungen bestehen zu Spanien, aber auch die Kontakte mit Frankreich werden gepflegt. Und das ist staatsrechtlich notwendig. Der Freistaat Andorra steht laut Verträgen aus den Jahren 1278 und 1288 (die sogenannten *Pareatges* sind die einzigen Abkommen des Mittelalters, die das Feudalsystem überlebt haben) unter der Souveränität zweier Co-Prinzen, nämlich des Bischofs von Urgel (Spanien, etwa 20 Kilometer von der Hauptstadt Andorra La Vella entfernt) und des französischen Staatspräsidenten. Entsprechend hängen die Bilder des Bischofs und des Präsidenten in den Amtsstuben, meist erblickt man zwischen ihnen und etwas erhöht ein Porträt des Papstes. Der jeweilige Bischof von Urgel kommt häufiger in das Land. Von den französischen Präsidenten hat sich bisher nur einer in Andorra sehen lassen; er wurde entsprechend enthusiastisch von den Andorranern gefeiert: Es war Charles de Gaulle im Oktober 1967. Die zwei Co-Prinzen werden durch je einen *Viquier*, d. h. Landvogt, vertreten. Beide zusammen haben das richterliche Wort über alle Angelegenheiten des Freistaates. Mit Spanien besteht eine Postunion, während Frankreich die auswärtigen Interessen des

Zwergstaates vertritt. Die allerwichtigsten Persönlichkeiten, also jene Männer, welche die eigentliche Verwaltungsarbeit leisten, sind der Generalsyndikus (= Regierungschef) und sein Stellvertreter; keine Berufspolitiker, sondern Bürger wie andere; Frauen aber haben in diesem Kleinstaat keinerlei politische Rechte.

In den bisherigen beiden Weltkriegen war das Land neutral; es hat deshalb unter den schlimmen Ereignissen in Europa kaum gelitten. Im Gegenteil, es genoß allerlei Vorteile, und dies führte zu einer immer größeren Blüte des Landes. Vor dem zweiten Weltkrieg wohnten in Andorra etwa 5000 Menschen, weil bis dahin die jungen Andorraner auswanderten. Seit den sechziger Jahren kennt Andorra keine Emigration mehr, sondern eine Immigration, so daß die Bevölkerung mittlerweile auf fast 20 000 Menschen angewachsen ist. Vor 1939 gab es 10 Hotels, heute 180. Vor dem zweiten Weltkrieg zählte man 100 Autos, jetzt kommt hier auf drei Personen ein Auto. Die Andorraner haben das kleinste Verteidigungsbudget Europas, vielleicht sogar das kleinste der Welt; es beträgt pro anno 300 Peseten, also etwa 16,– DM. Der Generalsyndikus sagte zu mir: »Irgend jemand hat einmal gewollt, daß auch wir einen Verteidigungsetat haben – obwohl das natürlich Unfug ist. Aber es wurde wenigstens ein sozusagen symbolischer Etatposten geschaffen. Der kleine Betrag wird jedes Jahr der Polizei gutgeschrieben.« Der Staatshaushalt wird u. a. aus der Verpachtung der Sendestation an eine spanische Rundfunkgesellschaft und aus Konzessionseinnahmen für ausländische Elektrizitätswerke bestritten. Da sehr viel importiert wird, können Ausgaben des Staates auch mit der Importsteuer finanziert werden. Und die Benzinsteuer kommt hinzu. Der Haupterwerb der Bauern sind die Schaf-, Pferde- und Rinderzucht sowie Tabakanbau.

Man sieht ungemein viele gutaussehende junge Menschen. Die Zwergrepublik scheint auf sie mehr und mehr eine Anziehungskraft auszuüben; man rechnet entsprechend mit weiterer schneller Zunahme der Bevölkerung.

Nationalistische Parolen hört man nicht, und doch spürt man, daß die Andorraner auf ihren Staat ungemein stolz sind und nicht daran denken, etwa ihre Eigenständigkeit aufzugeben. Und noch eins: Das Land hat keine organisierten politischen Parteien. Hoffentlich findet sich kein Narr, der sie einführen will.

## *25. Republik Portugal* oder: *Die Erben des Diktators*

Ist Lisboa eine Stadt oder ein großes modernisiertes Dorf? Mancher Portugiese, der im Ausland gereist ist und daher vergleichen kann, empfindet seine Metropole als höchst provinziell; zum Beispiel, weil ein Nachtleben fast völlig fehlt. Einige wenige *Casa dos Fados* und Varietés ändern daran nichts. Erfreulich ist es, daß der Stadtkern von Lisboa (800 000 Einwohner) fast unberührt ist und die neuen Viertel an den Ausläufern der City entstehen. Der Stadtkern Lisboas hat noch Quartiere und Häuserblocks wie nur wenige Städte in Europa. Die Portugiesen können sehr freundlich sein. Manche Ausländer ziehen sie den Spaniern vor; allerdings können Portugiesen genauso grausam sein wie die Spanier. Die Portugiesen sind gemischt aus Europäern, Arabern und Juden. Arabische Leidenschaft lodert heute noch manchmal in ihnen. Was sich in ihren afrikanischen Kolonien an Grausamkeiten ereignet hat oder noch ereignet, multiplizieren ihre Abkömmlinge, die Brasilianer, wenn sie sich Grausamkeiten gegenüber den Indios zuschulden kommen lassen. In vielen Portugiesen ist obendrein Negerblut virulent.

Wenn die Portugiesen und Brasilianer viel Sympathien füreinander haben, was ich sowohl in Portugal wie in Brasilien häufig feststellte, so deshalb, weil sie sich ihrer Gemeinsamkeiten im Positiven wie im Negativen bewußt sind.

Nach dem zweiten Weltkrieg betrug das Analphabetentum in Portugal 38%, und es gehörte zur höchsten Analphabetenquote Europas. Allerdings ist diese Quote – auch durch das Absterben der älteren Generationen – in den letzten Jahren gesunken, und zwar auf 22%. Doch auch das ist für ein europäisches Volk sehr peinlich.

Die Portugiesen bilden eine Nation, in der das Irrationale eine erhebliche Rolle spielt; das macht sie manchmal unzuverlässig und verführt sie zum Heucheln oder gar Lügen. Die harte Zeit der Diktatur Salazars hat sie obendrein schizophren werden lassen, so wie die Deutschen noch immer psychisch unter der unverdauten Hitlerzeit zu leiden haben. Die Portugiesen bewundern Frankreich, die französische Kultur, werden aber von den Franzosen nicht für voll genommen. Darunter leiden diese Iberer sehr (auch die Spanier). Trotz des Luftverkehrs empfinden sich viele Portugiesen als eine isolierte Nation in Europa; die Pyrenäen sind eine Art Wall, der sie von Nord- und Osteuropa abschneidet.

Zu Anfang des 8. Jahrhunderts fiel – nach der Zerstörung des Westgotenreiches – Portugal ebenso wie Spanien in arabische Hand. Mit der Rückeroberung von Algarve durch Alfonso III. erfolgte um 1250 die portugiesische *Reconquista.* Ab 1440 setzten sich die Portugiesen auf afrikanischem Boden fest und begannen einen Sklavenhandel, der bis ins 17. Jahrhundert hinein vorwiegend in ihren Händen blieb. Im Vertrag von Tordesillas (1494) teilten sich Portugal und Spanien die überseeische Welt. Das portugiesische Königshaus wurde über alle Maßen reich und Lisboa die erste Handelsstadt Europas.

Revolutionen erschütterten das Land. 1876 war bereits eine republikanische Partei gegründet worden, aber erst 1910 wurde die Republik ausgerufen. An der Seite der Ententemächte nahm Portugal am ersten Weltkrieg teil. Weitere Revolutionen folgten, politische Korruption und anhaltende Finanzkrisen wirkten sich verheerend aus. Zwischen 1911 und 1926 hatte Portugal acht verschiedene Präsidenten und 44 Regierungen. Im Mai 1926 errichtete General Gomes da Costa eine Diktatur, um der Anarchie ein Ende zu bereiten, einen Monat später wurde er von General Carmona abgelöst, der von 1928 bis 1951 Staatspräsident war. Sein leitender Minister (beziehungsweise von 1932 an Ministerpräsident) war Dr. Salazar, der den Staatshaushalt ins Gleichgewicht brachte und die ständisch-autoritäre Verfassung von 1933 schuf. Das heutige Portugal ist eine korporative Republik *(Estado Novo)* und zählt 9,5 Millionen Einwohner, die fast ausschließlich römisch-katholisch sind und deren Staatssprache Portugiesisch ist.

António de Oliveira Salazar, der jahrzehntelang Diktator von Portugal war, lebte hinter hohen gelben Mauern in einer großen Villa fast im Zentrum von Lisboa. Er starb am 22. Juli 1970. Für seine Anhänger galt Salazar als eine der wenigen großen Persönlichkeiten dieses Jahrhunderts, jedenfalls als der größte Portugiese der Neuzeit. Salazar stammte aus einer armen

Gegend und aus noch ärmeren Verhältnissen als Hitler, den er sehr bewunderte. Salazar war meines Wissens der einzige europäische Staatsmann, der bei der Nachricht von Hitlers Selbstmord die Flaggen auf halbmast setzen ließ. »Der Große Reformator des politischen Lebens in Portugal« wurde am 28. April 1889 in dem kleinen Dorf Vimeiro (Provinz Beira Alta) geboren. Wie der offizielle Lebenslauf zu erzählen weiß, war er zeitlebens brillant: brillant als Schüler, brillant als Student, brillant, wo immer er auftrat. Er studierte an der Universität von Coimbra und war dort später (1916–1928) Professor der Wirtschafts- und Finanzwissenschaften. 1921 wurde er Parlamentsmitglied, und so wie Hitler die NSDAP, gründete Salazar die Nationalistische Partei: die *União Nacional.* Er formulierte das Programm des *Estado Novo* und widmete sich von früh an dem Staatsaufbau im autoritären und katholisch-ständischen Geist. Eines seiner Bekenntnisse lautete: »Ich halte die Demokratie für eine Fiktion. Ich glaube nicht an das allgemeine Stimmrecht, ich glaube nicht an die Gleichheit, ich glaube an die hierarchische Ordnung.« Neben dem Amt des Ministerpräsidenten bekleidete er einige Jahre das Amt des Kriegs- und Außenministers. Durch die Kolonialakte verband er die Kolonien als integrierenden Bestandteil mit dem Mutterland. Er sagte: »Europa scheint nicht mehr an seine zivilisatorische Mission zu glauben, wie es auch nicht mehr an die Überlegenheit seiner Mission glaubt. Aber wir glauben daran.«

Salazar war kein großer Denker, aber er verfügte über eine gewisse Bauernschläue, die er mischte mit dem, was er bei Machiavelli gelesen hatte. Salazar brachte große Zusammenhänge auf einen einfachen Nenner und wußte seine Einfälle und Ziele mit wenigen Worten für den ersten Augenblick überzeugend vorzutragen; das Erwachen kam immer erst dann, wenn man seine Gedanken gründlicher überdacht hatte. Salazar selbst war zeitlebens kontaktarm, nie verheiratet, man weiß nichts von intimeren Freundschaften mit Frauen oder Männern. Wie andere Junggesellen in hohen Posten ließ er die Platitüde verbreiten, seine Frau sei die Nation. Salazar reiste wenig im eigenen Lande, besuchte nie das Ausland, nicht einmal alle Kolonien, was ihm die dortigen Portugiesen sehr übelgenommen haben, wovon ich mich selbst in Angola und Moçambique überzeugen konnte. Anfangs mißtraute man ihm, und es gab nur wenige, die glaubten, er würde sich lange halten. Die Ereignisse in Spanien kamen ihm zugute. 1931 wurde Spanien eine demokratische Republik. Portugiesen konnten die Grenzen damals noch leicht überschreiten und sich, so sie das Bedürfnis dazu hatten, mit spanischen Liberalen und Sozialisten treffen. Bis dahin etwa war auch der Kontakt mit den französischen Linken leicht herzustellen. Das änderte sich während des Spanischen Bürgerkrieges und erst recht nach Francos Sieg, der Salazar hochwillkommen war. Der Geschichtsforschung bleibt es vorbehalten, herauszufinden, welche Geheimabkommen es zwischen Salazar und Franco gegeben hat. Fest steht, daß sie sich gegenseitig stützten, wann immer sie das vermochten. Oppositionelle in beiden Ländern folgern aus dieser Situation, daß die Liberalisierung in dem einen Land auch dem Nachbarn nützen würde. Es versteht sich, daß die oppositionellen Portugiesen Kontakte mit den oppositionellen Spaniern haben trotz scharfer Überwachung auf beiden Seiten. Als seinen vornehmlich geistigen Ahnherrn bezeichnete Salazar António Sardinha (1885–1925), welcher der Führer der politischen Bewegung des *Integralismo Lusitano* war. Für Sardinha war der charakteristische Portugiese ein *homo atlanticus*, und daher müsse sich der Portugiese in Übersee selbst verwirklichen. Salazar versuchte, diese Theorie durch seine Politik zu realisieren. Salazar war jedes Mittel recht, gegen die vorzugehen, die nicht seines Sinnes waren. Im Laufe seiner Regierung füllten sich die Gefängnisse mit politischen Gefangenen, Lager wurden eingerichtet oder Mißliebige nach Übersee in Gegenden mit tödlichem Klima zur Zwangsarbeit verbannt.

Einer der engsten Mitarbeiter Salazars war jahrzehntelang das gegenwärtige Staatsoberhaupt der Republik Portugal, ein Marineoffizier, der immer gern gehorchte und daher vortrefflich mit dem harten Regierungschef zusammenwirken konnte. Américo Deus Rodrigues Tomas wurde am 9. November 1914 in Lisboa geboren, machte eine keineswegs aufsehenerregende Karriere in der Marine, bis er 1936 Kabinettschef des Marineministers und 1944 selber Marineminister wurde. 1945: Überseeminister, 1950: Konteradmiral, und schließlich 1958: Präsident der Republik. Hydrologie, Meteorologie und Ozeanographie haben ihn immer sehr interessiert. Der Fischereiwirtschaft versuchte er zu helfen. Er gehört zu den wenigen Staatsmännern Portugals, die selber in Afrika gewesen sind; allerdings war auch

Salazars Nachfolger Caetano in den »Überseeischen Provinzen«. Als Staatsoberhaupt wurde er 1972 wiedergewählt.

Wer ist Marcello José das Neves Alves Caetano? Ein ehemaliger Professor der Nationalökonomie der Universität Lisboa. Seine Studenten sprechen wohlwollend von ihm. Er sei ein guter Lehrer gewesen, sagte man mir. Caetano ist allerdings keine Persönlichkeit mit starker Ausstrahlung. Auf mich wirkte er wie der Direktor eines Gymnasiums. Ein Oppositioneller spottete: »Sie können ruhig schreiben: wie der Rektor einer portugiesischen Universität – um nämlich dadurch das gesunkene Niveau unserer Universitäten zu brandmarken.« In der Wahlkampagne 1969 führte sich Ministerpräsident Caetano volksverbunden auf. Ist er das tatsächlich? Geboren wurde er am 17. August 1906 in Lisboa. Laut offiziellem Curriculum beendete er wie Salazar »brillamment« sein Studium 1927. Nach Jahren als Beamter im Finanzministerium (1923–1939) schrieb er an der Universität Lisboa als erster eine Doktorarbeit auf dem Gebiet der Nationalökonomie. Die Regierung zog ihn zur Erneuerung des Beamtenrechtes heran. 1952–1962: Rektor seiner Universität. Er tat sich dadurch hervor, daß er 1960 erstmals eine Sommeruniversität in Linda und Lourenço Marques abhalten ließ. Politisch wäre anzumerken, daß er Salazars Nationaler Union schon seit ihrer Gründung 1932 angehörte. Von September 1944 bis Februar 1947 war Caetano unter Salazar Kolonialminister. 1947: Präsident des Exekutiv-Komitees der *União Nacional*, 1950 bis 1955: Präsident der Kammer der Kooperativen, 1955–1958: Präsident des Ministeriums des Präsidiums; in dieser Zeit war er zwischendurch auch Verkehrsminister und Außenminister – je nachdem, wo er gerade von Salazar gebraucht wurde. Allerdings überwarf er sich 1958 mit dem Diktator, und er zog die Konsequenzen, indem er sein Amt zur Verfügung stellte und als Rektor an die Universität in Lisboa zurückkehrte. Caetano trennte sich damals von Salazar, weil dieser ihm nicht flexibel genug erschien und nicht bereit war, die von Caetano mitausgearbeitete Verfassung auch dort zu erfüllen, wo sie demokratische Rechte versprach. In der Nacht des 26. September 1968 schlug Caetanos Schicksalsstunde: Der Präsident der Republik gab bekannt, daß Professor Caetano der geeignetste Nachfolger des erkrankten Dr. Salazar sei. Als erster Ministerpräsident in der Geschichte der portugiesischen Republik besuchte er im April 1969 Guinea, Angola und Moçambique und kurz danach das befreundete Brasilien.

Wie ist Salazars Nachfolger zu bewerten? Die meisten Portugiesen haben von ihm sehr viel erwartet, Reformen auf allen Gebieten, Liberalisierung in allen Lebensbereichen, Modernisierung, wie sie heute in allen Staaten Westeuropas gang und gäbe sind. Ist Caetano ein Vollstrecker des Willens Salazars? Es ist in Lisboa zu hören, er schütze diese Ansicht nur vor, um sich gegenüber der Ultrarechten (den Militärs), die ihn ständig abschießen will, behaupten zu können. Bei seiner Berufung auf Salazars Platz sagte Caetano: »Geniale Menschen tauchen nur selten, manchmal nur in Abständen von Jahrhunderten auf, um Wege zu weisen, Schicksale zu erleuchten und Lösungen zu schauen, aber der Normalzustand der Institution basiert auf Durchschnittsmenschen. Das Land ist seit langer Zeit daran gewöhnt, von einem Genie geführt zu werden: Von heute an muß es sich damit abfinden, von gewöhnlichen Menschen regiert zu werden.« Die von Caetano durchgesetzte Verfassungsreform von 1971 sieht für die afrikanischen Kolonien die autonome Selbstverwaltung vor, die sich bis in die Legislative der einzelnen Gebiete ausdehnen soll. Aber die Afrikaner befürchten, daß diese Verfassungsreform nicht tatsächlich praktiziert wird. Sie kennen Caetanos paternalistische Einstellung: »Portugal kann seine Söhne aller Rassen und Farben, die in den Überseeischen Provinzen leben, nicht den Launen der Gewalttätigkeit, der Wut des Argwohns, dem Stammeshaß oder den Jonglierkünsten der internationalen Politik ausliefern, noch die Werte, die unter seiner Fahne aus wilden Ländereien hoffnungsträchtige Gebiete auf dem Wege zur Zivilisation schufen, aufs Spiel setzen.« Als im Sommer 1972 Mißstände in den portugiesischen Kolonien weltweit angeprangert wurden, spielte Caetano den Biedermann und erklärte alle Kritiker des portugiesischen Kolonialsystems zu Lügnern.

In allen Kolonien Portugals entstanden inzwischen Widerstandsgruppen. Hier zumindest die Namen von vier Afrikanern, die seit Anfang der sechziger Jahre den Versuch machen, ihre Heimat von dem System der Unterdrückung zu befreien. Es gründeten: Dr. António Agostinho Neto die Demokratische Befreiungsfront von Angola (FDLA), Roberto Alvaro Holden (auch José Gilmore genannt) die Nationale Front für die Befreiung Angolas (er ist Ministerpräsident der provisorischen Regierung der Nationalen Befreiungsarmee und klagte 1963 vor dem Treuhandausschuß der UNO Westdeutschland der militärischen Unterstützung des Salazar-Regimes an), Amilcar Cabral die Afrikanische Unabhängigkeitspartei von Portugiesisch-Guinea und den Kapverdischen Inseln (PAIGIL). Dr. Eduardo Chivambo Mondlane, der Präsident der Befreiungsfront von Moçambique (FRELIMO), wurde im Februar 1969 in Dar-es-Salam ermordet. Die Gruppen finden mehr und mehr Unterstützung in Westeuropa, wo es ihnen hilfreiche Komitees gibt, so zum Beispiel das *Angola Committee* in Amsterdam. Portugal selbst hat einen seiner fähigsten Außenpolitiker, der selbst Außenminister unter Salazar war, als Gegenspieler eingesetzt: Dr. Franco Nogueira. Er war es, der 1959–1960 vor der 4. Kommission der Generalversammlung der UNO nicht ungeschickt die Haltung Portugals gegenüber seinen überseeischen Besitzungen verteidigt und später die Gründe Portugals in Büchern dargelegt hat. Caetano beharrt: »Portugal kann im Kampf um seine Überseegebiete nicht nachgeben, keine Kompromisse schließen, nicht kapitulieren.«

Und die Opposition? Unter Salazar war sie illegal. Erstmals während der Wahlen 1969 trat sie vorübergehend in der Öffentlichkeit in Erscheinung. Die Opposition durfte plakatieren und Wahlreden halten. Aber nach der Wahl wurde sie wieder in den Untergrund geschickt. Auf dem 5. Parteikongreß der portugiesischen Staatspartei *Accao Nacional Popular* (Nationale Volksaktion) im Februar 1970 in Estoril wurde Caetano zum Präsidenten und das Phantom Salazar zum Ehrenpräsidenten gewählt. Caetano hatte die Stirn, Sätze zu formulieren wie: »Sozialdemokratie bedeutet soziale Subversion.« Zu diesem Zeitpunkt wurde der Rechtsanwalt Salgado Zenha, ein brillanter Theoretiker der Sozialdemokraten, verhaftet. Von Toleranz gegenüber Andersdenkenden kann im Portugal Caetanos also ebensowenig die Rede sein wie unter seinem Leitstern Salazar. Liberale Sozialdemokraten, Sozialisten, Linkskatholiken bilden die Opposition und wollen die Restaurierung der Demokratie in Portugal. Ihr Zusammenschluß, »Demokratische Aktion« genannt, wendet sich gegen alles Undemokratische im Land: angefangen von der Pressezensur bis zur verhaßten Geheimpolizei, die trotz ihrer inzwischen erfolgten Umtaufe immer noch im Kürzel PIDE genannt wird *(Policia Internacional e de Defesa do Estado).* Auch in den »überseeischen Provinzen« ist PIDE mit Recht sehr gefürchtet. Eine Partei kann in Portugal nur im akademischen Untergrund wirken: die KP, die zur Zeit ihren Sitz in Algier hat; ihr zeitweiliges Aushängeschild, General Humberto Delgado, der selbst nicht Kommunist gewesen sein soll, wurde 1956 an der spanisch-portugiesischen Grenze ermordet. Ebenso wie in Spanien haben es auch in Portugal die Oppositionellen leider noch nicht verstanden, sich in einer geschlossenen und damit starken Gruppe zu vereinen, wodurch sie sich selber schwächen. Endlich eine gut funktionierende parlamentarische Demokratie zu haben, ist sicherlich der Wunsch fast aller Portugiesen.

Ich schrieb, daß die Portugiesen ein irrationales Volk sind. Im Winter ist das Wetter von Lisboa sehr veränderlich. Das Gras ist grün, der Hibiskus blüht, die Luft ist mild; aber warmer Sonnenschein kann plötzlich in Regen oder gar in Hagel umschlagen. Ein Portugiese sagte zu mir: »Und wir selber sind wie unser Wetter – ja, wetterwendisch; und manchmal leiden wir selber darunter.« In Portugal gibt es wie in Brasilien für alles eine Ausrede oder einen Ausweg. Wie in Brasilien spricht man auch hier vom *Geito* oder *Geitinho*. Geht etwas so nicht, dann geht es sicherlich anders. Kann eine technisierte Konsumgesellschaft auf *Geitos* und *Geitinhos* aufgebaut werden? Das zu bezweifeln besteht Anlaß. Der Beamte eines Ministeriums, der heimlich zur Opposition zählt, sagte zu mir: »Mit Salazar lebten wir im 18. Jahrhundert, Caetano versucht, uns ins 19. Jahrhundert zu führen. Inzwischen naht das 21. Jahrhundert. Ich hoffe, daß wir dann zumindest im 20. Jahrhundert angelangt sind.«

## 26. *Schweizerische Eidgenossenschaft* oder: *»Gefährt mit vielen Bremsen«*

Ausländer machen den Fehler, schlechthin von Schweizern zu sprechen. Eigentlich gibt es *den* Schweizer ebensowenig wie *den* Italiener, *den* Niederländer etc. Man sollte mehr von Eidgenossen sprechen; denn die Bewohner der 22 Kantone unterscheiden sich ungemein, und zwar nicht nur dadurch, daß in diesem Staate vier Sprachen gesprochen werden. Die weltoffensten sind sicherlich die Basler, die auf ihre alljährlich stattfindende Mustermesse und ihre chemische Industrie mit Recht stolz sind. Weltoffen sind einige Zürcher; allerdings gibt es selbst in dieser geographisch so wunderschön gelegenen Großstadt viel Muckertum. Die Bundeshauptstadt Bern ist eine mich immer wieder entzückende Mischung. Die Altstadt ist reich an schönen alten Häusern, Türmen, Brunnen und Arkaden, in denen hochmoderne Geschäfte untergebracht sind; selten habe ich in Europa gesehen, daß sich Altes und Neues so vortrefflich mischt wie in Bern.

Die Schweizer betonen gern, daß ihre Eidgenossenschaft in direkter Demokratie regiert werde ... Was die schweizerischen Eidgenossen ebenfalls von anderen Europäern unterscheidet, ist die Tatsache, daß sie keine großen Männer mögen. Sie sind »Führern« gegenüber außerordentlich mißtrauisch. Wenn ein Politiker oder Staatsmann populär geworden ist, wird er – und mag er noch so tüchtig und erfolgreich sein – »eines Tages nach Hause geschickt«. Ein guter Schweizer soll möglichst unsichtbar bleiben. Wer an seinem Posten klebt, ihn gar verteidigt, ist unbeliebt. Hohes Ansehen unter den alten Bundesräten (d. h. Ministern) genießt Dr. Wahlen. Er war sieben Jahre als Außenminister im Amt, hätte sicherlich bleiben können, zog es aber vor, freiwillig zurückzutreten, und wurde erst dadurch zu einer der hierzulande seltenen überragenden nationalen Persönlichkeiten. Bis zu einem gewissen Grade wird also die Schweiz anonym regiert; man fürchtet Personenkult. Wenn es keine prominenten Schweizer Politiker und Staatsmänner gibt, dann auch darum, weil in diesem Staat heutzutage alles dezentralisiert ist, was zur Folge hat, daß die Schweizer Verhältnisse für einen Ausländer ziemlich undurchsichtig bleiben. Im übrigen sind den Schweizern die Männer im Handel und in der Industrie genauso wichtig wie Regierungsmitglieder. Der welsch-schweizer Europa-Protagonist Denis de Rougemont hat in seinem Buch »Die Schweiz, Modell Europas« (Wien 1970) behauptet, daß selbst jedem oberflächlichen Beobachter diese *aurea mediocritas* der Schweiz ins Auge springen müsse. Der wichtigste Mann sei die Lokalgröße: »Ein unscheinbares Kollektiv, von dem man nicht einmal sagen könnte, daß es die Schweiz regiert, verwaltet den Staat. Und das ist gut so.«

Alle diese Tatsachen sind in der Geschichte verankert. Die Schweiz entstand aus Splittern verschiedener europäischer Völker im Schutz der Alpen; allmählich wurde aus diesen Volksgruppen eine Nation, ein Staat. Mitte des 13. Jahrhunderts hat wahrscheinlich ein erster Bund bestanden, an dem die »Länder« Schwyz, Unterwalden und Uri beteiligt waren. 1513 bestand der Bund bereits aus dreizehn Kantonen (damals Orte genannt). Das Jahr 1523 ist gekennzeichnet durch den Beginn der Reformation in der Schweiz und dadurch, daß mehrere Kantone den neuen Glauben annahmen. Von 1545 bis 1712 fanden die Glaubenskriege statt (Gegenreformation). 1647 nahm der Bund eine eidgenössische Wehrverfassung an, womit die Schweiz zur bewaffneten Neutralität überging. 1798: Invasion der Franzosen, woraufhin sich der Zusammenbruch der alten Ordnung in der Schweiz vollzog. Die Franzosen diktierten eine Einheitsverfassung (die sogenannte *Helvetik*), die bis 1803 galt. Es herrschte nun eine völlige Zentralisation, und die Neutralität mußte vorübergehend preisgegeben werden. Am 7. August 1815 beschworen 22 Kantone in Zürich einen neuen Bundesvertrag; die neue Verfassung, die erste selbstgeschaffene, sah den Staatenbund vor. 1848 schließlich wurde die Schweiz ein Bundesstaat mit Bern als Hauptstadt.

In der Schweizerischen Eidgenossenschaft gibt es vier Sprachen: Deutsch (74,4% der Bevölkerung sprechen es), Französisch (20,2%) und Italienisch (4,1%). Rätoromanisch ist keine Amtssprache, sondern nur als Landessprache anerkannt (1,1%). Die Schweiz zählt 6 220 000 Menschen. Seit 1968 sind etwa ein Sechstel der Bewohner der Schweiz Ausländer. 57% Schweizer sind Protestanten, 41,4% Katholiken, die Juden zählen 20 000

Seelen, der Rest der Eidgenossen ist konfessionslos. Die Staats- und Regierungsform ist die eines demokratischen Bundesstaates mit Kollegialregierung. Es besteht eine Wehrpflicht im Milizsystem; Kriegsdienstverweigerung wird mit Gefängnis bestraft. Staatsoberhaupt der Eidgenossenschaft ist der Bundespräsident, der alljährlich von der Bundesversammlung im Turnus aus dem Kreis der Bundesräte neu gewählt wird. Die Regierung (der Bundesrat) besteht aus sieben Bundesräten, deren Vorsitzender der jeweilige Bundespräsident ist. Führend unter den Parteien sind die konservative Christlich-Soziale Volkspartei und die Freisinnig-Demokratische Partei, gefolgt von der Sozialdemokratischen Partei sowie mehreren kleineren Parteien. Die Bundeshauptstadt Bern zählt 167 000 Einwohner und ist kleiner als Basel (212 000) oder Zürich (432 500).

Im Ausland wird immer wieder von der »reichen Schweiz« gesprochen. Darüber wird vergessen, daß die Schweiz von Natur aus eines der ärmsten Länder der Welt ist. Wenn man von den Wasserkräften absieht, besitzt die Schweiz keine Rohstoffe. Lorenz Stucki schreibt in seinem Buch »Das heimliche Imperium« (Bern 1968): »Die Bevölkerungsdichte ist doppelt so groß wie in China, siebenmal wie diejenige der USA. Die landwirtschaftliche Nutzfläche in diesem gebirgigen Land mit vielen Seen reicht nicht annähernd aus, um seine Einwohner zu ernähren. Nach ihrem Lebensstandard und Pro-Kopf-Einkommen jedoch ist die Schweiz heute eines der reichsten Länder der Welt. Von ihrer Wirtschaft können nicht nur ihre Einwohner leben, sondern zusätzlich annähernd ebenso viele Ausländer.«

Unter den gegebenen Umständen war es also auch mir kaum möglich, besonders profilierte Schweizer herauszufinden, um sie als Parallelerscheinungen zu hervorragenden Persönlichkeiten anderer Nationen anzuführen. Wenn ich dennoch von Begegnungen mit einigen Schweizern erzähle, so, weil sie mir jedenfalls imponierten. Einen vorzüglichen Eindruck auf mich machte der genannte Altbundesrat Friedrich Traugott Wahlen. Geboren 1899 in Gmeis im Emmental studierte und promovierte der Lehrerssohn an der Eidgenössischen Technischen Hochschule in Bern. Von 1922 bis 1929 war er in Kanada u. a. Chef der Landwirtschaftlichen Untersuchungsanstalten. Daraufhin leitete Wahlen vierzehn Jahre lang als Direktor die Eidgenössische Landwirtschaftliche Versuchsanstalt in Zürich-Oerlikon. 1942 bis

1949: Ständerat in Zürich. 1943 bis 1949: Professor an der Landwirtschaftlichen Abteilung der TH in Bern. 1949 folgte er einem Ruf der *Food and Agriculture Organization* (FAO) nach Washington, später nach Rom. 1958: Stellvertretender Generaldirektor der FAO. Im selben Jahr wurde er in den Bundesrat gewählt, leitete hier zunächst das Justiz- und Polizei-Departement, alsdann das Volkswirtschafts-Departement, bis er die Leitung des Politischen Departements übernahm und er der prominenteste Außenminister wurde, den die Schweiz bisher gekannt haben dürfte. Wahlen ist einer der in Europa seltenen Politiker, die von einem starken christlichen Ethos getragen werden. Es spricht für das Schweizer Volk, daß es diesem Mann ungewöhnlich viel Respekt entgegenbringt. Der Sozialökonom und Soziologe Max Weber schrieb, ein Politiker müsse drei Qualitäten haben: Leidenschaft, Verantwortungsgefühl und Augenmaß; er hätte an diesem Schweizer Freude gehabt. Es ist verständlich, daß kein anderer als Altbundesrat Wahlen von der Regierung beauftragt wurde, einem Komitee zur Revision der Bundesverfassung vorzustehen.

Hier sind einige Worte über die Schweizer Neutralität am Platze. Als unumstrittener Experte gilt Dr. Edgar Bonjour, Professor für Neuere Geschichte an der Universität Basel. Sein Standardwerk befaßt sich mit der »Geschichte der Schweizerischen Neutralität« (7 Bände, Bern 1965–1967). Ein Gespräch mit ihm ließ mich an die großen Humanisten in Basel denken. Edgar Bonjour wünscht zu unterstreichen, daß sich die Schweizer Neutralität von der anderer Länder unterscheide. Sie sei nicht durch einen einmaligen obrigkeitlichen Willensakt geschaffen worden und wurde der Eidgenossenschaft auch nicht von außen auferlegt. Die schweizerische Neutralität sei in einer vierhundertjährigen Geschichte langsam aus den verschiedenen Gegebenheiten des eidgenössischen staatlichen Lebens herausge-

---

Oben: Zu den populären Bundesräten der Schweiz gehört Dr. Nello Celio, auf dem Bild im Gespräch mit dem Schweizer Protagonisten eines vereinten Europas: Denis de Rougemont.

Unten: Drei europäische Kleinstaaten werden von Fürsten regiert. Fürst Franz Josef II. von und zu Liechtenstein hat wesentlich dazu beigetragen, daß der Kleinstaat ein bedeutendes Wirtschafts- und Industriezentrum geworden ist.

wachsen: »Sie ist eine immerwährende, nicht eine bloß gelegentliche, sie ist zudem absolut und bewaffnet. Die Schweiz hat ihre Neutralität selber ausgebildet und auf eigenen Wunsch von den Großmächten in einem völkerrechtlichen Statut schon anno 1815 feierlich anerkennen lassen.« Edgar Bonjour hofft, daß der Schweiz immer die Neutralität erhalten bleibe. Ich habe mit vielen Schweizer Persönlichkeiten über die Zukunft der Neutralität ihres Staates gesprochen. Es schien mir, daß heute doch manch einem Bedenken kommen, ob sie in der Zukunft gewahrt bleiben kann und ob sich nicht dieser Kleinstaat eines Tages an irgendeine Machtkonstellation binden müsse, um nicht in eine abträgliche Isolierung zu geraten.

Es ist leicht, über »die braven Schweizer« zu witzeln. Als ein eigensinniges europäisches Volk bieten sie einerseits Angriffsflächen, andererseits sind hier ernsthafte Bemühungen zu konstatieren, die Demokratie zu erhalten und auszuweiten. Zu den profilierten Bundesräten im Amt gehört Nello Celio: Vorsteher des Eidgenössischen Finanz- und Zoll-Departements (anderweit hieße er schlicht Finanzminister). Dr. Celio gehört wie Altbundesrat Wahlen zu den volkstümlichen Bundesräten. Als eine populäre Zeitung ihre Leser befragte, welcher Bundesrat den größten Sex-Appeal hätte, erhielt Celio die meisten Stimmen. Er ist ein vitaler Mann, raucht gern, trinkt gern, nimmt an vielen Parties teil, und in Bern fragt man sich, wann er sich eigentlich ausruhe, zumal er als ein zäher Arbeiter bekannt ist. Bundesrat Celio wurde 1914 in Quinto (Leventina) geboren. Er studierte in Basel und Bern Jura und promovierte summa cum laude. Der Tessiner hatte zunächst eine eigene Rechtsanwaltspraxis, wurde 1941 Sekretär des kantonalen Departements des Innern, 1945 Staatsanwalt, und ein Jahr später wählten ihn die Tessiner für 13 Jahre in den Staatsrat, wo er für den Ausbau des Straßennetzes und der Wasserkraftwerke sorgte. Nach dem Ausscheiden aus dem Staatsrat war Celio Anwalt in Lugano und wurde hier Stadtrat. Er war Präsident der Liberalradikalen Partei des Kantons Tessin und 1960 bis 1964 Präsident der Freisinnig-Demokratischen Partei der Schweiz. 1963: Nationalrat. 1966: Bundesrat. Anderthalb Jahre stand er dem eidgenössischen Militärdepartement vor, bis er am 1. Juli 1968 sein heutiges Amt übernahm. 1972 war er Bundespräsident. Celios Muttersprache ist Italienisch, er spricht Deutsch mit Zürcher Akzent. Ich fragte ihn, ob er es schwer habe, in der überwiegend deutschsprachigen Berner Behörde tätig zu sein. Er antwortete: »Wie Sie selbst merken, habe ich keine Mühe bei der Konversation. Aber im Parlament delikate politische Probleme in deutscher Sprache auseinanderzusetzen, kostet mich manchmal Mühe. Doch sicherlich geht es vielen Schweizern so, die sich dann und wann in einer unserer vier Sprachen, die nicht ihre Muttersprache ist, zu artikulieren haben.« Celio ist ein universell interessierter Mann, der sich nicht den Problemen der Gegenwart verschließt: »Ein hochzivilisiertes Land wie das unsere sollte nicht Gefahr laufen, von subversiven Bewegungen heimgesucht zu werden. Und trotzdem hat man auch bei uns das Gefühl, daß heute Weichen gestellt werden. Angesichts des Verlustes gewisser Werte und der Angriffe, denen die altbewährte Schweizer Demokratie ausgesetzt ist, gilt es zu erkennen, daß zwar nicht heute, aber vielleicht in einigen Jahren die Daseinsberechtigung dieses Landes von unserer Fähigkeit abhängen wird, jetzt kluge Entscheidungen zu treffen und eine ethische, staatspolitische, wenn auch nicht wirtschaftliche und soziale Interessengemeinschaft zu bilden. Nur eine solche wird verhindern, daß die historischen Bindungen gesprengt werden.«

## *27. Fürstentum Liechtenstein* oder: *Das Werden eines kleinen Industriestaates*

Wenn man über die Schweiz nach Liechtenstein einreist, wird man an der Grenze des Fürstentums nicht kontrolliert, weil Liechtenstein eine Zoll- und Währungsunion mit der Schweiz eingegangen ist. Erkundigt man sich, welcher Weg nach der Hauptstadt führt, so hört man, daß es in Liechtenstein weder eine Hauptstadt noch überhaupt Städte gibt. Vaduz (4200 Einwohner) sollte einmal Stadtrechte erhalten; die Bürger waren nicht daran interessiert, und so ist Vaduz heute noch ein Ort. Liechtenstein hat nur Orte, vielleicht ist es der einzige Staat der Welt ohne eine Stadt; dessenungeachtet ein souveräner Staat mit einer konstitutionellen Erbmonarchie auf demokratischer und parlamentarischer Grundlage. In Liechtenstein gibt es nämlich wie in anderen europäischen Zwergstaaten mancherlei Merkwürdiges. Das Land hat kein Heer, dafür 33 Polizisten, von denen jeder ein Auto besitzt. Das Gefängnis von Vaduz hat 16 Zellen, die häufig leerstehen. Die Landeshymne wurde von einem deutschen Geistlichen gedichtet, und sie wird zur Melodie *God save the King* gesungen. Liechtenstein besitzt keine eigene Eisenbahn, keinen eigenen Flugplatz; allerdings ist ein Zubringerdienst mit Hubschraubern, die Zürich anfliegen sollen, geplant. Seit 1970 besteht in Schaan ein Kleintheater, das internationale Ensembles verpflichtet. Liechtenstein ist tatsächlich in mancherlei Hinsicht ein träumendes Land, ein »Tal des Friedens«, wie es von Barbara Greene in ihrer Monographie (Vaduz 1948) getauft worden ist.

Das Fürstentum liegt am Oberrhein zwischen der Schweiz und Österreich in einem äußerst anmutigen Tal. Seine Einwohnerzahl: 22 000; die meisten Liechtensteiner sind katholisch. Das Land (157 qkm) wirkt deshalb größer, als es ist, weil man mit dem Blick fast immer auch schweizerisches Gebiet erfaßt. Es gibt Leute in Liechtenstein, die von ihrem Schlafzimmerfenster in die Schweiz, von ihrem Wohnzimmer nach Österreich schauen. Liechtenstein ist aus den Herrschaften Vaduz und Schellenberg entstanden, die 1719 zu einem reichsunmittelbaren Fürstentum erhoben worden sind. Die Liechtensteiner sind stolz darauf, der letzte intakte Staat des Römischen Reiches Deutscher Nation zu sein. Der erste Weltkrieg hatte schwere Folgen für den Zwergstaat. Es brachen Hungersnöte aus, die damals kleinen Industriebetriebe wurden stillgelegt, Arbeitslosigkeit griff um sich, alle Spargelder gingen verloren. Liechtenstein schloß 1921 einen Postvertrag mit der Schweiz und 1923 einen Zollvertrag. Seit 1924 ist der Schweizer Franken gesetzliche Währung. Schweizer Diplomaten vertreten das Fürstentum im Ausland; nur in Bern hat der Kleinstaat eine eigene Gesandtschaft. 1921 trat eine neue Verfassung in Kraft, die u. a. besagt, daß der Regierungschef Liechtensteiner sein muß. 1938: Zusammenschluß der beiden größeren Parteien (»Fortschrittliche Bürgerpartei« und »Vaterländische Union«) und Zusammenarbeit, die bis heute in einer Koalitionsregierung besteht. Auch im zweiten Weltkrieg war das Land neutral, aber ständig von Hitler bedroht. Seit 1945 begann ein wirtschaftlicher Aufstieg, wie ihn das Land nie zuvor erlebt hat. Infolge einer günstigen Steuergesetzgebung transferieren wieder Ausländer ihr Geld nach Liechtenstein. Schon zwischen den beiden Weltkriegen wurde dieser Spruch in Deutschland bekannt: »Wir kämpfen für des Reiches Trutz / Und zahlen Steuern in Vaduz.« Als wichtigstes Ereignis der letzten Jahre ist der Abschluß eines Zusatzabkommens zu bezeichnen, mit welchem die Geltung des Abkommens zwischen der Europäischen Wirtschaftsgemeinschaft und der Schweizerischen Eidgenossenschaft vom 22. Juli 1972 auf das Fürstentum Liechtenstein erstreckt worden ist.

Der Aufstieg des kleinen Landes ist wesentlich das Werk des seit 1938 regierenden Fürsten Franz Josef II. von und zu Liechtenstein. Er ist 1906 auf Schloß Frauenthal in der Steiermark geboren und heiratete 1943 Georgina (Gina) Gräfin von Wilczek; das Fürstenpaar hat vier Söhne und eine Tochter. Die Liechtensteiner sind ein österreichisches Fürstengeschlecht, das früher große Besitzungen in Österreich, Ungarn und in der Tschechoslowakei besessen hat. Das regierende Haus hat eine weltberühmte Kunstsammlung mit Werken von Rembrandt, Leonardo da Vinci, Rubens, Frans Hals, Canaletto u. a. In den letzten Jahren hat Fürst Franz Josef II. wiederholt Kunstwerke verkauft, nicht nur, um seinen eigenen Hausstand zu finanzieren (er erhält keine Zuwendungen vom Staat), sondern auch, um die Wirtschaft auch seinerseits besser in Gang zu setzen. Liechtenstein besitzt heute eine Reihe sehr bedeutender Industrien, die fast ausschließlich auf des Fürsten Initiative entstanden sind, darunter das zweitgrößte Vakuumunternehmen der Welt.

Das Schloß des Fürsten liegt höchst malerisch über Vaduz. Er ist ein einfacher, wohlorientierter Landesvater; die Fürstin erinnerte mich in ihrer modischen Eleganz an die Fürstin Gracia von Monaco. Die Prinzen besuchen dieselben Schulen wie andere Liechtensteiner Kinder, werden bis zum zehnten Lebensjahr mit ihrem Vornamen genannt und erst dann als Prinz tituliert. Das Gespräch mit dem Fürsten befaßte sich im wesentlichen mit der Zukunft des Kleinstaates. Franz Josef II. erklärte: »Die breite Basis für die Existenzgrundlage von Volk und Land wird auch in der Zukunft vor allem die Industrie geben; denn die Industrie garantiert uns, daß viele Liechtensteiner im Lande Beschäftigung finden ... Wir werden uns bei einer engeren Verbindung der Staaten in Europa nur einen Platz an der Sonne sichern, wenn wir einerseits wirtschaftlich stark sind und andererseits als ein Staat mit einer normal entwickelten Wirtschaft angesehen werden.«

Der gegenwärtige Regierungschef ist Dr. Alfred Hille, ein ebenso kosmopolitischer wie dynamischer Mann (geb. 1928). Als wir gemeinsam in Vaduz in einem Restaurant zu Mittag aßen, fiel mir auf, daß er die meisten Menschen duzte und auch selber mit Vornamen genannt wurde. Die Liechtensteiner sind ein familiäres Volk. Sie gelten als tolerant, toleranter jedenfalls als die Schweizer – was sie auch immer wieder selber betonen.

Und hier möchte ich abermals etwas zugunsten der europäischen kleinen und kleinsten Nationen sagen: Europas Reichtum und Glanz entstammt nicht nur den großen Nationen, sondern gleichermaßen den kleinen. Die großen sollten deren Freiheit und Unabhängigkeit unter allen Umständen garantieren und nie zulassen, daß sie in Schwierigkeiten – welcher Art auch immer – geraten. Wenn die mittleren und großen Staaten den kleinen Staaten nicht die Möglichkeit der freien Entwicklung geben, stellen sie ihre eigene Existenzberechtigung in Frage.

## *28. Fürstentum Monaco* oder: *Die Kugeln rollen weiter*

Monaco ist ein konstitutionelles erbliches Fürstentum im Zollverband mit Frankreich. Die Regierungsgewalt dieses Zwergstaates liegt unter der Autorität des Fürsten bei einem Staatsminister (Kabinettschef), der auf Grund des Schutzvertrages mit Frankreich von 1861 von diesem vorgeschlagen wird. Die Einwohnerschaft ist etwas größer als die von Andorra; sie zählt 23 000 Menschen, von denen über 19 000 Ausländer sind, vor allem Franzosen und Italiener; die Monegassen zählen nur etwa 3000 Personen. Alle Einwohner Monacos sprechen Französisch; doch auch Italienisch gilt als Umgangssprache. 90% der Bevölkerung haben den römisch-katholischen Glauben. Führend in der Politik ist die *Union Nationale et Démocratique*, die alle Mandate bei den Wahlen 1968 erhielt. Wenn man an Monaco denkt, so tritt in das geistige Blickfeld zunächst Monte Carlo (9500 Einwohner) und seine Spielbank, deren Kugeln auch in Zukunft weiterrollen werden – dem einen zum Glück, dem anderen zum Verhängnis. Der Staat floriert durch die Einkünfte aus der Spielbank, die bereits 1879 eröffnet worden ist.

Die Phönizier gründeten die Stadt Monaco, die in römischer Zeit *Herculis Monoeci portus* hieß. 1793 wurde Monaco mit Frankreich vereinigt, aber 1814 an den Fürsten Honoré VI. zurückgegeben. 1815 bis 1860 stand es unter dem Schutz des Königreichs Sardinien. Nach dem Krieg 1859 übernahm Frankreich durch einen Vertrag vom 2. Februar 1861 die Schutzstellung; ein freundschaftlicher Schutzvertrag wurde 1933 abgeschlossen. Der regierende Fürst wurde besonders populär, weil er eine Frau heiratete, die aus einem Beruf stammt, dem im 20. Jahrhundert die besondere Gunst der Massen gehört. Sie war Filmschauspielerin, eine sehr bekannte aus Hollywood sogar, also Amerikanerin. Die am 12. November 1929 in Philadelphia geborene Grace Patricia Kelly kann den Ruhm für sich in Anspruch nehmen, daß sie als eine der ersten Filmschauspielerinnen der Welt nicht allein gesellschaftsfähig, sondern auch hoffähig wurde, wenn es ihren Gemahl auch sehr schmerzte, daß sich eine Anzahl konservativer europäischer Fürsten weigerten, an der fürstlichen Hochzeit teilzunehmen, die am 18. April 1956 als eine Art Hollywood-Inszenierung auf Breitwand stattfand. Neben einigen Fürstlichkeiten erschienen Farmer und Cowboys aus den USA, die sich daran delektierten, nun gleichfalls hoffähig geworden zu sein.

Fürst Rainier III. wurde am 31. Mai 1923 in Monaco geboren und folgte am 9. Mai 1949 als Regent seinem Großvater Louis II. Einige europäische Fürsten haben noch heute unwahrscheinlich lange und reiche Titel, die auf die Verquickung und Verschmelzung der fürstlichen Familien hinweisen. Der volle Titel des Fürsten von Monaco liest sich wie eine Geschichtsabhandlung, und ich will nicht zögern, seinen vollen Titel und Namen hier anzugeben, wie ihn das fürstliche Hofamt *Who's who in Europe* mitgeteilt hat: »S. A. S. le prince Rainier III Louis Henri Maxence Bertrand, Prince Souverain de Monaco, Duc de Valentinois, Marquis des Baux, Comte de Carladès, Baron du Buis, Seigneur de Saint-Rémy, Sire de Matignon, Comte de Torigni, Baron de Saint-Lô, Baron de la Luthumière, Baron de Hambye, Duc de Mazarin, Duc de Mayenne, Prince de Château-Porcien, Conte de Ferrette, de Belfort, de Thann et de Rosemont, Baron d'Altkirch, Seigneur d'Isenheim, Marquis de Chilly, Comte de Longjumeau, Baron de Massy, Marquis de Guiscard, etc. Colonel dans l'armée française, Grand Maître des Ordres de Saint-Charles et des Grimaldi, Grand-Croix Ordre national de la Légion d'honneur, Chevalier de l'Ordre des Séraphins, Grand-Croix de l'Ordre au Mérite de la République italienne, Grand-Croix de l'Ordre du Sauveur (Grèce), Grand-Croix de l'Ordre de Georges I. (Grèce), Grand Cordon de l'Ordre de Léopold (Belgique), Grand-Croix de l'Ordre du Lion d'Or de Nassau, Grand-Croix de l'Ordre Equestre de Saint-Martin, Grand-Croix de l'Ordre de Mohamed Ali, Mérite Libanais hors classe, Croix de guerre française, Croix de guerre belge, Croix de guerre italienne, etc.« Zu den am meisten fotografierten Kindern in Europa gehören die aus der Monaco-Hollywood-Verbindung hervorgegangenen Prinzessinnen Caroline und Stephanie sowie Prinz Albert. Brisante politische Probleme gibt es in diesem Fürstentum offenbar noch nicht.

## *29. Republik Frankreich*
## oder:
## *Nationalisten rund um die Uhr*

Frankreich hat sich in den letzten Jahrzehnten kaum zu seinem Vorteil gewandelt. Als ich, blutjung, in den zwanziger Jahren das erstemal nach Paris kam, besuchte ich das *Casino de Paris* und *Moulin Rouge*; ich glaubte, noch einen Abglanz der *Belle Epoque* zu spüren. In den zwanziger und dreißiger Jahren wurde Paris von Persönlichkeiten wie Gide, Proust, Cocteau, Rolland, Montherlant, Claudel, Madame Colette, Martin du Gard, Breton, Aragon, Éluard – um nur zwanglos einige Namen zu nennen – geprägt. Auch war Paris das Inspirations- und Schaffenszentrum von hervorragenden ausländischen Schriftstellern – eine Ära, die Hemingway, Gertrude Stein, Dos Passos u. a. nacherzählt haben. Nach dem zweiten Weltkrieg setzten Autoren wie Albert Camus und Jean-Paul Sartre auffallende Akzente. Camus verunglückte mit seinem Verleger Claude Gallimard im Auto; Sartre scheint in den siebziger Jahren kaum mehr literarisch, sondern vor allem politisch tätig zu sein. Nach dem Tod von François Mauriac und nach dem Ausscheiden André Malraux' aus dem Amt des Kulturministeriums gibt es heute kaum mehr eine literarische Erscheinung, um die sich, wie früher, viele drängen. Diese Tatsache trägt gleichfalls dazu bei, daß Paris heute auf manchen alten Paris-Freund wie eine Provinzstadt wirkt. Hinzu kommt, daß manches originelle alte Café oder Bistro, das früher ein gemütlicher Treffpunkt von Literaten und Künstlern war, ein *Pub* oder *Drugstore* geworden ist, konventionell wie alles Modische. *St.-Germain-des-Prés* hat sein liebvertrautes Gesicht eingebüßt. Es gibt gewiß im *Quartier Latin* heute noch Gassen, die sich etwas vom Zauber der Seine-Stadt bewahrt haben; doch auch hier ist es eigentlich fade geworden. Wie lebendig ist dagegen London! Madame Yvonne de Gaulle hielt Paris für eine schmutzige Stadt, und Malraux mußte mit dem Abschrubben historischer Gebäude beginnen lassen. Einige Fronten haben gewonnen, andere verloren. Zum Alter gehört Patina und nicht die Wirkung und das Parfüm von

Schmierseife. Hand in Hand mit Großreinemachen à la de Gaulle ging die Wiedergeburt eines verlogenen Puritanismus. Es ist grotesk, beobachten zu müssen, wie »rein« heute Paris ist. Es gibt keine Sex-Zeitschriften; avantgardistische Filme, die anderweit sogar in Provinzstädten aufgeführt werden – wie Warhols *Flesh* –, sind in Paris verboten oder werden nur in exquisiten Nachtvorstellungen vor einem geladenen Publikum vorgeführt. Auch die einst so attraktiven Mademoiselles sind von den Straßen verdrängt. »Paris soll wieder eine züchtige Stadt sein!« forderte die pietistische Generalin. Aber gerade eine gewisse Lässigkeit und Schmuddeligkeit gab doch früher Paris sein Flair, seine Anziehungskraft. Früher gab es in Pariser Straßen immer irgend etwas Aufregendes zu entdecken. Heute ist Paris müde. Ich traf einen gebürtigen Berliner, heute ein Pariser Bürger, der bestätigte, was ich empfand: »Paris ist doof geworden.« Natürlich bestehen in Paris wie überhaupt in Frankreich Ausnahmen. Ich kenne in Marseille Studenten, die überall in Frankreich alte Orgeln aufsuchen und hier von ausgezeichneten Organisten Kompositionen spielen lassen, die mit den betreffenden Orgeln oder Städten in Zusammenhang stehen. Von ihren Bandaufnahmen fertigen sie Schallplatten an. Das sind prachtvolle junge Menschen, die das Bewahren von alter Orgelmusik sogar unter Opfern vollbringen. Sicherlich sind noch mehr junge Franzosen dieser Art zu entdecken. Die Mehrzahl indessen haben genauso ihre Mitte verloren wie viele andere junge Europäer, und das ist deprimierend, wenn man berücksichtigt, wie kreativ die Franzosen kulturell sogar noch in der ersten Hälfte unseres Jahrhunderts gewesen sind. Dabei hat der Chauvinismus durch de Gaulle neuen Auftrieb erhalten. Selbst im Alltag spürt man als Ausländer heute mehr als vor 1945 nationalistische Überheblichkeit. Ein entschieden frankophiler Schweizer sagte zu mir: »Ich habe vier Jahrzehnte in Frankreich verbracht, weil ich Frankreich und die Franzosen liebe, aber ich mußte schließlich doch feststellen, daß ich auf keine Gegenliebe gestoßen bin. Franzosen können offenbar nur Franzosen lieben.« Nach vierzig Jahren verließ er Frankreich als enttäuschter Liebhaber. Es scheint mir tatsächlich, daß die Franzosen mehr als andere Völker nur diejenigen Fremden respektieren, die sie brauchen. Dafür, daß ich einmal in Paris Gast des Quai d'Orsay (Außenministerium) sein durfte, bin ich dankbar, meine Arbeit wurde ein wenig erleichtert. Aber die selbst hier gesammelten Erfahrungen waren peinlich. Ich traf kaum, wen ich sehen mußte. Wer von mir aufgesucht wurde, war keineswegs unterrichtet, weshalb ich kam. Der Staatssekretär für Information hieß mich als Italiener willkommen, Kardinal Jean Daniélou als Rumäne und Françoise Parturier als Finne. »So wurde ich vom Quai d'Orsay unterrichtet«, entschuldigten sich alle drei. Über gar zu viele Unzulänglichkeiten verlor ich am vierten Tage die Geduld. Ein Beamter vertraute mir an: »Bei uns sind Sie leider miserabel aufgehoben. Dies ist bekanntermaßen das am schlechtesten organisierte Ministerium von Frankreich. Im übrigen soll die Weisung ergangen sein, Sie nicht mit denen zusammenzubringen, die Sie sehen wollen, sondern mit Leuten einen Rang oder sogar zwei Ränge darunter.« Ich erkundigte mich bei amtlichen Dolmetschern; sie waren noch verzweifelter. Sie gaben mir Beispiele, daß selbst eminent wichtige Wirtschaftler wie dumme Jungen behandelt wurden und daraufhin äußerst wertvolle Geschäftsverbindungen zu Frankreich abbrachen. Franzosen haben mir die einst flammende Liebe zu Frankreich abgewöhnt. Zusammengerechnet habe ich mehrere Jahre in den französischen Kolonien zugebracht. Hier habe ich unter Franzosen hilfsbereite und liebe, tüchtige Menschen kennengelernt, aber daneben Kreaturen, die nichts als schärfste Ablehnung verdienen – wegen ihres Nationalismus, ihres Chauvinismus, ihrer krankhaften Arroganz *à la française*. Ein Gouverneur wollte mich mit folgendem Satz trösten: »Wir sind eben nationalistisch rund um die Uhr, und damit muß sich die Welt abfinden.« – »Die Welt muß gar nicht, Exzellenz!« empörte ich mich. »Andere Nationen haben nicht weniger Daseinsberechtigung.« Bei mir selber dachte ich: Auf was sind eigentlich die Franzosen heute so sehr stolz, daß sie sich über alle Welt erheben wollen? Eine große Kulturnation? Im August 1971 waren im *Figaro* die für ein französisches Blatt erstaunlichen Worte zu lesen: »Für Literatur, Musik, Theater und Film ist Paris keine Hauptstadt mehr.«

Madariaga schreibt in »Engländer, Franzosen, Spanier« (Stuttgart 1966): »Die Menschenwelt steht im Begriff, sich aus einer Welt von Individuen und gottgeschaffenen Seelen zu einem Olymp der Gottnationen zu entwickeln.« Das trifft auf manches europäische Volk zu, ganz besonders auf die Franzosen. Trotzdem werden sie sich sehr anzustrengen haben, wenn sie mit anderen alten, aber auch mit mancher jungen Nation Schritt halten wollen. Wie schnell und gründlich wurden sie, die Stolzen, von Hitler geschlagen; Frankreichfreunde hat es entsetzt. Wie antihuman waren die Franzosen zu zahllosen Flüchtlingen, die vor Hitlers Hölle flüchten mußten. Lion Feuchtwanger, seinerzeit ein weltberühmter Autor, wurde nach seiner Flucht vom Präsidenten der französischen Republik mit allen Ehren empfangen und fand sich trotzdem bei Kriegsausbruch mit anderen Antifaschisten in einem Internierungslager, in dem ekelhafte Zustände herrschten; sein Buch »Unholdes Frankreich« (Colombes 1939) berichtet darüber. Alfred Kantorowicz erzählt Erschütterndes in »Exil in Frankreich« (Bremen 1971). Nationalsozialisten in den Internierungslagern »wurden von den französischen Offizieren mit besonderer Hochachtung behandelt und erhielten Posten in der Lagerverwaltung«. Und die früher viel gerühmte *Résistance*? Jawohl, auch in Frankreich gab es Helden im Widerstand, die ihr Leben für Freiheit und Gerechtigkeit opferten. Aber wie viele Franzosen, die das keineswegs nötig hatten, kollaborierten, weil auch sie eine geheime Bewunderung für Hitler fühlten. Der Dokumentarfilm »Ärgernis und Erbarmen«, aus Wochenschauen zusammengeschnitten, hat es bewiesen. »In der französischen Boulevard-Presse, den Lokalzeitungen und natürlich dem überwiegenden Teil der Rechtspresse standen während der Zeit des ›*drôle de guerre*‹ mehr Hetzartikel gegen die wehrlosen Flüchtlinge aus Nazideutschland als Auseinandersetzungen mit dem Kriegsgegner« (Kantorowicz). Jedenfalls besteht kaum Anlaß, daß sich Frankreich als unbestrittene Führernation Europas aufspielt. Das ist es nicht, kann es nicht sein. Und Charles de Gaulle hat daran nichts geändert. Im Gegenteil! Sehr stutzig machten Äußerungen von italienischen Politikern. Sie bezeichneten de Gaulle als einen »Künder des Chaotischen«. Fanfani fürchtete Frankreichs Hegemoniebestrebungen (im Bund mit Westdeutschland) und leitete deshalb mit Nenni eine Periode der »italienischen Abdichtung« ein. Fanfani war einer der ersten, der die Aufnahme Großbritanniens in die EWG befürwortete, weil er darin die Möglichkeit sah, den Vormachtbestrebungen der neuen Allianz Frankreich–Deutschland Einhalt zu gebieten. (Vgl. F. Gordian: »Italien«, Frankfurt a. M. 1966.) Das Erbe de Gaulles ist eine blockierte Gesellschaft. Wer blokkiert ist, hat Angst um die Zukunft. Viele Franzosen haben diese

Angst. Mit Recht. Pariser Freunde von mir sind wohlhabende Industrielle. Sie haben ihre Fabrik verkauft, sich ein seetüchtiges Segelboot angeschafft, auf dem sie wohnen können, und werden nun den Rest ihres Lebens – jedenfalls ist das vorläufig ihre Absicht – damit verbringen, um die Welt zu segeln. Guy sagte: »Ich habe Jahrzehnte in Europa und Westafrika sehr hart gearbeitet, und zwar nicht nur für mich, sondern bewußt für mein Vaterland, das ich heiß liebe. Aber ich habe kein Vertrauen mehr zu Frankreich. So werde ich mit meinen 55 Jahren eine Art Hippie. Ich glaube, daß ich mit meiner Frau auf unserem Boot mehr Freude finden werde, als mir das je noch in Frankreich vergönnt sein wird, das derzeit alles verrät, was uns Franzosen einmal heilig gewesen ist.«

Die französische Geschichte war durchweg dramatisch und blutig. Frankreich war ein Teil des alten Gallien, und es wurde im 5. Jahrhundert durch die Franken erobert; im 8. Jahrhundert kam es unter die Karolinger. In dieser Zeit fielen die Normannen ein, und Lothringen kam zu Deutschland. Unter den Valois (1328–1498) wurde der »Hundertjährige Krieg mit England« geführt. Charles VII. erhielt Jeanne d'Arc 1429 zur Bundesgenossin, und England wurde besiegt. Kardinal Richelieu (1558 bis 1642) führte unter Louis XIII. den Absolutismus ein. Frankreich wurde eine koloniale Weltmacht, aber Kriege gegen Spanien und die Niederlande brachten der Nation neuen großen Schaden. Im Frieden von Paris (1763) verlor das Königreich viele Kolonien. Unter dem »Sonnenkönig«, Louis XIV., wurde das eigene Volk und das Ausland mit Glanz düpiert, und bereits unter Louis XVI. kam es zu einem Staatsbankrott. 1789 brach die bislang berühmteste aller Revolutionen aus, auf die sich noch heute Revolutionäre in aller Welt immer wieder berufen. Der Korse Napoléon Bonaparte (1769–1821) versuchte noch einmal, Frankreich eine Weltstellung zurückzuerobern, wurde aber 1815 auf belgischem Boden bei Waterloo geschlagen. Mit dem Kaiser- und Königtum war es nun vorbei, und Frankreich wurde eine Republik.

Die Franzosen unterscheiden fünf Republiken. Die I. Republik währte von 1792 bis 1804; sie hatte keinen Präsidenten. Erster Präsident der Republik Frankreich (und damit der II. Republik) war Louis-Napoléon Bonaparte, der im Dezember 1848 sein Amt antrat und es drei Jahre innehatte. Er war der einzige französische Staatschef, der vor de Gaulle direkt vom Volk gewählt wurde, allerdings ohne die Stimmen der Frauen, die damals noch nicht wahlberechtigt waren; durch einen Staatsstreich bereitete er der II. Republik ein Ende. Nach dem Sturz des Zweiten Empire wurde die direkte Wahl des Präsidenten abgeschafft, er wurde künftig zuerst von der Nationalversammlung, dann von den beiden Kammern des Parlaments gewählt. Die III. Republik hatte dreizehn Präsidenten: Adolphe Thiers, Jules Grévy, Sadi Carnot, Jean Casimir Périer, Félix Faure, Emile Loubet, Armand Fallières, Raymond Poincaré, Paul Deschanel, Alexandre Millerand, Gaston Doumergue, Paul Doumer und Albert Lebrun. Die IV. Republik hatte nur zwei Präsidenten: Vincent Auriol und René Coty; allerdings hatte sie 26 Regierungen – ein Zeichen für ihre politische Instabilität. Erster Präsident der V. Republik war Charles de Gaulle, der über zehn Jahre im Elysée-Palast residierte (8. Januar 1959 bis 28. April 1969). Außer de Gaulle traten sieben andere Präsidenten vorzeitig zurück.

Zwei Franzosen machten sich seit 1945 um Europa hervorragend verdient. Robert Schuman (1886–1963) war im ersten Weltkrieg Soldat im deutschen Heer, wurde mit der Abtrennung Elsaß-Lothringens Franzose, war im zweiten Weltkrieg Häftling der Gestapo und wurde in den Nachkriegsjahren mehrfach Finanz- und Außenminister, ja selbst Ministerpräsident. Er förderte die deutsch-französische Annäherung und verkündete 1950 vor der Nationalversammlung in Paris den Plan einer europäischen Montan-Union, nun als Schuman-Plan weltbekannt. 1957 wurde Robert Schuman zum Präsidenten der Europäischen Bewegung, 1958 zum ersten Präsidenten des neugeschaffenen Europaparlamentes gewählt. Jean Monnet (geb. 1888) war 1919 bis 1923 stellvertretender Generalsekretär des Völkerbundes. Er hatte später hohe Posten in der französischen Verwaltung, gehörte im Kriege dem französischen Befreiungskomitee an. Als Schuman mit seinem Plan hervortrat, wurde Monnet, in dessen Büro der Plan konzipiert wurde, zum Präsidenten der Pariser Schuman-Plan-Konferenz ernannt. 1952 erfolgte Monnets Ernennung zum Präsidenten der Montan-Union. 1955 rief er ein Aktionskomitee für die Vereinigten Staaten von Europa (das Monnet-Komitee) ins Leben. Sein Ziel: Die Verwirklichung einer großen europäischen Nation, d. h. die politische Union Europas. Monnet hat noch viele weitere europäische Initiativen ergriffen. Er war sehr kritisch gegenüber de Gaulle und förderte mit allen Kräften die Annäherung Frankreichs an Großbritannien. Schuman wie Monnet erhielten den Aachener Karls-Preis. Die Hamburger Stiftung F. V. S. stiftete den Robert-Schuman-Preis, der zur Auszeichnung hervorragender staatspolitischer, wissenschaftlicher oder publizistischer Leistungen dient, die der Förderung der europäischen Einheit nutzen.

Erinnern wir uns der wichtigsten Daten aus dem Leben »des größten Franzosen dieses Jahrhunderts«. Charles de Gaulle wurde am 22. November 1890 in Lille als Sohn eines katholischen Gymnasiallehrers geboren. Er besuchte die berühmte Kriegsschule von Saint-Cyr. Während des ersten Weltkrieges geriet er 1916 schwerverwundet in deutsche Kriegsgefangenschaft. 1920/21: Im Stab General Weygands in Polen. Ab 1921: Geschichtslehrer in Saint-Cyr. 1925 rief ihn Marschall Pétain in sein Kabinett. De Gaulle war von 1932 bis 1936 Generalsekretär des Nationalen Verteidigungsrates und bei Kriegsausbruch Kommandeur einer Panzerdivision. Nach der Panzerschlacht bei Laon wurde er am 19. Mai 1940 zum General befördert, zwei Wochen danach zum Unterstaatssekretär für Nationale Verteidigung. Er flüchtete am 15. Juni nach London. Drei Tage später erließ er über Radio London einen Aufruf an die französische Nation und forderte sie auf, an der Seite der Alliierten weiterzukämpfen. De Gaulle wurde Chef von *France libre.* Gleich nach seinem Flug nach London verurteilte ihn die Pétain-Regierung in absentia zum Tode (de Gaulle revanchierte sich 1945 mit einem Todesurteil gegenüber Pétain, der zu lebenslänglicher Haft begnadigt wurde). Juli 1942 flog de Gaulle nach Algier, leitete zunächst mit General Giraud das Nationale Befreiungskomitee und wurde später dessen alleiniger Präsident. Im Mai 1944 wurde er Chef der Provisorischen Regierung Frankreichs, hielt am 26. August 1944 seinen Einzug in Paris, um drei Tage später die vollziehende Gewalt in Frankreich zu übernehmen. Die Konstituierende Nationalversammlung wählte ihn am 13. November 1945 zum Ministerpräsidenten, was er bis Mitte Januar 1946 blieb. Am 7. April 1947 gründete de Gaulle das *Rassemblement du Peuple Français.* Am 17. Juni 1951 wurde das RPF zwar mit 121 Abgeordneten die stärkste

Fraktion in der Nationalversammlung, aber schon im Mai 1953 nach einer Wahlniederlage aufgelöst. Am. 1. Juni 1958 wurde de Gaulle zum zweiten Male Ministerpräsident und erhielt Sondervollmachten zur Niederschlagung des blutigen Aufstandes der Siedler in Algerien, das er viermal besuchte. Am 21. Dezember desselben Jahres wurde der General Präsident der Republik. Im Oktober 1962 stimmten 61,7% der Wähler jener Verfassungsreform zu, wonach der Präsident künftig vom Volke direkt gewählt wird. Am 19. Dezember 1965 wurde er im zweiten Wahlgang mit 55% der Stimmen abermals zum Präsidenten gewählt. Am 27. April 1969 wollte er eine weitere Verfassungsreform durchsetzen, erhielt aber diesmal keine Mehrheit und trat deshalb zurück. De Gaulle lebte fortan verbittert auf seinem Landsitz im Colombey-les-deux-Eglises, wo er am 10. November 1970 starb und beigesetzt wurde nach einer Trauerfeier in Notre-Dame in Paris, an der zahlreiche Monarchen sowie über 100 Staatspräsidenten und Regierungschefs aus aller Welt teilnahmen. In Paris kursierte eine Anekdote. Pompidou hatte de Gaulle gefragt, wo er begraben zu werden wünsche, und machte auf Befragen des Präsidenten Vorschläge. Nein, im Invaliden-Dom, neben »dem kleinen Corporal aus Korsika« wollte de Gaulle nicht liegen, auch nicht unter dem *Arc de Triomphe* neben dem unbekannten Soldaten. Ob Pompidou nicht einen besseren Vorschlag habe. »Gewiß, mon Général«, antwortete Pompidou, »das habe ich. Nur wird diese Sache ziemlich teuer.« Man habe an einen Begräbnisplatz in Jerusalem gedacht, aber die Israeli wollten dafür 1 Million Dollar. Da begehrte de Gaulle auf: »So viel für die drei Tage?« . . . Seine Lebensgefährtin, Yvonne de Gaulle, geborene Vendroux, lebt weiterhin in Colombey-les-deux-Eglises. De Gaulle hinterließ einen Sohn und eine Tochter, eine Tochter starb.

Über Charles de Gaulle sind so viele Studien wie kaum über einen zweiten Offizier und Staatsmann des 20. Jahrhunderts geschrieben worden. Kurz vor seinem Tode veröffentlichte er die in Eile und wie stets in einem barocken Französisch abgefaßten »Memoiren der Hoffnung« (Wien 1970), die sich mit der »Wiedergeburt 1958–1962« befassen. Von den restlichen Memoiren erschienen post mortem nur Fragmente. Der Anfang seiner »Memoiren der Hoffnung« ist typisch für ihn: »Frankreich kommt aus der Tiefe der Zeiten. Es lebt. Die Jahrhunderte rufen nach ihm.« De Gaulle empfand sich selbst als den charismatischen Führer, nach dem die Jahrhunderte gerufen hatten. Er konnte über sich selbst sprechen, wie über Jeanne d'Arc. Typisch, daß er in seinen Memoiren immer wieder von sich in der dritten Person schreibt. Es war bestimmt nicht von ungefähr, daß er Charles de Gaulle (d. h. Karl von Gallien) hieß und nicht z. B. Charles Dupont; sein Name ist eine Signatur. Ich erlebte ihn 1958 während der Unruhen in Algerien. Wer sich aus dem Hause wagte, mußte Gefahr laufen, umgebracht zu werden. Es schien damals, als seien alle gegen alle. Auch wenn sich die *pieds noirs*, die französischen Siedler, Handwerker, Kaufleute, Funktionäre noch so sehr dagegen wehrten, es gab keine andere Möglichkeit, als den Algeriern die Autonomie zu geben. Trotz vieler Warnungen mischte sich de Gaulle fast ungedeckt unter Volksmassen, die seinetwegen zusammengekommen waren: Freunde und Feinde. De Gaulle war in seinem Element. Er war eine Art antiker Volkstribun, ließ sich feiern, ließ sich anpöbeln, schüttelte Hunderte von Händen und strahlte beglückt über seine Popularität. Sein Mut nötigte auch uns Ausländern, die wir ihn hier beobachteten, Respekt ab. Auch daß er einsah, daß man stürzen muß, was fällt, war weise. Aber seine Erfolge ließen ihn peinlich überheblich werden. Als er 1962 eine Triumphreise durch die Bundesrepublik unternahm, gewann man manchmal den Eindruck, als sei er das Staatsoberhaupt der Deutschen. Vor der Belegschaft der August-Thyssen-Hütte in Duisburg sagte er: »Die Tatsache, daß Charles de Gaulle hier ist und von Ihnen so herzlich empfangen wird, beweist, wie sehr unsere beiden Völker schon einander vertrauen.« Vor der Führungsakademie der Bundeswehr in Hamburg: »Aus diesem Grund, und überhaupt, wollte General de Gaulle den guten Offizieren, die Sie sind, gerne einen Besuch abstatten.« Dabei war de Gaulle äußerst empfindlich und nachtragend. Von Amerikanern und Engländern fühlte er sich beleidigt; daher sein Austritt aus der NATO, seine Weigerung, Großbritannien in die EWG aufzunehmen. Für die Bundesrepublik war es erfreulich, daß er mit Adenauer das deutsch-französische Freundschaftsabkommen schloß. Aber es bleibt die Frage offen, ob er das wirklich aus innerer Überzeugung arrangierte und nicht etwa nur, weil eben auch er einen Verbündeten brauchte. Staatsmännisch klug waren seine Bemühungen um einen Ausgleich mit den kommunistischen Staaten.

Er war einer der ersten westlichen Staatsmänner, die Mao Tsetungs Größe anerkannten, und er hat dafür gesorgt, daß sein Land die diplomatischen Beziehungen mit der Volksrepublik China aufnahm. Indessen, was er tat, geschah in erster, zweiter, dritter ... Linie für *Gloire et Grandeur de la France.* »Ich habe Frankreich kein anderes Ziel zu weisen als den Gipfel und keinen anderen Weg als die Anstrengung.« In Dakar sagte er 1959: »Das wesentlichste zur Erfüllung seiner internationalen Rolle ist, zu bestehen aus sich selbst, in sich selbst und bei sich selbst. Es gibt keine internationale Realität, die nicht zunächst eine nationale Realität ist; ein Land, das in der Welt seine Rolle spielen will, muß die Wege einschlagen, die ihm dies ermöglichen.« Das sind Denkkategorien, die heute nicht mehr anwendbar sind, weil sie nicht aus jenem Nationalismus herausführen, der überwunden werden muß, um zu einem Zusammenschluß aller Völker zu kommen. De Gaulle war kein Mann dieser Epoche, obwohl er unter uns lebte. Oft lebte, redete, agierte er, wie um eine Saga zu schaffen, was ihm auch gelang; schon zu Lebzeiten war er eine Saga, fast eine unreale Persönlichkeit. Und doch schuf er neue Realitäten. Schon nach der Niederlage 1940 glaubte er an Frankreichs Wiederaufstieg, als er verkündete, Frankreich habe zwar eine Schlacht verloren, aber nicht den Krieg. Und eine Zeitlang glaubten viele Franzosen an jenen Mythos, den er zu verbreiten suchte. Nur so war es ihm möglich, die Kolonien aufzugeben, ohne daß allzu viele murrten. Gegen konsequente Vorstellungen eines europäischen Zusammenschlusses hat er sich gesperrt und auch deshalb bei den jungen Generationen mit Recht Mißtrauen ausgelöst.

Ob der einsame Greis in Colombey-les-deux-Eglises spürte, daß die Zeit über ihn hinweggegangen war? Hastete er deshalb seine Memoiren herunter, um wenigstens sich selber vor der Geschichte zu rechtfertigen? Die Aussagen über ihn sind verwirrend. F. D. Roosevelt 1943: »De Gaulle mag ein aufrichtiger Mann sein, aber er hat einen Messias-Komplex. Außerdem glaubt er, das gesamte französische Volk stehe hinter ihm. Das bezweifle ich. Meines Erachtens stehen die Franzosen hinter der Bewegung ›Freies Frankreich‹ und kennen de Gaulle gar nicht ... Deshalb beunruhigen mich die Machenschaften de Gaulles immer mehr.« Churchill 1944: »Warum mußte er immer wieder die mächtigen Regierungen vor den Kopf stoßen, ohne deren Unterstützung er gar nicht existieren konnte?« Adenauer über ein Gespräch mit dem Politiker Antoine Pinay 1960: »Pinay erklärte, man müsse den General ständig in Atem halten. Er habe die Tendenz, die Dinge so zu sehen, wie er sie sich wünsche, und er sei überaus hochmütig. Der Gedanke, alles beherrschen zu müssen, verfolge ihn. Man müsse ihn durch Kontakte auf den Boden der Wirklichkeit zurückholen.« François Mauriac 1965: »Da er die Idee der Nation erneuert und legitimiert hat, da die Nation wiederum für ihn Wirklichkeit, Erde, Fleisch und Blut, zugleich aber auch Geist und Seele, mit einem Wort eine Person unter anderen Personen (den anderen Nationen) geworden ist, die Europa bilden, begibt es sich, daß durch den Willen Gottes oder der Geschichte diese ›Person‹ Frankreich seit 24 Jahren in einem Mann inkarniert ist und daß dieser Mann er ist und daß es weder von seinen Freunden noch von seinen Feinden abhängt, daß es anders wäre.«

Der Pragmatiker de Gaulle wußte, daß es zu seinem Vorteil war, wenn große Schriftsteller ihm zur Seite standen; sie konnten dazu beitragen, seinen Ruhm zu vergrößern. Im Alltag nahe rückte dem General André Malraux. Geboren am 3. November 1901 in Paris erwarb er sich ein Diplom der Staatlichen Unterrichtsanstalt für lebende orientalische Sprachen. Malraux reiste als Zweiundzwanzigjähriger mit einem archäologischen Auftrag nach Cambodia, wo er in eine Affäre des unerlaubten Verkaufs von Antiquitäten aus Nationalbesitz verwickelt worden ist. Zur Zeit des Bürgerkrieges (1925–1927) war er in China, danach in den arabischen Staaten, in Deutschland und in der Sowjetunion. Sehr engagiert war er im Spanischen Bürgerkrieg, wo er Organisator und Befehlshaber der ausländischen Luftstreitkräfte im Dienste der Republikanischen Regierung gewesen ist. Während des zweiten Weltkrieges war Malraux in Frankreich. 1944 wurde er Oberst und Befehlshaber der Brigade Alsace-Lorraine. 1945 bis 1946: Informationsminister. Delegierter Minister bei Premierminister de Gaulle war er von Juni 1958 bis Januar 1959; danach Staatsminister für Koordinierung der kulturellen Bemühungen im Kabinett Michel Debré (bis April 1962). Staatsminister für kulturelle Angelegenheiten war er im ersten bis vierten Kabinett Pompidou, alsdann Mitglied des Kabinetts Couve de Murville. Besonders stolz ist er auf seinen Ehrendoktor für Sanskrit der Universität Benares sowie auf seinen Ehrendoktor der Universität Oxford.

Am 26. Dezember 1969 starb die Schriftstellerin Louise de Vilmorin, Malraux' große Freundin, in deren Landhaus bei Paris er wohnte. Seitdem ist er kaum mehr offiziell in Paris zu sehen. Aus diesem Grund kam es nicht zu einem vorgesehenen Gespräch, aber Malraux teilte mir freundlicherweise mit, daß er bereit sei, Fragen von mir schriftlich zu beantworten. Ich schrieb ihm: Wir Ausländer, die wir Ihr Wirken bewundern, verstehen nicht Ihren politischen Weg vom Spanischen Bürgerkrieg über die Widerstandsbewegung zu General de Gaulle. Könnten Sie bitte die Logik dieser Entwicklung kurz skizzieren? Malraux: »Während der Résistance habe ich mich mit Frankreich verheiratet.« Er verwies mich außerdem auf sein Buch »Antimemoiren« (Frankfurt a. M. 1968), und zwar auf ein Gespräch mit de Gaulle, in dem dieser nach Malraux' Vergangenheit gefragt hatte. Dieser entgegnete, seine Vergangenheit sei »eine ziemlich einfache Geschichte . . . Ich habe in einem Kampf für, sagen wir, die soziale Gerechtigkeit Partei ergriffen. Vielleicht – um es genauer zu sagen – in einem Kampf, der den Menschen ihre Chance geben sollte.« Albert Camus hatte Malraux in Paris gefragt: »Werden wir denn eines Tages dazu verurteilt sein, zwischen Rußland und Amerika wählen zu müssen?« Malraux antwortete Camus: »Bei mir geht es nicht um die Wahl zwischen Rußland und Amerika, bei mir geht es um die Wahl zwischen Rußland und Frankreich. Wenn ein schwaches Frankreich einem mächtigen Rußland gegenübersteht, glaube ich kein einziges Wort mehr von dem, was ich für wahr hielt, als ein machtvolles Frankreich einem schwachen Rußland gegenüberstand. Ein schwaches Rußland will Volksfronten, ein starkes Rußland will Volksdemokratien.«

Ich fragte Malraux: Sie haben den Gaullismus als neue Linke bezeichnet? Oder wie definieren Sie den Gaullismus? Sie an der Seite des Generals zu sehen, hat uns tatsächlich oft verwirrt. Malraux: »Der Gaullismus beruht auf dem Gefühl, daß die Motive dieses Mannes nicht diejenigen der Politiker waren.« Er erinnerte mich an sein inzwischen erschienenes Buch *Les chênes qu'on abat* (Paris 1971) über sein letztes Gespräch mit de Gaulle am 11. Dezember 1969. Das Gespräch behandelt die französische Geschichte, das Lebenswerk des Generals und den

Tod. In seinen Memoiren schreibt de Gaulle über Malraux: »Die Gegenwart dieses genialen, hoher Bestimmung inbrünstig zugetanen Freundes an meiner Seite vermittelt mir die Empfindung, gegen jede Niedrigkeit gefeit zu sein. Die Vorstellung, die dieser unvergleichliche Zeuge von mir hat, gibt mir Kraft. Ich weiß, wenn es um ein gewichtiges Thema geht, wird mir in der Debatte sein blitzhelles Urteil helfen, die Schatten zu verjagen.«

Ich schrieb an Malraux: Solschenizyn hat behauptet, ein Schriftsteller dürfe keiner Regierung dienen, sonst würde er seine Unabhängigkeit verlieren. Wir Ausländer im freien Westen sind mißtrauisch gegenüber jeglichem Staat. Sie nun wurden einer der militantesten Minister an der Seite des Generals. Verloren Sie damit nicht doch Ihre geistige Unabhängigkeit, die wir immer anerkannt haben? Malraux' Antwort: »Alle Direktoren der Kulturinstitute, die ich geschaffen habe, waren Linke.« In meiner vierten Frage wendete ich mich der Literatur zu: In einer Studie über Louise de Vilmorin haben Sie gepriesen, daß die Dichterin immer gegen die modischen Strömungen war. Sie haben hier ein Problem angeschnitten, das eigentlich alle Schriftsteller betrifft. Manche Autoren betonen immer wieder, die Zeitströmung könne von ihnen nicht außer acht gelassen werden. Von mir selbst muß ich sagen, daß für mich immer nur Richtschnur mein eigenes Gewissen gewesen ist. Vielleicht können Sie auch hierzu etwas Prinzipielles sagen? Malraux: »Es ist nicht wichtig, einer literarischen Strömung zu folgen, sondern sie zu schaffen.« Meine letzte Frage war ausgelöst durch generelle Besorgnisse um Frankreich: Wir Ausländer haben das Gefühl, daß viele Intellektuelle in Frankreich von den Ereignissen im Jahre 1968 überrollt worden sind. Wir haben den Eindruck, daß vielen der Boden unter den Füßen weggezogen worden ist. Wenn ich jüngere Franzosen nach französischen Autoren von Bedeutung frage, sagen sie immer: *démodé*. Aber Ihre ›Antimemoiren‹, die ich sehr schätze, stehen in der heutigen französischen Literatur wie ein erratischer Block. Bitte, äußern Sie sich über die Rolle der älteren Intellektuellen im heutigen Frankreich und in Europa, und was Sie selber von ihnen noch erwarten im Zusammenhang mit der doch sehr erstrebenswerten Neuerung der Gesellschaft. Malraux: »Der Mai 1968 ist ein falsches Drama gewesen, wichtig nur in dem Maße, als es die

Weltkrise der Jugend widerspiegelte. Wenn man sagt, daß Bernanos oder Sartre, die alle Welt lesen, *démodés* sind für einen ›jungen Intellektuellen‹, den niemand liest – welche Bedeutung hat das schon? Die Peilungen der Studenten setzen Boris Vian[21] vor Shakespeare. Aber dieser wird jenen schnell überrunden.«

Wer würde de Gaulles Nachfolger als Staatspräsident werden? In aller Welt fragte man sich das. Frankreich ist keine Großmacht mehr; nur de Gaulle glaubte, daß es eine sei. Bismarck hatte in einem Brief geschrieben: »Du wirst in der Bemühung mit der Welt nicht selten in Fälle kommen, wo es Dir unangenehm, selbst kränkend sein wird, wenn Dir das Französische fremd ist.« Diese Zeiten sind vorbei, seitdem durch die Amerikaner Englisch die erste Weltsprache geworden ist. De Gaulles langjähriger Ministerpräsident Georges Pompidou sagte am 11. November 1970 im Fernsehen: »Französinnen, Franzosen, General de Gaulle ist tot. Frankreich ist verwitwet.« Aber wenn auch die Anteilnahme am Ableben des Staatsmannes ungewöhnlich war, so empfanden sich doch vielleicht die meisten Franzosen gar nicht in einem Witwenstadium, im Gegenteil, sie hofften nun wieder freier leben zu können. Die meisten Franzosen waren des Höhenfluges müde. Der imperiale Stil de Gaulles war ihnen auf die Nerven gegangen. Für wen aber sollte sich Frankreich entscheiden? Es gab zwei Kandidaten. Aufgestellt wurden Georges Pompidou und Alain Poher (geb. 1909), Präsident des Französischen Senats und des Europäischen Parlaments. Nach einem harten Wahlkampf im Stil der amerikanischen Präsidentenwahlen siegte Pompidou und konnte sich im Elysée-Palast an de Gaulles Schreibtisch setzen – als zweiter Präsident der V. Republik, als 19. Präsident seit Bestehen der Republik.

Georges Pompidou wurde am 5. Juli 1911 in Montboudif (Cantal) als Sohn eines Volksschullehrers (auch seine Mutter war Lehrerin) geboren; er ist, wie de Gaulle, katholisch. Seine Neigungen zu literarischen Studien veranlaßten ihn, sich am *Lycée Louis le Grand* in Paris für die *Ecole Normale Supérieure* vorzubereiten. Zu seinen Kommilitonen gehörte ein junger Afri-

[21] Boris Vian (1920–1959) war als Jazztrompeter, Schauspieler, Schriftsteller, Maler, Filmkünstler, Chansondichter und Chansonnier der ungekrönte König von Saint-Germain-des-Prés.

kaner: Léopold Sédar Senghor, derzeit Präsident der Republik Senegal. (Vgl. »Politiker des 20. Jahrhunderts«, 2. Bd., R. Italiaander: Léopold Sédar Senghor, München 1971.) In der *Ecole* studierte Pompidou u. a. gemeinsam mit Persönlichkeiten, die, wie er selber, später im Staat eine beachtenswerte Rolle spielen sollten. Pompidou war drei Jahre Lehrer am *Lycée Saint-Charles* in Marseille. In dieser Zeit heiratete er Claude Cahour, die Tochter eines Landarztes. Kurze Zeit war er Lehrer in Paris. Als Infanterist nahm er am Kriege teil und wurde nach dem Waffenstillstand erneut Lehrer am *Lycée Henri IV.* in der Hauptstadt. Nach der Befreiung Frankreichs wurde Pompidou zum Missionsbeauftragten des Chefs der Provisorischen Regierung ernannt. Hiermit begann seine politische Laufbahn. Nur kurz seien verschiedene seiner Posten aufgeführt: er war Stellvertreter des Generalkommissars für den Fremdenverkehr, Mitglied des Staatsrates, Direktor einer Eisenbahngesellschaft, Generaldirektor der Bank Rothschild sowie Verwalter mehrerer großer Unternehmen. Trotzdem blieb er immer an der Seite de Gaulles und gehörte zu dessen engsten Beratern. Als der General 1958 wieder an die Macht kam, berief er Pompidou zum Direktor seines Kabinetts, alsdann wurde Pompidou Mitglied des Verfassungsrates, was er blieb, bis ihn de Gaulle am 14. April 1962 als Nachfolger Michel Debrés zum Premierminister ernannte.

Pompidou hatte es als Regierungschef ziemlich schwer, zumal er bis dahin wenig bekannt war. Er stand immer im Schatten de Gaulles. Schien es zunächst sogar, Pompidou sei für de Gaulle eine Interimslösung, so stellte sich das bald als ein Irrtum heraus. Pompidou blieb sechs Jahre hintereinander an der Regierung – so lange wie noch kein französischer Regierungschef vor ihm (wenn auch mit mehreren Kabinettsumbildungen). Etwa seit 1965 gewann Pompidou an Profil. Er wurde nunmehr als *Dauphin*, als Nachfolger de Gaulles also, eingeschätzt. Als im Mai 1968 französische Studenten und Arbeiter gegen das Establishment protestierten (wie zur gleichen Zeit in anderen Ländern), geriet die V. Republik in ihre bisher schwerste Krise, die dank Pompidous Umsicht überwunden wurde. Der Regierungschef führte selbst die schwierigen Verhandlungen mit den Sozialpartnern und brachte am 27. Mai 1968 die »Abkommen von Grenelle« zustande, woraufhin wieder Ruhe einkehrte. (Grenelle ist eine Straße im Regierungsviertel, in der das Sozialministerium liegt.) Als de Gaulle die Nationalversammlung auflöste und es im Juli zu Parlamentsneuwahlen kam, verhalf Pompidou de Gaulle zu einem eindrucksvollen Wahlsieg. Der General war jedoch nicht dankbar. Fühlte er, daß die Erfolge Pompidous seinem eigenen Ruhm abträglich waren? Bei der nächsten Regierungsumbildung wurde der bisherige Außenminister Couve de Murville Ministerpräsident, und der »Vater des Wahlsieges«, Pompidou, wurde von de Gaulle »in Reserve der Nation« gehalten. Es war für Pompidou eine äußerst bittere Zeit. Er konnte ebensowenig wie andere de Gaulles treuloses Verhalten begreifen. Der Präsident-General machte das Referendum vom 27. April 1969 über eine geplante Regional- und Senatsreform zur persönlichen Vertrauensfrage. Pompidou unterstützte de Gaulle zwar loyal, aber die Mehrheit der Bevölkerung sprach sich gegen die Reform und damit gegen de Gaulle aus. Der General reiste verstört sofort mit seiner Frau nach Irland. Nun war der Weg für die Kandidatur Pompidous zum Präsidenten der Republik frei. Als Fragment erschien der zweite Teil der Memoiren de Gaulles: »Die Anstrengung – 1962 bis 1965« (Paris 1971). Das schmale Buch enthält eine Charakteristik Pompidous durch de Gaulle, auf die die Franzosen lange gewartet hatten. Pompidou braucht sich nicht zu schämen. De Gaulle über den von ihm 1962 designierten Premierminister: »Georges Pompidou schien mir fähig und würdig, die Sache an meiner Seite fortzuführen . . . In der Tat ist er, obgleich seine Intelligenz und Kultur ihn auf die Höhe aller Gedanken heben, von Natur aus geneigt, zunächst die praktische Seite der Dinge zu erwägen. Indem er Glanz in der Handlung, Wagnis im Unternehmen, Kühnheit in der Autorität verehrt, neigt er zu vorsichtiger Haltung und zu reserviertem Verhalten. In jedem Fall tut er sich darin hervor, die Größenordnungen des Faches zu begreifen und einen Ausweg freizulegen. So sieht sich nun dieser Neuling, im Forum der Öffentlichkeit bis in die fünfziger Jahre unbekannt, plötzlich durch mich und ohne es gewollt zu haben mit einer unbegrenzten Last bekleidet, mitten ins öffentliche Leben geworfen und von den konzentrierten Scheinwerfern der Informationsmedien aufs Korn genommen.«

Hat Georges Pompidou die in ihn gesetzten Erwartungen erfüllt? Seine größte Tat bisher war sicherlich die Aussöhnung mit Großbritannien während des Staatsbesuches von Premierminister Heath im Mai 1971; nun war der Weg für den EWG-Beitritt Großbritanniens endlich frei. Pompidou erinnert ständig daran, daß er nicht der General sei, und versucht, seine Funktion als Staatschef dem Präsidialsystem amerikanischen Musters anzugleichen. Man wirft Pompidou Zaudern in Augenblicken vor, wo schnell gehandelt werden mußte. Dennoch ist deutlich geworden, daß Pompidous Europapolitik auf Herstellung eines Gleichgewichts zwischen Paris, London und Bonn im Rahmen einer künftigen Kooperation der europäischen Staaten abzielt. In ferner Zukunft sieht auch er einen Staatenbund, deshalb entschied er sich für das »Europa der Zehn«, statt des alten »Europa der Sechs«. Es geht ihm darum, wie er über die ersten zwei Jahre seiner Amtszeit berichtete, »die Nationen Westeuropas neu zu gruppieren und alles zusammenzulegen, was sie an Wirkung und Möglichkeiten bergen«. Pompidou sieht sich als den Auslöser einer neuen Europa-Politik, weil er von den fünf EWG-Partnern die Agrarmarktregelung für die französische Zusage zum britischen Beitritt einhandelte. Pompidou sieht keinen hindernislosen Weg zum Europa der Zehn: »Machen wir uns keine Illusionen. Das Europa zu neun oder zu zehn wird sicherlich schwieriger zu handhaben sein als das zu sechs. Wir werden Krisen erleben. Wir hatten sie bereits unter den Sechs.« (Eine der Krisen führte Frankreich selber herbei, als es im Januar 1974 aus der europäischen Währungsunion ausschied und damit den Zusammenschluß der Europäischen Gemeinschaft erneut erschwerte. EG-Präsident Ortoli sagte mit Recht: Ohne gemeinsame Strategie »zerfleischen wir uns gegenseitig in Wirtschafts-Kriegen«.) Das erweiterte Europa müsse unweigerlich für die Ostpolitik Fragen aufwerfen, zumal der Versuch, mit der Sowjetunion und Osteuropa zusammenzuarbeiten, fortgesetzt werden müsse: »Sonst werden wir zerdrückt.« Daher müsse Frankreich wachsam bleiben, wozu ihm der geographische Vorteil seiner Lage helfe. Unter diesen beiden Vorbehalten hat Pompidou Hoffnung auf die künftige Entwicklung Europas. *Combat* sprach aus, was an Pompidous Gedanken am hervorstechendsten ist: »Das neue Europa ist nicht mehr dasjenige de Gaulles. Es ist ein vollständiges, sorgfältig organisiertes Westeuropa. Seine Blicke nach Osten sind viel ängstlicher und zurückhaltender als früher. Ein Traum ist da erloschen. Paris scheint darauf zu verzichten, jenseits der Elbe Einfluß auszuüben. Dieses Westeuropa bildet sich nicht mehr um eine enge französisch-deutsche Zusammenarbeit. Deutschland ist jetzt nur eines der Länder, mit deren Hilfe die große Aufgabe bewältigt werden kann.«

Jacques Chaban-Delmas (geb. 1915) war jahrelang Premierminister. Schon nach dem Kriege war er als Bürgermeister von Bordeaux bekannt. Er kümmerte sich persönlich um alle Fragen der Verwaltung. Wenn man mit einem Schiff anlegte und es irgendwelche strittigen Probleme gab, konnte man erleben, daß *Monsieur le maire* persönlich erschien und zu helfen versuchte. Ein überaus eleganter und selbstsicherer, dabei höflicher Mann. Chaban-Delmas sucht in seinem Wirken den goldenen Mittelweg zwischen den Extremen; er will Gegensätze versöhnen. Zu dem deutschen Korrespondenten August Graf Kageneck sagte Chaban-Delmas in Paris enthüllende Worte: »Ich weiß, daß die Franzosen träge sind. Man wirft ihnen zu Unrecht vor, sie seien konservativ. Sie sind Individualisten und Gewohnheitstiere. Das ist nicht dasselbe. Aber für den Premierminister heißt es, diese Eigenschaften zu überwinden, wenn er sein Land auf das Niveau der Nachbarn anheben will. Ich zweifle, ob ich die Zeit dazu habe.« Das sind Äußerungen, die manches von dem bestätigen, was der Autor dieses Buches zum Ausdruck zu bringen sucht – aus Besorgnis um Frankreich, aus Besorgnis um Europa. Zu den auffallenden Persönlichkeiten im Kabinett Chaban-Delmas gehörte Außenminister Maurice Schumann (geb. 1911), ein Vorkämpfer für ein freies und vereintes Europa. Ich erinnere mich, daß er 1932 als Student am Dritten Paneuropa-Kongreß in Basel teilnahm.

Hier einige seiner Gedanken zu internationalen Fragen. Zu den Beziehungen zwischen China und Frankreich betonte Schumann, man habe allen Grund zu glauben, daß die chinesische Macht weiter wachsen werde. Das sei eine grundlegende Tatsache, die Frankreich nie aus den Augen verliere. »Wenn wir auf eine neue Konferenz nach dem Modell der Genfer Konferenz von 1954 oder 1962 hinarbeiten, so wollen wir damit sagen, daß es angemessen wäre, Peking in sie einzubeziehen, weil die Teilnahme Chinas die Voraussetzung jeder Regelung ist.« Nach Meinung des französischen Außenministers läuft der Nahe Osten Gefahr, »mehr und mehr Schauplatz eines lauen Krieges zu werden, eines Krieges der russisch-amerikanischen Rivalität. Die von Frankreich vorgeschlagene Konzertierung ist der einzige Weg, die Gefahr abzuwenden und eine gefährliche Ausbreitung des Konflikts zu verhindern«. Schumann betont, daß Israel das Recht auf Existenz und auf Garantie habe, was seine Sicherheit betrifft. Das setze aber die Evakuierung der besetzten Gebiete voraus.

Nach den Wahlen im März 1973 wurde ein auch im Ausland bekannter Politiker neuer französischer Ministerpräsident: Pierre Messmer. Als Sohn eines Industriellen wurde er am 20. März 1916 in Vincennes (Seine) geboren. Auch er besuchte das berühmte *Lycée Louis le Grand* in Paris, studierte Jura an der Sorbonne und außerdem orientalische Sprachen, u. a. an der *Ecole Nationale de la France d'Outre-Mer*. Bei Ausbruch des zweiten Weltkrieges war Dr. jur. Messmer Volontär im kolonialen Verwaltungsdienst. Er wurde Freiwilliger in der Fallschirmtruppe der Fremdenlegion, schloß sich den Truppen des »Freien Frankreich« unter General de Gaulle an, gehörte zum Stab von General König und war vom August 1944 bis Juli 1945 Stadtkommandant von Paris. Spezialaufträge führten ihn nach Fernost. Er war Leiter einer französischen Mission bei Lord Mountbatten, dem damaligen alliierten Oberbefehlshaber von Südost-Asien. Messmer bewies Mut, als er 1945 mit dem Fallschirm über dem damals von Japanern besetzten Indochina absprang, um eine eventuelle Restauration der ehemaligen französischen Verwaltung vorzubereiten, geriet allerdings in Gefangenschaft. Nach seiner Freilassung wurde er Generalsekretär des interministeriellen Komitees für Indochina. 1950: Kabinettschef beim Hochkommissar für Indochina, 1951: Verwaltungschef im Ministerium für das überseeische Frankreich, 1952: Gouverneur von Mauretanien, 1954: Gouverneur der Elfenbeinküste, 1956: Hochkommissar in Kamerun, 1958: Hochkommissar von Französisch-Äquatorialafrika und kurz darauf Hochkommissar für Französisch-Westafrika. Zu jener Zeit traf ich ihn wiederholt in Afrika. Er galt zwar als ein korrekter Beamter, aber sein konservativer Nationalismus war manchem der jüngeren Generation unzeitgemäß. Wenn man Pierre Messmer traf, erzählte er gern und begeistert von Großwildjagden, weshalb er als »typischer Kolonialist« angesehen wurde. Messmer hat fraglos etwas vom Blut eines Abenteurers.

Als 43jähriger kämpfte er als Reserveoffizier freiwillig mit seinem 8. Fallschirmjäger-Regiment in Ostalgerien.

Verteidigungsminister wurde er im Februar 1960. Man rechnete es Messmer als hohes Verdienst an, den durch die Mißerfolge in Indochina und Algerien belasteten Streitkräften Frankreichs ihr Selbstbewußtsein zurückgegeben zu haben. Ein Mittel dazu war die Schaffung der »Force de Frappe«. Frankreich wurde unabhängige Atommacht; wenige Tage nach Messmers Amtsantritt explodierte in der Sahara die erste französische Atombombe. Es ist anzunehmen, daß Messmer de Gaulle unterstützte, als dieser beschloß, Frankreich aus der NATO zu lösen. Nach dem Rücktritt de Gaulles und der Wahl Pompidous zum Staatspräsidenten trat Messmer als Verteidigungsminister zurück, übernahm jedoch zwei Jahre später das Amt eines Staatsministers für die Überseegebiete. Als die Position von Ministerpräsident Chaban-Delmas und anderer Minister wegen zwar legaler, aber doch peinlicher Steuerkniffe moralisch sehr belastet war, trennte sich Pompidou von Chaban-Delmas, um Messmer als Ministerpräsidenten einzusetzen. Überraschung löste aus, daß Messmer den bisherigen Generalsekretär des Präsidialamtes, Michel Jobert (geboren 1921), zum Außenminister ernannte; wahrscheinlich geschah es auf Anraten Pompidous, der Jobert sehr schätzt. Der hoch dekorierte Ministerpräsident Messmer ist seit 1947 mit Gilberte Duprez verheiratet. Es gibt in Paris manchen Kenner der politischen Szene, der nicht daran glaubt, daß Messmer lange das Amt des Ministerpräsidenten innehaben wird.

Auch in diesem Länderabschnitt können wir wiederum nur wenige Persönlichkeiten berücksichtigen, um so mehr, da es in der Opposition ebenfalls eine Reihe prägnanter Köpfe gibt. Von denen ist fraglos der international bekannteste Jean-Jacques Servan-Schreiber, populär auch als J. J. S. S. (geb. 1924). François Mauriac nannte ihn *Kennedillon,* d. h. der kleine Kennedy. Servan-Schreiber hat, wie auch andere Politiker, manches von J. F. Kennedy gelernt. Bei Wahlveranstaltungen tritt J. J. S. S. gern mit seiner ganzen Familie auf, einschließlich der vier Söhne; drei Schwestern arbeiten außerdem für den Ruhm des Bruders. Dieser Stil ist den Franzosen ziemlich fremd, und auch deshalb wird J. J. S. S. viel kritisiert. Seine Familie ist aus Gleiwitz (Oberschlesien) eingewandert. Der

Großvater war ein wohlhabender Fabrikant und mit einem Fräulein Feilchenfeld verheiratet, was nur erwähnt wird, da selbst die jüdische Abstammung J. J. S. S. gelegentlich vorgeworfen wird. Übrigens hieß die Familie ursprünglich nur Schreiber. Servan war Jean-Jacques Deckname in der Résistance, und in Erinnerung daran hat er – wie Chaban-Delmas – seinen Codenamen dem Familiennamen beigefügt. 1953 gründete er mit Familienmitgliedern die Zeitschrift *Express*, die von 1964 an mit ständig steigender Auflage als Nachrichtenmagazin erschien; 1969 trat J. J. S. S. als Direktor des *Express* zurück, aber er hat nach wie vor Einfluß auf die ihm und seiner Familie gehörende Zeitschrift, ein Sprachrohr der Linksintellektuellen. Ein Welterfolg wurde sein Buch »Die amerikanische Herausforderung« (Hamburg 1968). Europas Chance sieht J. J. S. S. laut diesem Buch in der Zusammenlegung nicht nur der materiellen und finanziellen, sondern vor allem der intellektuellen Kräfte Europas. Durch überlegene Nutzung fortgeschrittener Technologien und moderner Methoden des Managements könnten die Europäer der Stoßkraft Amerikas entgegenwirken, die zur Herausforderung an alle Europäer geworden ist. 1968 folgte das Buch »Frankreich steht auf«, 1970: »Die befreite Gesellschaft«, 1971: »Die föderale Macht«. 1969 wurde J. J. S. S. zum Generalsekretär der von Maurice Faure geführten Radikal-Sozialistischen Partei gewählt, welche die nichtkommunistischen Linken Frankreichs einigen soll. Im Juni 1970 wurde J. J. S. S. Abgeordneter in der Nationalversammlung für Lothringen. Für den politischen Standpunkt Servan-Schreibers ist der Text seines Manifestes für die Radikal-Sozialistische Partei typisch. Es verweist auf die Notwendigkeit von vier großen Reformen: 1. Trennung der wirtschaftlichen Macht von der politischen Macht; 2. Verminderung der sozialen Unterschiede; 3. Abschaffung der privaten erblichen Macht; 4. Neuverteilung der öffentlichen Macht. Es erinnert daran, daß der wirtschaftliche Fortschritt den Menschen aus der Hölle der Armut, der Grausamkeit und der Unterdrückung befreit habe. Die Wirtschaft sei aber im wesentlichen blind und unmoralisch. Sie handle nach den Gesetzen der Rentabilität. Statt daß das gesamte industrielle System ein Instrument im Dienste der Menschen geworden sei, versklave es ihr Verhalten, ihre sozialen Beziehungen und selbst ihre Persönlichkeit. Das wirtschaftliche Gesetz, das nicht gebändigt ist, reduziere den Menschen. Man erziehe und bilde ihn nur, um Ertrag zu bringen. Man klassifiziere ihn, je nachdem er rentabel ist oder nicht. Es bedürfe daher eines politischen Projekts, das es zum Ziel hat, den Menschen diesem neuen Verhängnis zu entreißen, und dessen oberster Grundsatz ist, ihn von der Wirtschaft zu befreien. Es sei möglich, einerseits das Wirtschaftswachstum zu verstärken, wodurch das Lebensniveau erhöht wird, und andererseits auf den Menschen nicht mehr die Gesetze der Rentabilität anwenden zu lassen. Das goldene Zeitalter habe niemals bestanden; die ganze Vergangenheit sei schrecklich gewesen, und die Geschichtsbücher seien im wesentlichen nur Märchenerzählungen der Mächtigen. Reform sei ein Wort, das man laufend fälschlich verwende; alle wahre Reform sei revolutionär.

In Konkurrenz mit Servan-Schreiber liegt François Mitterrand, Frankreichs populärster Oppositionspolitiker, der sich 1965 als Kandidat bei den Präsidentschaftswahlen aufstellen ließ und über 31% der abgegebenen Stimmen erhielt (geb. 1916). Mitterrand war Staatssekretär im Büro des Ministerpräsidenten in den Regierungen André Marie, Robert Schuman und Henri Queuille sowie Staatsminister in der Regierung Félix Faure, Innenminister in der Regierung Pierre Mendès-France, Staatsminister und Siegelbewahrer der Regierung Guy Mollet. Im Frühjahr 1971 wurde er Generalsekretär einer neu konstituierten Sozialistischen Partei, an der Seite Gaston Defferres, des populären Bürgermeisters von Marseille. Mitterrands Ziel ist, 1976 Pompidou im Elysée-Palast abzulösen. Mitterrand erstrebt also eine Art »Volksfront« sowie eine stark sozialistisch akzentuierte Gesellschaft in Frankreich. Er bildet mehr als Servan-Schreiber eine Gefahr für den Gaullismus. Durch François Mitterrand dürfte es in der V. Republik zu einer Bipolarität im politischen Kräftespiel kommen, vorausgesetzt, daß die Kommunisten wie bisher an der Seite Mitterrands bleiben.

Unter den französischen Kommunisten gibt es eine Reihe hervorragender Intellektueller; bekannt wurden die Dichter Aragon und Éluard. Die französischen Kommunisten verstehen sich, etwa wie die Italiens, als Vertreter von »Recht und Ordnung«. Nachfolger des Parteichefs Maurice Thorez (1900–1964) wurde 1964 Waldeck Rochet. Geboren am 5. April 1905 in Sainte-Croix (Saône-et-Loire), war er als Kind Schafhirte und wurde später Landwirt und Gärtner. Als Achtzehnjähriger schloß er sich der KPF an. 1932 wurde er Parteisekretär eines Bezirkes bei Lyon und besuchte bald darauf eine Parteischule in Moskau. Waldeck Rochet wurde 1936 ins ZK gewählt, wurde Abgeordneter in der Nationalversammlung, der er bis 1940 angehörte. Nach dem Verbot der KPF durch die Regierung Pétain wurde er verhaftet und 1941 in ein algerisches Gefängnis überwiesen. 1943 wurde er, nach der Nordafrika-Invasion der alliierten Streitkräfte, aus der Haft befreit und Verbindungsmann der Kommunisten zum Komitee des *France libre* in London. Nach der Befreiung Frankreichs war Waldeck Rochet Mitglied der Provisorischen Regierung, von 1945 bis 1958 Abgeordneter für das Departement Saône-et-Loire. 1946 bis 1947: Vorsitzender des Landwirtschaftsausschusses der Nationalversammlung, in die er 1958 und 1962 erneut gewählt wurde. Auch war er mehrfach Fraktionsvorsitzender der KPF in der Nationalversammlung. Inzwischen zum Herausgeber der Zeitschrift *La Terre* avanciert, wurde er im Mai 1961 auf dem Kongreß der KPF zum Stellvertretenden Generalsekretär gewählt, um im Mai 1964 zum Generalsekretär aufzurücken. Nicht umstritten sind seine Kenntnisse auf dem Agrarsektor, ansonsten ist er aus eigenen Parteikreisen mehrfach angegriffen worden. So entstand ihm in dem mittlerweile international berühmt gewordenen Professor Roger Garaudy (geb. 1913) einer seiner schärfsten Widersacher. Garaudy lehnt die Moskauhörigkeit der KPF ab, weshalb er im Februar 1970 aus dem Politbüro der Partei und im Mai 1970 aus der Partei selbst ausgeschlossen wurde. Er strebt eine Erneuerung des Kommunismus in Frankreich an. Nach seinem Eintreten für die Studenten im Mai 1968, seiner Verurteilung der sowjetischen Führung – sei es im Hinblick auf den Einmarsch in die ČSSR oder auf Kohlenlieferungen nach Spanien während eines Bergarbeiterstreiks – forderte Garaudy einen eigenen Weg für den Sozialismus in Europa. Trotz all seiner Divergenzen mit der Parteiführung erblickt Garaudy in der KPF nach wie vor die einzige politische Kraft, die fähig wäre, seine gesellschaftlichen Vorstellungen zu realisieren, die er in verschiedenen Büchern manifestiert hat. Garaudy ist einer der führenden Theoretiker der Erneuerung von Theorie und Praxis des Kommunismus.

Der Schriftsteller Jean Cau (geb. 1925) erhielt 1961 den Prix Goncourt, war in den fünfziger Jahren Sekretär von Sartre, von dem er sich enttäuscht trennte. Cau gehört heute zu den bekanntesten Kritikern der französischen Gesellschaft. »Wer die kulturelle Szene des Jahres 1971 betrachtet, kann überall Verwirrung und Verkrampfung feststellen. Man gewinnt den Eindruck, als habe der Mensch von heute eine Panne. Es ist, als sei ihm das Benzin ausgelaufen. Er ist nicht einmal mehr imstande, seiner Bangigkeit und seiner Verzweiflung einigermaßen artikuliert Ausdruck zu geben . . . Auf den Wällen der westlichen Welt stottern die Propheten, sie haben die Sprache verloren, heulen, stoßen unverständliche Schreie aus und hauen auf Kochtöpfe . . . Ich sehe sie nicht, die Zukunftsaussichten für die Kultur des Westens . . . Die derzeitige abendländische Kultur würde ich als einen großen Ausverkauf bezeichnen . . . Unfähig zu sehen, macht sie blind. Durch den Gedanken gelähmt, daß sie nicht mehr ausgleichen kann, irrt sie zwischen zwei Extremen umher: dem Wunsch nach Gemeinschaft (wobei sie vergißt, daß man in diesem Falle dem Sakralen wieder Raum geben müßte) und der äußersten Esoterik.« Indessen sind bei allen Völkern immer wieder Wellenbewegungen zu beobachten. Hoffen wir, daß es sich derzeit nur um ein Wellental handelt, in das Frankreich wie andere Kulturnationen geraten ist, und daß wir alle doch noch von einer neuen Welle wieder erhoben werden. Frankreichs Kernsubstanz muß noch nicht endgültig verbraucht sein. Nach jedem »Ausverkauf« – um bei Jean Caus Bild zu bleiben – füllen sich wieder die Regale der Boutiquen – was immer sie den Menschen anzubieten haben. Aber die Zukunft, so las ich irgendwo, kennen nur die Götter und die Dogmatiker.

## *30. Großherzogtum Luxemburg*
## oder:
## *Weltbürgertum auf kleinstem Raum*

Winston Churchill schrieb: »Von allen Ländern, die ich besucht habe, ist Luxemburg das kleinste, aber es ist auch das Land, das mich am meisten entzückt hat und dessen Gastfreundschaft die einfachste und die herzlichste war.« Wer je den kleinen, aber mehr als tausend Jahre alten Staat Luxemburg besucht hat, wird sich dem Urteil Churchills gern anschließen. Man muß das Land und seine Bewohner gern haben. Dennoch kommt es immer wieder vor, daß Kleinstaaten wie Luxemburg nicht nur der Kritik, sondern auch dem Spott anheimfallen. Wie töricht! Als am 4. Oktober 1859 vom Bahnhof der Stadt Luxemburg der erste Eisenbahnzug nach dem Ausland abgefahren war, erklang vor dem Rathaus eine Festkantate von Michel Lentz, in deren letzter Strophe es hieß: *»Mir wëlle bleiwe wat mer sin.«* Hierin sollte man nicht Starrköpfigkeit sehen; in einer solchen Haltung äußert sich vielmehr ein gesundes Selbstbewußtsein und eine bescheidene Beschränkung auf die eigenen Möglichkeiten. Luxemburg gehört heute vielleicht zu den konservativsten Ländern Europas. Muß das ein Makel sein? In Luxemburg beobachtet man in der Hauptstadt (77 000 Einwohner) wie auch auf dem Lande wenig Extreme. Der Lebensstandard in Luxemburg ist nach den USA und nach Schweden der höchste in der Welt. Es soll hier so viele Autos geben, daß man die ganze luxemburgische Nation, also etwa 340 000 Menschen, in Autos, die nicht einmal vollbesetzt zu sein brauchen, fortfahren kann.

Die Luxemburger sind deutschsprachige Moselfranken, ein typisches Grenzvolk, am stärksten von den Franzosen und Deutschen, aber auch von den Belgiern beeinflußt. Die Staatssprache ist Französisch und Letzeburgisch, d. h. Moselfränkisch. Hochdeutsch ist neben Französisch die Bildungssprache. 95% der Bevölkerung gehören der römisch-katholischen Kirche an. Seit 1919 wird am Hofe grundsätzlich französisch gesprochen, und seit der Besetzung durch die Wehrmacht Hitlers verstärkte sich die Tendenz zum Französischen auch im Volk. Nach 1945 gab es Bestrebungen, das Letzeburgische zur Staatssprache zu machen; aber die Luxemburger sind ein abwägendes Volk, und so blieb es beim alten. Dennoch setzt sich im Geistesleben der französisch-letzeburgische und essayistische Geist immer mehr durch. Die Luxemburger sind solide und fleißige Arbeiter. Sie tun nur eins nicht gern: sich die Hände schmutzig machen. Dies nun ist eine Chance für Ausländer. Wenn man in Luxemburg Pech hat, dann kommt man weder mit Deutsch oder Französisch voran, sondern man braucht Italienisch. Luxemburg hat eine verhältnismäßig große Kolonie von Italienern; und zwar zählen sie hier über 50 000 Menschen. Die Italiener fühlen sich trotz des rauhen Klimas im Winter unter den Luxemburgern sehr wohl. Sie assimilieren sich im Großherzogtum sehr leicht, lernen Letzeburgisch oder Französisch. In Düdelingen gibt es ein komplettes italienisches Viertel. Die meisten Italiener bleiben im Lande und werden sogar nach ein paar Jahren Aufenthalt luxemburgische Staatsangehörige.

Aus dem Hause Luxemburg gingen gegen Ende des Mittelalters vier deutsche Kaiser sowie vier böhmische Könige und ein ungarischer König hervor. Namen wie Heinrich VII., Johann der Blinde (der Nationalheld), Wenzel, Karl IV. und Sigismund erinnern an jene Epoche, die gegen Ende des 15. Jahrhunderts ihren Ausklang fand. Im Anschluß an sie begann für Luxemburg eine Zeit der Fremdherrschaft, die bis ins 19. Jahrhundert andauerte. Die Festung Luxemburg wurde zum Ort blutiger Fehden zwischen Burgundern, Spaniern, Franzosen, Österreichern und Preußen, die sich unablässig um ihren Besitz stritten. Die Stadt wurde im Verlauf von vier Jahrhunderten mehr als zwanzigmal belagert und verwüstet. 1815 begann für Luxemburg eine Periode nationaler Unabhängigkeit. Der Wiener Kongreß sprach das zum Großherzogtum erhobene ehemalige Herzogtum dem König der Niederlande als dessen persönlichen Besitz zu. Die Personalunion zwischen Luxemburg und den Niederlanden dauerte bis 1890. Während dieser Zeit festigte sich nach außen hin die politische Selbständigkeit des Landes, und im Innern entwickelten sich demokratische Regierungsformen. Zu den wichtigsten Daten der Luxemburger Nationalgeschichte gehört der Londoner Vertrag vom 11. Mai 1867. Er bestätigte die Integrität des Staatsgebietes und die durch den Londoner Vertrag von 1839 bereits garantierte politische Selbständigkeit des Großherzogtums. Außerdem erklärte er die immerwährende Neutralität des Landes und stellte sie unter den Kollektivschutz der Großmächte. Nach dem Tode König Wilhelms I. der Niederlande ging 1890 die Krone des Großherzogtums auf den älteren Zweig des Hauses Nassau über. Seither hat Luxemburg seine eigene Dynastie.

Der heutige Großherzog Jean trat 1964 die Nachfolge seiner Mutter, der Großherzogin Charlotte, an, die nach 45jähriger Regierungszeit zu seinen Gunsten abdankte. Unter ihrer Herrschaft entwickelte sich Luxemburg sowohl politisch als auch wirtschaftlich bis zum zweiten Weltkrieg günstig. Jetzt wurde es, ebenso wie 1914, trotz seines Statuts der immerwährenden Neutralität von den deutschen Truppen besetzt, bis es von den alliierten Truppen befreit wurde. 1948 gab es die Neutralität auf und bekannte sich, indem es zahlreichen wirtschaftlichen, politischen und militärischen Organisationen beitrat, entschlossen zu einer aktiven Politik der Zusammenarbeit auf europäischer und internationaler Ebene. Die Nachkriegszeit stand für Luxemburg im Zeichen des politischen und sozialen Friedens und eines inneren Wohlstandes, der über die Grenzen des Landes hinausstrahlte. Das Land hat weder Kohlenzechen noch Koksöfen; auch seine Eisenerzlager sind nicht sehr ergiebig. Und dennoch bildet heute eine mächtige und moderne Eisen- und Stahlindustrie die Grundlage der Luxemburger Wirtschaft. Die wirtschaftliche Struktur und die Lage mußten das kleine Großherzogtum logischerweise zur Zusammenarbeit mit anderen Staaten führen. Daher wurde die Außenpolitik des Landes von dem doppelten Anliegen seiner Sicherheit und seiner Integration in ein großräumiges Wirtschaftsgefüge bestimmt. 1943 wurde Luxemburg Mitbegründer der dreiteiligen Wirtschaftsunion Benelux und etliche Jahre später der Europäischen Gemeinschaft für Kohle und Stahl, der Europäischen Wirtschaftsgemeinschaft (EWG) und der Europäischen Atomgemeinschaft. Eine immer wichtigere Rolle spielt Luxemburg als Mittelpunkt der internationalen Finanzwirtschaft. Zahlreiche Banken und bedeutende *Investment-Trusts* ließen sich im Lande nieder wegen der die Holding-Gesellschaften begünstigenden Spezialsteuergesetzgebung. Luxemburg behauptet sich auch in seiner Rolle als internationales Emissionszentrum. Zu europäischer Geltung kam die Stadt 1952, als sie zum provisorischen Sitz der ersten überstaatlichen Gemeinschaft in Europa, jener für Kohle und Stahl, erwählt wurde. Heute, nach dem Zusammenschluß der drei Exekutiven, verbleibt sie als Sitz ursprünglicher sowie neuerrichteter Dienststellen der Gemeinschaften weiterhin eine der Hauptstädte Europas. Sie wird einen Teil der schon bestehenden rechtlichen (der Gerichtshof der Gemeinschaften ist schon in Luxemburg) oder quasirechtlichen sowie auch der finanziellen Einrichtungen beherbergen. So ist der Sitz der Europäischen Investitionsbank nach der Hauptstadt des Großherzogtums verlegt worden, wo sich auch das Sekretariat des Europa-Parlaments befindet. Die Rolle, die einem Lande wie Luxemburg in Europa zufällt, sagte Ministerpräsident Pierre Werner, besteht vor allem darin, in die Vielfalt der gegensätzlichen Standpunkte innerhalb einer Gemeinschaft von Nationen eine Dimension, eine Größenordnung, eine besondere Sicht zu bringen.

Das Großherzogtum Luxemburg ist eine konstitutionelle Monarchie. Großherzog Jean von Luxemburg (Benoît-Guillaume-Marie-Robert-Louis-Antoine-Adolphe-Marc d'Aviano), Herzog von Nassau, Prinz von Bourbon von Parma, wurde am 5. Januar 1921 auf Schloß Berg (Luxemburg) geboren. Der Großherzog ist ein Sohn der Großherzogin Charlotte und des Prinzen Felix von Luxemburg, Prinz von Bourbon von Parma. Er heiratete am 9. April 1953 Prinzessin Joséphine-Charlotte von Belgien (geboren am 11. Oktober 1927 im königlichen Palais zu Brüssel als Tochter des Prinzen Leopold und der Prinzessin Astrid von Schweden). Das großherzogliche Paar hat fünf Kinder: Prinzessin Marie-Astrid (geb. 1954), Prinz Henri (geb. 1955), das Zwillingspaar Prinz Jean und Prinzessin Margaretha (geb. 1957), Prinz Guillaume (geb. 1963).

Der Regierungschef des Großherzogtums, Pierre Werner, wurde am 29. Dezember 1913 in Saint-André bei Lille (Frank-

---

Oben: Großherzog Jean von Luxemburg, verheiratet mit einer belgischen Prinzessin, hat dazu beigetragen, daß das Großherzogtum heute Sitz vieler wichtiger europäischer Institutionen ist.

Unten: Die westeuropäische Einheit wurde verstärkt durch den Eintritt Großbritanniens in die EWG. Das Bild zeigt (von links nach rechts) den ehemaligen Ministerpräsidenten Chaban-Delmas, Präsident Pompidou, die Gattin des britischen Botschafters Soames, Mme Pompidou, Premierminister Heath und Botschafter Soames, einen leidenschaftlichen Befürworter des Ausbaus der EWG.

reich) von luxemburgischen Eltern geboren. Er besuchte die Grundschule in Luxemburg, studierte 1935–1937 an der Sorbonne sowie an der *École Libre des Sciences Politiques* in Paris. Seine Doktorpromotion als Jurist absolvierte er in Luxemburg, wo er sich zunächst als Anwalt niederließ. Er widmete sich dem Bankwesen, erhielt offizielle Posten u. a. bei der Weltbank. 1953: Finanzminister, 1954: Wehrminister, im März 1959 wurde er Ministerpräsident und blieb es bis heute. Zudem hatte er vorübergehend die Posten des Außenministers und des Justizministers und dauernd den des Schatzkanzlers inne. Er ist Mitglied der Christlich-Sozialen Partei, die seit 1920 vor der Sozialistischen Partei u. a. führt. Es war kein Zufall, daß sich die luxemburgischen Politiker auf einen Bank- und Wirtschaftsfachmann als Regierungschef einigten, denn sein Metier steht in einem kleinen Staat wie diesem Großherzogtum im Vordergrund des Interesses. Ministerpräsident Pierre Werner ist auf dem Gebiet der europäischen Finanz- und Währungspolitik ein international anerkannter Fachmann. Am 1. Juli 1968 wurde mit dem freien Warenverkehr zwischen den Mitgliedstaaten der EWG begonnen. Die schrittweise Liberalisierung gipfelte in einem Freihandelssystem, in dem es keinerlei unmittelbar diskriminierende Maßnahmen gibt, die den Wettbewerb zwischen Herstellern und Verteilern der einzelnen Länder verzerren. Kann aber auch behauptet werden, daß sich die Unternehmen unter gleichen Bedingungen entfalten werden? »Natürlich nicht«, sagte Pierre Werner. Der Standort der Produktionsbetriebe, die Höhe der Investitionen, das Tempo der allgemeinen Wirtschaftstätigkeit werden u. a. von der Finanzpolitik der einzelnen Staaten bestimmt, bei deren Durchführung die Staaten auch nach dem Vertrag noch weitgehende Autonomie genießen. »Das einwandfreie Funktionieren der Wirtschaftsunion, die wir anstreben, wird eine weitere Annäherung der öffentlichen und privaten Finanzen erfordern.« Manche sähen in der Währungsautonomie, sagt der luxemburgische Regierungschef, die letzte Bastion der nationalen Souveränität. Tatsächlich ist das Recht, Geld zu prägen, ein wesentliches Attribut der Souveränität, und zwar nicht nur wegen des Prestiges, Münzen und Banknoten mit nationalen Symbolen in Umlauf zu bringen, sondern vor allem wegen des großen Einflusses der Währungspolitik auf die Volkswirtschaft und das Verhalten der einzelnen Staatsbürger. Mit einer vollständigen Einigung Europas im Bereich der Währung ist also erst am Ende eines intensiveren politischen Einigungsprozesses zu rechnen. Immerhin erhielt der Europäische Währungs-Fonds im Juni 1973 seinen Sitz in Luxemburg. Was aber ist der oft genannte »Werner-Plan«? Dies ist ein Aktionsprogramm zur etappenweisen Verwirklichung einer wirtschaftlichen und monetären Union zwischen den EWG-Mitgliedstaaten. Das Programm wurde von einer Expertenkommission unter dem Vorsitz des luxemburgischen Regierungschefs ausgearbeitet.

Eine politisch und zugleich intellektuell äußerst interessante Persönlichkeit ist der Staatsmann und Schriftsteller Pierre Grégoire. Geboren am 9. November 1907 in Vichten, hatte er häufig nebeneinander mehrere Funktionen. Er begann 1933 als Redakteur der Zeitung »Luxemburger Wort« und blieb diesem Organ bis 1959 verbunden. 1940 bis 1945 war Grégoire Häftling in den Hitler-KZs Sachsenhausen und Mauthausen. Seit dem Kriegsende ist er vor allem als Politiker und Parlamentarier tätig. 1959 wurde er Innenminister, er war später Erziehungsminister, Kultusminister und schließlich Außenminister. Seit 1969 ist Pierre Grégoire Präsident der Deputiertenkammer. 1957 bis 1959 war er Mitglied des Europarates. Während der Erfüllung all dieser offiziellen Verpflichtungen schrieb er unablässig Romane, Novellen, Verse, Theaterstücke, Essays, Kritiken. Pierre Grégoire ist praktizierender Katholik und immer da zu finden, wo es gilt, der Verbesserung der zwischenmenschlichen Beziehungen zu dienen. Ein weiser Mann, der sicherlich weltbekannt wäre, wenn er seine Wirksamkeit in einer großen Hauptstadt entfaltet hätte. So ist er in Luxemburg eine Institution. Pierre Grégoire ist von Geblüt Europäer, und er sieht Slogans wie »Wir müssen Europa bauen!« als den Ausdruck eines »himmelschreienden Vergessens« an: »Denn Europa ist, geistig wie moralisch, eine Wirklichkeit seit zwei Jahrtausenden, und nur die immer wieder gut gedeihenden Kleinkramgrößen des geschändeten, weil fort und fort entgeistigten Alltags, die Politiker von Teufels Gnaden, die mit Gott nichts anzufangen wissen, zerstückeln unentwegt von außen her, was innerlich noch ungeschwächt die Macht hat, neuerdings in eins zu wachsen. Beweisen uns die Frauen und die Männer, welche offenen Sinnes den sogenannten Europatraum erleben, nicht in der handgreiflichsten Weise, daß ihnen die Fähigkeit des Europäers, nämlich: Gedächtnis zu haben und ohne Unterlaß zu rememoiren, um in der warmgehaltenen Memoria die guten Kräfte zu erhalten, verlorengegangen ist? Wie vermöchten sie, die keine Ahnung von den spirituellen Grundlagen der politischen Konstruktion haben, eine währende Einheit zu erreichen?« Wie ich aus seinen zahlreichen Texten weiß, hält Grégoire dies für einen »Kruzialpunkt unserer denkerischen Wegestrecke«. Und es kommt ihm in erster Linie darauf an, den Europäern das Gedächtnis aufzufrischen und ihr Erinnern wachzuschlagen für die unausgeschöpften Werte einer Vergangenheit, aus der uns, nacheinander, Griechen, Römer und Juden Gaben des »Geistes und Reichtümer des Herzens geschenkt haben, die noch immer nicht verwirklicht worden sind«.

# *31. Königreich Belgien* oder: *Über die Schwierigkeit, sich zu vertragen*

Ein wallonischer Ingenieur fragte mich in Elisabethville (Katanga) – als der Kongo noch belgische Kolonie war –: »Wie definieren Sie vlämisch?« Ich versuchte, eine kluge Antwort zu geben, weil ich nicht gemerkt hatte, daß er mich foppen wollte. Er entgegnete denn auch schmunzelnd: »Vlämisch ist nichts weiter als die Geheimsprache der vlämischen Pater im Kongo.« Die traditionellen Streitigkeiten zwischen Wallonen und Vlamen wurden von beiden Volksgruppen leider nach Übersee mitgenommen, obwohl sie doch schon in Belgien Unheil stiften. Belgien hat einige hervorragende Persönlichkeiten in allen Bereichen menschlichen Wirkens hervorgebracht. Doch ob das nicht Ausnahmen sind? Wenn ich an Belgien denke, tauchen vor mir Bürger, Kleinbürger, ja Spießer auf. Bei meinen mehrfachen Arbeitsaufenthalten im Kongo habe ich sie vielleicht noch besser studieren können als auf europäischem Boden. Allzu viele, die in Belgien kleine Angestellte und Arbeiter, nicht reüssierende Handwerker oder Kaufleute gewesen waren, stiegen im Kongo viel zu rapid zum *grand chef* auf. Die meisten Belgier hatten wenig Ahnung, was im Kongo tatsächlich vor sich ging. Sie besaßen zwar eines der reichsten und schönsten Kolonialgebiete der Welt, aber diese Überseebesitzungen halfen ihnen nicht, sich zu entprovinzialisieren. Viele Engländer wurden im *Empire* umgeformt; die meisten Belgier blieben auch draußen, was sie drinnen waren: *petits bourgeois* mit gewissen markanten Zügen[22].

Es war der Dichter Michel de Ghelderode, dessen geistige Welt die des Hieronymus Bosch war[23], der mich auf eine Deutung Belgiens in Graf Hermann Keyserlings »Spektrum Europa« (Heidelberg 1928) verwies, die er guthieß: »Ist der Holländer brutal, so ist der Belgier grausam, nachtragend, rachsüchtig,

[22] Vgl. u. a. R. Italiaander: »König Leopolds Kongo«, München 1964; ders.: »Im Namen des Herrn im Kongo«, Kassel 1965.

[23] Vgl. meinen Essay über ihn in R. I. »Akzente eines Lebens«, Bremen 1970.

schikanös. Schwelgten die belgischen Maler in ihrer großen Zeit wie keine anderen in der Schilderung von Foltern in der Hölle und auf Erden, so weigerte sich in Belgien allein zehn Jahre nach Weltkriegsende der größte Teil des Volks, die Patrioten, die nicht so dachten wie die siegreiche Mehrheit, zu amnestieren. Ist der Holländer reserviert, *cossu,* so ist der Belgier lärmend, scheinfreudig, farbenprächtig. Die ganze Herrlichkeit des Kolorits der vlamischen Kunst ist erst in Unterscheidung von der holländischen ganz zu würdigen. Auch die belgische Kultur ist wesentlich eine der Häßlichkeit – aber erhebt Holland feierlich die Not zur Tugend, so ästhetisiert Belgien lachend das Ungefüge zur Groteske.« Inwieweit diese Charakteristik des baltischen Philosophen noch heute zutrifft, mag dahingestellt bleiben; mir scheinen die gegenwärtigen Belgier, generell genommen, mehr und mehr ihren Nachbarn zu ähneln, zumal sich die europäischen Völker – nicht zuletzt unter amerikanischem Einfluß – seit 1945 mehr und mehr angleichen. Hingegen steht fest, daß noch stets mancher Niederländer auf einen Belgier wie auf einen armen Verwandten herabblickt. Keyserling spricht obendrein von einer »lachenden Roheit« der Belgier. Sie scheint weiterhin latent zu sein. Sie habe ich im Kongo genauso erlebt wie in Antwerpen, das für mich nichtsdestoweniger eine der anziehendsten Hafenstädte Westeuropas ist. Der burleske Mischmasch von Französisch und Niederländisch, der oft von einfachen Leuten gesprochen wird, ist eine Wonne für alle, die sich einen Sinn für pastorale Unbekümmertheit bewahrt haben.

Auch wenn die Benennung Belgier und Griechen die ältesten in Europa bekannten Bevölkerungsnamen sind (57 v. Chr. schrieb Julius Cäsar in den »Kommentaren« von Belgern), stammt die Bezeichnung »Belgien« erst aus dem Jahr 1830. Das 18. Jahrhundert, durch die Herrschaft der Habsburger gekennzeichnet, brachte einen materiellen Aufstieg. Er endete mit der Französischen Revolution und mit einer Invasion, welche die Rangordnungen und Einrichtungen vieler Jahrhunderte zerstörte. Die Österreichischen Niederlande (das zukünftige Belgien) verloren ihre Autonomie, um zum erstenmal ein – und zwar Frankreich – einverleibtes Gebiet zu werden. Es teilte zwanzig Jahre hindurch die Mißgeschicke der Ersten Republik sowie des napoleonischen Kaiserreiches. In Waterloo bei Brüssel wurde Napoleons Schicksal besiegelt (1815). Die Großmächte, vor allem

Großbritannien, verhinderten lange Zeit die Inthronisation eines nationalen Geschlechtes im belgischen Gebiet, weil sie das Volk für unfähig hielten, sich allein gegen fremden Druck zur Wehr zu setzen. Durch die Niederlage Napoleons konnte auf eine Lösung der belgischen Frage gehofft werden. Nach der Meinung der Großmächte durfte diese Lösung jedoch nicht jenes europäische Gleichgewicht stören, das dem Wiener Kongreß als Ideal vorschwebte; sie sollte jedenfalls einen widerstandsfähigen Schutz gegenüber Frankreichs nördlicher Grenze bringen und gleichzeitig den Prinzen von Oranien belohnen, der aus seiner Verbannung die Sache der Alliierten treu unterstützt hatte. Daher wurden Belgier, die Niederlande und Luxemburg unter dem Zepter des Herrscherhauses von Oranien-Nassau zu einem Staat vereinigt. Die Niederländer nahmen diese Einigung mit Bestürzung oder Gleichgültigkeit auf; die große Mehrheit der Belgier war unzufrieden oder zumindest zurückhaltend. 1830, im Jahr der nationalen Revolutionen, verjagten die aufständischen Belgier die Armee des Prinzen Frédéric und riefen die nationale Unabhängigkeit aus. Die in London zur Regelung der belgischen Frage abgehaltene Konferenz erkannte die Unabhängigkeit Belgiens an und gab dem Land den Status einer garantierten Neutralität, um es vor fremden Mächten zu schützen.

Inzwischen hatten sich die gewählten Vertreter des belgischen Volkes verfassungsrechtlich eine monarchische Regierungsform gegeben. Nur ein König mußte noch gefunden werden. Die Nationalversammlung stimmte für einen deutschen Prinzen, für Leopold von Sachsen-Coburg (geb. 1790), Berater der Königin Victoria, der in England lebte und mit der englischen königlichen Familie eng verwandt war[24]. Am 31. Juli 1831 hielt König Leopold I. seinen Einzug in Brüssel. Der Beginn seiner Regierung gestaltete sich schwierig, da er bereits zehn Tage später einem Angriff des niederländischen Heeres zu begegnen hatte. Doch London und Paris trennten die Kämpfenden. Leopold I.

[24] Was war man doch im 19. Jahrhundert liberal! Wie ist man dagegen am Ende des 20. Jahrhunderts wieder kleingeistig national; es braucht nur jemand emigriert gewesen zu sein, schon wird er abgewertet. Leopold aber, Deutscher von Geburt, war General der russischen Armee, hatte die englische Staatsangehörigkeit, war mit der englischen Prinzessin Charlotte Auguste verheiratet und konnte all diesen Tatsachen zum Trotz Souverän der Belgier werden. In diesem Jahrhundert des Rückschritts ist das undenkbar.

starb 1865; sein Sohn Leopold II. (geb. 1835) folgte ihm und bekam einen traurigen Ruhm als Souverän des Kongo, der zunächst sein Privateigentum war. Als der belgische Staat 1908 auf Wunsch des Königs den Kongo-Freistaat übernahm, wurden zumindest einige der kriminellen Mißstände abgeschafft. Da der Kronprinz noch während der Regierungszeit von Leopold II. verstorben war, fiel die Krone 1909 dem Prinzen Albert (geb. 1875) zu, einem Sohn des Grafen Philipp von Flandern, des jüngsten Sohnes von Leopold I. Der erste Weltkrieg brach über ein Land herein, das sich im wirtschaftlichen Aufschwung befand. Die Bevölkerung erlitt eine qualvolle Besatzungszeit bis 1918. Dem königlichen Paar wurden drei Kinder geboren: der zukünftige König Leopold III. (geb. 1901), Prinz Charles (geb. 1903), der in den Jahren 1944 bis 1950 im Königreich die Regentschaft ausübte, und Prinzessin Marie-José (geb. 1906), spätere Königin von Italien. König Alberts ältester Sohn, Leopold III., folgte ihm in einer Atmosphäre patriotischer Zuneigung, die den jungen König umgab und ebenso die anmutige und beliebte junge Königin Astrid, Prinzessin von Schweden, welche 1935 bei einem Autounfall am Vierwaldstätter See ums Leben kam. (Vgl. Jean Dhondt: »Histoire de la Belgique«, Paris 1963.)

Der am 10. Mai 1940 erfolgte Überfall der Wehrmacht Hitlers auf Belgien bewies, daß alle Friedenshoffnungen trügerisch gewesen waren. Nach einem achtzehntägigen ungleichen Kampf ergab sich König Leopold III. Drei Wochen später zeigte es sich, daß die mächtige Armee Frankreichs auch nicht lange Widerstand geleistet hatte. Während der König in sein Schloß Laeken als Gefangener zurückkehrte und die emigrierte Regierung den Kampf gegen Hitler von England aus fortsetzte, mußte die Bevölkerung vier Jahre hindurch abermals eine drückende Besetzung erdulden. Als die Bevölkerung im September 1944 von den Alliierten befreit wurde, empfing sie die englischen und amerikanischen Truppen mit Jubel. Die königliche Familie war am 7. Juni 1944 auf Geheiß Hitlers deportiert worden. Prinz Charles, dem Bruder des Königs, war es gelungen, sich der Deportation zu entziehen. Da sich Leopold III. in Gefangenschaft befand, wurde Charles nach der Befreiung Brüssels zum Regenten des Königreiches gewählt. Eine bedeutende Minderheit der Bevölkerung hielt die Rückkehr des Königs auf den Thron für nicht angezeigt. Leopold III. verstand, daß sich dieser Mangel an Einstimmigkeit nur schwer mit der ihm von der Verfassung übertragenen Aufgabe als Schiedsrichter vereinbaren ließ, und übertrug daher am 1. August 1950 sein Herrscheramt seinem Sohn, dem Prinzen Baudouin.

Baudouin Leopold Albert Karl Axel Maria Gustav, Graf von Hennegau, wurde am 7. September 1930 im Schloß Stuyvenberg bei Brüssel geboren. Er ist das zweite Kind von Leopold III. und Königin Astrid. Derselben Ehe entstammen Prinzessin Josephine Charlotte (geb. 1927), die den Großherzog Jean von Luxemburg heiratete, und Prinz Albert (geb. 1934), der Donna Paola Ruffo di Calabria ehelichte. Nach dem Tod von Königin Astrid nahm König Leopold mit seiner zweiten Frau, Prinzessin Liliane de Réthy, und seinen drei Kindern in Schloß Laeken Wohnsitz. Wie angeführt, wurde die königliche Familie auf Befehl Hitlers nach Hirschstein in Deutschland und anschließend nach Strobls am Wolfgangsee (Österreich) deportiert, wo sie von der amerikanischen Armee am 7. Mai 1945 befreit worden ist. Wegen der politischen Lage in Belgien verließ die königliche Familie im Oktober 1945 Österreich, um sich in Préguy (Schweiz) niederzulassen, wo sie bis zum Juli 1950 verblieb. Während dieser Zeit studierte Prinz Baudouin in Genf. Am 15. Dezember 1960 wurde in Brüssel die Hochzeit König Baudouins mit Doña Fabiola de Mora y Aragon gefeiert, die dem spanischen Hochadel entstammt und am 11. Juni 1928 in Madrid geboren ist.

Belgien ist eine konstitutionell-repräsentative Monarchie[25]. Es hat fast 10 Millionen Einwohner. Die Bevölkerung setzt sich aus 55,6% Niederländisch sprechenden Vlamen und 32,6% Französisch sprechenden Wallonen zusammen; den Rest bilden 0,6% Deutsch sprechende und andere Ausländer. Die überwiegende Zahl der Belgier ist (auch das Königshaus) römisch-katholisch, die Protestanten zählen nur etwa 100 000, die Juden etwa

[25] Vgl. Prof. Robert Senelle: »Der konstitutionelle Monarch in Belgien« in *Res Publica,* Band IV – 1962: »Die konstitutionelle Monarchie, die in England ihre klassischste Struktur findet, ist zweifellos das politische Meisterwerk des 18. Jahrhunderts. Zur Zeit haben nur sieben Monarchien die politischen und sozialen Umwälzungen der beiden Weltkriege überlebt: die parlamentarische und demokratische Monarchie ist noch immer die Regierungsform Großbritanniens, Schwedens, Norwegens, Dänemarks, der Niederlande, Luxemburgs und Belgiens.«

41 000 Menschen. Wie groß die Unwissenheit über die Belgier ist, beweist folgender Text: »Zu vorgerückter Stunde trank ich mit ihm eines Abends auf seinem Zimmer im Weißen Haus noch einen Whisky, als er, zu mir gewandt, sagte: ›Wissen Sie, Oliver, in Belgien gibt es zwei Volksgemeinschaften, die nicht miteinander auskommen können: Das eine sind die Wallonen, sie sprechen eine Art niederländischen Dialekt – wie Sie wissen, bin ich niederländischer Abstammung –, die anderen heißen Vlamen und sprechen . . . Nein, nein, halt. Fangen wir noch einmal von vorn an: Die einen heißen Vlamen und sprechen jene Art niederländischen Dialekt. Ein Zusammenleben ist nicht möglich. Nach dem Kriege sollten wir zwei Staaten bilden, den einen unter der Bezeichnung Wallonien, den anderen unter der Bezeichnung Vlamingien, und wir würden Luxemburg mit Vlamingien zusammenlegen. Was sagen Sie dazu?‹« So jedenfalls phantasierte der amerikanische Präsident Franklin D. Roosevelt, und der englische Produktionsminister Oliver Lyttleton (im Kriegskabinett Churchills) hat diese wahrhaft aufschlußreiche Unterredung in seinem Buch *The Memoirs of Lord Chandos* (London 1962) aufgezeichnet.

Das belgische Sprachenproblem ist gleichermaßen ein politisches, institutionelles, wirtschaftliches, soziales, kulturelles, ja, wirklich ein totales. Dieses Königreich ist durch eine Sprachengrenze in zwei Volksgemeinschaften aufgeteilt. Für Ausländer ist es häufig kaum möglich, den Belgiern geistig zu folgen. Das Erziehungsministerium ist in eine niederländische und in eine französische Abteilung aufgespalten, die sich manchmal wie feindliche Brüder befehden. Die Wallonen sind grundsätzlich gegen die Zweisprachigkeit in Belgien und setzen sich infolgedessen für die freie Wahl der zweiten Sprache auf allen Stufen des Unterrichtswesens ein. Während in Flandern fast ausnahmslos als zweite Sprache Französisch gewählt wird, entscheidet sich in Wallonien ein nicht unerheblicher Prozentsatz von Eltern für Englisch oder Deutsch als zweite Sprache für ihre Kinder. Wenn ich dies hier erwähne, so, um daran zu erinnern, daß wir innerhalb der europäischen Nationen selber noch beachtliche Schwierigkeiten bezüglich der Verständigung der Menschen untereinander haben. M.-P. Herremans und F. Coppieters gaben eine Studie »Das Sprachenproblem in Belgien« im Belgischen Institut für Information und Dokumentation (Brüssel 1967) heraus und äußerten hier die Ansicht, daß es für dieses Problem »keine endgültige Lösung gibt«.

Einer der profiliertesten belgischen Staatsmänner des 20. Jahrhunderts war der 1971 verstorbene Sozialist Paul-Henri Spaak. Geboren 1899 in Schaerbeek, war er der Sohn eines Schriftstellers und einer Senatorin; sein Großvater Paul-Emile Janson war Ministerpräsident. Spaak studierte Jura in Brüssel und war während des ersten Weltkrieges von den Deutschen interniert. Mit sechsundzwanzig Jahren wurde Dr. jur. Spaak Ministerialbeamter, mit dreiunddreißig Jahren Deputierter. 1935–1936: Transport- und Postminister, 1936–1938: Außenminister, 1938–1939: Ministerpräsident. Vor Hitlers Überfall auf Belgien floh er nach London und wurde hier Mitglied der belgischen Exilregierung. Die erste Vollversammlung der UNO wählte ihn zu ihrem Präsidenten. Nochmals wurde er Ministerpräsident und Außenminister (1947–1949), er wurde Präsident des Europarates. Präsident der Europäischen Gemeinschaft für Kohle und Stahl, abermals Außenminister (1954), um 1957–1961 übernational als Generalsekretär der NATO zu fungieren. Aber noch gab der militante Sozialist die nationale Politik nicht auf. Nach einer neuen Amtsperiode als Deputierter in Brüssel wurde er 1961 Stellvertretender Ministerpräsident sowie 1965 Außenminister und blieb auf diesem Posten bis 1966, also bis er siebenundsechzig Jahre alt war. Paul-Henri Spaak hat wie wenige Westeuropäer vierzig Jahre lang Geschichte mitgestaltet. Seine »Memoiren eines Europäers« (Hamburg 1969) gehören zu jenen Dokumenten, die niemand negieren kann, der sich mit dieser dramatischen Epoche beschäftigt – selbst wenn sich Spaak manche subjektive Interpretation gestattet. Man muß Adenauer beipflichten: »Daß die Verträge (über die EWG und Euratom) zur Unterzeichnung vorgelegt werden konnten, dafür gebührt vor allem einem Manne Dank: Paul-Henri Spaak. Ohne seine unermüdliche Schaffenskraft, ohne seine mitreißende Arbeitsweise, ohne seine Fähigkeit, das Wesentliche vom Unwesentlichen zu trennen, ohne seine Gabe, zur rechten Zeit das richtige Wort zu finden, wäre das Werk nicht gelungen. Die Verhandlungen über die europäische Einigung trugen während ihrer ganzen Dauer den Stempel seiner dynamischen Persönlichkeit.« (K. Adenauer: »Erinnerungen«, Bd. III, 1955–1959, Stuttgart 1967.)

Nahe einem der berühmtesten Schlachtfelder Europas, nämlich Waterloo, wo Napoleon im Juni 1815 geschlagen wurde, hatte sich Paul-Henri Spaak zur Ruhe gesetzt. Außerhalb des Brabanter Städtchens Braine-l'Alleud besaß er ein altes Bauernhaus. Spaak war einundsiebzig Jahre alt, als ich ihn zuletzt aufsuchte. Eigentlich wollte ich nur Ergänzungen zu seinen Lebenserinnerungen hören. Befragt nach den bedeutendsten Zeitgenossen, mit denen er zusammengearbeitet hatte, nannte er spontan und verehrungsvoll Churchill. Auch de Gaulle respektierte er als Persönlichkeit, betonte aber nachdrücklich, daß er mit ihm wiederholt heftige Kontroversen gehabt habe. Ich erzählte ihm, daß mir der ehemalige türkische Präsident Ismet Inönü gesagt habe, die meisten zeitgenössischen Politiker seien medioker. Man solle nicht verallgemeinern, meinte Spaak, besonders zwischen den beiden Weltkriegen habe es eine Reihe ungewöhnlicher *Hommes d'Etat* gegeben. Es sei allerdings ein unaufhörlicher Verfall der Politik und Diplomatie zu beobachten: »Die meisten Staatsmänner von heute sind nur mittelmäßige Technokraten und würden es zu meiner Zeit nur zu unbedeutenden Funktionärsposten gebracht haben. Das hängt wohl mit dem geistigen Verfall in der gegenwärtigen Epoche zusammen.«

Für Willy Brandt zeigte er große Hochachtung. Kein Politiker der Bundesrepublik stehe ihm innerlich so nahe wie Brandt. Wiederholt nannte er ihn einen kühnen Staatsmann, um jedoch gleich hinzuzufügen, Brandts Ostunternehmungen hätten halsbrecherischen Charakter. Als ich das Wort Entspannungspolitik zitiert hatte, meinte Spaak fast wütend, er könne das Wort *détente* nicht mehr hören. Dieses Wort sei hochgespielt; denn eine eigentliche Spannung zwischen Ost und West habe es doch in den letzten Jahren kaum mehr gegeben – gewisse Konflikte sollten nicht überschätzt werden ... Spaak sagte unmißverständ-

---

Oben: Als das Volk der Belgier König Leopold III. wegen seines Verhaltens im zweiten Weltkrieg das Vertrauen entzog, trat die Nachfolge sein Sohn, König Baudouin I., an. In seinem Amt wird er von Königin Fabiola, einer Spanierin, wesentlich unterstützt.

Unten: Zu den beliebtesten europäischen Fürsten gehören Königin Juliana der Niederlande und Prinz Bernhard. Kronprinzessin Beatrix heiratete den deutschen Diplomaten Klaus von Amsberg, Prinzessin Irene den spanischen Prinzen Carlos Hugo de Borbón-Parma, Prinzessin Margriet den Studenten Pieter van Vollenhoven.

lich, Willy Brandt habe durch seine Unterschrift in Moskau und in Warschau dem Osten sehr viel gegeben, aber er würde dafür nicht die geringsten Konzessionen als Gegenleistung erhalten – *»rien de tout«*. »Diese Tatsache aber wird die Kritiker seiner Ostpolitik immer mehr herausfordern.« Der belgische Staatsmann meinte, daß »die überstürzte Ostpolitik Brandts« nicht nur in Deutschland, sondern auch anderweit rechte Kräfte auf den Plan rufen würde, und auch das könnte die europäische Einheit gefährden.

Männer, die einem vitalen Staatsmann von hohem Range nachfolgen, haben es naturgemäß äußerst schwer. Zu ihnen gehörte auch der belgische Ministerpräsident Gaston Eyskens, der bis Ende 1972 Chef einer Koalitionsregierung mit Sozialisten war. Geboren 1906 in Lierre, studierte er sowohl an der katholischen Universität von Leuwen wie an der *Columbia University* in New York politische Wissenschaften und Soziologie, er war später selber Universitätsprofessor. Politisch trat Eyskens erst nach dem zweiten Weltkrieg in Erscheinung. 1945, 1947–1949 sowie 1965–1966 war er Finanzminister, 1950: Handelsminister, 1949–1950 sowie 1958–1961: Ministerpräsident. Zum dritten Male wurde er 1968 Kabinettschef. Gaston Eyskens hat zum Nachdenken angeregt, weil er immer wieder betont hat, daß die sich anbahnende europäische Integration schwerlich ohne die Schaffung einer europäischen Währung denkbar sei: »Dies bedeutet, daß jeder der betroffenen Partner die Übereinstimmung der Einkommenspolitik der verschiedenen Länder im Auge haben muß. Bei dieser europäischen Währungsregelung denke ich an ein Europa, daß Großbritannien und die skandinavischen Länder einbegreift.« Es ist gut, daß solche Gedanken ausgesprochen werden, auch wenn wir von ihrer Verwirklichung noch weit entfernt sind. Doch gerade auch diese Krisen sollten uns Europäer anspornen, nicht nachzugeben, eine neue europäische Struktur durchzusetzen.

In Brüssel bat ich 1971 auch um ein Gespräch mit dem seinerzeitigen Außenminister Pierre Harmel. Wenn ich es nicht bereits gewußt hätte, daß dieser Staatsmann von Haus aus – wie Eyskens – Universitätsprofessor ist, so hätte ich es aus seinem Verhalten ableiten müssen. Er empfing mich im neuen Außenministerium, dessen Räume erfreulicherweise mit zahlreichen zeitgenössischen Kunstwerken ausgestattet sind, überaus liebenswürdig und hilfsbereit. Allerdings redeten wir weniger miteinander: Pierre Harmel dozierte. Auch den Reserveoffizier glaubte ich zu spüren: Selbst wenn er mich aufforderte, Milch für den Kaffee zu nehmen, klang es fast wie ein Kommando. Vor einer großen Karte hielt er mir ein geopolitisches Kolleg. Vor einem Foto Neill Armstrongs auf dem Mond dozierte er über die Raumschiffahrt. Bestrickend die weltmännische Eleganz dieses in die Politik geratenen Gelehrten. In Ukkel (Brüssel) wurde der Wallone Pierre Harmel 1911 geboren. Nach dem Jurastudium hatte er selber einen Jura-Lehrstuhl in Liège. Er war Präsident der Katholischen Aktion, Delegierter bei der UNO und der UNESCO sowie Funktionär in weiteren Organisationen. Mitglied der Repräsentantenkammer wurde er 1946, später deren Vizepräsident. 1950 bis 1954: Unterrichtsminister, 1958: Justizminister, daraufhin Kultusminister (1958–1960), Minister für öffentliche Arbeiten (1960–1961). 1965–1966 war er fast acht Monate Ministerpräsident, um alsdann das Außenministerium zu übernehmen. Pierre Harmel sagte, wir dürften nicht vergessen, daß uns zwanzig Jahre des europäischen und atlantischen Aufbaus über beträchtliche Kenntnisse und Erfahrungen verfügen ließen. Sie lassen sich nicht vergleichen mit den zwanzig Jahren des Europa zwischen den beiden Weltkriegen. Während die erste Nachkriegszeit durch Wirtschaftskrisen, Egoismus und Nationalstolz gezeichnet war, sollte die zweite Nachkriegszeit durch eine steigende Konjunkturbewegung, durch die Festigung der demokratischen Ideale und das Bewußtsein der erforderlichen gegenseitigen Abhängigkeit zwischen den Nationen ausgezeichnet sein. Bedauerlich, daß Pannen nicht vermieden wurden. Harmel erinnerte an den Austritt Frankreichs aus der NATO und daran, daß Europa bei den Weltkrisen in der letzten Zeit nur selten eine gemeinsame Stimme zu Gehör brachte. Dem ehemaligen Universitätsprofessor liegen die Heranwachsenden sehr am Herzen. Denjenigen, die an Europa zweifelten, müßten immer wieder vier Wahrheiten vor Augen geführt werden. »a) Die in Europa bestehenden Widersprüche zwischen den Verteidigern zweier entgegengesetzter Auffassungen über die individuellen Freiheiten, die wirtschaftliche Ordnung, die Unabhängigkeit der Staaten werden noch nicht bald ineinander aufgehen. Diese tiefgehende Meinungsverschiedenheit ist der wahre Grund für die Teilung Europas und in Europa für die Teilung Deutschlands. Gegenüber den kommunistischen Doktrinen über die beschränkte Souveränität, gegenüber der Besetzung unabhängiger Nationen ist es notwendiger als je, daß die demokratischen europäischen Völker ihre Geschichte miteinander verschweißen. b) Nur ein geeintes Europa wird eine positive Antwort auf die Versuchung der Teilung der Welt in zwei Lager geben, wobei Amerika und die UdSSR die Aufteilung von Autorität und Macht allein miteinander durchführen würden. c) Der europäische Aufbau bleibt das einzige mögliche Gegenmittel gegen die Nationalismen, die uns ausgehöhlt haben und durch die wir so oft im Gegensatz zueinander standen. d) Es gibt für unsere Länder ein Gedeihen und einen kontinuierlichen Fortschritt der Wissenschaften, der Technik und des Wohlstandes nur bei einer europäischen Einigung.«

Im November 1972 war das Ende des 6. Kabinetts Eyskens gekommen, und am 25. Januar 1973 wurde das neue Kabinett Edmond Leburton installiert. Mit dieser Regierungsbildung erhielt Belgien erstmals nach 15jähriger Pause wieder eine sozialistisch bestimmte Regierung. Von flämisch-christlicher Seite hatte es zunächst noch Vorbehalte gegen Leburton gegeben, weil er zwar Flämisch verstehe, aber sich nicht frei darin ausdrücken könne. Diese Bedenken wurden jedoch fallengelassen. Man sah schließlich ein, daß die Forderung nach einem zweisprachigen Regierungschef nicht aufrechterhalten werden könne, während man gleichzeitig das Land unter der Lösung der Kulturautonomie in einsprachige Regionen einteilt. Edmond Leburton wurde am 18. April 1915 in Lantremange geboren. Er studierte in Liège Politische Wissenschaften, war Beamter im Ministerium für Arbeit und Sozialversicherung und im Krieg Führer einer Widerstandsgruppe. Unter dem sozialistischen Regierungschef van Acker war Leburton von 1954–1956 Gesundheitsminister, im Kabinett Lefèbre Minister für Sozialfürsorge (1961–1965). In der Regierung Eyskens war er Wirtschaftsminister, ehe er einer der beiden Ko-Präsidenten der Sozialistischen Partei Belgien wurde. Leburton ist verheiratet mit Charlotte Joniaux. Als Außenminister holte sich Leburton einen christlich-sozialen Juristen: Renaat van Elslande (geb. 1916). Elslande hatte bislang innerhalb des flämischen Flügels der Christlich-Sozialen bei sprachpolitischen Auseinandersetzungen den Ton angegeben; er hat sich zwar von den Scharfmachern der Flämisch-nationalistischen Volksunion distanziert, gehört aber nicht zur gemäßigten Gruppe.

Gleichfalls ein bemerkenswerter Europäer belgischer Nationalität ist Jean Rey, der von 1967 bis 1970 als Nachfolger Walter Hallsteins Präsident der EWG gewesen ist. Geboren 1902 in Liège, studierte auch er Jura. Schon vor dem zweiten Weltkrieg war er Stadtrat und Deputierter, von 1949 an war er neun Jahre lang Minister für Aufbau beziehungsweise für den Handel. Er hatte Funktionen in diversen europäischen Organisationen. Daher war es keineswegs überraschend, als er schließlich in das Europäische Parlament berufen wurde. Jean Rey gehört zu jenen Politikern, die von religiöser Ethik geprägt sind; er ist ein Fürsprecher der Ökumene. Er hat einen Ruf als unbeugsamer Optimist. Sicherlich hat er recht, wenn er immer wieder betont, daß vor allem nichtpolitische Bindungen die Europäer näher zueinanderführen müssen. Wie sich die Welt vor fünf Jahrzehnten in Nationen organisierte, müsse sie sich jetzt in Kontinenten organisieren, hebt er hervor. Jean Rey bejaht die wirtschaftliche Kooperation mit dem Osten. Er glaubt an die Macht der Ideen: »Nicht Tatsachen bewegen die Welt, Ideen sind es. Was die Völker heute denken, wird in den nächsten Generationen Wirklichkeit.« Von Politikern verlangt er drei Qualitäten: Loyalität, Mut, Intelligenz. Durch seinen strengen Glauben (er ist Protestant) weiß er diese drei Qualitäten zu harmonisieren. Und er ist ein Staatsmann, der durch die Tugend der Geduld ausgezeichnet ist: »Die Einigung Europas ist wie der Bau einer gotischen Kathedrale. Obwohl die erste Generation weiß, daß sie das Werk nie vollendet und fertig vor sich sehen wird, arbeitet sie weiter.« (Vgl. Franz Rodens: »Jean Rey, ein pragmatischer Politiker«, Freudenstadt 1968.) Im dritten Gesamtbericht über die Tätigkeit der EWG (März 1970) trat er für direkte Wahlen zum europäischen Parlament ein: »Wir halten es für notwendig, daß die Europäer von Zeit zu Zeit nach der Richtung befragt werden, die sie dieser Gemeinschaft, in der sie zu leben wünschen, geben wollen.«

Der Erziehung von Europäern aus einem neuen Geiste widmet sich das Europa-College in Brügge. Die ersten Geburtswehen konnte ich auf dem Europa-Kongreß in Den Haag 1948 miterleben. Das College war eines jener Themen, die damals durchaus erfolgreich diskutiert worden sind. Sein Initiator ist ein Niederländer, der nun seit 1950 Rektor des belgischen Colleges ist: Hendrik Brugmans. Geboren 1906 in Amsterdam, wo er auch studierte, war er zunächst Gymnasiallehrer für französische Literatur sowie 1935–1940 Präsident des *Instituts voor Arbeidersontwikkeling*, Deputierter der Sozialdemokratischen Arbeiterpartei und Mitglied der Zweiten Kammer (1939–1945). Die Besatzungsmacht in den Niederlanden nahm ihn zwei Jahre als Geisel in Haft, was Brugmans nicht hinderte, illegale Arbeit in der Gruppe *Je Maintiendrai* zu leisten. Nach dem Kriege wurde er Regierungskommissar im niederländischen Informationsministerium. Brugmans half die Union der europäischen Föderalisten zu gründen und nahm als deren Präsident an jenem Europa-Kongreß teil. Professor Brugmans hat mehrere Bücher über europäische Problemstellungen veröffentlicht, wofür er u. a. den Aachener Karls-Preis erhalten hat. Gründungspräsident des Europa-Colleges in Brügge war Salvador de Madariaga, Jean Rey ist Präsident des Verwaltungsrates, Jan Tinbergen Präsident des Rates der Fakultäten. Das Europa-College ist spezialisiert auf Probleme der europäischen Einigung, es steht Studenten aller Nationen offen, die Volkswirtschaft, Jura oder Politische Wissenschaften studieren. Hendrik Brugmans bringt bei jeder Begegnung das Gespräch sogleich auf sein Lieblingsthema: den Föderalismus, der die menschliche Verschiedenheit in Zeit und Raum anerkennt. »Als erstes sage ich, der Föderalismus ist realistisch: Er betrachtet die Probleme, die sich stellen, und fragt sich, in welchem geographischen oder funktionellen Rahmen sie zu lösen sind. Zweitens: Der Föderalismus hält viel von dem, was die Theologen und Enzykliken die Subsidiarität nennen. Das will bedeuten, daß selbst der glühendste europäische Föderalist im Falle einer Wahl zwischen dem einen Rahmen und einem anderen und im Zweifel darüber, ob ein bestimmtes Problem auf nationaler oder europäischer Ebene gelöst werden soll, stets instinktiv jene Lösung bevorzugt, die für die Betroffenen am nächsten liegt. Zum dritten ist der Föderalismus nicht nur eine Freiheitslehre, sondern er erkennt gleichzeitig die Notwendigkeit der Macht an. Man ist doch nur dann frei, wenn man die Macht hat zu vollbringen, was man beschlossen hat zu tun. Viertens: Wenn wir sagen, Macht ist notwendig, weil sie politisch schöpferisch ist und man ohne Macht nur Stückwerk hervorbringt, so füge ich sogleich hinzu, daß diese Macht kontrolliert werden muß. Fünftens setzt die politische Philosophie des Föderalismus den Willen zum Kompromiß voraus.« (Vgl. Franz Schnell: »Europa – Herr im eigenen Haus«, Köln 1973.)

Es ist gewiß kein Zufall, daß sich gerade aus dem kleinen Belgien zwei katholische Intellektuelle als Rebellen gegen die fragwürdig gewordene autoritäre Hierarchie der katholischen Kirche profiliert haben. In Kardinal Léon Joseph Suenens (geb. 1904) und in dem Dominikanerpater Edward C. F. A. Schillebeeckx (geb. 1914) offenbaren sich Elemente des belgischen Nationalcharakters als ausgesprochen vorteilhaft. Diese beiden belgischen Geistlichen haben weit über Europa hinaus Anlaß dazu gegeben, daß die Christen ihre Position in der heutigen Welt neu überdenken.

# *32. Königreich der Niederlande* oder: *Ein Volk der Realisten und Individualisten*

Ein Autor, der sich mit Byzanz oder mit dem alten Rom befaßt, wird kaum mit Emotion schreiben; die Vergangenheit gewährt ihm Distanz. Zeitgeschichte dagegen gestattet kaum jene Distanz, die Objektivität bedingt. Ein Zeitgeschichtler wird leicht ein Opfer jener Zeit, die er betrachtet. Jede geschichtliche Leistung, so las ich bei dem französischen Soziologen Raymond Aron, sei vieldeutig und unausschöpfbar. Für neue Zeiten gäbe es keinen geschichtlichen Lehrgang: »Das Ich bleibt nicht kalt.« Besonders dann nicht, wenn man zu einer Nation ein engeres Verhältnis hat. Ich schrieb schon anderenorts, daß es von Vorteil sei, zu zwei Nationen zu gehören. Hätte ich viele Kinder, ich würde versuchen, jedes nach einem anderen Land zu verheiraten. André Maurois sagte zu mir: »Wir werden nur Weltbürger, wenn wir recht häufig über die Grenzen hinweg heiraten. *L'Europe se fait dans les lits.*«

Sicherlich ist das niederländische Volk eines der kosmopolitischsten Völker Europas. Breitere Schichten als anderweit sprechen außer Niederländisch obendrein Deutsch, Englisch, Französisch. Die Landessprache, das Niederländische, ist eine eigene Sprache und nicht etwa »eine Verballhornung des Deutschen«, wie törichterweise manche Ausländer annehmen. Weil es überhaupt allerlei Mißverständnisse über die Niederländer gibt, müssen ein paar Sätze über deren Charakter gesagt werden. Die Historikerin Annie Romein-Verschoor schrieb: »Ein Niederländer ist ein Mensch, der sieht ... Es ist der wache, der immer seine Chancen ins Auge fassende Mensch, aber auch der Kleinigkeitskrämer, der Kleinbürger mit seinem scharfen Auge für haarfeine Standesunterschiede und seiner Angst vor dem nicht weniger scharfen Auge des Nachbarn. Der geborene Ketzer, nicht weil er ein romantischer, ewiger Rebell ist, sondern weil er sich seiner Religion mehr prüfend und anschauend als hingegeben nähert. Er ist ein Mensch von beschränkter Phantasie, realistisch und individualistisch, da er nur seinen eigenen Augen traut und eben durch diese beiden Qualitäten zugleich zur Toleranz neigt wie zum ziemlich engherzigen Sektierertum.« Ein anderer niederländischer Autor, Godfried Bomans, hat die Niederländer als »die Fakire Europas« bezeichnet: »Jeder von uns wirft Seile in die Luft.« Der niederländische Individualismus äußere sich auch darin, daß jeder Niederländer in seinem eigenen Haus wohnen möchte; sie seien »Ekstatiker der Nüchternheit, die Seher des Grenzenlosen im Begrenzten, die Mystiker des einfachen alltäglichen Lebens«.

Zur Zeit von Christi Geburt bewohnten das Gebiet der heutigen Niederlande die Stämme der Batawer, Friesen und Kaninefaten. Willem von Oranien (1533–1584) wurde zum Begründer der Unabhängigkeit, zum Vater des Vaterlandes; er gilt auch als der Retter des europäischen Protestantismus vor der Gegenreformation. 1579 schlossen sich sieben protestantische nördliche Provinzen zur »Utrechter Union« zusammen und sagten sich 1581 vom Hause Habsburg los. 1602 wurde die Ostindische Compagnie und 1621 die Westindische Compagnie gegründet, die alle späteren niederländischen Kolonien in Afrika und in Asien erwarben und den Handel mit Übersee organisierten. Denkwürdig war, daß 1626 Niederländer die Insel Manhattan für 60 Gulden kauften, die Siedlung Nieuw-Amsterdam gründeten: das heutige New York. 1648, im Westfälischen Frieden, schieden die Niederlande aus dem Deutschen Reichsverband aus. Nach der Abdankung Napoleons beschloß der Wiener Kongreß (1815) die Errichtung des »Königreiches der Vereinigten Niederlande« unter Willem I. von Oranien. 1848, unter Willem II., wurden die Niederlande eine konstitutionelle Monarchie. Im ersten Weltkrieg blieb diese Nation neutral, im zweiten Weltkrieg wurde sie nach einem fünftägigen Feldzug von der Hitler-Armee besetzt. Die Zahl der Opfer an Menschenleben wird auf 210 000 Niederländer (darunter 110 000 Juden) geschätzt. 1947 schlossen die Niederlande mit Belgien und Luxemburg die Wirtschaftsgemeinschaft BeNeLux. Auch heute noch sind die Niederlande eine konstitutionelle Erbmonarchie. Die Bevölkerungszunahme ist erheblich. Auf der Schule lernte meine Generation, das Land habe 7 Millionen Einwohner, heute zählt es über 13 Millionen. Rund 44% sind Protestanten verschiedener Kirchenzugehörigkeit, über 40% römische Katholiken. Die Juden wurden von 140 000 (1940) auf 23 000 dezimiert. Gewiß gibt es in den Niederlanden Republikaner. Dessenungeachtet ist die königliche Familie populär und beliebt. Sie war es schon immer, weil sie stets Kontakt mit dem Volk pflegte.

Der volle Name der Monarchin lautet: Juliana Emma Marie Wilhelmina, Königin der Niederlande, Prinzessin von Oranje-Nassau, Herzogin von Mecklenburg, Prinzessin von Lippe-Biesterfeld etc. – was alles auf die vielfältigen Verbindungen des Hauses Oranien-Nassau mit deutschen Höfen hinweist. Königin Juliana wurde am 30. April 1909 in Den Haag geboren und erhielt eine gründliche wissenschaftliche Ausbildung in Geschichte, Jura, Theologie, Literatur, Sinologie, Islamistik, Wasserwirtschaft. Ihr Ehemann, Prinz Bernhard, wurde am 29. Juni 1911 in Jena (Deutschland) als Prinz von Lippe-Biesterfeld geboren. Er studierte u. a. in Lausanne und promovierte 1935 zum Dr. jur. in Berlin. Nach seinem Studium trat er in den Auslandsdienst der IG-Farben ein. Am 7. Januar 1937 heirateten Prinzessin Juliana und Prinz Bernhard. Sie haben vier Töchter: Prinzessin Beatrix (geb. 1938), Prinzessin Irene (geb. 1939), Prinzessin Margriet (geb. 1943 in Ottawa), Prinzessin Christina (geb. 1947). Die königliche Familie verließ wegen der deutschen Besatzung die Niederlande, kehrte aber sogleich nach der Niederwerfung Hitlers zurück. Am 4. September 1948 verzichtete Königin Wilhelmina zugunsten ihrer Tochter auf den Thron. In ihrer Aufgeschlossenheit für alle Probleme, welche die Zeit mit sich bringt, ist Königin Juliana anders als ihre sehr konservative Mutter – was nicht ausschließt, daß sie für gewisse niederländische Kreise in ihrer Liberalität »häufig zu weit geht«. Besonders die Heiraten der Prinzessinnen wurden kritisiert. Kronprinzessin Beatrix heiratete einen jungen deutschen Diplomaten, Claus von Amsberg (geb. 1926). Prinzessin Irene heiratete einen spanischen Prinzen, der Katholik ist, Prinz Carlos Hugo von Bourbon-Parma, und trat selbst zum Katholizismus über. Die gehegten Bedenken hinsichtlich der politischen Bestrebungen des spanischen Prinzen führten dazu, daß die Prinzessin das Parlament nicht um die verfassungsmäßig für ihre Ehe erforderliche Einwilligung ersuchte, wodurch sie und ihre Kinder zwangsläufig von der Erbfolge ausgeschlossen sind. Prinzessin Margriet heiratete einen »Bürgerlichen«, den Studenten der Rechte Pieter van Vollenhoven. Von Prinzessin Christina berichtete die Presse, sie sympathisiere mit den Hippies in Kanada, wo sie derzeit studiert.

Königshäuser haben es gewiß in der gegenwärtigen Epoche nicht leicht, zu überleben. Doch statt den freisinnigen Geist am Hofe von Soestdijk zu kritisieren, sollte man ihn preisen; denn er beweist, daß sich königliche Familien in Europa der Entwicklung keineswegs verschließen. Königin Juliana hat bewiesen, daß ihr, der engagierten Protestantin, die Menschlichkeit über alles geht. Und allein schon damit hat sie sich selbst als eine typische Frau ihres Volkes manifestiert. Königin Juliana sagte: »Wir Abendländer haben alles, was wir hatten, über die ganze Welt verbreitet, sowohl das Beste wie das Böseste. Wie viele bereichernde und den Blick erweiternde Erkenntnisse auch dazu gehören mögen, so dürfen wir doch nicht vergessen, daß wir den Eindruck erweckt haben, daß wir Sklaven der Materie seien. Wir, die wir uns Christen nennen, haben uns der übrigen Menschheit nur allzu oft als Barbaren präsentiert, die nur auf das materielle Wohl bedacht waren – das eigene natürlich an erster Stelle.« Zur Eröffnung der *Generaal Staaten* (des Parlaments) am 15. September 1970 sagte sie: »In unserer sich erneuernden Gesellschaft vollzieht sich eine rasche Verschiebung der Maßstäbe. Dabei treten zwischen Wahrung und Erneuerung Spannungen auf, die jedoch unter keinen Umständen zur Preisgabe grundlegender Werte führen dürfen. In dieser Situation ist gegenseitige Duldsamkeit von großer Bedeutung. Der Wunsch, an der gesellschaftlichen Entwicklung mitzuarbeiten, erfordert die Bereitschaft zur Zusammenarbeit und zur Respektierung der Auffassungen anderer.« Als Königin Juliana am 5. September 1973 das fünfundzwanzigste Regierungsjubiläum feierte, wurde erneut ihre große Beliebtheit kund.

Das Aufbauwerk nach dem Kriege war in den Niederlanden – wie in allen von Hitler heimgesuchten Staaten – ungemein mühsam. In den ersten zwanzig Jahren nach dem Kriege erwarb hohe Verdienste der sozialdemokratische Politiker Willem Drees. Als »Papa Drees« ist dieser *grand old man of the Netherlands* in die Nachkriegsgeschichte eingegangen. Geboren 1886 in Amsterdam, war er zunächst Bankbeamter und Parlamentsstenograph. 1919 schloß er sich der niederländischen *Partij van de Arbeid* (P. v. d. A.) an. 1933 wurde er in die Zweite Kammer gewählt. Während der Besatzung gehörte er zur Widerstandsbewegung; 1940 wurde er nach dem KZ Buchenwald verschleppt. Nach der Befreiung wurde Drees Chef seiner Partei. Als solcher wurde er zur Regierungsbildung herangezogen und übernahm zunächst im Juni 1945 das Ministerium für Soziale Angelegenheiten. Am 7. August 1948 wurde er Ministerpräsident. Er kümmerte sich um die beunruhigende indonesische Frage (Königin Wilhelmina hatte während des Krieges von London aus den kolonialen Völkern die Autonomie zugesagt). Willem Drees wurde zwar in zahlreiche Krisen verwickelt, blieb indessen standfest und wurde als Ministerpräsident mehrfach wiedergewählt; er blieb es bis Ende 1958[26]. Einen guten Namen machte sich seinerzeit auch der Nationalökonom Pieter Lieftinck, der mehrfach Finanzminister war und seit 1955 Direktor des Internationalen Währungsinstituts in Washington ist.

In aller Welt bekannt wurde der katholische Politiker und Staatsmann Joseph Marie Antoine Luns, der 1911 in Rotterdam als Sohn eines Kunstmalers geboren wurde. Luns war über achtzehn Jahre Außenminister, ein Rekord besonderer Art. Wenige niederländische Staatsmänner allerdings wurden wohl so angefeindet wie er. Luns ist so groß, wie General de Gaulle es war, eine auffallende Erscheinung. Er hat selber viel zu seinem internationalen Image beigetragen. Dazu gehört ein Reiseplaid, mit dem er sich im Auto und im Flugzeug – »wie ein Baby« – einhüllt. Luns studierte in Leiden und Amsterdam, an der *Londoner School of Economics* und auch an der Berliner Universität am deutschen Institut für Ausländer. Dann trat er in das Auswärtige Amt ein, diente seinem Lande in der Schweiz, in Portugal und in London, als dort während des Krieges die niederländische Exilregierung ihren Sitz hatte. 1949–1952: Mitglied der niederländischen Vertretung bei der UNO in New York. Ab 1. September 1952: Minister ohne Geschäftsbereich im Kabinett Drees. Im Oktober 1956 wurde er Außenminister. Joseph Luns war am Abschluß des deutsch-niederländischen Aus-

[26] Sein Sohn, Dr. Willem Drees, geboren 1922 in Den Haag, war von 1956 bis 1969 Leiter der Direktion Staatshaushalt. 1969: Ernennung zum Generalschatzmeister des Ministeriums für Finanzen. 1963–1971: außerordentlicher Professor an der Wirtschaftshochschule Rotterdam. 1970 verließ er die »Partei der Arbeit« und trat der neugegründeten Partei »Demokratische Sozialisten '70« bei, die seit 1971 der Koalitionsregierung angehört, in welcher Drees den Ministerposten für Verkehr und Wasserwirtschaft erhielt.

gleichsvertrages beteiligt. Er gehörte 1957 zu den Initiatoren des Euratom-Vertrages. Er ist ein leidenschaftlicher Verteidiger der Atlantischen Allianz, war 1958 bis 1959 Präsident des NATO-Rates. Im September 1971 wurde Luns als Nachfolger von Manlio Brosio Generalsekretär der NATO. Dem ungezählte Male dekorierten Staatsmann wurde 1967 der Aachener Karls-Preis verliehen. Er hat immer wieder betont, daß eine der wichtigsten Gegenwartsaufgaben die Verwirklichung der politischen Einheit Europas und gleichzeitig eine Verstärkung der Bande mit Amerika sei: »Schon allein aus Sicherheitsgründen würde es für Europa die größte Torheit sein, eine Trennung oder Schwächung des organischen Bundes mit den USA anzustreben.«

Nicht weniger in den Streit der Meinungen gezogen wurde der ehemalige Landwirtschaftsminister Sicco Leendert Mansholt. Zum ersten Mal sah ich ihn, als er in einem Hamburger Vorort während einer Wahlkampagne der SPD sprach. Mansholt ist ein großer, kräftiger Mann, und man hat ihn als einen »typisch holländischen Dickschädel« charakterisiert. Bauern sind ihm gegenüber tätlich geworden; in Bauernversammlungen hat man ihn niedergebrüllt. Bereits bei unserer ersten Begegnung in Volksdorf überzeugte ich mich davon, daß dieser vitale Mann ein bewundernswertes Stehvermögen besitzt. Gewiß, er kann grob sein wie ein Bauernjunge, aber er ist es nicht, weil er das schätzt, sondern weil er der Überzeugung ist, für eine nützliche Sache zu streiten. Dieser positive Eindruck wurde verstärkt, als er mich einlud, ihn in Brüssel in seinem Büro in der EWG aufzusuchen. Im Von-Mann-zu-Mann-Gespräch spürte ich noch tiefer, daß er ein militanter sozialistischer Humanist ist; allem voran ein passionierter Europäer. Sicco Leendert Mansholt wurde 1908 als Bauernsohn in Ulrum (Provinz Groningen) geboren. Er besuchte die Kolonial- und Landbauschule in Deventer. 1931–1936 arbeitete er auf einer Teeplantage auf Java, danach auf einer Farm für Milchprodukte auf dem Wieringermeer-Polder. Seit dieser Zeit widmete er sich der Sozialistischen Partei, der schon sein Vater angehört hatte und deren Vorstandsmitglied er heute ist. Mansholt gehörte der Widerstandsbewegung an. Sogleich nach dem Kriege wurde er Bürgermeister im Wieringermeer-Polder sowie Minister für Landwirtschaft, Fischerei und Ernährung, und zwar für dreizehn Jahre. Er widmete sich der Förderung der wissenschaftlichen Forschung, dem landwirtschaftlichen Beratungswesen und der Qualitätsverbesserung der Agrarerzeugnisse. Am 1. Januar 1958 übernahm er sein Amt als Vizepräsident der Kommission der EWG; das Ressort für Landwirtschaft wurde ihm anvertraut. Der erste »Mansholtplan« enthielt Agrarvorschläge für eine gemeinsame Landwirtschaftspolitik innerhalb der EWG, die neben Zollsenkungen einen Angleich der Agrarmärkte der EWG-Länder vorsah. Erst ein revidierter Mansholtplan wurde im Dezember 1964 angenommen. Schon 1967 trat Mansholt für den Beitritt Großbritanniens zur EWG ein. Die Unmöglichkeit, sich über die Preispolitik der Gemeinschaft bei landwirtschaftlichen Überschußprodukten zu einigen, veranlaßte Mansholt, im November 1969 mit seinem Rücktritt zu drohen, aber wiederum konnte er sich durchsetzen. Sicherlich ist Sicco Mansholt eine der stärksten politischen Persönlichkeiten innerhalb der europäischen Kommission. Als er 1968 den Robert-Schuman-Preis der Stiftung F. v. S. zu Hamburg erhielt, betonte er, daß Europas ernsteste Bedrohung nach wie vor seine Zerrissenheit sei: »Unser Rückstand liegt nicht im Mangel an fundamentaler Kenntnis und Fähigkeit unserer Wissenschaftler; wohl aber am Unvermögen, ihre Kenntnisse anzuwenden in dem heute notwendigen großräumigen Maßstab. Was den Gelehrten und Fachleuten bei der praktischen Verwirklichung ihrer Erkenntnisse in den USA oder der Sowjetunion geboten wird, das wird ihnen in unserem Kontinent durch einen engstirnigen Provinzialismus vorenthalten.« 1973 trat er von seinem Amt in der EWG zurück. Als einen »Segen« hat er die Ölkrise bezeichnet, die Ende 1973 einsetzte. Bei der Eröffnungsrede eines Kolloquiums über Umweltschutzprobleme in der Europäischen Gemeinschaft erklärte Mansholt in Paris, diese Krise sei das einzige Mittel, um die Politiker davon zu überzeugen, daß man »schnell, sehr schnell« handeln müsse. Außerdem kritisierte er das derzeitige Wirtschafts- und Gesellschaftssystem auf der Basis des Profits, das nur die Kluft zwischen arm und reich auf der Welt vergrößert hat. Eine Lösung dieser Probleme kann nach Ansicht von Mansholt nur durch materielle Enthaltsamkeit, äußerst geringe Steigerungsraten und Chancengleichheit für alle Menschen erreicht werden.

Weit über Europa hinaus, in mehrere Entwicklungsländer hinein, reicht der Ruhm des niederländischen Wirtschaftswissenschaftlers Jan Tinbergen. Als ich ihn während einer Wahlzeit in seiner Wohnung in Den Haag aufsuchen wollte und an dem in Frage kommenden Haus anhalten ließ, sagte der Chauffeur: »Hier kann es doch nicht sein, hier wohnt wohl ein Parteifunktionär.« An den Fenstern klebten Wahlplakate, und das war offenbar in dieser gutbürgerlichen Gegend ungewöhnlich. Und doch wohnte Professor Tinbergen in diesem Haus: »Warum soll ich mich nicht zur *Partij van de Arbeid* bekennen?« fragte der Gelehrte. »Sie ist ein Teil meines Lebens.« Als ich dann sein Curriculum vitae durchsah, mußte ich feststellen, daß dort nicht der Nobelpreis erwähnt war, den Jan Tinbergen am 27. Oktober 1969 erhalten hatte. Es war das erste Mal, daß diese Auszeichnung einem Wirtschaftswissenschaftler zuteil wurde. (Mit ihm zusammen wurde der Norweger Ragnar Frisch geehrt. Beide Wirtschaftswissenschaftler erhielten den Preis »für die Entwicklung und Anwendung dynamischer Modelle zur Analyse wirtschaftlicher Prozesse«.) Jan Tinbergen dürfte einer der bescheidensten Menschen sein, die einem heutzutage begegnen können, eine höcht erfreuliche Erscheinung.

Er wurde 1903 in Den Haag geboren, promovierte in Leiden in Mathematik und Naturwissenschaften. Nach einer Tätigkeit im Statistischen Büro in Den Haag und beim Völkerbund in Genf (1936–1938) auf dem Gebiet der Konjunkturuntersuchung war er von 1945 an zehn Jahre lang Direktor des Niederländischen Zentralen Planungsbüros; in dieser Zeit schuf er die Grundlage für das allgemein anerkannte niederländische Planungssystem. Außerdem ist Tinbergen seit 1933 Professor an der Wirtschaftshochschule in Rotterdam. Mit dem Beginn der Hilfsprogramme für Länder in der Entwicklung weitete sich sein Aufgabenbereich global aus. Internationale Institutionen und mehrere Regierungen holten sich Professor Tinbergen immer wieder als Ratgeber: die ehemaligen niederländischen Kolonialgebiete Indonesien und Suriname ebenso wie Peru, Chile, Venezuela, des weiteren Ägypten, die Türkei, Pakistan und Indien. Er hat den Kongreß der USA beraten und ist Chairman des *United Nations Development Planing Committee.* Zu den Haupteigenschaften Tinbergens gehört seine soziale Leidenschaft, die ihn zum Sozialisten werden ließ; wirkungsvolle Planung ist ihm eine moralische Verpflichtung. Tinbergen hat zusammen mit Ragnar Frisch die neue Wissenschaft der Ökonometrie begründet; hier werden ökonomische Beziehungen in mathematischen Gleichungen ausgedrückt, die im Licht pragmatischer Erfahrungen getestet werden, ehe theoretische ökonomische Modelle entworfen werden. Tinbergen vertritt die These, daß es im Interesse aller Länder, also auch der entwickelten Staaten, läge, daß die Welt als eine stabilere Einheit durchorganisiert werde. Das müsse vorrangig dadurch geschehen, daß die Gegensätze, die sich jetzt immer mehr verstärken, allmählich geringer werden – oder wenigstens, daß die Differenzen nicht weiter zunehmen: »Ich glaube, daß die Mehrzahl der Bevölkerung der westlichen Länder kaum ahnt, wie wichtig die Entwicklungshilfe ist. Gewiß hat die Mehrheit der Bevölkerung ihre eigenen Sorgen. Doch das Dilemma in der Welt wird immer größer, wenn sie zukünftig nicht richtig strukturiert ist ... Deshalb müssen wir die Welt neu ordnen, sozusagen den Frieden organisieren. Wir Wirtschaftswissenschaftler können hier sehr wesentliche Beiträge leisten.« (Vgl. *Een leefbare Aarde*, Amsterdam 1970.)

Zu den weltbekannten Niederländern dieses Jahrhunderts rechnet Dr. Willem A. Visser 't Hooft, der langjährige Generalsekretär des Weltrats der Kirchen und einer der verdienstvollen Partisanen der Ökumenischen Bewegung. Seine internationalen Aufgaben bringen es mit sich, daß er sich viel im Ausland aufhält; er hat seinen Wohnsitz in Genf. Wir saßen in der Frühlingssonne in seinem blumenreichen Garten, und ich freute mich über die nüchterne, schnelle Formulierung dieses evangelischen Theologen, der überdies witzig ist. Am 20. September 1900 wurde er in Haarlem geboren. Er studierte Theologie in Leiden, hielt sich zu Studienzwecken in den USA auf und promovierte 1924 mit einer Dissertation über den »Hintergrund des Social Gospel in Amerika«. Als Student schon wurde er bekannt als ein ausgezeichneter Organisator, und deshalb erhielt er gleich nach seiner Promotion eine Berufung zum Sekretär des Weltbundes der Christlichen Vereine junger Männer (YMCA), vier Jahre später wurde er zusätzlich Sekretär des Christlichen Studentenweltbundes (CSW). An der Weltkirchenkonferenz für Praktisches Christentum (Stockholm 1925) nahm er als jüngstes Mitglied teil. 1931 wurde er Generalsekretär des Christlichen Studentenweltbundes. Ungeachtet der ungünstigen Zeitumstände führte er auf der Insel Java die erste südasiatische Studentenkonferenz durch. Zusammen mit Joseph Houldsworth Oldham beteiligte er sich an der Vorbereitung der Zweiten Weltkirchenkonferenz für Praktisches Christentum (Oxford 1937). Aus den beiden Weltkirchenkonferenzen ging im selben Jahr ein Ausschuß des »in Bildung begriffenen ökumenischen Rates der Kirchen« hervor. Generalsekretär dieses Ausschusses wurde Visser 't Hooft. 1938 fiel er während der Weltmissionskonferenz in Madras erneut als begeisternder Redner auf. 1939 war er Vorsitzender der ersten Weltkonferenz christlicher Jugend in Amsterdam. In den Kriegsjahren hielt Visser 't Hooft von Genf aus die Verbindungen zu den Kirchen in allen Lagern aufrecht und schuf damit wie kein zweiter die Grundlage für die endgültige Konstituierung des Ökumenischen Rates, dessen Generalsekretär er 1948 wurde; er blieb es achtzehn Jahre lang – bis er 1966 in den Ruhestand trat; doch ist er weiterhin Berater des Generalsekretariats. Die fast globale Anerkennung seines ökumenischen Wirkens spiegelt sich in zahlreichen internationalen Ehrungen. Sein standfestes Wirken für die Einheit der Kirche ist in einem reichen Schrifttum niedergelegt und in zahlreiche Sprachen übersetzt[27]. Ein Leitsatz Visser 't Hoofts lautet: »Durch die Botschaft Gottes können alle ideologischen Versuchungen überwunden werden und erhalten alle Dinge den ihnen gebührenden Platz, und Politik wird ein Dienst in Demut.« Exemplarisch ist sein hundertfach wiederholtes Bekenntnis zu Europa. Visser 't Hooft hat nichtsdestoweniger jahrzehntelang die Befürchtung ausgesprochen, daß Europa die Beute des russischen Kommunismus werden könnte. Gleichzeitig hat er immer daran erinnert, daß der Kommunismus eine europäische Erfindung sei: »Er ist in seiner ursprünglichen philosophischen Urform eine Häresie, die in ihrem Traum von Freiheit zeigt, daß sie sich im Grunde auf die Lehren bezieht, gegen die sie protestiert. Aber in der russischen Form ist sie zunehmend Revolte gegen die menschliche Freiheit geworden, für die alle schöpferischen Kräfte in Europa so oder so eingetreten sind.« Und im Anschluß daran warnt er in diesem Text, »Die Wiedergeburt Europas«, davor, aus Europa eine Außenbastion Amerikas werden zu lassen. Europa und Amerika hätten zwar viel Gemeinsames, aber sie hätten eine verschiedene Berufung: »Europa trägt

[27] Seine »Hauptschriften« erschienen in 2 Bänden in deutscher Sprache, Stuttgart 1967. Inzwischen kamen auch seine Lebenserinnerungen heraus: »Die Welt war meine Gemeinde« (München 1972).

die Bürde eines Erbes von Irrtum und Konflikten und von Leiden, von Gier und Scham, aber auch von Hingabe an den Kampf um die Wahrheit.«

In den Niederlanden ist, wie überall in Westeuropa, Unrast spürbar. Bei den Wahlen am 28. April 1971 waren von 110 registrierten Parteien 28 Parteien (darunter eine »Freie-Sex-Partei« und eine »Entkalkungs-Partei«) zugelassen, was der Demokratie keineswegs diente. Dennoch antworteten bei einer Umfrage des Gallup-Instituts auf die Frage: »Fühlen Sie sich glücklich?« 87% Niederländer mit »Ja«, 13% erklärten sich für »ziemlich glücklich« (mit 53% kamen die Australier auf den zweiten Platz, gefolgt von den Engländern mit 47% und den Amerikanern mit 43%). Am 28. Juni 1971 wurde eine neue Regierung gebildet. Ministerpräsident wurde Barend Biesheuvel (geb. 1920) von der Antirevolutionären Partei, ein ehemaliger Parlamentsabgeordneter und Landwirtschaftsminister. Von 1949–1962 fungierte er als Direktor des wissenschaftlichen Büros der Partei der Arbeit. Als Abgeordneter dieser Partei war er sieben Jahre lang Mitglied der Zweiten Kammer. Vom April 1965 bis November 1966 war er Minister für Wirtschaft. Von 1967–1973 war Den Uyl Fraktionsvorsitzender der Partei der Arbeit in der Zweiten Kammer und bereits bei den Wahlen 1967 und 1971 Spitzenkandidat für die Wahlen. Am 11. Mai 1973 konnte Königin Juliana ihn als Ministerpräsidenten vereidigen. Seine große Energie und Arbeitskraft wird gerühmt. Wenn er Urlaub hat, zieht er mit dem Wohnwagen in ferne Länder. Seine Frau Lisbet ist ebenfalls aktiv in der Politik tätig. Das Ehepaar hat sieben Kinder. Eine Leistung war es fraglos, die heutige Koalition heterogener Parteien zustande gebracht zu haben.

So widerspruchsvoll die älteren und jüngeren Niederländer dieser Zeit sein mögen, so gilt sicherlich für die allermeisten Realisten und Individualisten der *Lage landen* ein königlicher Wahlspruch: »Wir wollen groß sein in allem, in dem ein kleines Volk groß sein kann.« Aus meiner Kindheit erinnere ich mich noch des stolzen Satzes: »Der liebe Gott hat die ganze Welt geschaffen, aber die Niederländer haben die Niederlande geschaffen« – womit nur nebenbei noch an die einzigartigen Leistungen der Niederländer auf dem Gebiet der Gewinnung von Land aus dem Meer erinnert werden soll, Leistungen, die Vorbild in aller Welt sind.

## *33. Bundesrepublik Deutschland* oder: *Gegensätze ohne nationale Synthese*

In der Bundesrepublik lebend über die Bundesrepublik schreiben zu müssen, auf äußerst beschränktem Raum zudem, verursacht in der Brust des Autors Qualen. Seit Wochen steht ein Kärtchen mit einem Nietzsche-Wort vor mir auf dem Schreibtisch: »Der deutsche Geist ist eine Indigestion; er wird mit nichts fertig.« Über die deutsche »Verdauungsschwäche« ließe sich viel sagen. Das Deutsche Reich wurde vor 100 Jahren gegründet, bestand aber nur 74 Jahre; denn seit der Teilung der Nation kann man nicht mehr von einem Reich sprechen, obwohl das viele Deutsche gern möchten. Die Hohenzollern-Kaiser hielten das Reich zusammen, obwohl die deutschen Fürsten einander wenig trauten. Die Weimarer Republik war keine wahre res publica; denn zu viele Relikte des Kaiserreiches blieben lebendig; symptomatisch, daß man den Generalfeldmarschall Hindenburg zum Präsidenten wählte. Das Dritte Reich wurde von einem Österreicher tyrannisiert, der alpenländisches Provinzlertum auch denen aufzuoktroyieren suchte, die einen kosmopolitischen Humanismus als das einzig Wahre betrachteten. In der Bundesrepublik schaffen es weder die Alten noch die Jungen, mit dem, was »Bewältigung der Vergangenheit« genannt wird, fertig zu werden.

Wer will ihnen Vorwürfe machen? Daß Deutschland ein Weltproblem wurde, ist nicht allein Schuld der Deutschen, sondern auch vieler Ausländer, welche im rechten Augenblick die rechte Perspektive verloren hatten. Der Schweizer François Bondy hat ein aufschlußreiches Symposium herausgegeben: »So sehen sie Deutschland« (Stuttgart 1970). Mit am eindrucksvollsten ist der Beitrag der Israelin Vera Elyashiv, Autorin von »Deutschland kein Wintermärchen« (Düsseldorf 1964). Frau Elyashiv kam Deutschland nach verschiedenen Besuchen »wie ein Werk des Dr. Frankenstein« vor: »Ein Wunder? Ja, aber ohne Seele. Das Herz ist tot. Das Gehirn arbeitet mit eingefütterten Formeln, das Rückgrat ist starr. Das Ganze bewegt sich schnell, mächtig, drohend, unaufhaltsam und unbegreifbar. Und was, wenn wieder mal etwas schiefgeht?« Der Historiker Golo Mann sagte unter Bezugnahme auf Vorgänge im Dritten Reich: »Wo das möglich war, da wird immer alles möglich sein.«

Wie bei anderen größeren Nationen Europas kann im Fall Deutschlands auf einen umfassenderen geschichtlichen Rückblick verzichtet werden. Für mich begann die Nachkriegszeit bereits während des Krieges. Der nach dem 20. Juli 1944 von Hitler gehenkte ehemalige deutsche Botschafter in Rom, Ulrich von Hassell, hatte illegal Fotokopien einer englischen Veröffentlichung über das nach der Waffenruhe zu teilende Deutschland erhalten. Stundenlang starrten wir im zerbombten Berlin auf diesen Plan. »Ein Wahnsinn! Ein Wahnsinn!« sagte abwechselnd einer von uns, und wir dachten gar nicht in erster Linie an das zu teilende Deutschland, sondern daran, was diese Teilung überhaupt für das gesamte Europa für unvorstellbare Folgen haben würde. Hassell – und später Albrecht Haushofer – teilten mir mit, daß die Alliierten durch Persönlichkeiten der deutschen Widerstandsbewegung vor den Folgen für ganz Europa gewarnt worden seien. Roosevelt und Stalin bestanden indessen auf dem Teilungsplan. Das unheilvolle Ergebnis streift fast jedes Kapitel dieses Buches. Es war die *European Advisory Commission,* die im Londoner Protokoll vom 12. September 1944 die Aufteilung Deutschlands in Besatzungszonen, unter Berücksichtigung eines besonderen Berliner Gebietes, festlegte. Am 7. und 8. Mai 1945 kapitulierte die deutsche Wehrmacht bedingungslos, und am 5. Juni 1945 wurde die Regierungsgewalt durch die Berliner Erklärung der Siegermächte übernommen. Vom 17. Juli bis zum 2. August 1945 fand die Potsdamer Konferenz statt, auf der die Regierungschefs der Alliierten – Truman, Stalin, Churchill (später Attlee) – die politischen und wirtschaftlichen Grundsätze der alliierten Nachkriegspolitik gegenüber Deutschland festlegten. 30. Juli 1945: Konstituierung der Sitzung des Kontrollrates. Am 2. Dezember 1946 wurde der Bi-Zonen-Vertrag abgeschlossen; d. h. die Zusammenlegung der Britischen und Amerikanischen Besatzungszone verabredet. Vom 5. bis 7. Juni 1947 tagten erstmals die Ministerpräsidenten der deutschen Länder in München; die Politiker der Sowjetischen Besatzungszone verließen demonstrativ die Sitzung, weil sie die Behandlung politischer Themen nicht durchsetzen konnten.

18. Juni 1948: Währungsreform in den Westzonen. Sechs Tage darauf (24. Juni) begann die Blockade von West-Berlin. Der Nordatlantikpakt (NATO) wurde am 4. April 1949 geschlossen. Am 23. Mai 1949 fand in der Bundesrepublik die Verkündigung des Grundgesetzes statt. Am 26. und 27. Mai 1952 kam es zur Unterzeichnung des Deutschland- und EWG-Vertrages, am 23. Oktober 1954 zur Unterzeichnung der Pariser Verträge, durch die Westdeutschland seine volle Souveränität erhielt. Am 26. Juli 1955 sprach Chruschtschow von zwei deutschen Staaten, und vom 9. bis 13. September 1955 hielt sich Bundeskanzler Adenauer in Moskau auf. Am 10. November desselben Jahres wurde durch die Sowjetunion das Berlin-Abkommen ultimativ aufgekündigt. Anfang Januar 1959 legte die UdSSR zunächst einen neuen Friedensvertragsentwurf vor und drohte wenige Wochen danach mit einem separaten Friedensvertrag mit der DDR. Wie im Kapitel über die DDR ausgeführt, begann am 13. August 1961 durch den Mauerbau die Absperrung Ost-Berlins und der DDR von West-Berlin und der Bundesrepublik. Am 17. Dezember 1963 wurde die erste Passierscheinregelung für Westberliner getroffen. 26. Juni 1964: Deutschlanderklärung der drei Westmächte, wonach die Bundesregierung die einzige rechtmäßig gebildete Regierung ist. Am 31. Dezember 1966 legte Ulbricht ein Zehn-Punkte-Programm für eine Konföderation vor. Am 12. April 1967 verkündete die Bundesregierung ein Sofortprogramm zur Milderung der deutschen Spaltung. Zwischen dem 10. Mai und dem 29. September 1967 kam es zu einem Briefwechsel zwischen Ministerpräsident Stoph und Bundeskanzler Kiesinger. Am 11. März 1968 schlug Kiesinger der DDR Gewaltverzichtsverhandlungen vor. Paß- und Visa-Forderungen der DDR im Berlinverkehr bestehen seit dem 11. Juni 1968. Nachdem es am 21. Oktober 1969 zur Bildung einer SPD/FDP-Regierung gekommen war, sprach Bundeskanzler Brandt am 28. Oktober 1969 über die Anerkennung der DDR als zweiten deutschen Staat. Am 17. Dezember 1969 schickte Ulbricht an Bundespräsident Heinemann einen Vertragsentwurf über gleichberechtigte Beziehungen. Am 19. März 1970 traf Bundeskanzler Brandt in Erfurt (DDR) Ministerpräsident Stoph, der am 21. Mai desselben Jahres zu einem Gegenbesuch nach Kassel kam.

Am 12. August 1970 wurde in Moskau ein Vertrag zwischen der UdSSR und der Bundesrepublik Deutschland unterzeichnet.

Im gemeinsamen Kommuniqué beider Staaten heißt es: »Nach Überzeugung der Seiten eröffnet der von ihnen geschlossene Vertrag günstige Aussichten für die erfolgreiche Entwicklung der friedlichen Zusammenarbeit zwischen der UdSSR und der BRD auf verschiedenen Gebieten im Interesse der Völker beider Staaten. Sie gaben der Überzeugung Ausdruck, daß der Vertrag die Festigung der Sicherheit in Europa, die Lösung der hier vorhandenen Probleme und das Zustandekommen einer friedlichen Zusammenarbeit zwischen allen europäischen Staaten unabhängig von den Unterschieden in ihrer Gesellschaftsordnung fördern wird.« Ein entsprechender Vertrag mit der Volksrepublik Polen wurde am 7. Dezember 1970 unterzeichnet. Gleichzeitig mit diesen beiden Verträgen trat am 3. Juni 1972 das Vier-Mächte-Abkommen über Berlin in Kraft. Bundeskanzler Willy Brandt führte darüber im Bundestag aus: »Die Freiheit der Zugangswege ist von den vier Mächten garantiert. Die West-Berliner können jetzt Ost-Berlin aufsuchen, sie können in die DDR reisen.« Die Bundesregierung werde im Rahmen ihrer Möglichkeiten die »Bemühungen unterstützen, Berlin zum Modell einer modernen Großstadt zu entwickeln«. Berlin werde nicht mehr »Spannungszentrum in der Mitte Europas« sein, sondern »in Zukunft ein wichtiger Faktor beim Abbau von Spannungen sein können«.

Der Vertrag über die Grundlagen der Beziehungen zwischen der Bundesrepublik Deutschland und der DDR wurde am 8. November 1972 paraphiert und am 21. Dezember 1972 unterzeichnet. Im »Grundvertrag« vereinbaren die beiden deutschen Staaten, auf der Basis der Gleichberechtigung, normale gutnachbarliche Beziehungen entsprechend den Zielen und Grundlagen der UN-Charta zu entwickeln, sich jeder Anwendung oder Androhung von Gewalt zu enthalten, die friedliche Zusammenarbeit in Europa und internationale Abrüstungsbemühungen zu fördern, die gegenseitige Unabhängigkeit zu respektieren sowie praktische und humanitäre Fragen zu lösen. Durch die Errichtung »ständiger Vertretungen« und den Hinweis auf die fortbestehenden Verantwortlichkeiten der Vier Mächte für Deutschland als Ganzes wird im Grundlagenvertrag daran erinnert, daß eine friedensvertragliche Lösung für Deutschland noch aussteht und trotz uneingeschränkter Gleichberechtigung beide Staaten füreinander nicht Ausland sind.

Die Bundesrepublik Deutschland hat fast 60 Millionen Einwohner. In dieser Zahl inbegriffen sind über 40 000 Dänen in Schleswig, etwa 30·000 Zigeuner, rund 2,4 Millionen Ausländer (darunter 1,8 Millionen ausländische Arbeitnehmer). 51,1% der westdeutschen Bevölkerung sind Protestanten, 44,1% römische Katholiken, ferner gibt es eine kleine jüdische Minderheit (22 700, einschließlich West-Berlin). Die Bundesrepublik Deutschland ist ein demokratisch-parlamentarischer Bundesstaat, der in zehn Bundesländer eingeteilt ist; hinzu kommt West-Berlin, das seinen eigenen Status hat – worauf am Schluß dieses Kapitels eingegangen werden wird.

Und nun wieder einige Seiten aus meinem Journal, jetzt aus dem »Bonner Tagebuch, April 1970«: ... Abends Empfang im Stadttheater bei Bundespräsident Heinemann für den Präsidenten der afrikanischen Republik Sambia, K. D. Kaunda. Mittelmäßige Aufführung von Strawinskijs Ballett »Feuervogel«. Fragte mich, was Kaunda und seine Suite damit anfangen werden. Warum zeigt man den afrikanischen Gästen nicht eine heitere deutsche Spieloper, die amüsiert und zugleich etwas vom Leben im alten Europa bringt? Nach dem Ballett wurde, wer »Vorstellkarten« hatte, den beiden Präsidenten und deren Frauen präsentiert. Kaunda kenne ich seit fast zwei Jahrzehnten, deshalb war ich geladen. Dr. Heinemann bemerkte anerkennend, daß ich extra aus Hamburg herübergekommen sei. Kaunda freute sich über unser Wiedersehen und legte Wert auf weitere Gespräche. Außenminister Scheel strahlte wie meistens gute Laune aus ...

Ich habe mir zum Ziel gesetzt, in diesen Bonner Tagen Politiker der Opposition zu sprechen. Mein erster Besuch galt Kurt Georg Kiesinger, Ministerpräsident von Baden-Württemberg 1958–1966, Bundeskanzler 1966–1969, seit 1967 Vorsitzender der CDU. Der Sechsundsechzigjährige wohnt in Bad Godesberg. An der Eingangstür drei riesige Buchstaben: KGK. Meine Chauffeuse: »Wenn man nicht weiß, wer hier wohnt, könnte man annehmen, bei der Abkürzung handele es sich um einen Chemiekonzern.« Auf einem Tischchen der Roman »Eine kleine Stadt in Deutschland« von John le Carré. »Ein böses Buch über Bonn!« sagte KGK; ich meinte: »Ein notwendiges Buch!« Mein Gastgeber begann sofort einen langen Monolog über die gegenwärtige politische Situation, die er als unerträglich abkanzlerte.

Fast $2^1/_2$ Stunden durfte ich ihm zuhören. Manchmal hob ich wie ein Schüler den Finger hoch, um zu Worte zu kommen. KGK hat es als einziger (was mir später seine Parteifreunde bestätigten) nicht überwunden, daß er nicht mehr regiert. Ich deutete zart an, daß vielleicht seine Zeit als Politiker abgelaufen sei. Ja, vielleicht müßten jetzt Jüngere an die Macht kommen, sagte er nun kleinlaut. Unterschwellig war spürbar, daß er hofft, ins Kanzleramt zurückkehren zu können oder nach Dr. Heinemann Bundespräsident zu werden. Die gegenwärtige Entwicklung sieht der selbstherrliche Schwabe (Jahrgang 1904) vor allem als eine Front gegen sich selber an. KGK hat durchaus angenehme Seiten. Er ist liebenswürdig, charmant, lächelt im privaten Gespräch nicht so in der Art eines alternden Burgschauspielers wie im Fernsehen. Er ist gebildet und zitiert Hutten neben Benn. Wir sprachen über Engpässe und Hoffnungen der Deutschen. Immer wieder betonte KGK: »Alle sehnen sich nach dem kleinen Glück.« Ich sagte, daß sogar die Hippies danach suchten, auch z.B. die jungen Kommunisten in Jugoslawien. Sein »kleines Glück« indessen habe das Odeur der Provinz ... Sicherlich blieb dieser Sohn eines kaufmännischen Angestellten in einer Baumwollweberei immer seiner konventionellen Welt verhaftet.

Zum Abendessen bei Gerhard Schröder, Bundesminister unter drei Kanzlern. Er wohnt in einer neuen Siedlung am Rande von Bad Godesberg in einem neuen eleganten Bungalow. Die Räume bei Schröders sind großzügig modern und mit bestem Geschmack möbliert. In der Vorhalle ein Plakat mit vier riesigen Buchstaben: LOVE, dazu zwei prachtvolle Skulpturen von Gerhard Marcks und Waldemar Grzimek. In den Wohnräumen weitere Skulpturen von Marcks, den Schröder als einen der größten Bildhauer dieses Jahrhunderts bezeichnet. Neidisch war ich auf ein kolossales Ölbild von Ernst Wilhelm Nay. Wir saßen zu Tisch mit Frau Schröder, der verheirateten Tochter und dem Schwiegersohn, der gerade seine Dissertation schreibt, sowie dem Hausmädchen. Eine angenehm unambitiöse Atmosphäre mit Butterbroten und Tee. Der frühere Innen-, Außen- und Verteidigungsminister zog sich nach dem Abendessen mit mir zu einem Gespräch in seine Bibliothek zurück. Schröder ist ein Herr mit guten Manieren, nicht so rechthaberisch wie Kiesinger. Er stellt gern Fragen und ist froh, wenn der Gesprächspartner anderer Meinung ist als er selber. Ich hatte ihn erstmals im November 1962 in Neu-Delhi getroffen, als ich im Gefolge von Bundespräsident Lübke durch Indien reiste. Schröder war Ende der sechziger Jahre schwer krank. Er hat sich ausgezeichnet erholt, und er hat keine Komplexe, weil er Gustav Heinemann bei der Bundespräsidentenwahl unterlegen ist. Ist Schröder ein Politiker, der noch einmal in der Bundesrepublik eine überragende Rolle spielen wird? Gelegentlich wird ihm Eitelkeit und Egoismus vorgeworfen. Bei allen Begegnungen mit CDU-Politikern glaube ich bemerkt zu haben: Sie stehen alle noch immer unter dem Eindruck der felsigen Persönlichkeit Adenauers. Es ist, als lauere Adenauer hinter ihren Türen und beobachte, »wat seine Jongs tun«. Schröder erzählte mir: »Adenauer konnte es noch auf dem Sterbebett nicht fassen, daß er nicht mehr Bundeskanzler war. Er hat seinen Abgang nie überwinden können und hielt sich darüber hinaus wohl sozusagen für unsterblich. Daher auch sorgte er nicht für einen Nachfolger. Unter diesem Verhängnis hat die CDU noch heute zu leiden.« Der SPD-Politiker Helmut Schmidt läßt nie Zweifel daran, daß er Schröder schätzt. Er bestätigte es mir. Schröder ist jedenfalls ein Mann mit Profil: klar, nüchtern, nicht feige, durchaus entschlossen, auch im Rahmen seiner konventionellen Partei unkonventionell zu denken und zu handeln. Und die »englische Schule« macht ihn mir sympathisch und vertrauenerweckend.

Nächster Tag: Während ich heute früh im Bundestagshaus auf Rainer Candidus Barzel im Vorzimmer seines Büros wartete, das er als CDU-Fraktionsvorsitzender innehat, hörte ich seine Stimme aus einem Lautsprecher; im Bundestag war Fragestunde. Barzels Stimme war wieder einmal gereizt, scharf, unsympathisch. Es war mir unbehaglich, mit einem zu nervösen Gesprächspartner zusammentreffen zu müssen. Sein persönlicher Referent ließ mich in Barzels Arbeitszimmer eintreten. Ein sehr großer Raum, der mehr an ein Künstleratelier denken ließ als an das Arbeitszimmer eines Politikers. Bald erschien Dr. Barzel. Er ist im persönlichen Gespräch anders als im Fernsehen. Privat spricht er ruhig, bescheiden, elegant; er stellt – wie Schröder – gern Fragen. Ich sprach ihn auf die hitzigen Querelen um seine Person an. Barzel lächelte, Adenauer sei nur so lange groß gewesen, solange er Querelen zu bestehen hatte. De Gaulle habe ihm, Barzel, gesagt, ein Politiker brauche die Querelen, sonst könne er nicht Politiker sein ...

Schwierigkeiten bezüglich der Terminierung eines Gespräches mit Professor Walter Hallstein. Schließlich verabredeten wir uns in der Wandelhalle des Bundestages. Nichts ist mir unangenehmer als zu improvisierte Gespräche. Doch sowie ich mit dem fast siebzigjährigen Europa-Experten auf einer Lederbank Platz genommen hatte, versank das betriebsame Ambiente um uns, und ich hatte das Gefühl, mit dem alten Herrn allein zu sein. Hallstein macht einen gewinnenden Eindruck. Er ist ein Weltmann, formuliert sehr gut, ist schlagfertig, kommt schnell zum Thema, spricht ohne Aggression, keine Frage kann ihn irritieren. Hinter seinen dicken Brillengläsern schließt er manchmal für einen Moment die Augen, wohl um konzentrierter denken zu können. Warum ist er Abgeordneter der CDU geworden? »Aus Verantwortungsgefühl!« Nach seinen sehr aufregenden Jahren als Politiker und Staatsmann könnte er jetzt auf seinem Altenteil sitzen. Die Unstabilität in der Welt beunruhigt *Mister Europe* sehr; die Integration Westeuropas ist für ihn die verläßlichste Friedensordnung. Alles, was Hallstein sagt, ist europäisch gedacht. Sein Buch »Der unvollendete Bundesstaat« (Düsseldorf 1969) ist eine Fibel für alle praktizierenden Europäer. Der gebürtige Mainzer (1901) ist Jurist, war Professor u. a. in Frankfurt am Main, später dort Rektor. 1950 war er Gründer und erster Präsident der UNESCO-Kommission. Adenauer beauftragte ihn mit der Führung der Schuman-Plan-Verhandlungen. (Der Plan wurde im Januar 1952 vom Bundestag ratifiziert.) Hallstein war in der Adenauer-Ära Staatssekretär, von 1958 bis 1967 Präsident der Kommission der EWG, seit 1958 war er obendrein Präsident der internationalen Europäischen Bewegung. Es ist wichtig, hier zumindest einige von Hallsteins Motivierungen anzuführen, die er in unserem Gespräch vortrug: »In der Europapolitik ist auszugehen von einer fundamentalen Tatsache: der Existenz, der Funktionsfähigkeit, der Entwicklungskraft der EWG. Denn damit ist nicht weniger als eine europäische Wirtschaftsordnung geschaffen, und das heißt ein Stück Verfassung. Ihre Grundwerte sind Freiheit, Gleichheit – das bessere Wort für Nichtdiskriminierung – und Sicherheit. Ihre Organisation ist föderal. Ihr Vollzug löst nicht nur Probleme, sondern stellt bei dieser Lösung unablässig neue, und zwar solche, die vernünftig nur durch weitere Europäisierung gelöst werden können. Diese Dynamik wirkt innerhalb der Verträge. Sie wirkt aber auch über die Verträge hinaus. Sie treibt auf die Vollföderation hin, das heißt eine Föderation, deren Integrationsgebiete nicht auf Wirtschafts- und Sozialpolitik beschränkt sind, sondern insbesondere auch die Außen- und Verteidigungspolitik umfassen.« Manche Bemerkung des Abgeordneten Hallstein läßt Resignation spüren. Dessenungeachtet hat er seinen Platz in der europäischen Nachkriegsgeschichte.

Mein Versuch, von einem anderen älteren Prominenten der deutschen Nachkriegspolitik ein facettenreicheres Bild zu bekommen, als ich es bislang besaß, mißlang. Lag's an mir? An ihm? Der ehemalige Bundeskanzler Ludwig Erhard, der mich in der Bibliothek seines Bonner Einfamilienhauses empfing, saß mir gegenüber wie ein germanisches Standbild: fast unbeweglich, wie weltfremd vor sich hin lächelnd, dann und wann an einer Zigarre photogen schmauchend. Mir schossen jene dramatischen Kämpfe durch den Sinn, die Erhard mit Adenauer auszufechten hatte. In der Nacht vorher hatte ich nochmals im 3. Band von Adenauers »Erinnerungen« gelesen, in dem er seinen Streit gegen Erhards Kanzlerschaft darstellt. Ich erinnerte mich auch – als ich vor dem aus Fürth stammenden Alt-Bundeskanzler (geb. 1897) saß – eines Berichtes von Walter Henkels, dem materialreichsten Bonner Chronisten. Adenauer erlebte noch den Rücktritt Erhards. Als Abgeordnete saßen alsdann die beiden Ex-Kanzler im Bundestag in der ersten Reihe. Henkels: »Es wirkte gespenstisch, wie sie da saßen. Sie nahmen sich gegenseitig nicht wahr, obwohl sie nur durch einen achtzig Zentimeter breiten Gang getrennt waren. Erhard war für Adenauer, Adenauer für Erhard Luft. Sie rächten sich aneinander durch Nichtbeachtung.« Obwohl ich anfangs betont hatte, daß Wirtschaft nicht mein Gebiet sei, sprach »der Vater der D-Mark« vorwiegend über Fehler, die seiner Meinung nach der SPD-Professor Karl Schiller machte. Überhaupt ist ihm die SPD-Regierung ein Greuel.... Ich fragte mich wieder einmal, warum sich Politiker, deren Zeit unwiderruflich abgelaufen ist, nicht zurückziehen können. So geben sie doch nur der Jugend Anlaß, gegen sie zu polemisieren. Undifferenziert wie junge Menschen sind, vergessen sie in einem Falle wie dem Ludwig Erhards die Tatsache, daß sie ihm viel von dem Wohlstand verdanken, den sie heute genießen.

Der ehemalige Bundestagspräsident Eugen Gerstenmaier war der Initiator des Abgeordneten-Hochhauses, das nun den Namen »Der lange Eugen« trägt. Ich wartete in der 13. Etage in einer Wartehalle vor den Amtsräumen von Franz Josef Strauß. Ich wußte, in welchem Zimmer er sich befand; denn ich hörte seine unverkennbare Stimme. Sie klang mal wieder äußerst dramatisch. Wahrscheinlich hatte er mehrere Besucher bei sich, mit denen er in einen heftigen Streit verstrickt war. Aber als mich sein Persönlicher Referent bat einzutreten, mußte ich feststellen, daß Dr. Strauß nur einen einzigen Besucher gehabt hatte. Galant und lächelnd empfing mich der CSU-Chef. Alexej Adschubej, Chruschtschows Schwiegersohn, hatte nach einem Bonn-Besuch gesagt, Strauß sei »fast ein gemütlicher Mann«. Er sprach – wie Erhard – sofort über die angeblich verfehlte Finanzpolitik der Regierung Brandts ... Auch wenn man diesen Bajuwaren nicht mag, wird man von ihm geistig gepackt. Er verfügt über ein überdurchschnittliches Wissen, hat als Redner eine Naturbegabung. Im Laufe unseres Gespräches bedauerte er, nicht Ordinarius für Geschichte geworden zu sein; Geschichte faszinierte ihn wie eh und je. Anscheinend geschmeichelt zitiert er ein Wort eines seiner schärfsten Kontrahenten, nämlich Helmut Schmidts, der im Bundestag gesagt haben soll, indem er auf Strauß zeigte: »Dieser Mann da ist gefährlich, denn er ist intelligent!« Ich sprach Strauß auf Aussprüche an, die viel Wirbel gemacht haben – wie (über die APO): »Diese Personen ... benehmen sich wie Tiere, für die die Anwendung der für Menschen gemachten Gesetze nicht möglich ist.« Oder: »Die APO, dieser moderne zoologische Garten, in dem man sich von Rauschgift, Maoismus und freier Liebe ernährt, ist mit der SA und der SS zu vergleichen.« Oder: »Ich will lieber ein kalter Krieger sein als ein warmer Bruder.« Strauß erwiderte: »Sie müssen immer die ganzen Reden lesen. Wenn Sie die zitierten Texte im Zusammenhang studieren, werden Sie feststellen, daß es sich um harmlose Reden handelt ... Und was Ihre Frage bezüglich Egon Bahr angeht: Gewiß, ich habe ihn als einen diplomatischen Dilettanten bezeichnet. Dieses Wort hat dann auch die Runde um die Welt gemacht. Das war Berechnung. Ich wollte ihn nicht allein vor der deutschen Öffentlichkeit abwerten, sondern auch in Moskau. Habe ich dazu kein Recht? Ich bin Politiker und lege keinen Wert darauf, daß die gefährliche Ostpolitik der SPD in Moskau für voll genommen wird.« Strauß spricht freier als andere Bonner Politiker über seine Gegner. Er hat sichtlich ein Vergnügen daran, bekämpft zu werden, gefürchtet zu sein. Wir sprachen über sein Buch »Herausforderung und Antwort – Ein Programm für Europa« (Stuttgart 1968). In der Sowjetunion wird – laut Strauß – ständig von den Politikern und Staatsmännern daraus zitiert, wird es in Grund und Boden verdonnert. »Es gibt nichts«, sagte Strauß, »was mir meine Feinde nicht an Bösem nachsagen. Ich werde genau unterrichtet, wessen ich alles beschuldigt werde. Aber ich meine, daß man den Kommunisten nicht mit Gefasel gegenübertreten kann und darf, sondern nur mit klaren Programmen, die ihnen beweisen, daß es im Westen Politiker gibt, die wissen, was der Weltkommunismus will, nämlich die Besiegung der ganzen Welt durch die kommunistische Ideologie. Dagegen war ich, dagegen bin ich, dagegen werde ich immer sein! Brandt ist ein honoriger Mann – das habe ich nie abgestritten. Ich habe mich nie an Diffamierungen gegen ihn beteiligt. Was indessen die Ostpolitik seiner Regierung anbetrifft, so halte ich sie für grundgefährlich, und darüber will ich das deutsche Volk und unsere Bundesgenossen aufklären.« – Soweit mein »Bonner Tagebuch«.

Über die historischen Zusammenhänge wurde berichtet. Die Katastrophe von 1945 war größer als die Niederlage von 1918. Auch blieb diesmal ein Friedensvertrag aus; ebenso hat die Reparationsfrage keine Antwort gefunden. Die Anfänge eines eigenen staatlichen Lebens standen in beiden Teilen Deutschlands unter dem schweren Druck des wachsenden Gegensatzes der USA und der UdSSR, unter dem besonders Berlin litt. Die Christlich-Demokratische Union (CDU, gegründet 1945) wurde in Westdeutschland bald die führende Partei. Sie faßte maßgebliche Kräfte beider christlicher Kirchen zusammen, außerdem bürgerliche Gruppen und den christlichen Flügel der Arbeiterbewegung. Mit der in Bayern gebildeten Christlich-Sozialen Union (CSU) steht die CDU in einem engen Verhältnis. Erster Vorsitzender der CDU wurde Dr. Konrad Adenauer (1876–1967). Er war schon bekannt als Oberbürgermeister von Köln (1917–1933) und sollte nach 1945 sehr bald der profilierteste westdeutsche Politiker und Staatsmann werden. Adenauer gelang es, mit Hilfe seines Wirtschaftsministers Erhard ein »Wirtschaftswunder« herbeizuführen und die Bundesrepublik innerhalb des

Westens zur zweitgrößten Industriemacht nach den USA und zur viertgrößten in der Welt werden zu lassen. Adenauer wirkte maßgeblich an der Errichtung der Bundesrepublik und der Schaffung des Grundgesetzes mit, er wirkte für die deutsch-französische Verständigung (Schuman-Plan), für die europäische Einigung (Beitritt zum Europarat) und für die Zugehörigkeit Deutschlands zur Atlantischen Gemeinschaft unter Herstellung der deutschen Gleichberechtigung (Generalvertrag, Europäische Verteidigungsgemeinschaft). Die Kritik an ihm selber und an seiner Partei nahm immer heftiger zu, sogar innerhalb der CDU/CSU. Während des Wahlkampfes 1969, bei dem die zwanzig Jahre lang regierende CDU/CSU eine Niederlage erlitt, tat der Hamburger CDU-Bundestagsabgeordnete Erik Blumenfeld den vielzitierten Ausspruch: »Die Führung hat versagt.« In der CDU sind inzwischen, wie in allen westdeutschen Parteien, jüngere Kräfte nach vorn getreten, die sich noch zu profilieren haben. Im gegenwärtigen Augenblick stehen drei Politiker der Opposition im Vordergrund.

Dem CDU-Vorsitzenden Dr. K. G. Kiesinger folgte Dr. R. C. Barzel, der im Juni 1973 von dem Ministerpräsidenten von Rheinland-Pfalz, Dr. Helmut Kohl, abgelöst worden ist. Dieser wurde am 3. April 1930 in Ludwigshafen als Sohn eines Finanzobersekretärs geboren. Er ist zwar katholisch, aber mit einer evangelischen Sächsin verheiratet; das Ehepaar hat zwei Kinder. Kohl studierte Rechts- und Staatswissenschaften, Soziologie, Geschichte und Politische Wissenschaften. 1947 wurde er Mitgründer der Jungen Union in Ludwigshafen und sieben Jahre später Stellvertretender Landesvorsitzender der Jungen Union der Pfalz. In der CDU hatte er Funktionen seit 1953, wurde 1959 Abgeordneter im Mainzer Landtag, 1963 Vorsitzender der CDU in Rheinland-Pfalz. 1969 wurde Kohl Ministerpräsident von Rheinland-Pfalz. Er hat von sich selber gesagt: »Ich habe Fortune ... Ich bin sehr vital.« Es steht fest, daß er sehr gern ins Palais Schaumburg einziehen würde. Günter Gaus, heute Staatssekretär, schrieb schon 1967 über Kohl: »Der debattierfreudige, oft zum eigenen Nachteil unverblümt argumentierende, auch intellektuell selbstgefällige Siebenunddreißigjährige glaubt nicht an absolute Lösungen in der Politik. Und die mit dieser frühen Einsicht verbundene Abkehr von dem kompletten Lehr- und Gedankengebäude einer politischen Ideologie bedrückt ihn nicht. Im Gegenteil: Sein auf praktische Teillösungen gerichteter Wille fördert seine zweite beherrschende Neigung: politische Probleme nicht institutionell, sondern personell zu lösen ... Vermutlich hat er mit seiner hohen Selbsteinschätzung sogar recht; aber geschadet hat ihm immer wieder die Ungeniertheit, mit der er seine Urteile – über sich selbst, über andere, über Sachfragen – ausgesprochen hat.«

Ich selber schrieb Dr. Kohl im Sommer 1973 kritisch wegen seines Aufsatzes »Für einen produktiven Konflikt«. Der »Kurfürst in der Staatskanzlei zu Mainz« (so Walter Henkels) antwortete postwendend: »Mit meinem Beitrag vor der Katholischen Akademie in Trier, der dann etwas verkürzt in der Wochenzeitung ›Die Zeit‹ wiedergegeben worden ist, sollte nicht mehr, aber auch nicht weniger erreicht werden als ein Anstoß an beide und insonderheit an die CDU/CSU. Es wird noch vieler und schmerzhafter Lernprozesse bedürfen, um das gegenwärtige ›Nichtverhältnis‹ in einen ›produktiven Konflikt‹ umzuwandeln. Aber ich finde, es war an der Zeit, dafür wenigstens einen Anstoß und ein Zeichen für Bereitschaft und guten Willen zu geben.« Als Helmut Kohl auf dem 21. CDU-Bundesparteitag am 12. Juni 1973 in Bonn zum Parteivorsitzenden gewählt worden war, sprach er zum Thema »Aufbruch in die Zukunft«: »Wir müssen eine Wende in der Politik unseres Landes einleiten ... Dabei dürfen wir nicht nur auf die Fehler dieser Regierung setzen. Wir selbst müssen durch unsere überzeugende Politik diese Wende der deutschen Politik herbeiführen ... Die CDU Deutschlands läßt sich von niemandem in ihrem Willen zur Reform, in ihrem Engagement für eine menschlichere Gesellschaft übertreffen. Die CDU ist und bleibt die Partei der dynamischen Freiheit! Die CDU bleibt die Partei der vernünftigen Reformen, der gesellschaftlichen Evolution ... Das Maß des Fortschritts ist für uns das Maß der Freiheit ... Denn dieser unser Staat ist mehr als eine Produktionsgenossenschaft für materiellen Wohlstand. Er ist eine Gemeinschaft freier Bürger, eine Gemeinschaft der Lebenden, der Toten und der nach uns Kommenden.«

Wer könnte mit solchen Thesen nicht sympathisieren? Indessen, ob der gegenwärtige CDU-Vorsitzende eine Alternative zu Willy Brandt mit seinem unzweifelhaft starken Charisma ist, bezweifeln viele Wähler in der Bundesrepublik. Die gegenwärtige Krise der CDU ist gleichfalls eine personelle Krise. Kohl weiß darum, und deshalb forderte er einen neuen CDU-Generalsekretär. Dies wurde der mit Kohl gleichaltrige Professor Dr. Kurt H. Biedenkopf, der wie Kohl aus Ludwigshafen stammt und sogar dieselbe Volksschule besucht hat. Biedenkopf studierte u. a. in den USA, war mit 37 Jahren Gründungsrektor der Ruhr-Universität in Bochum, wurde an die Spitze der von der Bundesregierung eingesetzten Mitbestimmungskommission berufen und war Topmanager des Waschmittelkonzerns Henkel. Biedenkopf erklärte: »Ich werde nicht Politik formulieren, aber ich werde dafür sorgen, daß Politik formuliert wird.«

Zusammen mit dem Parteivorsitz legte Barzel den Fraktionsvorsitz nieder. Sein Nachfolger auf diesem Posten wurde ein Professor der Universität Köln: Dr. Karl Carstens. Dieser ist am 14. Dezember 1914 in Bremen als Sohn eines Studienrats geboren, evangelisch und mit einer Fachärztin für Innere Medizin verheiratet. Rechts- und Politische Wissenschaften studierte Carstens in Deutschland, Frankreich und in den USA. 1939 bis 1945: Flakoffizier, 1945–1949: Rechtsanwalt. 1949–1954: Bremischer Bevollmächtigter beim Bund. 1954–1966: Im Auswärtigen Amt tätig, ab 1960 als Staatssekretär. 1967: Staatssekretär im Bundesministerium der Verteidigung. 1968–1969: Chef des Bundeskanzleramts. 1969–1973: Leiter des Forschungsinstituts der Deutschen Gesellschaft für Auswärtige Politik. Seine Lehrtätigkeit an der Universität Köln nahm er bereits 1952 auf.

Nach verschiedenen anderen Begegnungen erlebte ich Prof. Carstens im »Bergedorfer Gesprächskreis zu Fragen der freien industriellen Gesellschaft«, initiiert von dem Hamburger Industriellen Dr. K. A. Körber. Meisterlich leitete Carstens die zeitweise aggressive Diskussion, an der prominente Wissenschaftler und Politiker aller Richtungen teilnahmen, und mir kam schon damals der Gedanke, ob er nicht seiner Partei mehr als bislang dienen könne. Seine Berufung ins Parlament überraschte also unsereinen nicht, und bislang hat Carstens fraglos eine ausgezeichnete Figur gemacht, obwohl er doch nur wenig parlamentarische Erfahrung besitzt. Carstens zählt unstreitig zur geistigen Elite der CDU, und er ist das, was nicht unbedingt ein Makel sein muß: ein Herr, der durch sein sicheres Auftreten jeglicher Klüngelei und Kumpanei Grenzen setzt. Auch ist dieser Hanseat ein Europäer aus Überzeugung. Er war nur sechs

Monate Abgeordneter im Bundestag, als er die Fraktionsführung übernahm. Immer, wenn er sich zu Wort meldet, hört das Haus ihm zu. Carstens weiß Akzente zu setzen, wo andere schwafeln.

Carstens über Westeuropa: »Wir werden die politische Einigung Westeuropas zum Schwerpunkt unserer parlamentarischen Politik machen, wir haben nicht Zeit bis 1980, wie die Bundesregierung meint, die Szenerie der Weltmächte ändert sich rasch, das Tempo der globalen Verständigung nimmt zu. Wir dürfen es daher nicht beim gegenwärtigen Zustand der schwachen europäischen Konsultation belassen. Das wäre ein entscheidender Fehler. Die große Energie der Bundesregierung ist immer noch nach Osten hin orientiert. Gegenüber dem Westen hören wir nur verbale Erklärungen, bemerken aber keine intensive Arbeit.« Carstens über die Ostpolitik: »In der Ostpolitik sind eindeutige Anlagefehler enthalten, die weiterwirken – und zwar gegen unsere Interessen, insonderheit gegen die Interessen Berlins.« Carstens über die Freiheitsordnung in der Demokratie: »Wir werden für die Fortexistenz der Freiheitsordnung kämpfen. Die Kräfte gegen die Freiheit wachsen innerhalb der SPD viel schneller als außerhalb, etwa in Gestalt der DKP. Warum wohl war die Reaktion der schleswig-holsteinischen SPD so schwach, als Bürgermeister Weichmann in der Universität Kiel niedergeschrien wurde? Doch wegen der wachsenden Radikalität in der Partei dort. Waren Kühn und Posser nicht bereit, den Kommunisten und DKP-Genossen Götz als Richter zu akzeptieren? Oder die hessischen Rahmenrichtlinien für das Fach Gesellschaftskunde? Da gibt es Gruppen in der SPD, die das freiheitliche System per Schulunterricht beseitigen wollen. Und da und dort die Tendenz zum imperativen Mandat, das dem Abgeordneten die Freiheit nimmt.«

Mittlerweile hat die CDU eine gesellschaftspolitische Offensive gegen die immer stärker werdenden systemverändernden und systemüberwindenden Vorstellungen bestimmter Kreise innerhalb der SPD eingeleitet. Im Bericht der Grundsatzkommission der CDU heißt es: »Die CDU ist eine Volkspartei. Ihre Mitglieder kommen aus allen Schichten, Gruppen und Berufen. Ihre Politik dient dem Wohl des ganzen Volkes, nicht Teilinteressen ... Aufgabe einer Volkspartei ist es, die Auseinandersetzung über die Grundfragen der Zeit zu führen, aber der Polarisierung und Radikalisierung entgegenzuwirken. Eine Volkspartei kann politische Doktrinäre weder beheimaten noch mit ihnen eine Koalition eingehen. Volkspartei und Volksfront schließen einander aus. Intoleranz und Klassenkampf sind Rückfälle in verhängnisvolle Irrtümer der Vergangenheit und bedrohen unseren freiheitlichen Rechtsstaat.«

Wenden wir uns jetzt der CSU, also der Schwesterpartei der CDU, zu. Ihr Vorsitzender Franz Josef Strauß wurde am 6. September 1915 in München als Sohn eines katholischen Fleischermeisters geboren. Er ist stolz darauf, daß er am Maximilian-Gymnasium vom ersten bis zum letzten Schultag Primus gewesen ist. 1935–1939: Student der Geschichte, der klassischen Sprachen, Germanistik und Volkswirtschaft. Nach seinen Referendar- und Assessor-Examen wurde Strauß zwar Studienrat, war aber von 1939 bis 1945 als Artillerist an der Ost- und Westfront (Oberleutnant und Stabsadjutant). 1945–1948: Stellvertretender Landrat, dann Landrat von Schongau, CSU-Generalsekretär, Oberregierungsrat, Leiter des Bayerischen Landesjugendamtes, Mitglied des Wirtschaftsrates in Frankfurt. CSU-Bundestagsabgeordneter wurde Strauß 1949, Bundesminister für besondere Aufgaben (»Benjamin des Kabinetts«) 1953, Bundesminister für Atomfragen 1955. Bundesminister der Verteidigung war F. J. Strauß von 1956 bis 1962, Bundesminister der Finanzen von 1966 bis 1969. Seit 1961 ist der mehrfache Ehrendoktor CSU-Vorsitzender. Immer wieder geriet der hochintelligente Politiker in Krisen, aber immer wieder wurde er zum Stehaufmännchen. Dieter Hildebrandt: »Der Wiederaufstieg von Strauß ging so schnell, daß man als Kabarettist gar nicht nachkommt.« Der französische Staatsmann Michel Debré: »Er ist schlau, gerissen und ehrgeizig.« Der Journalist Claus Jacobi: »Wenn ich Strauß mit einem Fahrzeug vergleichen wollte, würde ich sagen, er habe den Motor eines Rennwagens und die Bremsen eines Kinderrollers.« Darum wird er wie kaum ein zweiter beargwöhnt. Strauß hat im Bundestag als Abgeordneter wie als Minister atembeklemmende Reden gehalten, und selbst seine Feinde haben dann geflüstert, sie bedauerten es, ihn nicht in ihrer Partei zu haben. Neben Wehner ist Strauß einer der wenigen Vollblutpolitiker in der Bundesrepublik. Er wurde zum schärfsten Gegner der Ostpolitik Brandts. In der Londoner *Times* (nachgedruckt in »Die Zeit«, Nr. 23, 1971) schrieb er: »Das Schicksal Europas wird nicht von seinem eigenen Wunsch nach Ruhe, Wohlstand und Fortschritt, sondern letztlich vom Ergebnis des Ringkampfes der Riesen – Amerikas und Rußlands – abhängen, da es den Zwergen unseres Erdteils an der Macht gebricht, die Gefahr des Krieges zu bannen. Frieden aber kann es – nach einem Satz von Mao Tse-tung – nur zwischen zwei Katzen geben, doch niemals zwischen einer Katze und lauter Mäusen.« Schon 1966 sagte Strauß: »Es ist nicht einzusehen, warum 300 Millionen NATO-Europäer sich von 180 Millionen Amerikanern beschützen lassen müssen, um vor 200 Millionen friedfertigen Russen nicht zittern zu müssen.« Seine Freundschaft mit Anhängern der Apartheid hat ihm gleichfalls schärfste Kritik eingebracht. Er hat wahrhaft Talent, immer neue Kreise vor den Kopf zu stoßen.

Die Bundesrepublik Deutschland hatte auch deshalb einen ausgezeichneten Start, weil sie eine ungewöhnliche Persönlichkeit als ersten Bundespräsidenten gewinnen konnte, einen ebenso gelehrten wie witzigen Mann aus dem Schwabenland: Prof. Dr. phil. Theodor Heuss (1884–1963), Autor zahlreicher politischer und literarischer Schriften, einer der besten Repräsentanten der Demokratie, die in diesem jungen Staat zu finden waren. Der zweite Bundespräsident, Heinrich Lübke (geb. 1894), war zuvor Bundesernährungsminister gewesen. Er sah es als eine seiner Hauptaufgaben an, in den Entwicklungsländern Verständnis für die junge Republik zu erwirken. Dr. Lübke hatte es nach dem überlegenen Diplomaten Theodor Heuss oft schwer und war gewiß manches Mal überfordert. Heuss gehörte zu den Gründern der FDP, Lübke war CDU-Mitglied.

Der dritte deutsche Bundespräsident hatte die Parteien dreimal gewechselt, was ihm seine Kritiker vorwerfen. Dr. Heinemann hat jungen Menschen gesagt: »Habt doch nicht den Ehrgeiz, daß ihr, wenn ihr jetzt als Zwanzigjährige in eine Partei eintretet, noch als Siebzig- oder Achtzigjährige mit derselben Parteifahne beerdigt werden müßt.« Gustav W. Heinemann wurde am 23. Juli 1899 in Schwelm (Westfalen) geboren; sein Vater war Prokurist bei Krupp in Essen. Der junge Heinemann war im ersten Weltkrieg bei der Feldartillerie. Nach dem Studium promovierte er 1921 zum Dr. rer. pol. und 1929 zum Dr. jur. Seit 1926 war er Rechtsanwalt in Essen und zugleich seit 1928 Justitiar und von 1936 bis 1949 Vorstandsmitglied der Rheinischen Stahlwerke A.G. in Essen. Nach Kriegsende wurde Heinemann Mitbegründer der CDU in Essen. Von 1945 bis 1967 war er Ratsmitglied der Evangelischen Kirche Deutschlands und stand deren Synode von 1949 bis 1955 als Präses vor. 1946 bis 1949: Oberbürgermeister von Essen und 1947 bis 1948 Justizminister in Nordrhein-Westfalen. Im ersten Kabinett Adenauer war er von 1949 bis 1950 Bundesinnenminister. Er trat zurück, weil Adenauer nach Heinemanns Meinung »die Wiederaufrüstung allzu souverän und ohne Beteiligung seines Kabinetts betrieben hatte«. Heinemann gelangte zu Ansehen auch dadurch, daß er aus Gewissensgründen von seinem Amt zurücktrat. 1952 gehörte er zu den Mitbegründern der Gesamtdeutschen Volkspartei (GVP). Nach deren Auflösung trat er 1957 der dritten Partei bei, nämlich der SPD, für die er im selben Jahr in den Bundestag gewählt wurde. Seit 1958 war er bis zu seiner Wahl als Bundespräsident Mitglied des Parteivorstandes der SPD. In der Regierung der Großen Koalition, geführt von dem CDU-Vorsitzenden Kiesinger, war Heinemann Bundesjustizminister. In mehreren Reden gewann er als ein fortschrittlicher Jurist, Politiker und Staatsmann Ansehen auch bei der jungen Generation: »Ich verstehe den Unwillen über alle Trägheit in der menschlichen Gesellschaft bis in die Kirchen hinein. Zeitlebens bin ich selber ein ungeduldiger Mensch gewesen. Ich bin es immer noch . . . In dieser meiner eigenen Ungeduld verstehe ich sogar die radikalen Gruppen der unruhigen Jugend. Aber gerade sie kann ich aus meiner eigenen Ungeduld nur zur Verstärkung derer rufen, die den langen Marsch der Reformen bereits vor ihnen angetreten haben und fortzusetzen entschlossen sind . . . Jeden leichtfertigen Umgang mit den elementaren Freiheiten unserer Ordnung sollten sich gerade die oppositionellen Gruppen versagen, die selber des Schutzes dieser Freiheiten teilhaftig sein wollen und sein sollen.« Zum Bundespräsidenten gewählt wurde Dr. Heinemann am 5. März 1969. In seiner Einführungsrede als Präsident sagte er: »Es gibt schwierige Vaterländer. Eines davon ist Deutschland. Aber es ist unser Vaterland.«

Die Freie Demokratische Partei (FDP) entstand im Dezember 1948 durch Zusammenschluß der liberaldemokratischen Parteien der drei Westzonen und West-Berlins. Zu ihren bekanntesten Mitgliedern gehörten anfangs also Bundespräsident Heuss sowie die Minister und Abgeordneten Blücher, Thomas Dehler,

H. Schäfer und Reinhold Maier. Von den ersten Jahren der FDP an war in ihr aktiv der 1916 in Oberschlesien gebürtige Dr. Erich Mende. Er wurde 1951 Parlamentarischer Geschäftsführer der FDP-Fraktion: »Von dieser Zeit an ist die Politik mein Hauptberuf!« Sechs Jahre später war Mende Fraktionsvorsitzender, 1960 Bundesvorsitzender und blieb das, bis der gegenwärtige Außenminister Walter Scheel 1968 seine Nachfolge antrat. Die FDP-Politiker wurden als »Umfallpolitiker« gebrandmarkt. Die Öffentlichkeit hat ihnen vorgeworfen, das Parteifähnchen mal da, mal dort aufzustecken. Ihr jetziger Vorsitzender, Walter Scheel, hat rückblickend hervorgehoben, daß die FDP in manchen Bereichen der Politik 1949 nicht sehr weit von der CDU entfernt war, aber meilenweit von der SPD. In der Zwischenzeit habe sich die SPD durch einen grundsätzlichen Wandel ihrer Auffassung den beiden anderen Parteien genähert, so daß man heute davon sprechen könne, daß der Abstand zwischen den drei Parteien etwa gleich groß sei. Das gebe der FDP neue Möglichkeiten: »Es ist also törichtes Gerede, wenn man von Linksbewegung der FDP im Zusammenhang mit ihrer Bereitschaft gesprochen hat, mit der SPD eine Regierungskoalition einzugehen . . . Die FDP hat sich nicht aus den Armen der CDU gelöst, um nun zum Anhängsel der SPD zu werden. Die FDP wird sich vielmehr weiterhin als eigenständige, richtungweisende und fortschrittliche Kraft erweisen.«

Walter Scheel ist der vierte Bundesminister des Auswärtigen und zugleich Vizekanzler. Scheel hat als Politiker viele Schläge einstecken müssen. Seine Partei hat er durch schwere Krisen geschickt geführt. Die Außenminister Brentano und Schröder wurden von Adenauer an der Leine gehalten; Schröder hätte sicherlich eine andere Außenpolitik betrieben, wenn ihm nicht ständig ins Konzept geredet worden wäre. Auch Brandt hatte keine freie Hand, solange er 1966–1969 als Außenminister einer CDU/CSU-SPD-Koalition wirken mußte. Scheel wiederum vermag nichts ohne die SPD. Den Koalitionspartner nochmals zu wechseln, würde man ihm übelnehmen. Walter Scheel wurde am 8. Juli 1919 in Solingen als Sohn eines evangelischen Stellmachers geboren. Nach dem Abitur wurde er im Bankfach ausgebildet. 1939 bis 1945: bei der Luftwaffe, zuletzt Oberleutnant, Nachtflugleiter, Gruppenadjutant im Nachtjagdgeschwader 1. Die ersten acht Nachkriegsjahre war er Geschäftsführer in einer Stahlwarenfabrik, Teilhaber und Geschäftsführer in Unternehmungen der Marktforschung und Marktuntersuchung sowie selbständiger Wirtschaftsberater. Bereits 1946 wurde er Mitglied der FDP. Er war alsdann nacheinander Stadtverordneter in Solingen, Landtagsabgeordneter in Düsseldorf, Bundestagsabgeordneter. Er war Mitglied der Gemeinsamen Versammlung der Europäischen Gemeinschaft für Kohle und Stahl, Mitglied des Europäischen Parlaments. 1961–1966 war er in den Kabinetten Adenauer und Erhard Bundesminister für Wirtschaftliche Zusammenarbeit. Für die Entwicklungshilfe gab er die Parole aus: »Erst planen, dann zahlen.« 1967 wurde er Vizepräsident des Deutschen Bundestages, im Januar 1968 Bundesvorsitzender der FDP. Bundesminister des Auswärtigen wurde er im Oktober 1969. Seine erste Frau starb nach vierundzwanzigjähriger Ehe. Walter Scheel heiratete 1969 eine Ärztin, Dr. Mildred Wirtz. Ich habe Walter Scheel in den vergangenen fünfzehn Jahren wiederholt getroffen und empfand immer, was »Die Zeit« über ihn schrieb: »Er ist eine glücksbegabte rheinische Frohnatur.« Publizist Rolf Zundel: »Wo die Reformer mit dem Kopf durch die Wand wollen, sucht er eine Tapetentür.« Scheel hat von sich selber gesagt, er habe »einen abenteuerlichen Optimismus«. Auch als Bundesaußenminister gewährte er mir ein Gespräch, und erneut verwirrte mich seine erstaunliche Selbstsicherheit. So hat er sich selbst charakterisiert: »Ich klebe überhaupt nicht an einer Position. Das ist vielleicht der Grund dafür, daß ich meine Aufgabe mit einem hohen Maß an Freiheit ausübe . . . In der Demokratie ist die Bereitschaft zu gehen für einen Politiker die größte Entfaltung von Macht.« Im Dezember 1973 gab er seine Absicht kund, für das Amt des Bundespräsidenten zu kandidieren.

In einem Gespräch im Auswärtigen Amt sagte ich zum Bundesaußenminister: In den letzten Monaten (seit den Verhandlungen der Bundesrepublik mit Moskau und Warschau) habe ich mit zahlreichen ausländischen Politikern und Staatsmännern über die neue deutsche Ostpolitik gesprochen. Alle diese Männer und Frauen sind Freunde der Bundesrepublik. Ich habe aber nicht einen Politiker und Staatsmann getroffen, der die gegenwärtige Ostpolitik rückhaltlos bejaht. Überall ist man durchaus für gute Beziehungen mit dem Osten, überall jedoch sagte man mir (was auch der NATO-Generalsekretär Brosio öffentlich erklärte), es handle sich nicht um eine neue deutsche Ostpolitik, sondern um eine neue Westpolitik des Kremls und seiner Verbündeten. Die Regierung der Bundesrepublik erkenne u. a. die Breschnjew-Doktrin nicht in ihrer ganzen Gefährlichkeit, überhaupt würden die Risiken unterschätzt. Könnten Sie sich bitte zu diesem Komplex äußern.

Walter Scheel: »Die Ostpolitik der Bundesregierung ist unser Beitrag als gleichberechtigter Partner der westlichen Gemeinschaft zur allgemeinen Friedens- und Entspannungspolitik. Dieser Beitrag steht nicht allein, und wir werden nicht allein gelassen. Die Zustimmung zu dieser Ostpolitik ist von verbündeten Staatsmännern wiederholt sehr eindeutig in bilateralen Gesprächen bekräftigt worden und hat ihren unmißverständlichen Ausdruck u. a. im Kommuniqué der Ministertagung des NATO-Rats vom 3./4. Dezember 1970 gefunden. (Es heißt dort u. a. unter Ziff. 6: ›Die Minister nahmen die Unterzeichnung des Vertrages zwischen der Bundesrepublik Deutschland und der Sowjetunion am 12. August 1970 und die Paraphierung des Vertrages zwischen der Bundesrepublik Deutschland und der Volksrepublik Polen am 18. November 1970 mit Befriedigung zur Kenntnis. Sie begrüßten diese Verträge als Beiträge zur Minderung der Spannungen in Europa und als wichtige Elemente des modus vivendi, den die Bundesrepublik Deutschland mit ihren östlichen Nachbarn herstellen will.‹) Damit hat sich das westliche Bündnissystem eindeutig hinter die Ostpolitik der Bundesrepublik Deutschland gestellt. Das ist für uns ausschlaggebend. Sicher gibt es Leute in den uns befreundeten Nationen, die eine andere politische Meinung vertreten als ihre Regierungen, sicher teilen nicht alle Menschen die politischen Ansichten der Bundesregierung, sicher mögen manche Leute die Politik der Bundesregierung nicht. Worauf es ankommt, ist die enge Konsultation mit den Regierungen unserer Verbündeten und das Maß an Vertrauen beim koordinierten Vorgehen.

Wir unterschätzen keineswegs die Breschnjew-Doktrin, über deren Tragweite es im übrigen verschiedene Lesarten gibt. Das Ziel der Bundesregierung ist, durch eine Entspannung in Europa Verhältnisse herbeizuführen, in denen mehr Austausch zwischen Ost und West möglich ist.«

R. I.: Trifft es zu, wenn der ehemalige belgische Ministerpräsident Spaak in einem Gespräch mit mir meinte, daß es gegenwärtig keine Spannung zwischen Ost und West gebe, daß die deutsche Ostpolitik jedoch zur Erzeugung neuer Spannungen innerhalb der Bundesrepublik Deutschland und innerhalb der übrigen westlichen Staaten geeignet sei? Bedeutet diese Politik eine Ermunterung der Rechtsextremen? Walter Scheel: »Ich weiß nicht, daß Paul-Henri Spaak diese Äußerung getan hat. In dieser Form ist sie sicher nicht aufrechtzuerhalten. Die Situation in Europa ist augenfälliger Ausdruck der Spannung, die zwischen Ost und West besteht. Im Mittelpunkt dieses Spannungsfeldes liegt Berlin, an seiner Nahtstelle die Bundesrepublik Deutschland. Erklärtes Ziel der Osteuropa-Politik der Bundesregierung ist es, diese Spannung zu überwinden (vgl. deutsch-sowjetischer Vertrag, Art. 1). Auf dieses Ziel wirken die alliierten Mächte in ihrem Bemühen um eine befriedigende Berlin-Regelung hin, die als Testfall für einen Entspannungsprozeß in Europa gilt . . . Das Ansehen der Bundesrepublik Deutschland in Osteuropa und in den Ländern der Dritten Welt ist gewachsen. Die polnische Regierung hat bei Abschluß des deutsch-polnischen Vertrages für unsere Wünsche nach Familienzusammenführung und Aussiedlung Deutschstämmiger Verständnis gezeigt . . . Auch mit der Tschechoslowakei sind wir ins Gespräch gekommen . . . Die Ostpolitik der Bundesregierung hat Kritik seitens der Opposition ausgelöst. Die Bundesregierung setzt sich mit allen ernsthaften Gegenargumenten gründlich auseinander. Die Bundesregierung ist stabil genug, um politische Meinungsverschiedenheiten in demokratischer Form auszutragen . . .«

R. I.: Im westlichen Ausland wird die Meinung vertreten, die Bundesregierung betreibe dem Osten gegenüber eine Politik des Ausverkaufs, eine Politik der Vorleistung ohne Aussicht auf Gegenleistung; sie habe die Russen an den Rhein geholt und müsse deshalb gestürzt werden. Wie steht es mit der Konsultation in ostpolitischen Fragen innerhalb des westlichen Bündnisses? Walter Scheel: »Ich habe bereits erwähnt, daß unsere Verbündeten diese Politik vorbehaltlos bejahen. Von der Opposition bisweilen aufgestellte pauschale Behauptungen wie: die Bundesregierung betreibe Osteuropa gegenüber eine Politik des Ausverkaufs, eine Politik der Vorleistung ohne Gegenleistung und ähnliches, sind demagogisch und halten einer Analyse unserer sorgfältig geplanten und behutsam verfolgten Politik nicht stand. Die deutsche Ostpolitik ist der ernste und notwendige

Beitrag zum Abbau der Konfrontation, zur Beseitigung der Kriegsgefahr in Europa. Diese Politik erhebt den Anspruch, durch praktische Schritte zur Völkerverständigung beizutragen, und auch den verbindlichen Anspruch, die Teilung unserer Nation auf diesem Weg zu überwinden. Wir haben mit dem deutsch-sowjetischen und dem deutsch-polnischen Vertrag nichts aufgegeben, was nicht schon längst verspielt war. Die Rechtspositionen, die für uns wesentlich sind, haben wir erhalten. Die Bundesregierung hat nie einen Zweifel daran gelassen, daß sie mit dem Gewaltverzichtsvertrag mit der Sowjetunion und mit dem Vertrag über die Grundlagen der Normalisierung ihrer gegenseitigen Beziehungen mit Polen keinen Ersatz für einen Friedensvertrag geschaffen hat . . . Die Bundesregierung hat stets betont, daß die deutsche Ostpolitik nur von der soliden Grundlage unserer Zugehörigkeit zum Bündnis der westeuropäischen und atlantischen Staaten her möglich ist. Die verbündeten Regierungen sind deshalb sowohl bilateral als auch multilateral (Sechser-Gemeinschaft, NATO, WEU, Europarat) in allen Phasen unserer Ostpolitik konsultiert worden.«

Nach der Aufnahme der Bundesrepublik in die UNO hielt Scheel vor der Vollversammlung eine Rede, in der er betonte, die Saat der Gewalt müsse im Keim erstickt werden: »Mit der Charta haben wir gemeinsam der Gewalt abgeschworen, bei aller Anerkennung des Rechts auf Selbstverteidigung . . . Kein politisches Ziel rechtfertigt die Gewalt: Kein Nationalismus, kein Klassenkampf, keine Kolonial- oder Rassenauseinandersetzung, weder Utopien noch Ideologien. Wir müssen uns dieses Minimum an Einverständnis in den Vereinten Nationen erarbeiten und daraus auch die notwendigen praktischen Konsequenzen ziehen.«

Durch die Bildung der Großen Koalition 1966 kamen erstmals SPD-Politiker auf Regierungsbänke. 39 Jahre mußte die SPD warten, bis sie wieder, allerdings in der Koalition mit der FDP, eine Regierung bilden konnte. Die SPD (gegründet 1869) formierte sich 1945 neu unter der Führung des Volkswirtschaftlers Kurt Schumacher. Geboren 1895 in Kulm (Westpreußen), war er schon in der Weimarer Republik für die SPD an hervorragender Stelle tätig. 1933–1945 war er mit kurzen Unterbrechungen in Hitlers KZs. Schwerkrank, arm- und beinamputiert, war er Mitgründer und seit 1946 Vorsitzender der SPD. Er war ein scharfer Gegner des Kommunismus, gehörte seit 1949 dem Bundestag an und war zu jener Zeit der profilierteste Führer der Opposition. Nach Schumachers Tod im Jahre 1952 übernahm Erich Ollenhauer (1901–1963) die Führung der SPD, ihm folgte Willy Brandt.

Der bedeutendste Kopf der deutschen Sozialdemokratie ist einer der Senioren: Carlo Schmid – Völkerrechtslehrer, Staatsmann, Parlamentarier, Schriftsteller, Übersetzer (Baudelaire, Calderon, Malraux u. a.). Wer wiederholt Gelegenheit gehabt hat, diesen großen europäischen Humanisten zu sprechen, weiß, wie er ständig bemüht ist, das politisch-demokratische, überhaupt das geistige Erbe Europas nicht nur am Leben zu erhalten, sondern im Geiste eines vernünftigen Fortschritts zu erneuern. Carlo Schmid wurde am 3. Dezember 1896 in Perpignan als Franzose geboren. 1914 wurde er deutscher Staatsangehöriger und Soldat der kaiserlichen Armee. Ab 1919: Studium der Rechts- und Staatswissenschaften, Promotion und Eintritt in den Justizdienst. 1927: Referent am Kaiser-Wilhelm-Institut und beim Internationalen Gerichtshof in Den Haag. 1929: Habilitation. Von 1933–1945 wurde Carlo Schmid von sämtlichen Berufungen und Beförderungen ausgeschlossen. 1946: Ordentlicher Professor. Seit 1953: Ordinarius für Politische Wissenschaften an der Universität Frankfurt. 1947–1950: SPD-Justizminister von Württemberg-Hohenzollern. 1948–1949: Mitglied des Parlamentarischen Rats und einer der Väter des Grundgesetzes. Von 1949 ohne Unterbrechung bis 1972 Mitglied des Bundestages. Bis 1966 und dann wieder ab 1969 Vizepräsident des Bundestages. 1959: Kandidat für das Amt des Bundespräsidenten. 1963: Präsident der Westeuropäischen Union. 1955: Mit Adenauer in Moskau, wo er sich große Anerkennung erwarb. 1966: Bundesratsminister. 1969: Koordinator für die deutsch-französischen Beziehungen. 1955 erhielt Carlo Schmid das Großkreuz des Verdienstordens und 1967 den Frankfurter Goethe-Preis. Über Europa heißt es in Carlo Schmids jüngstem Buch »Europa und die Macht des Geistes« (Bern, 1973): »Vom Politischen und Ökonomischen ganz abgesehen, auch kulturell wäre ein Europa ohne Großbritannien, Skandinavien und den Osten nur ein entstellter Torso, und wer es auf sich nehmen wollte, Europa ohne diese Völker in Angriff zu nehmen, würde dem von ihm dann ›Europa‹ genannten Rumpf des Kontinents eine Entwicklung aufzwingen, die vielleicht rheinisch-mittelmeerisch, aber sicher nicht mehr europäisch genannt werden könnte.«

Von der alten Garde der führenden Sozialdemokraten aus der unmittelbaren Nachkriegszeit ist Herbert Wehner heute der einflußreichste, wenn auch umstrittenste. Am 11. Juli 1906 wurde er als Sohn eines Schuhmachers in Dresden geboren. Im Alter von siebzehn Jahren trat er der Sozialistischen Arbeiterjugend bei, dann der Syndikalistischen Jugendgruppe. Nach Abschluß der Realschule ging er in die kaufmännische Lehre, wurde Gewerkschaftsmitglied und kaufmännischer Angestellter. Wehner wurde später Journalist. 1927: Mitglied der KPD. 1930: Kommunistischer Abgeordneter im Sächsischen Landtag. Als Studenten hörten wir ihn in Leipzig in Versammlungen. Bereits damals unterschied er sich durch sein forsches, ja oft schroffes Auftreten von anderen sächsischen Politikern. 1932 zog Wehner nach Berlin und wurde technischer Sekretär des Politbüros der KP. Nach Hitlers Machtübernahme war Wehner illegal tätig – in Deutschland selber, aber auch im Ausland. 1935 emigrierte er nach Prag. Von hier wurde er nach Moskau abgeschoben. Er nahm eine Tätigkeit in der Komintern auf. In seinen »Erinnerungen und Reflexionen« (Hamburg 1969) gibt der österreichische Kommunist Ernst Fischer ein anschauliches Bild von Wehner in Moskau: »Nicht weniger hingezogen fühlte ich mich zu Herbert Wehner ... Seine Berichte über die Lage in Deutschland waren genau, nüchtern, überzeugend frei von Illusionen ... Er haßte die meisten führenden deutschen Kommunisten ... Er war wie ein Kessel ohne Ventil, mußte, um sich zu befreien, von Zeit zu Zeit in Sprengstücken auseinanderfliegen. Er schluckte zuviel in sich hinein. Was in Moskau geschah, mißfiel ihm. Die meisten seiner Genossen waren ihm zuwider.« 1941 wurde Wehner von der Komintern nach Stockholm verschickt, wo er festgenommen und zu Gefängnis verurteilt wurde. Wieder in Freiheit, wurde Wehner in Schweden Viskose- und wissenschaftlicher Hilfsarbeiter.

1946 kehrte Wehner nach Deutschland zurück. Er wurde Mitglied der SPD und Redakteur beim »Hamburger Echo«. 1949 forderte ihn Schumacher auf, für den Bundestag zu kandidieren. Wehner wurde gewählt und außerdem Vorsitzender des Bundestagsausschusses für Gesamtdeutsche Fragen (bis 1966). 1958 erfolgte Wehners Wahl zum Stellvertretenden Vorsitzenden der SPD. 1959 wirkte er am »Godesberger Programm« der SPD mit, »das die Sozialdemokratie nicht als einen Vollstrecker geschichtlicher und ökonomischer Zwangsläufigkeiten und Gesetzmäßigkeiten sieht, sondern als eine politische Willensgemeinschaft, die auf Werten aufbaut und sich zu bestimmten politischen Zielen zusammengeschlossen hat« (Wehner). 1960 hielt Wehner ein Plädoyer für die NATO im Bundestag. Im Koalitionskabinett CDU/CSU-SPD (1966-1969) war er Bundesminister für Gesamtdeutsche Fragen.

Seine Gegner lassen nicht nach, ihn durch immer neue Veröffentlichungen zu desavouieren. (Vgl. H. Frederik: »Gezeichnet vom Zwielicht der Zeit«, München 1961.) Günter Gaus schreibt im Vorwort zu Wehners Schriften: »Der fünfzigjährige ideologische Krieg – und noch immer kein Ende, und ein neues Aufflackern vielleicht schon wieder nahe bevor, und die Waffenruhe wäre dann so kurz gewesen, und die Erschöpfung ist doch so tief – hat Wehner keine der politischen Chiffren erspart, mit denen gebrandmarkt werden sollte, die eine Einladung zum Ächten waren, eine Kennzeichnung von Aussätzigen. Kommunist, Faschist, sozialdemokratischer Arbeiterverräter, Landesverräter, Klassenfeind, Handlanger Moskaus und Handlanger der Reaktion: Er hat alle Signalements auf sich gezogen; manche gleichzeitig, was die Verketzerung nicht aufhob, sondern oft verdoppelte.«

Im September 1973 reiste Wehner mit einer Delegation von Bundestagsabgeordneten nach der UdSSR und entfachte wieder einmal einen Sturm der Entrüstung, als er nämlich die Berlin-Politik der Bundesregierung in Frage stellte. Der SPD-Fraktionschef kritisierte die »harte Regierungslinie«, brachte damit Brandt in große Verlegenheit und er verärgerte insbesondere den Koalitionspartner Scheel. Daß der ehemalige Kommunist Wehner ausgerechnet in der Sowjetunion »explodierte«, wurde in Bonn so kommentiert: »Kommunist bleibt eben Kommunist, wie ein Katholik ein Katholik bleibt, auch wenn er aus der Kirche austritt.«

Politischer Emigrant wie Herbert Wehner war Willy Brandt. Bei vielen Gelegenheiten in Berlin sah ich ihn, sprach ich ihn. Der Publizist Hermann Schreiber bezeichnete ihn in jener Zeit als »eine Mischung aus Filmheld und Festungskommandant. Er ist, notgedrungen, immer zweierlei: Frontstädter und Koexistenzialist, Räuber und Gendarm«. Bei seinen erfolglosen Wahlkämpfen in den Jahren 1961 und 1965 beobachtete ich Willy Brandt besonders aufmerksam und bedauerte seine gesundheitliche Krise. Brandt sagte selbst: »Ich habe dem Tod ins Auge gesehen.« Er raffte sich neu auf. Auf dem Dortmunder Parteitag 1966 wurde er fast einstimmig als Parteichef bestätigt. Das gab ihm Kraft, Außenminister in der Koalition von 1966 zu werden und schließlich am 28. September 1968 in das Palais Schaumburg einzuziehen. Im Zusammenhang mit diesem Buch sprach ich ihn am Nachmittag des 10. Mai 1971. Er hatte harte Arbeitstage und -nächte hinter sich; er war zu politischen Gesprächen in London gewesen und am Vortage um 5 Uhr morgens aus dem Bett geklingelt worden, weil sein Außenminister wissen wollte, wie er sich während der Brüsseler Verhandlungen bezüglich der Freigabe des DM-Wechselkurses verhalten sollte. Der Bundeskanzler machte einen abgearbeiteten Eindruck. Er empfing mich in demselben Zimmer, in dem schon Adenauer, Erhard und Kiesinger gearbeitet hatten. Über seinem Schreibtisch hängt ein Tintoretto-Gemälde, seitlich ein Bildnis von Pico della Mirandola, der wegen seiner bildungshumanistischen Ansichten vom Papst in Bann getan wurde. Ein Aschenbecher, mit einer Silbermünze mit dem Kopf Wilhelms II. verziert, steht auf Brandts Schreibtisch. Die Sitzecke schmückt ein schwerer Gobelin, der vom Besuch der Königin von Saba bei König Salomon erzählt.

Der vierte Kanzler der Bundesrepublik Deutschland hat viele Gegner in seinem eigenen Volk. Wer ihn persönlich kennenlernt, ist von ihm eingenommen. Gerade nach diesem Gespräch wurde mir klar, warum selbst solche Persönlichkeiten Willy Brandt Sympathie entgegenbringen, die mit seiner Politik nicht einverstanden sind. Was im Zweiergespräch angenehm berührt, ist, daß er einem anderen zuhören kann. Brandt verbreitet um sich Ausgeglichenheit und Zuversicht; er gerät nicht ins Stottern, antwortet auf Fragen bedächtig. Seine Augen werden dabei manchmal sehr klein. Auf mich wirkt Brandt gelegentlich fast etwas asiatisch – wie Adenauer. Ich hatte erstmals Anfang Januar 1945 von ihm gehört. An dem Tage, als der frühere SPD-Abgeordnete Julius Leber (der dem jungen Brandt ein Vorbild war; sie stammen beide aus Lübeck) in Plötzensee hingerichtet wurde, übernachtete Annedore Leber bei uns im Hause in Nikolassee, und sie erzählte von jungen Sozialdemokraten in Norwegen, auf die man seine Hoffnung setzen müßte. 1946 berichtete mir in Oslo mein Freund, der Maler Paul René Gauguin[28], der Enkel des berühmten Symbolisten, von sozialdemokratischen deutschen Freunden, zu denen Willy Brandt zählte. Es war natürlich, daß ich zur Vervollständigung der Biographie von Willy Brandt ihn auf unseren gemeinsamen Freund ansprach, an den er sich dankbar erinnerte. Weil es sich hier um unbekannte Details aus dem Leben des Bundeskanzlers Brandt handelt, will ich einflechten, was mir Paul René Gauguin über seine Freundschaft mit ihm berichtet hat. Gauguin hat Willy Brandt sehr bald nach dessen Ankunft in Norwegen kennengelernt, da sie beide den gleichen Kreisen der sozialdemokratischen Jugendbewegung angehörten. »Was uns damals bei dem jungen Willy Brandt auffiel«, erzählte mir Paul, »war nicht nur seine große Begabung und scharfe Intelligenz, sondern obendrein sein natürliches Integrierungsvermögen. Er war nicht ein ›verfremdeter‹ Flüchtling wie andere. Im Gegensatz zu den meisten anderen Emigranten nahm er eifrig Anteil an unseren Diskussionen, überhaupt an unserem Leben. Er sprach nach kurzer Zeit schon perfekt norwegisch. Und noch etwas überraschte uns: Obwohl er so jung war, hatte er einen ausgesprochen realistischen Sinn für die Politik, zudem eine Reife, die uns selber in unserer schwärmerischen Begeisterung sehr oft fehlte. Er war ein durch und durch gesunder, heiterer Bursche, ein guter Kamerad. Für uns war er manchmal vielleicht nicht ›radikal‹ genug. Doch das hing wohl damit zusammen, daß wir mehr Idealisten als Politiker waren.«

In der Vorkriegszeit, während der ersten Monate des Jahres 1937, traf Gauguin mit Willy Brandt auch in Spanien zusammen. Der Maler kannte Spanien bereits von früher und hatte Kontakte zu syndikalistischen Kreisen. Anfang 1937 war er bei der Presse- und Briefzensur in Barcelona beschäftigt. Damals begegnete er Willy Brandt wieder, der sich als Journalist in Barcelona aufhielt und gleichzeitig seine Freunde aus der deutschen sozialistischen Emigration über den Gang der Ereignisse in Spanien unterrichtete. Anfang Mai 1937 kam es in Barcelona zu einem Aufstand der Anarchisten, der die ganze Stadt in Belagerungszustand versetzte: »Willy Brandt und ich waren Zivilisten. Infolge des Belagerungszustandes mußten wir uns einen Teil unserer Zeit auf ›neutralem Boden‹ in einem Hotel an der Plaza

[28] Vgl. u. a. R. Italiaander: »Akzente eines Lebens«, Bremen 1970.

de Catalunya bei dem schwedischen Schriftsteller Ture Nerman aufhalten, der auch Zeitungskorrespondent war.« Gauguin fuhr fort: »Dann trafen wir uns in den ersten Mai-Tagen 1940 in Mittetdalen bei Aandalsnes in Norwegen erneut. Ich war dort mit einer 50 Mann starken improvisierten Einheit des norwegischen Heeres gelandet, der ich mich als Freiwilliger angeschlossen hatte. Als uns die Nachricht vom Rückzug der Engländer und von der Kapitulation der norwegischen Streitkräfte in diesem Teil des Landes erreichte, beschloß ich, mit meinem Freund zu entkommen. Bevor wir diesen Versuch unternahmen, begegnete ich überraschenderweise Willy Brandt, der gemeinsam mit Mitarbeitern der norwegischen Volkshilfe von Oslo nach Mittetdalen verschlagen worden war.« Es war Gauguin und seinen Freunden klar, daß Brandt großer Gefahr ausgesetzt sei, wenn er ohne Passierschein angetroffen und dadurch der Gestapo in die Hände fallen würde: »Wir schlugen vor, daß Willy meine Uniform anziehen und sich gemeinsam mit unserer Truppe gefangennehmen lassen sollte. Willy Brandt beherrschte das Norwegische derart gut, daß er nicht auffallen konnte. Wir gelangten also zusammen mit ihm in dasselbe Internierungslager. Es war eine Schule bei Dovre. Dort wurden wir als Kriegsgefangene ganz gut behandelt und hatten sogar eine gewisse Bewegungsfreiheit.«

Paul René Gauguin blieb in Dovre nur ein paar Wochen, da er als Dolmetscher nach Aandalsnes zurückgeschickt wurde. Als er später wieder nach Oslo kam, wo er seinen Wohnsitz hatte, erfuhr er zu seiner Freude, daß Willy Brandt gemeinsam mit anderen Gefangenen ordnungsgemäß aus dem Internierungslager entlassen worden war. »An die Geschichte von Mittetdalen«, erzählte mir Paul, »wurde ich allerdings 1963 erinnert, als eine reaktionäre Presse in der Bundesrepublik eine Hetzkampagne gegen Willy Brandt unternahm. Ich wurde als Zeuge beim Kopenhagener Kammergericht vernommen. Es ging um die Frage, warum er im Kriege eine norwegische Uniform getragen und ob er auf deutsche Soldaten geschossen hatte. Ich machte dem Gericht die damaligen Umstände deutlich, daß also Brandt eine norwegische Uniform nur deshalb angezogen hatte, um von seinen deutschen Gegnern nicht erkannt zu werden. Ich stellte unmißverständlich fest, daß es für mich unerklärlich war, daß von den Gegnern Brandts der Versuch gemacht wurde, ihn als Kommunisten abzustempeln. Ich betonte, daß er nach all meinen Eindrücken von ihm ein typischer Sozialdemokrat und Antifaschist ist; denn diesen Eindruck hatte ich sowohl in Norwegen wie in Barcelona bekommen. Ich weiß mich genau zu erinnern, wie er die kommunistische Politik in Spanien sehr streng kritisierte. Auf Grund meiner politischen Einstellung hätte ich damals nicht mit einem Kommunisten verkehrt. Was den Vorwurf betraf, Brandt habe Waffen besessen, um auf Deutsche zu schießen, so sagte ich aus, daß wir erstens keine Waffen mehr besaßen und zweitens die Kampfhandlungen längst vorbei waren. Das Entscheidende war jedoch, daß wir den ersten deutschen Soldaten erst in der Schule bei Dovre begegneten, nämlich der Wachmannschaft. Ich bin glücklich, daß ich vor dem Kopenhagener Gericht dazu beitragen konnte, die absurden Behauptungen über Willy Brandts ›Soldatenzeit‹ zu zerstören.«

Zurück zu meinem Besuch im Palais Schaumburg. Wenn man die frühen Schriften Willy Brandts liest, ist dort viel von der Arbeiterbewegung die Rede. In späteren Schriften Brandts ist kaum mehr von der Arbeiterbewegung zu lesen. Ich fragte ihn, woran das läge – ob daran, daß das Thema nicht mehr aktuell sei oder daß er selber heute eine andere Beziehung zum Thema hätte. Willy Brandt: »Es liegt an beidem. Die alte SPD war eine Arbeiterbewegung. Auch deshalb interessierte ich mich für sie. Die Themen der Arbeiterbewegung waren auch meine Themen während der Emigration. Heute besteht keine Arbeiterbewegung mehr wie in der Weimarer Republik. Selbstverständlich kümmert sich meine Partei heute noch um die Arbeiter, aber die Basis der neuen SPD ist heute viel breiter. Auch ist heute die Stellung des Arbeiters innerhalb der Gesellschaft eine andere als früher. Damals mußte sich der Arbeiter einen Platz in der Gesellschaft hart erkämpfen. Er mußte eigentlich überhaupt um alles kämpfen, um existieren zu können. Heute ist der Arbeiter ein selbstbewußter Bürger mit vielen Rechten, von denen er früher kaum zu träumen wagte. Die Arbeiterbewegung von früher besteht also nicht mehr; sie hat ihre geschichtliche Aufgabe erfüllt.«

Willy Brandt hat oft geäußert, daß das Verhältnis zwischen Politik und Geist in der Bundesrepublik gestört sei. »In deutschen Landen gibt es ein verbreitetes Pharisäertum ... Durch das Überwuchern des Materiellen werden geistige Kräfte über

Gebühr gebunden.« Er sagte, als ich ihn darauf ansprach, dies wäre auch heute noch der Fall, obwohl er sich freue, daß sich eine Reihe hochstehender geistiger Menschen zu seiner Partei bekennen. Das schlösse nicht aus, daß es nach wie vor zu Spannungen zwischen Geist und Politik käme; sie seien allerdings im allgemeinen fruchtbar. Ich sprach ihn auf die Parteipresse an und daß es der SPD nicht gelungen sei, eine gute Zeitung herauszubringen, überhaupt sei die SPD-Kulturpolitik mangelhaft. Willy Brandt entgegnete: »Nicht nur bei uns, sondern überhaupt in Europa ist das der Fall. Unter uns Sozialdemokraten herrscht häufig leider ein hausbackener Geist. Sie dürfen versichert sein, daß ich das selber weiß und daß mir das leid tut. Aber uns Sozialdemokraten fehlt es in den meisten Ländern an Geld für eine gute Presse. Es mangelt uns außerdem an geeigneten Journalisten. Die unter uns, die schreiben können – ich halte z. B. Herbert Wehner für einen guten Journalisten –, werden für andere Aufgaben benötigt und fallen aus, um eine gute Presse für uns aufzubauen. Mit der deutschen Presse schlechthin bin ich gar nicht so unzufrieden. Zum Beispiel haben wir in Frankfurt, München und Stuttgart Zeitungen, die für die Probleme meiner Regierung durchaus Verständnis aufbringen, uns zumindest fair behandeln. Zusammenfassend möchte ich sagen, daß es wohl für das Verhältnis zwischen Politik und Geist keine Patentlösung gibt. Es gibt hier sozusagen angeborene Konflikte. Ich kann meinerseits nur hoffen, daß es uns gelingt, sie abzubauen.«

Die Zürcher »Weltwoche« hatte Willy Brandt einen »sentimentalen Bismarck« genannt. Rudolf Augstein kritisierte ihn; einer seiner Leitartikel war »oben ohne« überschrieben und plädierte für eine Kabinettsumbildung. Ich erinnere mich außerdem des Ungarn-Aufstandes im Jahre 1956 und dessen Auswirkungen auf Berlin. Während die Westberliner Bevölkerung ob der Ereignisse in Budapest in Rage geraten war und im Begriff stand, nach Ost-Berlin zu stürmen, versuchte der damalige Regierende Bürgermeister von Berlin, Willy Brandt, die Bevölkerung zu beruhigen. Am Steinplatz und am Brandenburger Tor stimmte er das sentimentale deutsche Volkslied »Ich hatt' einen Kameraden« an, einmal intonierte er sogar – »trotzig« – das Deutschlandlied. Er schrieb dazu: »Es ist auch in politischen Situationen nützlich, sich daran zu erinnern, daß meine deutschen Landsleute ein sangesfreudiges Volk sind.« Paßte so etwas zum Charakterbild eines Sozialdemokraten, der sich berufen fühlte, ein neues Deutschland zu schaffen? Ich dachte weiterhin an die starke Bewegung Brandts, als er in Erfurt von Bürgern der DDR bejubelt wurde. Brandt kannte den ihm angehängten Beinamen »sentimentaler Bismarck«; er lächelte, als ich das Wort zitierte, und sagte: »Ich bin der Meinung, daß Emotionen nicht in die Politik gehören, aber ich weiß natürlich, daß Emotionen Politik bestätigen können. Sie erwähnten, daß ich darüber in meinem Buch über Kennedy geschrieben habe. Sie wollen wissen, wieweit mich Emotionen packen? Ich darf wohl sagen, daß ich mich immer in der Hand habe. Was nun Härte anbetrifft...« (Willy Brandt beugte sich nach vorn, seine Augen wurden jetzt erstaunlich groß) »... Härte könnt ihr alle noch haben, wenn ihr sie wollt! Nur muß ich gleich hinzusetzen, daß ich von Härte nicht gern Gebrauch mache. Wenn man mir das als Schwäche auslegen will, so kann ich es nicht ändern. Ich sehe darin keine Schwäche; nur möchte ich immer wieder versuchen, ohne Härte auszukommen. Ich denke an einen Parteitag, wo ich in eine Diskussion hart eingreifen mußte – was mir noch heute leid tut. Ich will nicht durch Härte überzeugen, sondern durch Argumente. Im übrigen lege ich bei allen meinen Aktionen als Parteichef und als Bundeskanzler Wert darauf, daß alles, was ich tue, mit meinen Kollegen abgesprochen wird. Ich glaube, daß man die Aufgaben der gegenwärtigen Gesellschaft nur lösen kann in Kollegialität und nicht mit Brachialgewalt, wie sich das z. B. die jungen Anarcho-Syndikalisten vorstellen.«

Wir tranken zwischendurch Kaffee. Ein Referent erschien mit Akten. Willy Brandt winkte ihm ab und mir zu, weiterzusprechen. Eingangs hatte er mir gesagt, daß er Bücher von mir gelesen hätte und deshalb mit meinen Interessen vertraut sei. Ich knüpfte an mein letztes Gespräch mit seinem Außenminister an und sagte, daß ich dessen populären Optimismus bezüglich der jetzigen Außenpolitik nicht teilen könne. Ich berichtete dem Bundeskanzler Details aus meinen Gesprächen mit anderen Staatsmännern, unter spezieller Berücksichtigung der Ostpolitik. Wieder beugte er sich angespannt nach vorn, wie um mich besser verstehen zu können. Ich erwähnte aus den Unterredungen krasse Details in der Überzeugung, daß auch ein Kanzler Ansichten hören muß, die nicht auf ihn zugeschnitten sind. Das Gespräch verlief in einer so freundlichen Weise, daß ich meine anfängliche

Scheu bald verlor. Einmal fügte ich sogar eine Anekdote über einen großen Zeitgenossen ein. Er lachte hell auf und meinte: »Wenn Sie mir einen Kalauer verpassen, dann habe ich auch einen für Sie« – und erzählte seinerseits eine politische Anekdote. Seine Gelöstheit ermunterte mich also, ihm Kritisches zu sagen.

Willy Brandt hat seine Ostpolitik wiederholt öffentlich gerechtfertigt. Ich will an dieser Stelle nur kurz anführen, wie er sie mir gegenüber darstellte. Der SPD-Bundeskanzler sagte, es sei eine Verleumdung, zu behaupten, er habe etwas abgeschrieben. Er habe sich lediglich mit Tatsachen abgefunden, die seit Kriegsende Tatsachen seien. Mit dem Moskauer Vertrag ginge nichts verloren, was nicht längst verspielt worden war. Was er möchte, seien Gewaltverzichtsabkommen mit den Ostblockstaaten. Er wolle ihnen klarmachen, daß das deutsche Volk nichts mit Gewalt zurückerobern wolle. Sein Hauptgesichtspunkt sei, daß sich doch die Amerikaner in der Zukunft nicht so in Europa engagieren würden wie in den ersten 25 Jahren nach dem Kriege. Selbstverständlich würde das Atlantische Bündnis selbst bestehen bleiben; daran sei bei ihm kein Zweifel. Aber das amerikanische Engagement in Europa würde geringer werden, und das bedeute, daß Europa künftig mehr auf sich selbst gestellt sein würde. Indessen, gerade wegen des Abbaus der amerikanischen Präsenz in Europa müsse Westeuropa sein Verhältnis gegenüber dem Osten neu ordnen. Auf die Entspannung käme es ihm an, sonst könne er für den Frieden nicht garantieren. Westeuropa müsse nicht mehr ein Anhängsel Amerikas sein, sondern ein gleichberechtigter Partner wie die anderen. Wenn die früheren Kabinette in bezug auf die Ostpolitik aktiver gewesen wären, dann hätte er ein besseres Erbe übernommen. Im übrigen meinte Brandt, daß jetzt die Zeit für Entspannung günstig sei. Der Weltkommunismus habe sich in jüngster Zeit selbst aufgegliedert. Es gelte innerhalb des Kommunismus nicht nur mehr das, was der Kreml wünsche. Die kommunistischen Staaten würden immer mehr ihre nationalen Belange in den Vordergrund rücken. Auch daher sei jetzt die Möglichkeit zu sinnvollen Gesprächen größer als früher. Wenn ihm so viele westliche Staatsmänner zugestimmt hätten, so sei das für ihn persönlich zwar erfreulich, aber er könne sich ebenso vorstellen, daß man auch dem Kanzler einer anderen Partei zugestimmt hätte, wenn er das getan hätte, was er, Brandt, tat.

Was sich in der ČSSR 1968 und danach ereignet hätte, dürfte doch wahrlich nicht als Einzelfall angesehen werden, sondern könnte sich wiederholen. Willy Brandt fragte, warum es denn seine Kritiker überhört hätten, daß auf dem Parteitag der KPdSU im Frühjahr 1971 die Bundesrepublik nicht mehr wie bisher verunglimpft worden sei? In der Sowjetunion gäbe es eine neue Haltung gegenüber der Bundesrepublik, und das wäre ein weiterer Fortschritt: »Im übrigen möchte ich Ihnen versichern, daß wir keinen kurzen Atem haben. Wir werden nichts überstürzen. Wir werden weitermachen, sehr behutsam. Der Prozeß, den wir eingeleitet haben, ist keine gerade Straße. Wir sind uns darüber im klaren, daß wir Umwege zu gehen haben. Vielleicht werden wir unser Ziel der Entspannung, der guten nachbarlichen Beziehungen erst in zehn, fünfzehn, zwanzig Jahren erreichen. Auf Jahreszahlen kommt es nicht an, sondern nur auf das Ergebnis. Ich will Europa vor Gefahren bewahren. Der geschichtliche Trend heißt: Entspannung; denn einen Krieg will niemand. Da aber Kriegsgefahren da sind, Konflikte, die nicht übersehen werden dürfen, hielt ich es für meine geschichtliche Aufgabe, eine neue Europapolitik einzuleiten. Hierin sehe ich also meine Hauptaufgabe als Chef des ersten sozialdemokratischen Kabinetts, und ich bin überzeugt, daß sich die Einsicht doch immer mehr durchsetzen wird: Brandt hat nichts Falsches getan. Wenn eine andere Regierung den Frieden halten will, wird sie den von uns eingeschlagenen Weg weitergehen müssen.«

Brandt sprach mehrfach aus, was andere nicht zu sagen wagten. Bei der Verabschiedung des Grundvertrages mit der DDR sagte er am 11. Mai 1973 vor dem Deutschen Bundestag: »Nichts spricht zur Zeit dafür, daß der zerbrochene deutsche Nationalstaat in alter Form wieder bestehen könnte.« Der DDR-Außenminister Otto Winzer erklärte dann aus Anlaß des Beitritts der DDR in die UNO, daß sich aus der Gegensätzlichkeit der gesellschaftlichen und politischen Ordnungen in beiden deutschen Staaten als »zwingende Schlußfolgerung« ergebe, »daß zwischen der DDR und der BRD eine Vereinigung niemals möglich sein wird«.

Willy Brandt soll neuerdings als »Vatergestalt der SPD« abgewertet werden; wie billig. Er ist ein charismatischer Staatsmann und als solcher von seinem geschichtlichen Auftrag überzeugt. Was er erreichen und welche Stellung innerhalb der jüngeren Geschichte er einnehmen wird, kann niemand voraussagen. Manche der älteren und mittleren Generation stehen dem Emigranten mit Mißtrauen gegenüber, ja lehnen ihn ab. Brandts Nachwort zu seinem Buch »Draußen« (München, 1966) erzählt, wie er während der Bundestagswahl im September 1965 »in einer widerwärtigen Kampagne« verfolgt wurde. Emigranten erhalten selten recht, ganz besonders nicht in Deutschland; zumal heute hier wieder gewisse faschistoide Tendenzen aufkommen. Golo Mann hat ein Porträt des SPD-Chefs entworfen: »Brandt ist ein tapferer, aber ein eher zarter Mensch ... Ein gerade gewachsener Mensch. Ein Mann von untrüglichem Takt, Weltkenntnis, Phantasie und gutem Willen. Die Bundesrepublik braucht Willy Brandt.« Nun also ist er schon zum zweiten Male Regierungschef, und er weiß, daß man ihm weiterhin das Leben und Wirken sehr sauer machen wird – gerade weil er eine »Friedenspolitik in Europa« will, wie eines seiner Bücher heißt (Frankfurt a. M. 1968). Der Schluß lautet: »Freunden wie Gegnern, drinnen wie draußen, ist eindringlich ins Bewußtsein zu rufen, daß die Probleme von morgen – Bevölkerungsexplosion, Nord-Süd-Konflikt, Umwälzungen durch Wissenschaft und Technik – heute gelöst werden müssen.«

Nachzutragen bleiben die Lebensdaten Brandts. Seine eigene Lebensbeschreibung in »Mein Weg nach Berlin« (München 1960) beginnt: »Von dem Knaben Herbert Ernst Karl Frahm habe ich nur eine dunkle Erinnerung. Ich weiß, daß er kurz vor Weihnachten 1913 – am 18. Dezember – in Lübeck geboren wurde. Die Mutter war noch sehr jung, eine tüchtige kleine Verkäuferin im Konsumverein. Den Vater hat er nie gekannt, er wußte nicht einmal, wer er war. Und wollte es auch nie wissen. Er trug den Namen der Mutter, vom Vater wurde daheim nie gesprochen. Daheim war eine bescheidene Arbeiterwohnung, doch ein Heim war sie ihm nicht. In den ersten Jahren seines Lebens war er tagsüber, da sich die Mutter erst abends um ihn kümmern konnte, der Obhut einer anderen Frau anvertraut, nicht weit von der Arbeitsstelle der Mutter. Er war viel allein, lange Stunden sich selbst überlassen, hatte kaum Spielkameraden.« Der junge Frahm hatte eine Freistelle am Johanneum-Reformgymnasium in Lübeck. Früh reihte er sich in die sozialistische Jugendbewegung ein. 1931: Eintritt in die Sozialistische Arbeiterpartei. Ab 1932 war er zeitweise bei einer Lübecker Schiffsmaklerfirma und als

Mitarbeiter des »Lübecker Volksboten« tätig, bis er 1933 auf einem Motorkutter über die Ostsee fliehen mußte, da der junge Linke bei den Nazis untragbar war. Zuerst war er in Kopenhagen, dann in Oslo, wo er Geschichte studierte, seine politische Arbeit fortsetzte und nach seiner Ausbürgerung die norwegische Staatsangehörigkeit erhielt. Ist es nicht begreiflich, daß er zu seinem Schutz einen anderen Namen annahm? Wie lächerlich und dumm, ihm deshalb Vorhaltungen zu machen. 1937 war Willy Brandt, wie aus Gauguins Bericht hervorgeht, vorübergehend als Pressekorrespondent auf republikanischer Seite in Spanien. 1939 war er einer der drei Sekretäre der norwegischen »Volkshilfe«. Wie auch schon erzählt wurde, ließ er sich bei der Kapitulation Norwegens (1. Mai 1940) als »norwegischer Soldat« gefangennehmen, wodurch sein Leben gerettet wurde. Anschließend floh er nach Schweden, wo er von 1940 bis 1945 journalistisch und politisch tätig war. Er schloß hier Freundschaft mit anderen politischen Emigranten, so mit dem Österreicher Bruno Kreisky, der gegenwärtig ebenfalls Bundeskanzler ist. 1945 bis 1947: Brandt ist Deutschland-Berichterstatter skandinavischer Zeitungen, zeitweise auch Presseattaché Norwegens in Berlin. 1947 nahm er in Schleswig-Holstein die deutsche Staatsangehörigkeit wieder an. Kurz darauf wählte ihn die SPD als Bundesvorstandsvertreter in Berlin. 1949–1957 war Brandt Mitglied des Bundestages, seit 1950 Mitglied des Landesvorstands der SPD Berlin und seit 1954 deren Stellvertretender Vorsitzer. Seit Januar 1951 Mitglied des Berliner Abgeordnetenhauses, seit Januar 1955 dessen Präsident. Nach dem Tode Otto Suhrs wurde Willy Brandt am 3. Oktober 1957 zum Regierenden Bürgermeister von Berlin, 1958 auch zum Parteivorsitzenden in Berlin gewählt. Hier genoß er eine große Popularität. Golo Mann: »Das weiß auch der ferne Beobachter: Berlin war politisch in Ordnung, war moralisch intakt, solange Brandt dort waltete. Er wußte zu einigen, er wußte seinen Mitbürgern Mut zu machen, er verlor den Kopf nicht in den bösesten Momenten.« Am 13. Januar 1964 wurde Willy Brandt auf Vorschlag Herbert Wehners zum Vorsitzenden der SPD gewählt. In der Regierung Kiesinger übernahm er am 1. Dezember 1966 das Amt des Vizekanzlers und Außenministers. Am 21. Oktober 1969 erfolgte seine Wahl zum Bundeskanzler, seine Wiederwahl am 14. Dezember 1972. Er ist mit einer Norwegerin verheiratet und hat drei Söhne. Am

10. Dezember 1971 wurde Willy Brandt in Oslo der Friedens-Nobelpreis verliehen.

Innerhalb der SPD gibt es sicherlich nur eine Persönlichkeit, die Willy Brandt vertreten oder – wenn es sein muß – ablösen kann: Helmut Schmidt. Wenn die Meinungsbarometer recht haben, dann steht Willy Brandts Freund, der derzeitige Bundesminister der Finanzen, bei den Westdeutschen sogar höher im Kurs als der derzeitige Regierungschef selbst. Schmidt gilt überhaupt als der angesehenste westdeutsche Politiker und Staatsmann. Helmut Schmidt wurde am 23. Dezember 1918 in Hamburg als Sohn eines evangelisch-lutherischen Lehrers geboren. Nach der Volksschule besuchte er von 1929 bis 1937 die progressive Lichtwarkschule, wo er das Abitur ablegte und ein junges Mädchen kennenlernte, das heute seine Frau ist; das Ehepaar hat eine Tochter. Schmidt war von 1934 bis 1936 in der Hamburger Marine-HJ, was er nie verschwiegen hat – auch nicht, daß er Scharführer war. Er bereitete sich auf das Architekturstudium vor, war 1937 ein halbes Jahr beim Reichsarbeitsdienst und mußte seiner Wehrpflicht bei der Flakartillerie genügen. 1941/42: Ostfront, 1944/45: Westfront. Schmidt war bei Kriegsende Oberleutnant der Reserve und Batteriechef; 1945 geriet er in britische Gefangenschaft. Nach seiner Entlassung studierte er von 1945 bis 1949 an der Universität Hamburg Staatswissenschaft und Volkswirtschaft; er wurde Diplomvolkswirt. Einer seiner Professoren war Karl Schiller, später sein Kabinettskollege. 1946 wurde Schmidt Mitglied der SPD, 1947 bis 1948 war er Bundesvorsitzender des Sozialistischen Deutschen Studentenbundes. 1949: Referent, später Abteilungsleiter beziehungsweise Leiter des Amtes für Verkehr in der Hamburgischen Behörde für Wirtschaft und Verkehr. 1953: Erstmals Mitglied des Bundestags. Seit 1957 Mitglied des Fraktionsvorstandes im Bundestag, seit 1958 Mitglied des Bundesvorstandes der SPD. Sein Hamburger Bundestagsmandat legte er (nach seiner dritten Wahl) im Januar 1962 nieder. Helmut Schmidt war von Dezember 1961 bis Dezember 1965 Senator für Inneres der Freien und Hansestadt Hamburg. Im Februar 1962 leitete er den Katastropheneinsatz während einer Sturmflut. Er machte sich hochverdient, und in Bonn sagt man, er sei der einzige Bundesminister, der Tausenden von Menschen das Leben gerettet habe.

Im November 1964 wurde Helmut Schmidt in die Regierungsmannschaft des SPD-Vorsitzenden Brandt für die Bundestagswahl 1965 berufen. Er trat neu in den Bundestag ein, wurde Stellvertretender Fraktionsvorsitzender, im Frühjahr 1967 Fraktionsvorsitzender und im März 1968 Stellvertretender Vorsitzender der SPD. Zum Bundesminister der Verteidigung wurde Helmut Schmidt am 22. Oktober 1969 bestellt; am 14. Dezember 1972 wurde er Bundesminister der Finanzen. Er hat drei Bücher geschrieben: »Beiträge« (Stuttgart 1967), »Verteidigung oder Vergeltung« (Stuttgart 1968), »Strategie des Gleichgewichts« (Stuttgart 1969). Die letzten beiden Bücher gelten international als die besten Werke zu Fragen der Wehrpolitik in der westlichen Welt. Der berühmte englische Militärschriftsteller Captain B. H. Liddell Hart hat »Verteidigung oder Vergeltung« als die beste Einführung in die militärischen Fragestellungen des Atomzeitalters empfohlen. Helmut Schmidt gehört zu dem halben Dutzend westlicher Wehrpolitiker, deren Meinung viel gilt; gerade auch deshalb wird er sowohl aus der DDR wie aus der UdSSR immer wieder heftig angegriffen. Der Schweizer Fritz René Allemann verteidigte ihn: Schmidt sei ein »ebenso guter Patriot wie Demokrat«. Helmut Schmidt ist einer der wenigen seiner Generation, die innerhalb von zwei Jahrzehnten immer größere Fähigkeiten unter Beweis gestellt haben. Der Publizist Thilo Koch: »Dieser Mann gleicht einer Lokomotive unter Dampf. In ihm glüht das Feuer einer starken Leidenschaft für die Politik. Aber er kontrolliert sich auch dann noch, wenn er seine gesamte Fraktion hinter sich herzieht . . . Was mich mehr für ihn einnimmt als seine erfolgreiche Arbeit in Bonn, das ist: seine unermüdliche Arbeit an sich selbst.«

Ich muß zugeben, daß ich zu jenen gehöre, die ihn zunächst nicht schätzten. Ich lebe selbst in Hamburg, habe Schmidt hier häufig sprechen hören; schon als er noch ein unbekannter Student war. Er hatte manchmal etwas von einem Volkstribun.

---

Oben: Zu den führenden deutschen Sozialdemokraten gehören Herbert Wehner und Helmut Schmidt, von dem es heißt, daß er einmal Nachfolger Willy Brandts werden könnte.

Unten: 1973 erhielt die CDU eine neue Führungsspitze. Von links nach rechts: Fraktionsführer im Bundestag wurde Prof. Dr. Karl Carstens, Parteivorsitzender der Ministerpräsident von Rheinland-Pfalz, Dr. Helmut Kohl, Generalsekretär Prof. Dr. Kurt Biedenkopf.

Wegen seiner oft ungestümen, drastischen, ja sogar demagogischen Äußerungen wurde er »Schmidt-Schnauze« genannt. Mit diesem albernen Wort agieren noch heute seine Gegner. Ich hätte nicht erinnert daran, wenn Minister Schmidt bei Gesprächen über die Vergangenheit nicht selbst lachend darauf Bezug nehmen würde. Genau wie Franz Josef Strauß ist er sehr gebildet; es spricht für Schmidt, daß er Straußens Kenntnis auf dem Gebiet der nuklearen Kriegführung und der politischen Zusammenhänge anerkennt. Schmidt interessiert sich für alles, wofür sich ein Weltbürger des 20. Jahrhunderts interessieren kann. Während sich Strauß in seiner Freizeit mit »Mensch ärgere dich nicht« amüsiert, spielt Schmidt auf seiner kleinen Hammond-Orgel Barockmusik. Früher fand er Zeit, sich als Sonntagsmaler zu betätigen; er ist ein musischer Mensch. Schmidt redet in der Öffentlichkeit wie auch im privaten Gespräch niemandem nach dem Munde. Er sagt, was er sagen muß, und eckt damit gelegentlich an. Gewiß ist Helmut Schmidt ein sehr selbstbewußter Mann. In einem unserer Gespräche sagte er zu mir: »Ich weiß, was ich kann, ich weiß, was ich wert bin. Daher läßt mich alles kalt, was man über mich Negatives sagt.« Ein anderes Mal sagte er: »Ich selbst halte mich nicht für arrogant, aber ich bin auch nicht so vermessen, anzunehmen, daß alle anderen, die das sagen, unrecht haben.« Helmut Schmidt diente freiwillig als Reserveoffizier; denn er wollte nicht über die Bundeswehr reden, ohne ihr angehört zu haben. Schon seit Jahren ist die Rede davon, daß Helmut Schmidt als einziger SPD-Politiker das Zeug dazu hat, später einmal Bundeskanzler zu werden, gerade auch, weil er kein Extremer ist. In seiner Selbstdarstellung schreibt er: »Wir haben uns wenige Jahre nach dem Godesberger Programm durch die Mahnung zur Toleranz, die von Johannes XXIII. ausging, sehr bestätigt gefühlt – auch diejenigen unter uns, die, wie ich selbst, nicht Katholiken sind. Aber es war nie die politisch-sittliche Grundhaltung allein, die meinen eigenen Lebensweg mit dem der Sozialdemokratie verkoppelt hat: es war zugleich auch immer die Möglichkeit, Nützliches für das Ganze tun zu können.«

Und die alte Reichshauptstadt? »Berlin ist eine Eiterbeule inmitten Europas«, sagte mir ein emeritierter Professor der Freien Universität Berlin. »Vielleicht bleibt die Beule verkapselt, vielleicht geht sie von selber auf, vielleicht sticht einer sie auf. Niemand weiß, was die Zukunft Westberlins ist. Wir alten Berliner bleiben jedenfalls hier. Viele junge Leute dagegen verlassen die Stadt, was ich begreifen kann.« Berlin ist und bleibt ein Phänomen für sich. Westberlin hat jetzt einen amerikanischen, einen britischen und einen französischen Sektor. Mittlerweile wurden Milliarden in Westberlin investiert, das heute noch immer zwischen Moskau und Paris die größte Industriestadt ist. Um Westberlin liegt eine Stacheldrahtsperre von 50 Kilometern, gibt es Mauern, Grabensperren, Alarmanlagen, Todes- und Schußstreifen. Fast 1200 Haupt- und Nebenstraßen wurden abgesperrt. Die Zahl der Todesopfer infolge der antihumanen Sperrmaßnahmen in und um Berlin ist nicht zu ermitteln. Die Grenze mitten durch Berlin ist unbarmherziger als irgendeine Grenze in der westlichen Welt. Vom 26. Juli 1948 bis 30. September 1949 kam es zur Blockade der Stadt, die in dieser Zeit nur durch eine Luftbrücke versorgt werden konnte, ein grandioses Unternehmen. In 462 Tagen wurden 277 264 Flüge unternommen, welche nicht allein die Berliner versorgten, sondern sogar wirtschaftliche Leistungen aufrechterhielten.

Die Verfassung von Berlin vom 1. September 1950 besagt in Artikel I: »Berlin ist ein deutsches Land und zugleich eine Stadt. – Berlin ist ein Land der Bundesrepublik Deutschland. – Grundgesetz und Gesetze der Bundesrepublik Deutschland sind für Berlin bindend.« Im Artikel 87 derselben Verfassung heißt es jedoch: »Artikel 1, Absatz 2 und 3 der Verfassung treten in Kraft, sobald die Anwendung des Grundgesetzes für die Bundesrepublik Deutschland in Berlin keinen Beschränkungen unterliegt.« Am 29. August 1950 hatte der Alliierte Kontrollrat angeordnet, die Absätze 2 und 3 des Artikels würden zurückgestellt. Bundesgesetz gelte in Westberlin erst, nachdem das Berliner Abgeordnetenhaus ein entsprechendes Mantelgesetz angenommen habe. Dabei hat sich für eine Anzahl wichtiger Angelegenheiten die »Kommandantura Berlin« die Entscheidung vorbehalten. Allerdings zogen sich die Sowjets aus der 1945 gemeinsam mit den westlichen Besatzungsmächten gebildeten Kommandantura wie auch aus dem Kontrollrat zurück. Für Ostberlin sieht alles ganz anders aus. In der staatlichen Veröffentlichung »Die DDR stellt sich vor« (Dresden 1969) heißt es, man müsse davon ausgehen, »daß Westberlin eine selbständige politische Einheit ist, die mitten auf dem Territorium der DDR ohne irgendeine Landverbindung zu Westdeutschland liegt und niemals zur westdeutschen Bundesrepublik gehörte oder gehören wird«.

Westberlin hatte das Glück, eine Reihe profilierter Regierender Bürgermeister zu haben[29]. Da war zunächst Ernst Reuter (SPD, 1951–1953), dessen »Leben für die Freiheit« Willy Brandt und der Politologe Richard Löwenthal (München 1957) dargestellt haben. Professor Reuter folgten Dr. Walter Schreiber (CDU, 1953–1955) und Prof. Dr. Otto Suhr (SPD, 1955–1957), nach dem heute ein Institut für politische Wissenschaft der Freien Universität benannt ist, und schließlich Willy Brandt, neben Ernst Reuter der bekannteste Bürgermeister Westberlins (SPD, 1957–1966). Brandts Erbe trat Pfarrer Heinrich Albertz (SPD, 1966–1967) an, gefolgt von Klaus Schütz (SPD). Geboren am 17. September 1926 in Heidelberg, kehrte Schütz mit einer schweren Schulterverletzung aus dem zweiten Weltkrieg heim, studierte an der Ostberliner Humboldt-Universität sowie an der Harvard University, Cambridge, USA. 1951 wurde er Assistent am Institut für politische Wissenschaften der FU Berlin. Im selben Jahr übernahm er Aufgaben im Landesverband der SPD. 1954: Mitglied des Abgeordnetenhauses von Berlin, 1957: Berliner Mitglied des Deutschen Bundestages. Am 21. Dezember 1961 wurde Schütz zum Senator für Bundesangelegenheiten gewählt. Spätherbst 1966: Staatssekretär des Auswärtigen Amtes. Seit dem 19. Oktober 1967 ist Klaus Schütz Regierender Bürgermeister.

Im März 1970 wurden Vier-Mächte-Gespräche über Westberlin wiederaufgenommen. Seit 1954, also seit sechzehn Jahren, hatten die vier Mächte – USA, Großbritannien, Frankreich, UdSSR – nicht mehr über Berlin verhandelt. Im Schöneberger Rathaus empfing mich »der Regierende«. Schütz hat es noch schwerer als seine Vorgänger. Er hat es nicht nur mit äußeren Feinden des Regimes zu tun, sondern auch mit inneren – wie der extremen Linken. »Wenn ich irgendwo sprechen muß, habe ich damit zu rechnen, daß zumindest immer mehr oder weniger laute Buhrufer auf dem Plan sind. Das ist eine erhebliche nervliche Belastung.« Aber für Schütz ist das Rathaus Schöneberg »eines der

[29] Erwähnung verdient auch Louise Schroeder (1887–1957), die 1947–1949, also während der Blockade, geschäftsführende Oberbürgermeisterin war.

deutschen Entscheidungszentren«. R. I.: Bezüglich Westberlin herrscht in der Bundesrepublik ein gewisses Unbehagen. Erst jetzt wird der Bevölkerung klar, daß die Absätze 2 und 3 des Artikels 1 der Berliner Verfassung nie in Kraft getreten sind. Lange Jahre aber hat man so getan, als ob ... Viele Westberliner sind nach wie vor optimistisch. Mancher Bundesrepublikaner ist es nicht. Junge Leute sagen schon: Gebt Westberlin auf, das doch nur Millionen kostet. Wie beurteilen Sie generell die Stimmung um Westberlin? – Schütz: »Ihre Feststellung, daß in der Bevölkerung der Bundesrepublik über Westberlin ein gewisses Unbehagen bestehe, kann ich nicht teilen. Die Vier-Mächte-Gespräche haben zwar noch nicht zu einem Erfolg geführt.[30] Die Rede, die der Generalsekretär der KPdSU, Leonid Breschnjew, im Juni 1971 auf dem 8. Parteitag der SED gehalten hat, zeigt jedoch, daß die Sowjetunion an einer vernünftigen Lösung der Berlin-Frage interessiert ist. Diese Rede ist auch von einem weiten Teil der Bevölkerung als überwiegend positiv für die Zukunft Berlins verstanden worden. Auch Ihre Feststellung, daß der Bevölkerung jetzt klarwerde, daß die Absätze 2 und 3 des Artikels 1 der Berliner Verfassung nie in Kraft getreten seien, halte ich nicht für richtig. Diejenigen Bürger, und das sind mehr, als man oft annimmt, die sich für Einzelheiten der Berliner Verfassung interessieren, konnten jederzeit lesen, daß die alliierten Schutzmächte den Bestimmungen, in denen Berlin als ein Land der Bundesrepublik Deutschland bezeichnet und das Grundgesetz und die Gesetze der Bundesrepublik als für Berlin bindend erklärt wurden, ihre Zustimmung versagt haben. Es ist völlig sicher, daß der überwiegende Teil der Bevölkerung in der Bundesrepublik die engen Bindungen Berlins zum Bund bejaht und sie als eine wesentliche Grundlage für die Lebensfähigkeit unserer Stadt ansieht. An dieser Einstellung hat sich nichts geändert. Und sie gilt genauso für die Berliner Bürger in ihrem Verhältnis zum Bund.«

R. I.: Wie steht es um die vieldiskutierte Bundespräsenz? Regierung und Opposition fordern sie nach wie vor. Der Bundespräsident soll auch künftig in Westberlin gewählt werden; Bundestagsausschüsse sollen weiterhin in West-Berlin tagen. Der Bundeskanzler hat betont, die Berlin-Frage sei ein Teil der

[30] Über das inzwischen geschlossene Berlin-Abkommen vgl. S. 349.

westlichen Verhandlungspositionen und werde es weiterhin bleiben. Es mehren sich aber Stimmen, die sagen, man solle doch die Bundespräsenz in West-Berlin nicht hochspielen. Wie ist Ihr Standpunkt? Eine Zusatzfrage: Werden durch das Beharren auf der Bundespräsenz nicht die Probleme der Passierscheine, der Zufahrt usw. belastet? Der Kreml betrachtet doch den Abbau der Bundespräsenz als eine Voraussetzung für erfolgreiche Verhandlungen. – Klaus Schütz: »Das Wort ›Bundespräsenz‹ mag ich eigentlich nicht. Mir sagt es zu wenig. Wenn Sie mit der Bezeichnung ›Bundespräsenz‹ die seit Kriegsende gewachsenen Bindungen Berlins an den Bund meinen, so möchte ich dazu bemerken, daß ich sie für lebensnotwendig halte. Sie können und werden in ihrer Substanz nicht Verhandlungsgegenstand sein.« R. I.: War es weise, ein Junktim zwischen dem Moskauvertrag und der Lösung des Berlin-Problems zu schaffen? Wurden die Ostverhandlungen damit nicht unnütz belastet? Ist auch für Sie die Haltung der Sowjetunion gegenüber den laufenden Berlin-Verhandlungen ein Test dafür, wie die UdSSR den Moskauer Vertrag interpretiert? – Klaus Schütz: »Ich halte es für eine gute Sache, daß der Sowjetunion in Verbindung mit dem Moskauer Vertrag die Gelegenheit gegeben wird, dem Geist dieses Vertrages, der dem Abbau von Spannungen im deutsch-sowjetischen Verhältnis dienen soll, durch eine vernünftige Berlin-Regelung sichtbar Ausdruck zu verleihen.«

R. I.: Erklären Sie bitte, Herr Bürgermeister, was Sie selber unter einer »befriedigenden Berlin-Lösung« verstehen. Die Ansichten darüber gehen weit auseinander und verwirren den Beobachter der politischen Szene West-Berlin. – Klaus Schütz: »Eine befriedigende und endgültige Berlin-Lösung stand und steht überhaupt nicht zur Debatte – das kann gar nicht oft und deutlich genug betont werden. Es geht um eine Regelung der von mir bereits genannten praktischen Fragen. Diese unsere bekannten Forderungen liegen von Anfang an auf dem Verhandlungstisch, es hat weder Zusätze noch Abstriche gegeben. Verwirrung haben bisher nur die Kräfte in Ost und West erzeugt, die an vernünftigen Verhandlungsergebnissen gar nicht interessiert sind. Da arbeiten sich die Reaktionäre in beiden deutschen Staaten gegenseitig in die Hand.« R. I.: Mich interessiert West-Berlin im Zusammenhang mit der Freiheit und Unabhängigkeit Westeuropas, überhaupt mit der Erhaltung des Friedens in Europa und in der ganzen Welt. Ich wäre Ihnen dankbar, wenn Sie nicht nur für Deutsche, sondern für alle Menschen in der Welt dieses brisante West-Berlin in Relation zur Entwicklung in Ost und West setzen würden. – Klaus Schütz: »West-Berlin war und ist seit dem Kriege ein Prüfstein für die Ost-West-Beziehungen. Ich hoffe, daß es von den weltweiten Bemühungen unserer Schutzmächte und der Sowjetunion um Abbau der Spannungen Nutzen trägt. Berlin soll nicht mehr wie in der Vergangenheit ein Krisenherd sein.«

Dem Vier-Mächte-Rahmenabkommen über Berlin stimmte Klaus Schütz generell zu, meinte aber, auch Skepsis und Vorsicht seien angebracht. Vier Punkte des Vier-Mächte-Abkommens bezeichnete Schütz als besonders wichtig: 1. seien die Rechte der drei Schutzmächte endlich auch von der Sowjetunion wieder voll akzeptiert und anerkannt worden, 2. würden die Bindungen West-Berlins an die Bundesrepublik nicht nur erhalten, sondern weiterentwickelt, 3. sei endlich ein unbehinderter Zugang auf den Straßen und Wasserwegen garantiert, 4. könnten die Westberliner endlich wieder in den Ostteil der Stadt und in die DDR reisen. Die Ergänzungsvereinbarungen zum Vier-Mächte-Rahmenabkommen über Berlin wurden zwischen den Staatssekretären Bahr und Kohl ausgehandelt und am 11. Dezember 1971 unterzeichnet. Dieses ›Berlin-Papier‹ stellt die erste schriftliche Vertragsgrundlage über den Verkehr von und nach Berlin seit zwei Jahrzehnten dar. Grundsätzlich sollen im – weiterhin visumpflichtigen – Personenverkehr östliche Kontrollen, Durchsuchungen, Festnahmen und Zurückweisungen weitgehend unterbleiben. Die am gleichen Tage unterzeichneten Vereinbarungen über »Erleichterungen und Verbesserungen des Reise- und Besuchsverkehrs sowie über Regelung der Fragen von Enklaven und Gebietsaustausch« sehen die Genehmigung für West-Berliner zu Reisen in den anderen Teil der Stadt oder in die DDR vor.

West-Berlin hat zwei Bürger, die keine Berliner sind und dennoch hier leben und wirken, weil sie damit für Berlin demonstrieren wollen. Der eine ist der »ES-PE-DE-Blechtrommler« Günter Grass (geb. 1927); dieser weltbekannte Schriftsteller will der Auflockerung und der Entspannung dienen. Der andere ist der Verleger Axel Caesar Springer (geb. 1912), der Berlin als etwas Statisches, als ein Bollwerk sieht und ein starkes Sendungsbewußtsein hat. Aus Gründen der Demonstration hat er sein Verlagshaus hart an die DDR-Mauer gesetzt. Springer gab ein Buch »Von Berlin aus gesehen« (Stuttgart 1971) heraus. Sein Verleger nannte ihn in der Propaganda den »am meisten diskutierten Deutschen unserer Tage«. Axel Springers Aktivitäten liegen vier Leitsätze zugrunde: »Für die friedliche Wiederherstellung der deutschen Einheit in Freiheit; für eine Aussöhnung zwischen Deutschen und Juden; gegen jeden politischen Extremismus; für die Verteidigung der freien sozialen Marktwirtschaft.«

Dieses Kapitel über die Bundesrepublik wurde mit kritischen Anmerkungen über die Deutschen begonnen. Im August 1973 schrieb der Chefredakteur der »Zeit«, Theo Sommer: »Unser Volk ist nicht glücklich. Noch artikuliert es sein Mißvergnügen bloß zaghaft, aber ein dumpfes Grummeln ist unüberhörbar ... Die Westdeutschen fühlen sich heute kaum regiert und schlecht verwaltet, und sie sehen mit einigem Bangen in die Zukunft. Dabei liegen der Besorgnis nicht die üblichen Stammtisch-Apokalypsen zugrunde. Das Unbehagen entzündet sich einmal an den Führungsfiguren der Bundesrepublik. In letzter Zeit erwecken sie nicht den Eindruck, sie hätten das Geschehen kraftvoll in der Hand. Eher hat es den Anschein, daß sie sich dem unpolitischen Mittelmaß der Ministerialbürokratie ausgeliefert haben. Das gilt gerade auch für den Bundeskanzler. In seiner eigenen Partei mutmaßen nicht wenige, er habe sich über den Wolken auf einem Postament angesiedelt, fernab vom Getriebe der garstigen Welt der Innenpolitik.« Und die Londoner *Times* stellte (am 15. August 1973) fest: »Deutschland ist in einem Übergangsstadium begriffen, im Inneren wie nach außen, und niemand kann sagen, wohin der Weg führt.« Mit der Zukunft der Bundesrepublik Deutschland ist die Zukunft Westeuropas aufs engste verknüpft und darum verdient die Entwicklung in Westdeutschland ganz besondere Beachtung.

## *34. Im NATO-Hauptquartier Europa-Mitte* oder: *Die Notwendigkeit des atlantischen Bündnisses*

Die Stadt Heerlen (90 000 Einwohner) in Süd-Limburg war schon immer ein bevorzugtes Einkaufszentrum der ländlichen Bevölkerung. Mittlerweile hat es internationale Bedeutung erlangt. Das hat mit der NATO zu tun. Am 10. März 1966 erklärte de Gaulle, daß sich Frankreich aus der militärischen Integration der NATO zurückziehe und daß das NATO-Hauptquartier Europa-Mitte – bis dahin in Schloß Fontainebleau bei Paris untergebracht – innerhalb eines Jahres aus Frankreich verlegt werden müßte. Daraufhin unterbreitete die niederländische Regierung der NATO einen interessanten Vorschlag. Man erinnerte sich in Den Haag, daß im Limburgischen in nächster Zukunft eine Reihe staatlicher Bergwerke aufgegeben werden müßten, was Arbeitslosigkeit und Geldmangel mit sich bringen würde. Die Niederlande boten also der NATO kostenlos die Verwaltungsgebäude der *Prins-Hendrik-Mijn* in Brunssum an, sie stellten lediglich die Bedingung, daß Ankäufe in Süd-Limburg erfolgen müßten; auch müßten die Offiziere, Beamten und Mannschaften der NATO daselbst angesiedelt werden.

Dies war von der niederländischen Regierung klug geplant. Die NATO hat in ihrem Hauptquartier Europa-Mitte in Brunssum bei Heerlen etwa 2300 NATO-Angehörige, zu denen noch rund 4700 Familienmitglieder hinzugezählt werden müssen. Die NATO-Familien setzen in Süd-Limburg im Jahr etwa 50 Millionen Gulden um. Die Offiziersfamilien sind auf über 60 Gemeinden um das Hauptquartier verteilt. Innerhalb kurzer Zeit hat die NATO für die Söhne und Töchter der NATO-Angehörigen eine eigene internationale Schule eingerichtet, die nun von fast 1500 Kindern aus den USA, aus Großbritannien, Deutschland und Kanada frequentiert wird. Hier werden junge Weltbürger erzogen. Die Lehrerschaft ist international. Fächer wie Mathematik, Biologie, Physik werden jeweils von internationalen Lehrern unterrichtet, also in der Heimatsprache; Fächer wie Weltgeschichte hingegen in Englisch, und zwar nach einem begrüßenswerten System. Als ich dort zu Gast war, war gerade »Europäische Geschichte seit dem ersten Weltkrieg« im Lehrplan. Vier Lehrer aus vier Nationen behandelten denselben Stoff, so daß die jungen Menschen auf demokratische Weise und jedenfalls keineswegs einseitig ein modernes supranationales Geschichtsbild bekamen.

Die Hauptsprache der NATO ist Englisch. Wer nicht Englisch kann, wird niemals zur NATO versetzt. Angehörige verschiedener Nationen sagten mir, daß es vor allem die gemeinsame Sprache sei, welche die NATO-Angehörigen miteinander verbinde. Die Grundkonzeption der NATO sieht vor, daß der Oberbefehlshaber von AFCENT *(Allied Forces Central Europe)* immer ein deutscher Vier-Sterne-General ist; sein Stellvertreter ist immer ein Engländer. Welches Büro ich auch aufsuchte, nie fand ich Angehörige von einer einzigen Nation beeinander. Ist der Chef einer Abteilung ein Belgier, so kann sein Vertreter z. B. ein Kanadier und die Sekretärin eine Amerikanerin sein. Diese Integration innerhalb der NATO ist vorbildlich; sie wäre anderen Organisationen in Europa dringendst zu wünschen. Die Bevölkerung von Süd-Limburg sieht gleichfalls nicht mehr Nationalitäten in den NATO-Repräsentanten, sondern nur noch Menschen, die dazu da sind, Westeuropa die Freiheit und die Unabhängigkeit zu sichern. Sowjetische Einheiten liegen in der ČSSR am »Thüringer Balkon«. Von da ist es in der Luftlinie bis zum Rhein nur 140 km weit. Für eine solche Strecke benötigen moderne Panzer fünf Stunden, so sie nicht aufgehalten werden. Dies ist westlicherseits zu erhoffen; aber Unsicherheitsfaktoren bleiben allemal. Der Osten verfügt über 50–60 Divisionen, die NATO zur Verteidigung Westeuropas nur über 22 Divisionen. Auch wenn man bedenkt, daß die westeuropäischen Divisionen teils größer sind als die östlichen, ist festzustellen, daß der Osten an konventionellen Kräften doppelt so stark ist wie der Westen, in einigen Waffenbereichen sogar dreimal so stark. Eine weitere Schwächung der NATO bedeutet der Umstand, daß sie einen sehr großen Raum zu verteidigen hat – von Grönland bis nach Anatolien. Das oberste militärische Hauptquartier der NATO befindet sich in Casteau bei Brüssel. Der oberste Befehlshaber Europa der NATO ist nach den Statuten immer ein Amerikaner. Der Norden Europas wird von AFNORTH verteidigt

(Hauptquartier in Oslo), der Süden Europas von AFSOUTH (Hauptquartier in Napoli).

Ich nahm in Brunssum die Gelegenheit wahr, den Oberbefehlshaber der Verbündeten Streitkräfte Europa-Mitte einiges zu fragen, was jeden bewegt, der um die Erhaltung des Friedens in Europa besorgt ist: General Jürgen Bennecke (geb. 1912). Im zweiten Weltkrieg war er sowohl im Westen wie im Osten an der Front, vorwiegend im Generalstab. Nach dem Kriege zunächst zwei Jahre in englischer Kriegsgefangenschaft, wurde er nach seiner Heimkehr Landwirt. 1952 trat er in Bonn in das »Amt Blank« ein, aus dem sich später das Verteidigungsministerium entwickelte. Oktober 1966 erfolgte Benneckes Kommandierung zum Kommandierenden General des I. Korps, im Februar 1968 wurde er Vier-Sterne-General und im April 1968 Oberbefehlshaber von AFCENT in Brunssum. Er ist verheiratet und Vater von vier Kindern. General Bennecke verkörpert den Typ des vergeistigten Offiziers. Der Oberbefehlshaber empfing mich auf seinem Amtssitz in Brunssum und beantwortete bereitwillig meine Fragen. Ich begann: Dank meiner liberal-konservativen Erziehung habe ich einmal an soldatische Tugenden geglaubt. Die Entwicklung in der Welt zeigt uns, daß es heute kaum mehr klassische Ritterlichkeit gibt. Ganz gewiß existieren Soldaten, die heute noch Edelmut vor dem Feind beweisen wollen. Aber infolge der Technik ist die Kriegführung unbarmherzig geworden. Sehen Sie die Entwicklung auch so wie ich?

Jürgen Bennecke: »Die klassische Ritterlichkeit nahm ihren Anfang beim persönlichen Zweikampf. Die Entwicklung der Kriegstechnik hat in der jüngsten Zeit dazu beigetragen, daß der Kampf weitgehend unpersönlich geführt wird. Der Kreis der Betroffenen ist in unbarmherzigster Weise erweitert worden. Ich finde, daß Politiker und Soldaten aus dieser Erkenntnis Konsequenzen ziehen müssen. Die erste Konsequenz ist, alles zu tun, um einen Krieg zu vermeiden. Was freilich keineswegs identisch ist mit Aufgabe der geistigen und physischen Verteidigungsbereitschaft oder gar mit Kapitulation. Damit kann man nicht verhindern, daß das eigene Land und Volk Opfer eines Krieges werden. Man begibt sich lediglich der Einflußnahme auf das eigene Schicksal im Falle der Gefahr. Die zweite Konsequenz ist, daß, wenn es trotz aller Bemühungen zum Gebrauch der Waffen kommen sollte, dieser vom denkbar größten Verantwortungsbewußtsein diktiert werden muß. Hier könnte es für den Soldaten auch heute noch viele Möglichkeiten geben, Edelmut und Menschlichkeit zu zeigen. Soldatische Tugenden sind aber ganz allgemein auch heute in den Streitkräften nicht zu entbehren. Ohne Tapferkeit, Treue im Dienst, Beispiel und Fürsorge der Vorgesetzten, Gehorsam und Kameradschaft ist eine gute Armee nicht denkbar.«

R. I.: Bundespräsident Heinemann hat sich sehr nachdrücklich für die Kriegsdienstverweigerung eingesetzt. Am liebsten würde er es sehen, wenn die Kriegsdienstfähigen in aller Welt den Kriegsdienst verweigern würden. Das ist gewiß idealistisch, aber doch auch unrealistisch. In der gesamten kommunistischen Welt bewaffnet man sich bis zu den Zähnen. Leider muß die nichtkommunistische Welt entsprechend reagieren. Sehen Sie Chancen für eine weltweite Abrüstung?

Jürgen Bennecke: »Es ist zu hoffen, daß die wirtschaftliche und soziale Entwicklung und die immer unheimlicher werdende Vernichtungskraft der Waffen eines Tages in aller Welt die Rüstung tatsächlich überwinden. Weltweite Abrüstung ist ein Ziel, das man mit aller Kraft anstreben muß. Darüber gibt es keinen Zweifel. Allein der Weg könnte strittig sein. Solange freilich ein verläßlicher Zustand der Abrüstungsbereitschaft nicht erreicht ist, müssen Völker und Staaten in der politischen und geographischen Lage der Bundesrepublik fähig und bereit sein, sich zu wehren. Das hat den Verteidigungswillen ihrer wehrdienstfähigen Männer zur Voraussetzung. In der Gegenwart gilt es daher, diesen Willen zu stärken. Eine Ermutigung, den Wehrdienst zu verweigern, halte ich nicht für richtig.«

In zahlreichen Vorträgen hatte ich mich gegen kriegerisches Kinderspielzeug gewendet, und ich war deshalb teils recht massiv angegriffen worden. Meinem Gesprächspartner im NATO-Hauptquartier sagte ich auch, daß ich dagegen sei, Kinder mit Soldaten, Kinderwaffen usw. spielen zu lassen. R. I.: Das Beispiel des Jugendringes Köln, Weihnachten 1970, halte ich für vorbildlich; Kinderspielzeug militärischen Charakters wurde aus dem Handel gezogen. Nun hat man mir Defätismus vorgeworfen. Wenn Kinder nicht Krieg spielen dürften, hätten sie später als Erwachsene keinen Wehrwillen und würden in der Stunde der Gefahr ihr Vaterland nicht verteidigen. Ich sehe allerdings keine Zusammenhänge zwischen Soldatenspielen und der Notwendigkeit der Verteidigung des Vaterlandes. – Jürgen Benecke: »Ich bin Ihrer Ansicht. Wir sollten unsere Kinder zur Anerkennung einer friedlichen Ordnung erziehen und nicht zum Gebrauch von Waffen und Gewalt. In dieser Hinsicht scheint mir nicht nur der Umgang mit Kinderspielzeug militärischen Charakters bedenklich, sondern mehr noch die alltägliche Verherrlichung von Gewalttaten und Roheiten in Wort und Bild. Etwas ganz anderes freilich ist es, der heranwachsenden Jugend die Notwendigkeit zur Verteidigung von Recht und Freiheit klarzumachen, wozu während des Wehrdienstes die Ausbildung mit der Waffe gehört. Allerdings sollte immer klar sein, daß der Waffendienst kein Kinderspiel ist. Waffen als Kinderspielzeug werden der Ernsthaftigkeit der Verteidigung mit der Waffe nicht gerecht.«

Es scheint mir, daß die Bundeswehr in der Bundesrepublik Deutschland nicht populär ist. R. I.: Die Bundeswehr wird bestenfalls als ein notwendiges Übel betrachtet. Auch dem Sozialdemokraten Helmut Schmidt ist es anscheinend nicht gelungen, die Bundeswehr volkstümlicher zu machen. Weil aber die Bundeswehr nicht populär ist, ist es die NATO auch nicht. Ich erinnere daran, daß Bundesverteidigungsminister Schmidt sogar sehr angegriffen wurde, als er als einziger westlicher Politiker mehr Geld für die NATO forderte. Können Sie mir Ihre Beobachtungen zu diesem Fragenkomplex berichten? J. B.: »Aufgrund von Gesprächen mit Offizieren der Verbündeten habe ich den Eindruck, daß die Volkstümlichkeit der Streitkräfte in allen Ländern der NATO im Lauf des letzten Jahrzehnts abgenommen hat. Mag sein, daß dies in der Bundesrepublik in besonders starkem Maße der Fall ist, obwohl ich aufgrund persönlicher Erfahrungen als Truppenkommandeur der Ansicht bin, daß dies regional sehr unterschiedlich sein dürfte. In großen Teilen unseres Landes steht die Bundeswehr in gutem Ansehen. Von einer größeren Volkstümlichkeit der eigenen Streitkräfte würde sicher auch die NATO profitieren, d. h. das Ansehen der in der Bundesrepublik stehenden verbündeten Streitkräfte. Diese haben übrigens ein recht gutes Verhältnis zu den deutschen Soldaten und zur deutschen Bevölkerung. Ich glaube auch, daß die Einsicht zunimmt, daß die Bundesrepublik unter den derzeitigen Verhältnissen die NATO zur Verteidigung unserer Lebensform braucht und sie daher nach Kräften stärken muß.«

Ich sagte General Bennecke, daß ich auf meinen Reisen durch die kommunistischen Länder niemals respektvolle Worte über die NATO gehört hatte: Die Bevölkerung der kommunistischen Länder ist sogar überzeugt davon, daß die Schlagkraft der Truppe der Warschauer-Pakt-Staaten viel bedeutender sei als die der NATO. Auch in westeuropäischen Völkern scheint mir die Meinung verbreitet zu sein. Könnten Sie etwas sagen über das Kräfteverhältnis zwischen den Truppen der NATO und jenen des Warschauer Paktes? – Jürgen Bennecke: »In den kommunistischen Ländern stellt eine ständige Propaganda die eigenen Streitkräfte als unüberwindlich dar. Vorhandene Schwächen werden nicht erwähnt. Militärische Schaustellungen und äußerer Drill der Truppe spielen eine große Rolle. Der Durchschnittsbürger im Westen hingegen wird über seine Armeen sehr viel kritischer informiert. Paraden und äußerer Aufmachung wird weniger Wert beigemessen als im Osten. Die militärischen Führer des Westens machen aus den Schwächen ihrer konventionellen Streitkräfte kein Hehl. Anderenfalls würden ihnen die benötigten Mittel nicht gewährt. Ich glaube daher nicht, daß aufgrund allgemeiner Äußerungen der Bevölkerung die Kampfkraft der Streitkräfte beider Seiten in zutreffender Weise verglichen werden kann. Bei der Bundeswehr wie auch in anderen NATO-Streitkräften wird jedenfalls gute Arbeit geleistet. Der politischen und militärischen Führung des Warschauer Paktes sind die hohe Qualität der Ausrüstung und der gute Stand der Ausbildung der NATO-Streitkräfte bekannt. Das ist im Rahmen der Abschreckungsstrategie wichtig. Die Führung der anderen Seite darf sich kein falsches Bild machen, und sie darf das Risiko einer Aggression nicht falsch einschätzen. Hinsichtlich des Kräfteverhältnisses zwischen NATO und Warschauer Pakt verweise ich auf die zahlreichen Veröffentlichungen[31]. Das konventionelle Potential der NATO kann sich neben dem des Warschauer Paktes sehen lassen. Die westlichen Streitkräfte sind freilich viel weiter verstreut, teilweise an anderen Stellen der Welt gebunden und im ganzen nicht so einfach und schnell verschiebbar wie die konventionellen Streitkräfte des diktatorisch geführten Warschauer Paktes. Dieser nutzt ferner seine ausge-

[31] Vgl. u. a. »Die militärischen Kräfteverhältnisse 1970/71«, eine Arbeit des Instituts für Strategische Studien in »Wehrtechnik«, Heft 12, 1970.

bildeten Reserven weit mehr aus als die westlichen Nationen. Daraus kann sich an ›Ort und Stelle‹ oft ein für den Westen sehr ungünstiges Verhältnis der konventionellen Kräfte ergeben. Das wiederum kann die westliche politische Führung nur ausgleichen, wenn sie in Spannungszeiten Entschlüsse zur Verstärkung an bedrohter Stelle faßt.«

Am 30. September 1973 nahm General »Big Ben« (so sein Spitzname) seinen Abschied. Nicht weniger akzentuiert äußerte sich seit unserem Gespräch General Johannes Steinhoff, Vorsitzender des Militärausschusses der NATO. Er hat gefordert, daß man endlich »dem Mann auf der Straße« klarmache, daß die Hoffnung auf eine ideologische Koexistenz zwischen Ost und West eine Illusion sei. Die Abschreckung könne auch in Zukunft nur mit Hilfe von Kernwaffen aufrechterhalten werden. Der NATO-Generalsekretär Luns hat immer wieder vor der Gefahr der Uneinigkeit zwischen den Partnern des atlantischen Bündnisses bei den Verhandlungen mit den sozialistischen Staaten gewarnt. Auch diese Stimmen sollten in Westeuropa und in den USA nicht überhört werden.

## *35. Vereinigtes Königreich von Großbritannien und Nordirland* oder: *Endlich ein Pakt mit Kontinentaleuropa*

Großbritannien hat sich seit dem Ende des zweiten Weltkrieges verändert. Außer in den Niederlanden und in Deutschland habe ich mich kaum in einem dritten europäischen Land so viel aufgehalten wie auf dieser Insel; familiäre Bande gaben mir obendrein Gelegenheit, die Zustände genauer zu beobachten. (Vgl. R. Italiaander, Hrsg.: Englische Perspektiven, Hamburg 1948.) Premierminister Macmillan hat das vielzitierte Wort vom Wind, der alles verändert, geprägt. Großbritannien hat sich meiner Erfahrung nach vorteilhaft gewandelt. Kulturell ist England heute wahrscheinlich interessanter als das steril gewordene Frankreich. Das Imperium löste sich auf, aber internationale Bindungen – wie das *Commonwealth of Nations* – sind dessenungeachtet produktiv und tragen zur Auflockerung der überholten Gesellschafts- und Sozialstruktur bei. Wie muffig war es früher häufig in englischen Amtsstuben; als gäbe Queen Victoria noch immer den Ton an. Heute sieht man selbst im *Foreign Office* junge Diplomaten mit bunten Hemden, sogar mit Rüschen, aus der *Carnaby Street*. Ähnliche Beobachtungen kann man in traditionsreichen Clubs machen. Gewiß erscheinen noch Gentlemen im dunklen Anzug mit *Bowlerhat* und Schirm. Aber selbst hier setzt sich der neue Trend durch.

Die Hippies führten im *Hippieland* in San Francisco ihr Eigenleben. In London sind Hippieismus, Popismus etc. mehr in die Gesellschaft integriert. In den dreißiger Jahren hörte ich von einem Spötter: »Die Kontinentaleuropäer haben ein Geschlechtsleben, die Engländer eine Wärmflasche.« Das Hauptcharakteristikum der Veränderungen in England scheint mir zu sein, daß Großbritannien nicht mehr so insular ist wie früher. Der Verlust des Weltreiches und damit vieler Vormachtpositionen hat die Briten etwas bescheidener und gerechter werden lassen.

In Großbritannien sammelt sich allerdings allerlei Zündstoff. Einer der Katalysatoren ist die Rassenfrage. Großbritannien hat fa.t 56 Millionen Einwohner, die sich aus Engländern, Schotten und Walisern zusammensetzen; aus dem *Commonwealth* sind zwischen 1,5 und 2 Millionen Farbige eingewandert (genau läßt sich die Zahl wegen der Illegalen nicht feststellen). Unter den Indern, Pakistani, Westindern, Afrikanern gibt es Männer und Frauen, die sich gut eingelebt haben, nicht diskriminiert werden. Jedoch gibt es überdies Hunderttausende, denen es sehr schlecht geht und die immer wieder Opfer von Rassenhaß werden. Wird sich die Lage für die Farbigen in Großbritannien ändern? Ich traf sowohl Pessimisten wie Optimisten und wußte nicht, wem zu glauben war. Der indische Professor Joli Bhatnager gibt in seiner Studie *Immigrants at School* (London 1970) viele Beispiele dafür, daß es den Briten nicht gelingt, die notwendige Integration herbeizuführen, und er befürchtet eine »rassische Explosion« um 1980.

Wie alle Nationen Europas haben auch die Briten ihr Religionsproblem. Sie sind vorwiegend Protestanten. Es gibt die anglikanische Staatskirche in England, die presbyterianische Staatskirche in Schottland, außerdem Freikirchen. Die Römisch-Katholiken zählen in England und Wales 4 Millionen, in Schottland 825 000 und in Nordirland 500 000. Ein wichtiger Faktor innerhalb der Gesellschaft sind 450 000 Juden. Zu den imponierenden Persönlichkeiten des heutigen England gehört der Erzbischof von Canterbury, Dr. Michael Ramsey. Geboren 1904, trat er, der bislang Erzbischof von York gewesen war, im Juni 1961 die Nachfolge des Erzbischofs Lord Fisher an. Ramsey kommt sowohl mütterlicher- als auch väterlicherseits aus einer Familie mit geistlicher Tradition. Er besuchte die Schule in Repton, deren Leiter Dr. Fisher, sein Amtsvorgänger, war. In Cambridge machte er Abschlußexamen in den klassischen Fächern der Theologie. Nachdem er eine Reihe von Kirchenämtern bekleidet hatte, wurde er 1952 Bischof von Durham. In dieser Eigenschaft sahen ihn Millionen von Menschen in aller Welt auf dem Fernsehschirm; denn nach alter Tradition war der Bischof von Durham mit den Bischöfen von Bath und Wells zugegen, als die Königin von England in der Westminster Abbey gekrönt wurde. Als Bischof von Durham war er auch Geistlicher Pair, also einer jener Bischöfe, die infolge ihrer amtlichen Würde einen Sitz im *House of Lords* beanspruchen können. Michael Ramsey ist von der Notwendigkeit weltumfassender christlicher Gemeinschaft überzeugt. Auf der Provinzialsynode zu York im Sommer 1955 hatte er wesentlichen Anteil an den Bestrebungen, eine engere Bindung zwischen der Vereinigten Kirche von Süd-Indien und der *Church of England* herzustellen. 1965 war Michael Ramsey als Erzbischof von York Leiter einer Delegation von acht anglikanischen Geistlichen, die zu einem Gespräch mit russisch-orthodoxen Geistlichen nach Rußland reisten. Als Erzbischof von Canterbury hat er die Patriarchen der griechisch-orthodoxen Kirche in Istanbul, Athen und Moskau besucht. Er ist Wortführer der Bewegung für die Vereinigung von Anglikanern und Methodisten sowie für engere Beziehungen mit der Kirche von Schottland. Ebenfalls sein Verdienst ist die Entstehung einer Kommission für die Frage der Beziehungen zu der römisch-katholischen Kirche. Im Mai 1963 erregte Dr. Ramsey wiederum Aufsehen, als er an der Universität von Leuven (Belgien) Vorlesungen hielt; denn dies war das erste Mal, daß der Erzbischof von Canterbury von einer römisch-katholischen Universität zu Vorlesungen eingeladen wurde. Im März 1966 stattete er Papst Paul VI. in Roma einen Besuch ab. Dieser Erzbischof ist wirklich ein imposanter Mann: mächtig von Statur, wortgewaltig, dabei voller Humor. Nach einem heftigen Streitgespräch in seiner Bibliothek des *Lambeth Palace* über christliche Gegenwartsfragen begleitete er mich die große Freitreppe herunter. Unten liefen Fernsehkameras, weil er sich sogleich zu Tagesproblemen äußern sollte. Ich war irritiert, wußte nicht, ob ich rechts oder links von *His Grace* gehen sollte, und bat ihn flüsternd, mir zu sagen, was in England üblich sei. Laut lachend antwortete er, daß es auch die Mikrophone aufnehmen konnten: »Links geh'n ist nie falsch.«

Großbritannien setzt sich aus vier Bundesländern zusammen, die sich eine gewisse Selbständigkeit bewahrt haben: England, Wales, Schottland und Nordirland, die das *United Kingdom* bilden. Die Geschichte des *United Kingdom* ist hinreichend bekannt. Wenige Daten werden genügen, sie in Erinnerung zu bringen. 54 v. Chr. stießen die Römer unter Cäsar nach der Nordseeinsel vor. Die Römer blieben weit über 400 Jahre. Im 6. Jahrhundert wanderten die Angeln und die Sachsen ein, es war die Zeit des legendären König Artus. Durch den Herzog William aus der Normandie, der bei Hastings König Harold besiegte, wurde 1066 eine Verbindung zwischen England und der Normandie geschaffen. 1338: Beginn des »Hundertjährigen

Krieges« mit Frankreich; er endete mit dem Abzug der Engländer vom Kontinent. Unter Elizabeth I. wurde in der Mitte des 16. Jahrhunderts die Basis für das *Empire* gelegt, das erst nach dem zweiten Weltkrieg aufgelöst werden sollte. Zu Anfang des 17. Jahrhunderts begann die Besiedelung der nordamerikanischen Kolonie Virginia. 1712 bekam England durch den Frieden von Utrecht große Teile Amerikas zugesprochen. 1763 (durch den Frieden von Paris) gewann England Kanada und weitere Teile Amerikas von Frankreich; doch 1776 erklärten sich die *United States of America* für unabhängig. 1801: zum Unionsvertrag mit England gesellte sich nunmehr Irland. 1906 zogen die ersten 26 *Labour*-Abgeordneten in das Unterhaus ein, das bislang von Liberalen und Konservativen beherrscht worden war. 1931 wurde durch das Statut von Westminster den englischen Dominien Kanada, Australien, New Zealand, Südafrika, Neufundland sowie dem Irischen Freistaat die volle Selbständigkeit gegeben und der Aufbau des *Commonwealth of Nations* eingeleitet. Während Winston Churchill (1874–1965) im zweiten Weltkrieg die Kriegskoalition leitete, errang die *Labour Party* 1945 einen Wahlsieg unter Clement Attlee (1883–1967) und übernahm die Regierung; das *United Kingdom* wurde ein *Welfare State*. Nachdem jahrelang in den Kolonien der Wunsch nach Unabhängigkeit laut geworden war, bekamen 1947 als erste Länder Indien und Pakistan die Autonomie, andere kolonisierte Länder sollten folgen; Großbritanniens Weltreich fiel auseinander. 1951 errang Churchill nochmals einen Wahlsieg und konnte wieder eine Regierung bilden. Nachfolger Churchills als Premierminister wurden Anthony Eden und Harold Macmillan. 1961 mußte Südafrika das *Commonwealth* wegen seiner Apartheidpolitik verlassen. 1963 scheiterten die Verhandlungen über eine britische Mitgliedschaft in der EWG an einem Veto Präsident de Gaulles. 1964 erzielte die *Labour Party* unter Harold Wilson einen knappen Wahlsieg, jedoch 1966 einen hohen Wahlsieg, und so konnte sie zweimal die Regierung bilden. 1965 erklärte sich Rhodesien illegal für unabhängig. 1967 stellte Großbritannien nochmals einen Antrag auf die Vollmitgliedschaft in der EWG, in der EURATOM und in der Montanunion; im Juni 1971 wurde dem überfälligen Beitritt in Luxemburg zugestimmt. 1970 konnten wider alle Berechnungen der Meinungsforscher die Konservativen einen Wahlsieg für sich verbuchen, woraufhin die Königin Edward Heath zum Premierminister berief.

Der gegenwärtige Souverän ist Königin Elizabeth II. Sie wurde am 21. April 1926 als älteste Tochter Georges VI. und seiner Frau Elizabeth in London im Buckingham Palace geboren. Ihre einzige Schwester ist Prinzessin Margaret, verheiratet mit Anthony Earl of Snowdon. Elizabeth II. heiratete am 20. November 1947 Philip, Duke of Edinburgh (geb. am 10. Juni 1921 auf der Insel Korfu). Elizabeth II. bestieg den Thron am 6. Februar 1952 und wurde am 2. Juni 1953 gekrönt. Ihr offizieller Titel im Vereinigten Königreich lautet: »Elizabeth die Zweite, Herrscherin von Gottes Gnaden über das Vereinigte Königreich von Großbritannien und Nordirland und Ihre anderen Reiche von Territorien, Oberhaupt des *Commonwealth*, Verteidigerin des Glaubens.« Der älteste Sohn der Königin, Prinz Charles, Prinz von Wales, ist der Thronerbe (geb. 1948). An nächster Stelle in der Thronfolge stehen: Prinz Andrew (geb. 1960), Prinz Edward (geb. 1964), Prinzessin Anne (geb. 1950) und Prinzessin Margaret (geb. 1930). Als Staatsoberhaupt wird die Königin hinsichtlich aller Aspekte des öffentlichen Lebens informiert und konsultiert. Auf den Rat ihrer Minister nimmt sie bestimmte wichtige Regierungsgeschäfte wahr. In Nordirland wird der Souverän durch einen Gouverneur vertreten. Mehr als in anderen Monarchien wurde in Großbritannien das königliche Haus kritisiert.

Wie gesund sind doch Demokratien, die solche Debatten immer wieder überstehen; in jedem kommunistischen Land wären sie in bezug auf ein Oberhaupt undenkbar, was wieder einmal für die parlamentarische Demokratie spricht.

Im Juni 1970 ging der Wunsch eines Zimmermanns in Erfüllung, der sich bereits, als sein Sohn noch klein war, gewünscht hatte, dieser möge Premierminister werden. Ein prominenter Staatsmann hatte prophezeit, daß Heath es werden würde: de Gaulle. Die Meinungsforscher dagegen gaben Edward Heath kaum Chancen. Dabei wurden ihm viele gute Eigenschaften zugesprochen. Man erzählte sich, daß er bereits in der Schulzeit – außer für Musik – die besten Zensuren für »Charakter« bekam. Viele Briten stört, daß Heath unverheiratet ist und viel mit jungen Sportsleuten gesehen wird. Nun, er ist selbst ein Sportsmann, ein Segler. Heath: »Ich habe mein Amt so organisiert, daß es mich möglichst wenig beim Segeln stört.« Doch selbst sein Sport wurde ihm angelastet. Denis Healey von der *Labour Party* sagte, Heath schiene »in geradezu neurotischer Weise von der Notwendigkeit besessen zu sein, nachzuweisen, daß er ein Mann ist«.

Edward Heath wurde am 19. Juni 1970 trotz alledem britischer Premierminister, nachdem die *Conservative Party* aus den Parlamentswahlen als Sieger hervorgegangen war. Er wurde am 9. Juli 1916 als Sohn eines Zimmermanns und späteren Bauunternehmers in Broadstairs, Kent, geboren und studierte am Balliol College in Oxford dank eines Stipendiums. In Oxford versah er neben seinem Studium das Amt des College-Organisten; sein Examen legte er in Philosophie, Staatswissenschaft und Volkswirtschaft ab. Als Student war er Vorsitzender der *University Conservative Association;* 1937 führte er den Vorsitz im Verband dieser Vereinigungen Konservativer Studenten. Während seines letzten Studienjahres in Oxford war er Vorsitzender der *Oxford Union,* des bekannten Debattierklubs. Sein Interesse an der Politik führte Heath nach Beendigung seines Studiums am Vorabend des zweiten Weltkrieges nach Polen und Danzig, von wo aus er per Anhalter die Heimreise quer durch Nordwesteuropa antrat. Im September 1939 meldete er sich freiwillig zur Artillerie. Nachdem er einige Zeit als Batteriechef in seinem Regiment gedient hatte, wurde er Stellvertretender Befehlshaber eines Regiments der *Honourable Artillery Company;* er nahm am Feldzug in Nordwesteuropa teil. Er befehligte von 1947 bis 1951 das zweite Regiment und war anschließend drei Jahre lang *Master Gunner* im Tower von London. Nach dem Krieg trat Heath in den Staatsdienst ein. Einen Posten im Ministerium für Zivilluftfahrt gab er bald auf. Als er Junior-Minister in der konservativen Regierung wurde, gab er seine Tätigkeit bei einer Bank auf, kehrte jedoch auf seinen Posten im Vorstand zurück, als seine Partei 1964 aus der Regierung ausschied.

Bei den Wahlen von 1950 wurde Heath als Unterhausabgeordneter für Bexley gewählt. Im Februar 1951 folgte seine Ernennung zu einem der stellvertretenden *Whip*[32] der Konservativen. Als die Konservativen mit Anthony Eden an der Spitze im

[32] *Whip* heißt Einpeitscher; es ist das Parteimitglied, das die Anhänger zu Abstimmungen etc. zusammenruft.

Herbst desselben Jahres die Regierung übernahmen, wurde er als *Lord Commissioner* des Schatzamtes *Whip* der Regierung. Im Dezember 1955 wurde er zum Parlamentarischen Staatssekretär im Schatzamt und damit zum *Chief Whip* der Regierung ernannt; gleichzeitig wurde er Mitglied des *Privy Council*. Im Oktober 1959 wurde Heath im 2. Kabinett Macmillan Arbeitsminister. Im Juli 1960 erfolgte seine Ernennung zum Lordsiegelbewahrer. Im Unterhaus fungierte er als außenpolitischer Sprecher seiner Partei und nahm innerhalb des Außenministeriums insbesondere die europäischen Angelegenheiten wahr. Zur Zeit von Großbritanniens Antrag um Aufnahme in die EWG im Jahre 1961 war er der offizielle Unterhändler Großbritanniens. Obgleich die Verhandlungen an de Gaulles Veto scheiterten, fand Heath' Arbeit Anerkennung und Lob. Er wurde durch die Zuerkennung des Karls-Preises gewürdigt, der alljährlich für besondere Verdienste um die europäische Bewegung und die Einigung Europas vergeben wird. Walter Hallstein erinnerte sich in seiner Laudatio der Gespräche mit Heath, als erstmals über den Beitritt Großbritanniens verhandelt wurde: »Wir konnten nicht anders, als Sie lieben ... Und vor allem fühlten wir durch alle unsere Zusammenkünfte mit Ihnen die Tiefe und Aufrichtigkeit Ihrer europäischen Überzeugungen und deren Bedeutung für Großbritannien, für die Gemeinschaft, für die Welt.«[33]

Später hat Heath an der Beratenden Versammlung des Europarates teilgenommen sowie an der Moskauer Unterzeichnung des Teststopp-Abkommens zwischen Großbritannien, den USA und der UdSSR. Als Minister für Industrie, Handel und Regionalentwicklung und als Handelsminister im Kabinett Douglas-Home leitete er die britische Delegation bei der GATT-Konferenz in Genf im Mai 1964 und nahm an der UNO-Welthandelskonferenz teil. Nach dem Regierungswechsel 1964 wurde Heath Mitglied des Beratenden Ausschusses des Oppositionsführers. Von Februar 1965 an war er mit Finanz- und Wirtschaftsfragen und der Koordination im Bereich der Innenpolitik betraut. Im Juli jenes Jahres wurde er nach dem Rücktritt von Sir Alec Douglas-Home zum Vorsitzenden seiner Partei gewählt und war von da an Oppositionsführer im britischen Parlament, bis er im Juni

[33] Am 16. November 1971 wurde Edward Heath vom Kuratorium der Stiftung F. v. S. zu Hamburg der Europa-Preis für Staatskunst zugesprochen.

1970 Premierminister wurde. Heath raucht nicht und trinkt nur sehr mäßig. Seine Lieblingsbeschäftigung ist außer Segeln die Musik; vom Karls-Preis kaufte er sich einen Steinway-Flügel. Er ist praktizierender anglikanischer Christ.

Vielleicht war Heath 1970 der Überraschungssieger, weil die Wähler die Wahlparolen gar nicht mehr auseinanderhalten konnten. Die Konservativen schrieben: »Wir wollen eine Gesellschaft, in der materieller Fortschritt Hand in Hand geht mit den tieferen Werten, die das Leben lebenswert machen; eine Gesellschaft, die für ihre Städte und Dörfer, für ihre Flüsse, Küsten und Landschaften Sorge trägt.« Die Labour-Party: »Auf der festen Basis einer ständig wachsenden Wirtschaft wollen wir eine bessere Gesellschaft für das ganze britische Volk schaffen, eine starke, gerechte und mitfühlende Gesellschaft, die ihre komplexen Probleme so meistert, daß wir selbst stolz darauf sein können und sich die Welt ein Vorbild an uns nehmen kann.« Der anmaßend gewordene Wilson, der in der Wahlpropaganda von sich behaupten ließ, er sei »von den höheren Mächten auserkoren«, tat so, als sei die *Labour Party* schlechthin die Regierungspartei, und verzichtete wohl daher weitgehend auf neue Ideen. Heath dagegen repräsentierte seine Partei als eine Partei der Veränderung. Der meist vom Segeln gebräunte Heath brachte jedenfalls frischen Wind in die britische Politik. Er gab sich nicht wie Wilson als »Familienvater der Nation«, was man längst leid war. Von Heath wurden Parallelen gezogen zu Pierre Trudeau, Jacques Chaban-Delmas und Olof Palme. Heath verstand es, das Unterhaus für sich zu gewinnen (laut Macmillan ein Zeichen dafür, daß man ein guter Premierminister ist). Ich beobachtete ihn mehrfach im Parlament und bewunderte seine Gelassenheit. Sie schlägt manchmal in Arroganz um, doch angesichts Wilsons oft schnöder, ja, patziger Manieren gibt es vielleicht keine andere Methode. Heath hat seit der Übernahme des hohen Amtes sehr an Profil gewonnen und fast seine Regierungsmannschaft ausgeschaltet, so daß schon von dem Ein-Mann-Betrieb in Downing-Street Nr. 10 gesprochen worden ist.

In Heath hat das *United Kingdom* jedenfalls einen *Leader* neuen Typs bekommen. Gerade sein forsches Auftreten hat ihm neue Freunde gewonnen – und das alles trotz einer »gegen den Strich gebürsteten Karriere«. Ein wesentliches außenpolitisches Positivum ist, daß dieser Tory-Premier zur Neuannäherung an

Frankreich entschieden beitrug. Heath selbst sagte nach seinem Besuch bei Pompidou im Unterhaus (24. Mai 1971): »Ich bin überzeugt, daß die Meinungsverschiedenheiten und Zweifel, die das Verhältnis zwischen Großbritannien und Frankreich in den letzten Jahren so getrübt haben, jetzt beseitigt sind.« Nunmehr war die Bahn frei für die EWG. Heath in einer Fernsehansprache (8. Juli 1971): »Es ist eine große Entscheidung, und zwar eine, die weit über die Parteipolitik hinausgeht ... Heute nehmen wir nicht mehr den Rang in der Welt ein, den wir einst innehatten. Traditionelle Märkte werden uns genommen, und es erschließen sich uns nicht automatisch neue. Doch müssen wir nach wie vor vom Handel leben. Ohne ihn haben wir nicht die Kraft, für uns selber aufzukommen und anderen zu helfen. Die EWG gibt uns unsere Chance.« Großbritannien trat am 1. Januar 1973 der EWG bei.

Um die Innenpolitik wenigstens zu streifen: Klug war es von Heath, Reginald Maudling als Innenminister in sein Kabinett zu wählen. »Die wohl beste Ernennung des richtigen Mannes für den richtigen Posten« – so *The Times*. Während meiner Arbeiten in Afrika begegnete ich ihm in Rhodesien, und es war, falls ich mich nicht irre, der spätere Präsident von Zambia, K. D. Kaunda, der sagte, Maudling sei ein Mann, von dem man ohne Bedenken einen Gebrauchtwagen kaufen könne. Maudling wurde am 7. März 1917 in London geboren. Nach vollendetem Jurastudium in Oxford wurde er 1940 bei Gericht zugelassen. Während des Krieges war er bei der *Royal Air Force*, später Privatsekretär des Luftfahrtministers Sir Archibald Sinclair. Sein politischer Aufstieg begann, als er 1950 für Barnet, Hertfordshire, ins britische Parlament einzog. Zeitweilig gehörte er als Vizevorsitzender dem Parlamentsausschuß seiner Partei für Finanzen, Handel und Industrie an. Im April 1952 wurde er zum erstenmal als

---

Oben: Der Präsident des irischen Freistaates Eamon de Valera war so lange auf hohem Staatsposten wie kein zweiter Europäer dieses Jahrhunderts; erst 1973 trat der Greis in den Ruhestand. Das Bild zeigt ihn im Gespräch mit Irlands »Wunderkind« Brendan O'Regan.

Unten: Über die britische Königsfamilie wird häufig heiß diskutiert. Dessenungeachtet genießen Königin Elizabeth II., Prinz Philip, Herzog von Edinburgh, und ihre Kinder im United Kingdom und darüber hinaus große Popularität.

parlamentarischer Sekretär beim Ministerium für Zivilluftfahrt Mitglied der Regierung. Im November 1952 wechselte er ins Schatzamt hinüber. Er arbeitete hier mit solchem Geschick, daß ihm nach dem Rücktritt Churchills Anfang April 1955 im Kabinett Anthony Eden das Amt des Versorgungsministers übertragen wurde. Nach dem Rücktritt Edens im Januar 1957 wechselte er im Kabinett Macmillan auf den Posten des Generalzahlmeisters. Ab Oktober 1959 leitete er das Handelsministerium; im Oktober 1961 löste Maudling Iain Macleod als Kolonialminister ab. Im Juli 1962 wurde er bei einer Regierungsumbildung Schatzkanzler. Seit 1964 war Maudling Stellvertretender Vorsitzender des sogenannten »Schattenkabinetts« der Konservativen. Bei der Wahl des neuen Parteiführers der Konservativen (August 1965) nach dem Rücktritt Douglas-Homes unterlag er Edward Heath, der ihn zu seinem Stellvertreter wählte. Maudling ist berühmt für seine langen, fast aus dem Stegreif gehaltenen Reden. Im Juli 1970 wurde er in der neuen Regierung von Edward Heath Stellvertreter des Premierministers. Außerdem übernahm er das Innenministerium und damit die Verantwortung für Ruhe und Ordnung sowie die Lösung der explosiven Nordirland-Frage. Maudling ist mit Beryl, geb. Laverick, seit 1939 verheiratet und hat drei Söhne und eine Tochter.

Als Minister für Auswärtige und Commonwealth-Angelegenheiten nahm Edward Heath den gegenwärtig vielleicht populärsten englischen Staatsmann ins Kabinett: Sir Alec Douglas-Home. Während Churchill sein letztes Kabinett bildete und einen Minister für Schottland suchte, wurde ihm Sir Alec vorgeschlagen, und Sir Winston sagte den mittlerweile vielzitierten Satz: *»Home sweet Home it shall be.«* Sir Alec empfindet seinen politischen Auftrag »in medizinischen Termini als den eines Heilers«. Vielleicht besteht da ein Kontext zu seinem eigenen Leben. 1940 erkrankte er schwer an den Folgen einer Tuberkulose. Zwei Jahre lag er in einem Klebeverband. Und es geschah ein Wunder: Der fast Aufgegebene wurde gesund, ja, dynamischer, als er je zuvor gewesen war. Bald nach seiner Genesung attackierte er hart seinen Parteifreund Churchill, weil dieser zugelassen hatte, daß Polen den Sowjets überlassen wurde, jenes Polen, dessentwegen doch Großbritannien den Krieg gegen Hitler auf sich genommen hatte. Äußerst belesen, ein Kenner der griechischen Klassiker, ist Sir Alec ein entschiedener Christ, und er hat selbst oft betont, daß die christliche Botschaft ein Fundament seines politischen Wirkens sei. Bei seiner Ernennung zum Premierminister im Oktober 1963 verzichtete er auf seinen Grafentitel und andere Adelsprädikate.

Sir Alec wurde am 2. Juli 1903 in London geboren. Er besuchte die Schule von Eton und studierte in Oxford Geschichte. 1931 wurde er als konservativer Abgeordneter für Lanark ins Unterhaus gewählt. Diesen Sitz hatte er mit Ausnahme der Jahre 1945 bis 1950 inne, bis er ins Oberhaus einzog. Während seiner ersten Jahre im Unterhaus war Sir Alec Parlamentarischer Privatsekretär verschiedener Parlamentarischer Staatssekretäre. 1936 wurde er Parlamentarischer Privatsekretär des Schatzkanzlers Neville Chamberlain und arbeitete auch noch nach dessen Ernennung zum Premierminister mit ihm zusammen. In der Übergangsregierung vom Sommer 1945 war er Parlamentarischer Staatssekretär im Außenministerium. Nach dem Tode seines Vaters (1951) nahm er als 14. Earl of Home dessen Sitz im Oberhaus ein. Als im Herbst desselben Jahres die Konservativen wieder an die Regierung kamen, erhielt Sir Alec den neugeschaffenen Posten eines Staatsministers im Ministerium für Schottische Angelegenheiten. 1955: als Minister für *Commonwealth*-Beziehungen in der Regierung Edens. In seiner gut fünf Jahre währenden Amtszeit erfolgte eine Reihe bedeutender Veränderungen in den *Commonwealth*-Ländern, u.a. die Unabhängigkeitserklärung Ghanas und die der damaligen Föderation Malaya. 1957 bis 1960 hatte er ferner das Amt des Lordpräsidenten des Geheimen Staatsrats inne und fungierte als Führer des Oberhauses. Im Juli 1960 wurde Sir Alec Außenminister. Er vertrat sein Land bei vielen wichtigen Konferenzen, u. a. in der UNO. Er spielte bei den Diskussionen, die zur Unterzeichnung des Teststopp-Abkommens führten, eine maßgebliche Rolle und reiste im August 1963 zur Unterzeichnung des Abkommens nach Moskau. Nach seinen Vorstellungen sollte die UNO nicht nur den Frieden in der Welt festigen, sondern ein Instrument des friedlichen Wandels sein. Als Premierminister (1963–1964) gaben er und Präsident Johnson 1964 eine gemeinsame Erklärung ab, in der sie die Erlangung und Bewahrung der Integrität und Stabilität der Länder der freien Welt auf der Grundlage der vollen Unabhängigkeit als ihr fortdauerndes Ziel bezeichneten. Von 1966 bis 1969 vertrat er Großbritannien im Beratenden Ausschuß des

Europarats und in der Versammlung der Westeuropäischen Union. 1968 besuchte er Rhodesien, führte dort Besprechungen mit dem britischen Gouverneur und Ian Smith und unterbreitete unmittelbar nach seiner Rückkunft Premierminister Wilson Vorschläge für die Regelung der Verfassungsfrage. Sir Alec heiratete 1936 die zweite Tochter von C. A. Alington, Dekan von Durham und früherer Direktor von Eton; er hat einen Sohn und drei Töchter. Sir Alec hörte ich im Unterhaus betonen, was er immer wieder hervorgehoben hat, daß die Idee eines geeinten Europas in Großbritannien durch Sir Winston Churchills Konzept entstanden sei (vgl. R. Italiaander: »Coudenhove-Kalergi – Begründer der Paneuropa-Bewegung«, Freudenstadt 1969). Sir Alec verteidigte immer wieder die NATO: »Sie erfüllt für Großbritannien die permanente Aufgabe unserer Außenpolitik: zu verhindern, daß das Zentrum Europas von einer einzelnen Macht beherrscht wird, und sie ist der Garant dafür, daß die für uns lebenswichtigen Nahrungsmittel und Rohstoffe ungehindert hin und her fließen können.«

Großbritanniens *Mr. Europe* wurde Geoffrey Rippon (geb. 1924). Er wirkt wie ein jovialer Landarzt, ist jedoch ein äußerst harter und sogar machtbewußter Reformer, wie ihn die Konservativen heute dringend brauchen. Als er 1962 Minister für öffentliche Bauten wurde, ging er nicht sogleich ins Büro, sondern nahm zwei Tage Urlaub. Als Rippon deshalb scharf kritisiert wurde, antwortete er: »Ich finde bei einem Cricketspiel mehr Zeit zu Überlegungen als an einem Ministerschreibtisch.« Geoffrey Rippon wurde am 28. Juli 1970 im Kabinett Heath zum Kanzler des Herzogtums Lancaster ernannt. In dieser Eigenschaft trug er als Stellvertreter von Sir Alec Douglas-Home besondere Verantwortung für europäische Angelegenheiten. Auf diesem Posten wurde er aber im November 1972 von John Davies (geb. 1916) abgelöst und wurde selber Minister für Umweltfragen.

Heath ist überzeugt, daß nur eine erweiterte EWG, die dem *Commonwealth* mit zugute kommt, die nichtkommunistische Welt erheblich stärken kann. Insofern bedeutet der Beitritt Großbritanniens zur EWG »ein historisches Ereignis« (Hallstein), das de Gaulle lange genug hinausgezögert hatte.

Von Heath' Kabinett wären noch einige weitere neue politische Köpfe zu erwähnen, so Peter Walker (geb. 1930), bis November

1972 Minister für Wohnungsbau und lokale Selbstverwaltung, danach Minister für Handel und Industrie. Walker hat von sich selber gesagt, er wäre nicht überrascht, falls er vor seinem 50. Geburtstag Premierminister werden würde: jedenfalls ein »Senkrechtstarter« von besonderen Fähigkeiten. Doch was die *Conservative Party* anbetrifft, vermag ich mich hier nur noch einem Mann zuzuwenden, so negativ sein Bild ist. Der ultrarechte Flügel der Konservativen Partei wird nämlich beherrscht von einem Wissenschaftler und Politiker, der zu den wenig angenehmen Erscheinungen des heutigen Großbritannien gehört. Es ist Enoch Powell, MP für Wolverhampton South-West. Ein Mitglied des *Conservative Central Office* rief im Sekretariat von Powell an und versuchte eine Begegnung zwischen uns beiden zu arrangieren. Da ereignete sich Ungewöhnliches: In das Gespräch mit seiner Sekretärin schaltete sich Powell, der über einen zweiten Apparat mitgehört hatte, ein und erklärte, mich wolle er auf keinen Fall sprechen. Er ließ durchblicken, daß er meine Meinung in rassischen Fragen kenne, daß ihm also meine Gegnerschaft bekannt sei. Die Sekretärin wurde gefragt, ob ich zumindest Literatur von ihrem Chef haben könne. Er beantwortete wiederum selber diese Frage, indem er sagte, was ich benötige, gäbe es *»in the House«*. Darunter versteht man in London allgemein *the House of Parliament*. Aber Powell bezeichnet seine eigene Wohnung als *the House*. In seinem Buch *Freedom and Reality* (Kingsword, Surrey, 1969) hat er dem Leser die Mühe des Anstreichens abgenommen; Powell hat selber neben dem Satzspiegel Striche an Stellen drucken lassen, deren besondere Beachtung er empfiehlt. »Er dürfte der einzige Autor der Welt sein, der sich derart Hochmütiges erlaubt«, sagte mir ein Londoner Bibliothekar. »Und vergessen Sie nicht, daß er besonders stolz auf die Morddrohungen ist, die gegen ihn ausgesprochen worden sind, zumal Morddrohungen gegen britische Politiker selten sind.«

John Enoch Powell wurde am 16. Juni 1912 in Stechford, Birmingham, als Sohn eines Lehrerehepaares geboren, studierte in Cambridge und in Italien. 1937 wurde er Professor für Griechisch an der Universität von Sydney, Australia. (Friedrich Nietzsche wurde mit 24 Jahren Professor, Powell litt darunter, daß er sein Vorbild nicht – wie er es vorhatte – unterbieten konnte.) Im Kriege diente Powell im Generalstab. Als Brigadier wurde er 1946 demobilisiert, und 1950 schlug er in Wolverhampton den Labour-Kandidaten. Powell hatte verschiedene Posten in London und in seiner Partei, bis ihn Premierminister Macmillan zum Gesundheitsminister ernannte. Nach Macmillans Niederlage gehörte Powell 1964–1968 dem Schattenkabinett an. 1966–1967 war er Präsident der Jung-Konservativen. Churchill bezeichnete ihn als jungen »Verrückten«. In einem seiner Gedichte heißt es: »Ich hasse die Häßlichen, hasse die Alten, ich hasse die Lahmen und Schwachen.« Er gefällt sich »in der Rolle eines politischen Hiob«, schrieb treffend ein Interviewer. »Ob er über die EWG spricht, über farbige Einwanderer oder den Fernen Osten – ein Hauch von Apokalypse ist immer dabei. Dieser Mann hat viele Schwächen. Doch seine gefährlichsten Schwächen sind überstarke Worte.« Bei den Wahlen 1970 sagte er: »Nach meinen Informationen und meinen Kenntnissen über die menschliche Natur wird das voraussichtliche Anwachsen der farbigen Bevölkerung in diesem Land zu einem Bürgerzwist von entsetzlichen Ausmaßen führen. Die bestehenden Institutionen und Gesetze werden machtlos sein, es zu verhindern.« Zum Rassenproblem führte er in seiner berühmten Hetzrede vom 20. April 1968 in Birmingham aus: »Ich schaue in die Zukunft und bin voll böser Ahnungen. Wie die Römer sehe ich den Tiber überfließen von Blut.« Diskutierbare konstruktive Vorschläge hat er nicht zu bieten. Seit Jahren propagiert der streitbare Waliser den Gedanken, alle Farbigen nach Hause zu schicken, wodurch er begreiflicherweise die an sich schon gereizte Situation noch mehr vergiftet. So konterte ihm *The Times* (16. Februar 1971) wieder einmal: »Zu glauben, daß diese Vorschläge Großbritanniens Rassenprobleme lösen könnten, ist eine Illusion.«

Wir wollen die beiden großen Parteien, die wegen der EWG heftig zerstritten sind, etwas auseinanderhalten durch einige Bemerkungen über die *Liberal Party*, die allerdings keinen wesentlichen Einfluß mehr hat, nachdem sie von 1868 bis 1916 eine Glanzzeit hatte. Führer der Liberalen Partei ist Jeremy Thorpe, ein eleganter Mann, der chinesische Keramiken sammelt. Jeremy Thorpe wurde am 29. April 1929 in London geboren und entstammt einer alten angesehenen Familie. Thorpe wurde in Connecticut (USA) und in Eton erzogen. Er studierte in Oxford. Nach Beendigung seiner Rechtsstudien wurde er 1954 als Anwalt am Inner-Temple-Gericht zugelassen. Seither ist er Rechtsanwalt, doch gleichzeitig ein sehr engagierter Politiker. Seinen

Wahlkreis North Devon hat er nach vergeblichen Anläufen 1959 durch zähe Ausdauer gewonnen; er ist dort fast in jedem Haus bekannt und gilt als Idol. Im Fernsehen kommt ihm sein schlagfertiger Witz zustatten. Obwohl ausgesprochen konservativ erzogen, wurde Thorpe ein radikaler Liberaler, der heute auf dem äußersten linken Flügel seiner zwölf Abgeordnete zählenden Partei steht, die versucht, die Jugend zu gewinnen. Seit er 1966 vorschlug, die Eisenbahnlinien zwischen Südafrika und Rhodesien zu bombardieren, um Salisbury den Ölnachschub abzuschneiden, wird er im Unterhaus *Bomber-Thorpe* genannt. Ende Januar 1967 wurde Thorpe zum Nachfolger Joseph Grimmonds als Parteivorsitzender gewählt. Thorpes Ideal ist ein nichtsozialistischer, an John F. Kennedys Ideal erinnernder Typ einer demokratischen Partei der Linken. Er war Mitglied des Europarats. Nach nur zweijähriger Ehe verlor er durch ein Autounglück seine Frau Caroline; seine Tatkraft wurde für längere Zeit lahmgelegt. Bei beiden Parteien – *Labour und Conservative* – ist er hochgeschätzt.

Nun zur *Labour Party*. Wenige Monate vor seinem Tode war ich zu Gast im Londoner Heim des pensionierten *Labour Chiefs* Lord Clement Attlee. Unser Gesprächsthema war vor allem das Entstehen der beiden unabhängigen Staaten Indien und Pakistan. Ich hatte am Tage zuvor den Standpunkt des letzten *Viceroy* Lord Louis Mountbatten gehört und war gespannt auf die Ansichten des Führers der Arbeiterpartei. Ich bekam den Eindruck, daß er keineswegs mit allem einverstanden war, was Harold Wilson tat. Damals und auch später erlebte ich Wilson im Parlament. Kann eine »ewige Pfeife« wirklich zum Aufbessern eines Image beitragen? Es mag *very british* sein, daß der Premier im Unterhaus seine Füße auf den Tisch des *Speakers* legen darf. Wilson erinnerte mich oft an *GIs*, die sich um jeden Preis leger benehmen wollen. Der Sieg Heath' im Juni 1970 muß für Wilson ein unerhörter Schlag gewesen sein. Labour verlor 4% seiner Stimmen (43% gegenüber 47% im Jahre 1966) und erhielt nur noch 287 Abgeordnetensitze (statt 331). Die Tories kletterten von 41,9% auf 46%. Grotesk war bereits, daß der zu selbstsichere Mann vorzeitig allgemeine Wahlen ansetzte. Als habe er das nicht nötig, ging er ohne Programm und ohne Versprechungen in den Wahlkampf. Einen Tag nach der Wahl räumte er Downingstreet Nr. 10.

James Harold Wilson wurde am 11. März 1916 als Sohn eines Industriechemikers in Huddersfield (Yorkshire) geboren. Nach dem Schulbesuch (zeitweise als Stipendiat) zog er mit einem weiteren Stipendium in die Universität Oxford. Er studierte Philosophie, Politik und Wirtschaftswissenschaft. Er errang verschiedene Universitätspreise und erhielt bereits mit 21 Jahren am *New College* eine Dozentur. Gleichzeitig wurde er Forschungsassistent von Lord Beveridge, an dessen Plänen zu einer Reform der Sozialversicherung sowie der Arbeitslosenprobleme er mitarbeitete. 1939 meldete er sich zum Kriegsdienst, wurde aber im Staatsdienst eingesetzt, in dem er in rasch wechselnden Stellungen als Wirtschaftsattaché im Sekretariat des Kabinetts Churchill tätig war und im Anschluß daran in gleicher Funktion in den Ministerien für Versorgung, Arbeit und Brennstoff. 1945 erschien sein Buch *New Deal for Coal,* in dem er die Pläne der Verstaatlichungspolitik der Sozialisten auf dem Brennstoffsektor darlegte. Wilson lehrte 1945 vorübergehend in Oxford, kehrte jedoch als *Labour-MP* noch 1945 in die Politik zurück. Im Frühjahr 1947 holte ihn Sir Stafford Cripps als Staatssekretär für Überseehandel in sein Handelsministerium. Am 30. September 1947 rückte Wilson als Nachfolger von Cripps zum Staatsminister für Handel auf.

Ende April 1951 trat Wilson als Minister aus Protest gegen den neuen Haushaltsplan zurück. Entgegen den Wünschen seiner Parteifreunde erklärte sich Wilson im April 1954 bereit, den durch das Ausscheiden Aneurin Bevans vakanten Sitz im sogenannten Schattenkabinett der *Labour Party* zu übernehmen. Dem Parteivorstand gehört Wilson schon seit 1952 an. Im Oktober 1960 hatte Wilson im Kampf um die Parteileitung erfolglos gegen Hugh Gaitskell kandidiert. Nach dessen Tode wurde er im Februar 1963 mit einer Mehrheit von 144 zu 103 zum neuen Labour-Führer gewählt. Er steuerte hinfort einen gemäßigten Mittelkurs und brachte die bisher von ewigen Richtungskämpfen heimgesuchte *Labour Party* auf eine einheitliche Linie. Wilson wurde im Wahlkampf 1964 zum alleinigen Sprecher seiner Partei. Es heißt, vor allem seiner pausenlosen Tätigkeit war im Oktober 1964 der Labour-Sieg nach 13 Jahren Opposition zu verdanken. In seinem eigenen Wahlkreis Huyton erlangte Wilson eine Mehrheit von dreimal soviel Stimmen wie 1959. Im Oktober 1965 hatte ich im *House of Parliament* ein denkwürdiges Erlebnis. Mit zwei Parlamentsberichterstattern – von denen der eine mit den Tories, der andere mit den Whigs sympathisierte – pendelte ich zwischen Oberhaus und Unterhaus hin und her, um Debatten beizuwohnen. Im Oberhaus hörten wir Lord Avon, ehemals Anthony Eden (den ich in den dreißiger Jahren in Berlin und Leipzig getroffen hatte), im Unterhaus den schon sehr gebrechlichen Churchill (den ich vom Haager Europakongreß 1948 her kannte). Amtierender PM war Harold Wilson. Ferner waren im Unterhaus Edward Heath und Harold Macmillan. Einer meiner Begleiter sagte: »Zwei ehemalige Premierminister, ein amtierender und ein mutmaßlicher PM – das ist selbst für alte Hasen wie uns eine kleine Sensation. Gratuliere!« – »Wer ist der größte?« fragte ich. Unisono entgegneten beide: »Churchill!« – »Und wer ist der problematischste?« fragte ich weiter. »Wilson!« sagten sie wiederum gemeinsam.

Sofort nach seinem Regierungsantritt im Oktober 1964 ergriff Wilson zur Sanierung der Wirtschaft und Stabilisierung der Währung einschränkende Maßnahmen auf dem Gebiet des Staatshaushalts, der Devisenwirtschaft und des Kreditverkehrs. Einschneidendste deflatorische Maßnahme war das Preis- und Lohnstoppgesetz. Die zunächst zurückgestellte Wiederverstaatlichung der Stahlindustrie wurde im Frühjahr 1967 eingeleitet. Wilsons Restriktionspolitik stieß auf den Widerstand der Gewerkschaften und der linken Labour-Extremisten, die ihm einen diktatorischen Regierungsstil und Verrat an der sozialen Sache vorwarfen. Auf außenpolitischem Gebiet gelang es Wilson, seine Partei mit großer Mehrheit zur NATO und zunächst zur EWG zu bekehren. Von Januar bis März 1967 unternahm Wilson in Begleitung seines Außenministers George Brown eine Rundreise durch die Hauptstädte der sechs EWG-Staaten und führte dort mit den Regierungschefs Gespräche über die Möglichkeit eines britischen EWG-Beitritts. Wilson, der früher einem Beitritt Großbritanniens zum Gemeinsamen Markt sehr skeptisch gegenüberstand, machte schließlich den EWG-Beitritt Großbritanniens zum zentralen Richtpunkt seiner Außenpolitik. Anfang Mai 1967 konnte er dem Unterhaus den EWG-Aufnahmeantrag Großbritanniens vorlegen, den 80% der Abgeordneten billigten, doch scheiterte die Aufnahme an der reaktionären Haltung de Gaulles. Sein Versuch, die Sowjets zur Zustimmung einer Wiedereinberufung der Indochina-Konferenz zu bewegen, verlief ebenso ergebnislos wie seine Bemühungen, einen Ausgleich mit Rhodesien zu erzielen, das Ende 1965 einseitig seine Unabhängigkeit erklärt hatte. Wirtschaftspolitisch hat England seit Jahren erhebliche Sorgen, mehrfach mußten Stützungsaktionen für das Pfund eingeleitet werden; die Zahlungsbilanz blieb defizitär. Der Nahostkrieg mit der Schließung des Suezkanals und das zeitweilige Ölembargo der Araber trafen Großbritannien hart. Nicht zuletzt wegen dieser Schwierigkeiten übernahm Wilson bei einer neuerlichen Regierungsumbildung im September 1967 persönlich die Leitung des Wirtschaftsressorts. Am 16. Januar 1968 gab Wilson vor dem Unterhaus ein Krisenprogramm bekannt. Im Februar 1968 hatte die Konservative Partei bei einer Umfrage 22,5% Vorsprung vor *Labour;* zur gleichen Zeit wurde das vielumstrittene Einwanderungsgesetz, betreffend die Asiaten aus Kenya, angenommen. Schatzkanzler Roy Jenkins kündigte im März 1968 scharfe Lohn-Preis-Stopp-Maßnahmen an. Wilson verlor immer mehr an Vertrauen. Man berücksichtigte durchaus äußere Umstände: den Krieg in Israel, die internationale Unruhe bezüglich der Währung, die Quertreibereien de Gaulles, den Dockarbeiterstreik. Aber man warf Wilson auch viele sinnlose Eigenmächtigkeiten und zu wenig Risikofreude vor. Man war seiner selbst und seiner Regierung leid.

Man nahm es Wilson auch sehr übel, daß er die Gewerkschaftsfrage, »dieses brennende Problem der Volkswirtschaft«, nicht lösen konnte. Er wich wie ein politischer Amateur von den *Trade Unions* zurück. Mittlerweile stiegen Preise, Steuern, Arbeitslosigkeit, während die Produktionsrate abfiel. Die Wähler gaben dem *Yorkshireman* schließlich im Juni 1970 den Laufpaß. Seine Partei blieb Wilson einstweilen treu und wählte ihn im Juni 1970 neu als *Leader*. Aber 1971 zeigte sich gerade während der EWG-Verhandlungen, daß Wilson selbst unter den eigenen Genossen erbitterte Gegner hat. Wilson ist verheiratet mit Gladys Mary, geb. Baldwin; sie haben zwei Söhne.

Wilsons schärfster Gegner wurde sein Stellvertreter im Parteivorsitz: Roy Jenkins, von dem es seit Jahren heißt, er würde einmal den Parteivorsitz übernehmen und dann selber Premierminister werden. Von allen britischen Politikern hat er das größte geistige Format. Jenkins ist ein bedeutender Schriftsteller, regelmäßiger Mitarbeiter des *Observer* und *Spectator*. Seit ich vor Jahren seine ersten Aufsätze gelesen hatte, fühlte ich mich zu ihm hingezogen. Der Intellektuelle ist selten dort zu finden, wo Entscheidungen fallen, meistens ist er ein Berater. Mancher Intellektuelle aber will dazu beitragen, die Gesellschaft zu verändern. Henry Kissinger, ehemals Professor an der Harvard University in Cambridge (USA) und jetzt Außenminister Präsident Nixons, schrieb in »Die Entscheidung drängt« (Düsseldorf 1961), der Intellektuelle solle sich nicht weigern, »an der Gestaltung der Politik teilzunehmen, denn sonst stärkt er die Stagnation einer Gemeinschaft, deren Führungsschicht nicht über genügend echtes Wissen verfügt«. Genau aus diesem Grunde ist Roy Jenkins in die Politik gegangen. Das erste Mal traf ich ihn, als er Luftfahrtminister war. Später konnte ich ihn zu Hause, London W 11, besuchen. Bei meinem Besuch machte mir ein Hippie mit langen Haaren und in Blue Jeans die Haustür auf: ein charmanter englischer Boy namens Peter, des *Right Honourable* Roy Jenkins jüngster Sohn. Er schenkte mir einen Whisky ein, während wir auf *Daddy* warteten. Sodann sprach der Jüngling auffallend gut informiert über Tagesfragen. Als er sich zurückzog, weil der Vater kam, fragte ich diesen über sein Verhältnis zu seinem Sohn. Ich erzählte von den jungen Peters zweier anderer Sozialisten: von Peter Kreisky und von Peter Brandt, die beide ihre Väter, derzeit beide Bundeskanzler, öffentlich kritisiert haben. Jenkins lächelte: »Ich habe davon gehört und bedaure so etwas. Ich stehe mit meinem Peter auf derselben Stufe. Wir sind Freunde, die sich ergänzen. Wissen Sie, bei uns in England ist eben doch mancherlei anders als auf dem Kontinent.«

Roy Harris Jenkins wurde am 11. November 1920 in Abersychan (Wales) geboren. Sein Vater, Arthur Jenkins, hatte sich vom Bergarbeiter über die Gewerkschaften zum MP und engsten Mitarbeiter Attlees im Krieg emporgearbeitet. Er war dessen Privatsekretär und von 1945 bis 1950 Parlamentarischer Sekretär im Erziehungsministerium. Sein Sohn Roy studierte am University College in Cardiff und ab 1937 mit einem Stipendium in Oxford Philosophie, Politik und Wirtschaftswissenschaften. 1941 machte er sein Examen mit Auszeichnung. Bevor er zum Kriegsdienst einberufen wurde, war er einige Monate in der US-Botschaft in London tätig. Nach dem Krieg ließ sich Jenkins bei den Wahlen 1945 ohne Erfolg in Warwickshire als Abgeordneter für Labour aufstellen. Im April 1948 kam er für *Central*

*Southwark* ins britische Unterhaus. 1949/50: Privatsekretär des *Commonwealth*-Ministers Noel Baker. Seit 1950 vertritt er Stechford im Parlament. 1955 und 1956 vertrat Jenkins sein Land in der Beratenden Versammlung des Europarats und der WEU. Er war lange Zeit Vorsitzender des Europa-Komitees der Labour-Partei und Präsident des Rates des *United Kingdom* der Europäischen Bewegung. Jenkins stand immer auf dem rechten Flügel der *Labour Party*. Er trat stets für die NATO ein. Nachdem Hugh Gaitskell Lord Attlee abgelöst hatte, wurde Jenkins eine der stärksten Stützen Gaitskells, obwohl er 1962 dessen gegen die EWG gerichtete Haltung derart ablehnte, daß er zeitweilig geneigt war, aus seiner Partei auszutreten.

Als sich 1964 ein Wahlsieg der Arbeiterpartei abzeichnete, hatte man Jenkins gerade die Chefredaktion des *Economist* angeboten. Nach dem Labour-Sieg übernahm Jenkins das Luftfahrtministerium. Im Dezember 1965 wurde er Innenminister. Als *Home Secretary*, der sein Amt inmitten einer allgemeinen Erregung über die Verbrechens-Statistiken antrat, war Jenkins sehr erfolgreich. Er organisierte die Polizei neu, vermenschlichte den Strafvollzug, bekämpfte die Rassendiskriminierung und setzte sich ein für die – allerdings nicht von der Regierung, sondern von liberal gesonnenen Abgeordneten aller Parteien eingebrachten – neu vorgeschlagenen Gesetze, betreffend die Schwangerschaftsunterbrechung und die Homosexualität. Der konservative *Sunday Telegraph* meinte, daß Jenkins »außer einer eigenen Abtreibung« nahezu alles getan habe, um Reformgesetze zu ermöglichen. Im November 1967 wurde Jenkins anstelle von James Callaghan neuer Schatzmeister Großbritanniens. Jenkins war seit Jahren davon überzeugt, daß die Pfundabwertung zur Expansion und einem Ausbrechen aus dem Teufelszyklus permanenter Wirtschaftskrisen führen kann. – Jenkins ist mit Mary Jennifer geb. Morris verheiratet, die er bei der *Fabian Society* kennengelernt hatte. Der Ehe entstammen zwei Söhne und eine Tochter.

Wer von der *Labour Party* spricht, darf deren hervorragendste Frauen nicht übersehen. Um die Jahrhundertwende erregten in Großbritannien und in den USA Kämpferinnen für die politische Gleichberechtigung der Frau Aufsehen. Man nannte sie *Suffragettes*. Offenbar waren sie keine verführerischen Wesen. Sie zogen sich streng und uncharmant an und gaben sich betont viril, was eigentlich ein Widerspruch zu ihren Zielen war. Die Engländerinnen zwischen den beiden Weltkriegen galten gleichfalls nicht als anziehend. Inzwischen vollzog sich ein Wandel. Es gibt Beobachter, die meinen, man sehe heute mehr weiblichen Charme in London als in Paris. Alles das wird erwähnt, um zu verdeutlichen, daß die heute im öffentlichen Leben stehenden englischen Frauen vielleicht auf dem europäischen Kontinent ihresgleichen suchen. Mehr als je zuvor findet man jetzt in Großbritannien Frauen auf führenden Posten, nicht allein im Handel und in der Industrie, sondern ebenso in der Diplomatie und Politik. Was mich beeindruckte, war, daß diese Ladies nicht »Mannweiber« sind, sondern bei aller Härte, die einige von ihnen politisch zum Ausdruck bringen, von einer erstaunlichen Gepflegtheit und Anmut. Ich habe im *Foreign Office* Damen kennengelernt, die mir aufgrund ihrer Tüchtigkeit und Zuverlässigkeit angenehmere Partner waren als Männer. Glanzpunkte im *House of Parliament* sind drei Politikerinnen der *Labour Party*. Auch die Konservativen haben gewiß einige wichtige Frauen, aber sie sind eben konservativer als die Labour-Ladies. Als die tüchtigste unter den Frauen der Konservativen gilt Mrs. Margaret Thatcher (geb. 1925), die gegenwärtig Minister für Unterricht und Wissenschaft ist und sicherlich noch viele Möglichkeiten hat; sie profilierte sich als Liberale u. a. während der Debatten um die Strafrechtsreform. Von den drei Labour-Ladies heißt es, daß sie alle drei die Möglichkeit haben, einmal Premierminister zu werden; sie selbst verbergen ihren Ehrgeiz nicht.

Mrs. Barbara Castle (geb. 1911), die älteste der drei Damen, ist populär durch ihr flammend rotes Haar. Sie war Redakteurin und hat bereits drei verschiedene Ministerposten innegehabt. In den letzten Jahren habe ich sie wiederholt im Unterhaus erlebt. Bewundernswert, mit welcher Sicherheit sie Fragen stellt oder beantwortet. Ich beobachtete sie in einem Wortgefecht mit Premierminister Heath und gewann den Eindruck, daß er vor dieser ungemein redegewandten Lady nicht nur Respekt, sondern beinahe Angst hatte. Auch schon seit Jahren beobachte ich das Wirken von Shirley Williams (geb. 1930). Shirley Williams trägt meistens eine lange Perlenkette, mit der sie mit Anmut spielt. Genau wie Barbara Castle ist sie eine ungemein versierte Frau. Ob man sie nach der deutschen Ostpolitik ausfragt, über die Junta in Griechenland oder über afrikanische Probleme, immer weiß sie Wesentliches zu sagen. Sie gehörte zum Redaktionsstab der *Financial Times,* war Tutor an der *Ghana University,* Generalsekretärin der *Fabian Society,* mehrfach Staatssekretär und Staatsminister. Meine Bekanntschaft mit Joan Lestor (geb. 1931) ist erst neueren Datums. Sie gehört zu den ersten Damen, die im Hosenanzug im Unterhaus erscheinen. Sie weiß wohl, daß sie nicht nur schöne Augen, sondern auch schöne Arme hat. Mit ihr habe ich über Fragen der Erziehung der heutigen Jugend und der armen Bevölkerung in England gesprochen. Joan Lestor weiß Bescheid unter den Verelendeten; sie weiß Bescheid über jene, die rassisch diskriminiert werden. Auch sie war bereits Staatssekretär.

Die Natur der Engländer ist vielleicht schwerer zu verstehen als die anderer Völker. E. M. Forster, der große Romancier (1879–1970), in einem Essay: »Wir sind fest entschlossen, unserer Einsicht gemäß anständig zu leben, aber damit ist es auch getan . . . Die Erziehung auf den höheren Schulen führt nicht zu geistiger Klarheit, und der Engländer besitzt in einem sehr hohen Grade die Gabe, unklar zu denken.« Der Vorwurf, die Engländer zeichnen sich durch Verworrenheit des Denkens aus, sei berechtigt. Forster warnte davor, sich auf Regierungen zu verlassen; die Nationen selber müßten zueinander finden. Wie schwer das ist, erlebt man auf den Britischen Inseln täglich. Eines der gravierendsten Probleme für Großbritannien ist die Unruhe in *Northern Ireland,* dessen Hauptstadt Belfast ist. Was für eine »Metropole«! Die Stadt macht keinen allzu einladenden Eindruck. Außerhalb des Zentrums viel Armut, Schmutz, Häßlichkeit. Und vor allem viel Unsicherheit. Dann und wann knallt's, werden Menschen mutwillig getötet. In Ulster schleicht eine Revolution dahin; ihr Ende ist nicht abzusehen. Gerade deshalb gehe ich eingehender auf die beiden Irlands ein: auf *Northern Ireland,* einen Teil des *United Kingdom,* und auf den Freistaat Irland. Das Kapitel Großbritannien sieht dadurch kopflastig aus; tatsächlich ist es das nicht, denn vieles, was jetzt erwähnt wird, betrifft das letzte Kapitel, das über *Eire,* ebenso.

Englands Herrschaft über Irland begann 1169, als eine kleine Gruppe normannischer Soldaten landete, um das Land für König Henry II. zu erobern. Jedoch war der normannische und englische Einfluß in Irland bis zum 16. Jahrhundert nicht groß. Dies änderte sich 1543, als Henry VIII. sich durch ein irisches Parlament zum König von Irland ausrufen ließ. Als Gegengabe bot er den irischen Adligen königliche Adelstitel an. Sie widersetzten sich, als sie herausfanden, daß man von ihnen ein Bekenntnis zum reformierten Glauben verlangte. Als in den sechziger beziehungsweise in den neunziger Jahren im nördlichen Teil von Irland eine Rebellion des Adels ausbrach, sah sich Königin Elizabeth I. gezwungen, Truppen gegen die Führer O'Neill und O'Donnell einzusetzen. König James I., Elizabeths Nachfolger, wurde von seinen Beratern empfohlen, zu versuchen, die Frage der Unabhängigkeit Irlands durch eine Kolonisation der nordirischen Provinz zu regeln. Diese Politik erwies sich zwar als sehr erfolgreich in den nordamerikanischen englischen *Plantations*, in Irland aber hatte sie eine katastrophale Wirkung. Die sogenannte *Ulster Plantation* bewirkte die Enteignung vieler katholischer Bauern, deren Höfe von Familien aus England und Schottland übernommen wurden; sie waren zum größten Teil Presbyterianer. Die irische Bevölkerung lehnte sich gegen diese Eindringlinge 1641 auf; die Rebellion wurde jedoch durch die große englische Übermacht niedergeschlagen. Von nun an wurde die irische Bevölkerung – zuerst von Cromwell – unterdrückt und weitere *Plantations* durchgeführt. Ende des 17. Jahrhunderts, als der katholische König James II. zur Macht kam, stiegen die Hoffnungen der Iren. Diese wurden zerschlagen, als James II. von der protestantischen Opposition entthront wurde und in Irland Zuflucht suchen mußte. Er wurde 1690 in der Schlacht am Boyne von dem neuen protestantischen englischen König William of Orange geschlagen und floh nach Frankreich. Die Folge von James' Niederlage war, daß das irische Parlament während des Beginns und Mitte des 18. Jahrhunderts antikatholische Gesetze schuf, die bewirkten, daß es den irischen Katholiken verboten war, eigene Schulen oder eigenes Land zu besitzen. Nach dem Gesetz gäbe es keine römisch-katholischen Iren. Der amerikanische Unabhängigkeitskrieg und auch die Französische Revolution fanden großes Verständnis in Irland. Ein irischer Aufstand im Jahre 1798, an dem neben Katholiken und Protestanten auch Franzosen teilnahmen, wurde von den Engländern niedergeschlagen. Der englische Premierminister

William Pitt benutzte diesen Aufstand als Vorwand für die Gründung des »Vereinigten Königreiches von Großbritannien und Irland«. Irland wird von jetzt an von London aus regiert.

Die Bewegungen der Nationalisten im 19. Jahrhundert richteten sich gegen diesen *Act of Union*. Der Anführer der Katholiken Daniel O'Connell (1775 bis 1847), den einige Historiker als den »eigentlichen Gründer der Christlich-Demokratischen Partei Irlands« bezeichnen, versuchte ein halbwegs unabhängiges irisches Parlament wiederherzustellen. Diese Pläne wurden vereitelt; was ihm gelang, war die Abschaffung jeglicher Diskrimination gegenüber den Katholiken. Den größten Erfolg konnte er mit der »Katholischen Emanzipation« verzeichnen, die den Katholiken das Recht gab, Sitze im britischen Parlament zu haben. O'Connell starb, als Irland 1845–1849 eine große Hungersnot durchmachte und die irische Bevölkerung zwischen 1841 und 1851 auf die Hälfte dezimierte. Ein Aufstand gegen die englische Herrschaft 1867 *(Fenian Rising)* war möglich durch die finanzielle Unterstützung der nach Amerika ausgewanderten Emigranten.

Eine Wende trat ein mit der Wahl William Gladstones zum Premierminister von Großbritannien. Er, der von 1868 bis 1894 Englands Premierminister war, erkannte, daß England nur zu einem dauerhaften Frieden kommen könnte, wenn in Irland drei wichtige Reformen durchgeführt würden: 1. Die *Church of Ireland* (die Kirche der Protestanten in Irland) sollte »entstaatlicht« werden, da sie die Kirche einer religiösen Minderheit war. 2. Die irische Landstruktur sollte reformiert werden, um den irischen Bauern zu ermöglichen, einen angemessenen Lebensunterhalt auf ihrem Grund und Boden zu erwerben und nicht überhöhte Renten an fremde Grundbesitzer zahlen zu müssen. 3. Irland sollte *Home Rule* (ein separates Parlament) erhalten, um innere Angelegenheiten selber zu verwalten, nicht jedoch auswärtige Angelegenheiten und die Verteidigung (diese sollten von Westminster aus gehandhabt werden). Gladstone hatte mit den ersten beiden Programmen einigen Erfolg. Bezüglich des *Home Rule* mußte er zweimal eine Niederlage einstecken. Als endgültig 1911 den Lords das Recht abgesprochen wurde, die Gesetzgebung des *House of Commons* zu blockieren, war der Weg frei für das *Home Rule Law* von 1914, das Irland ein eigenes Parlament zusprach.

Die Protestanten von Ulster sahen Gladstones parlamentarischer Aktivität mit wachsendem Unbehagen zu, was noch hochgespielt wurde durch englische konservative Politiker wie Sir Austen Chamberlain, der den jahrhundertelangen Haß auf die Katholiken schürte. Die Gegner des *Home Rule* veranlaßten die Wiederauflebung des *Orange Order* in den achtziger Jahren des 19. Jahrhunderts, eine Organisation, die 1795 ins Leben gerufen worden war, um die protestantischen Interessen in Irland in Kontinuität mit der politischen Gesinnung des William of Orange zu vertreten. 1880 bis 1912 schlossen sich die Protestanten zu einer *Unionist Movement* zusammen, um die Union zwischen Irland und England zu demonstrieren. Durch die Machteinschränkung des *House of Lords* bereiteten sich die *Unionists* 1912 darauf vor, sich dem *Home Rule* zu widersetzen – wenn nötig mit Gewalt. Die *Ulster Volunteer Force* wurde 1913 von dem *Ulster Unionists Council* gegründet. Ein angedrohter Aufstand britischer Offiziere in Irland im Jahre 1914 brachte England und Irland an den Rand eines Bürgerkrieges. Die *Unionists* ersuchten Westminster, Ulster von dem *Home Rule Law* auszuschließen, da sie befürchteten, daß sie von den Katholiken beherrscht werden würden – daß aus dem *»Home Rule«* ein *»Rome Rule«* werden würde.

Ostern 1916 versuchte eine kleine Gruppe irischer Patrioten, das Recht auf Unabhängigkeit für die gesamte Nation wieder geltend zu machen; doch auch sie wurden von der britischen Übermacht besiegt. Das Blatt wendete sich zu ihren Gunsten, als die Engländer die Führer dieser Rebellion exekutierten. Im Dezember 1918 verlangte die Partei *Sinn Féin* (Nationalisten) volle Unabhängigkeit von England. Aufgrund eines Wahlsieges für ein unabhängiges Irland gründeten sie im Januar 1919 in Dublin ein eigenes Parlament (Dáil); die Engländer verhafteten viele Abgeordnete. Ein Guerillakrieg zwischen Irland und England brach aus, dem im Dezember 1921 durch einen Vertrag ein Ende gesetzt wurde. Der »Irische Freistaat« wurde gegründet mit dem Selbstverwaltungsrecht eines *Dominion,* aber nicht einer Republik – wie es viele Iren gern gesehen hätten. Der Preis für die Gewährung des Dominion-Status war hoch; denn schon 1920 hatte man die Insel in Nord- und Süd-Irland geteilt, die je ein autonomes Parlament bekommen sollten. Die 270 Meilen lange

Grenze teilt Farmen, Dörfer, Straßen, ja, zerschneidet Häuser (etwa wie bei der »Grenzziehung« zwischen den beiden Deutschland).

Nach dem zweiten Weltkrieg ist in Nordirland eine neue Generation aufgewachsen, die erkennt, daß diese Situation für heutige Verhältnisse unerträglich ist. Die *Civil Rights Association,* der alle Konfessionen angehören, bemüht sich darum, »gewisse elementare Menschenrechte in Nordirland einzuführen«. Die Diskriminierung dauert trotz gelegentlicher Reformversprechen und Gesetzesentwürfe an. Außerdem waren einzelne Unionisten, die Reformen wollten, nicht erfolgreich dank der unversöhnlichen Haltung der sektiererischen Extremisten. Die ersten Proteste, die im Oktober 1968 aufflackerten, zielten darauf ab, die wirtschaftliche Lage der überwiegenden Mehrheit der Bevölkerung in einer Stadt wie Londonderry zu verbessern. Die Proteste griffen auf Belfast über, wo Straßenkämpfe zwischen Bürgerrechtlern und Unionisten stattfanden. Das Ende der blutigen Kämpfe ist nicht abzusehen.

»Was ist typisch irisch?« fragte in einem Aufsatz im Londoner *Sunday Telegraph* (12. Juli 1970) Peregrine Worsthorne und löste damit eine interessante Diskussion aus. Nicht die Republik Irland schüre das Feuer des Kampfes für die irische Nation in Ulster, sondern Ulster entfache die nationalen Flammen in Dublin. Dies träfe besonders auf die Protestanten von Ulster zu, trotz der Beteuerungen seiner Zugehörigkeit zu Großbritannien. Worsthorne meint, niemand käme um die Tatsache herum, daß Ulster im weiteren Sinne nicht mehr Teil Großbritanniens ist. Es sei im Geiste irischer als britisch. Irland hingegen, im Unterschied zu Ulster, verlöre von Jahrzehnt zu Jahrzehnt immer mehr seinen betont irischen Charakter. »Ist es jetzt nicht klar, daß die angestrebte Wiedervereinigung sinnvoller erscheint, der Realität eher entspricht als eine Verbindung mit Großbritannien, die keine wahren Kräfte besitzt, da sie auf Illusionen beruht?« Was Großbritannien besonders nach dem Verfall seines Weltreiches braucht, ist ein gutes Verhältnis zu seinen Nachbarn.

Die Zukunft können nur jene Politiker und Staatsmänner gewinnen, die in die gewiß wenig erfreuliche Vergangenheit nicht nur hineinleuchten, sondern versuchen, sie zu bewältigen und für die Zukunft neue Grundlagen zu schaffen. Der 300 Jahre alte konfessionelle Graben in Irland muß schleunigst zugeschüttet werden! Wenn das endlich geschieht, kommt es zu einer Wiedervereinigung Irlands. Sie ist die einzig vernünftige Konzeption in einem neuen Europa, das aus den Fehlern der Vergangenheit lernen will.

## *36. Republik Irland* oder: *Kampf um Selbstverständnis*

Am Stadtrand von Dublin befindet sich der größte umfriedete Park Europas, *The Phoenixpark*. Er ist 1760 Morgen groß und hat einen außerordentlich schönen Baumbestand; ein beliebtes Ausflugsziel der Dubliner. Der Phönixpark hat exotische Bewohner: die Tiere des Zoologischen Gartens. Außerdem liegen im Phönixpark die Residenz des Botschafters der USA sowie die des Apostolischen Nuntius. Der angesehenste Bewohner des Phönixparks ist der erste Bürger von Irland: der jeweilige Präsident. Dieses »Weiße Haus« wurde vom selben Architekten erbaut, der Ende des 18. Jahrhunderts das *White House* in Washington, D. C., baute: James Hobans. Während der Sitz des nordamerikanischen Präsidenten innen einen sehr eigenen Stil hat, ist das Haus des irischen Staatschefs bescheiden möbliert. 1970 bekam ich Gelegenheit, den letzten Präsidenten Éamon de Valera zu besuchen, der im Juni 1973 einen Nachfolger bekam. De Valera ist eine Persönlichkeit der Geschichte, und deshalb will ich ihm auch in diesem Buch einige Abschnitte widmen. Präsident de Valera war damals achtundachtzig Jahre alt, römisch-katholisch, eine große Erscheinung, die an einen emeritierten Universitätsprofessor denken ließ. Der alte Herr hielt sich beim Stehen und Sitzen erstaunlich gerade, sah allerdings sehr schlecht, er soll fast blind sein. Er sprach sehr ruhig, schnell war er mit einer Antwort zur Hand.

Präsident Éamon de Valera begrüßte mich irisch. Er sagte zunächst: »Fáilte!«, nach kurzer Pause: »Céad Míle Fáilte!« Als ich erwähnt hatte, daß ich nicht irisch verstünde, meinte er, er habe gesagt: »Willkommen! Einhunderttausendmal willkommen!« Es war typisch, daß er mich irisch ansprach. Éamon de Valera ist ein fanatischer Fürsprecher des Irischen. Er würde es gern sehen, daß ganz Irland zweisprachig wird, und er hat das oft in der Öffentlichkeit gesagt. Ich konnte es mir nicht versagen, ihn darauf hinzuweisen, daß doch eine so intensive Förderung einer an sich toten Sprache nur einem unzeitgemäßen Nationalismus dienen würde[34]. Der Präsident richtete sich noch gerader auf und erinnerte daran, daß er ein überzeugter Nationalist sei. Je länger der irische Präsident sprach, desto mehr erinnerte er mich an Charles de Gaulle. De Gaulle und de Valera schätzten sich gegenseitig hoch.

Zu Anfang unseres Gesprächs hatte ich Seiner Exzellenz gesagt, daß ich schon auf der Schule von ihm gehört hätte. Er lächelte und meinte, er sei schließlich schon seit 1913 politisch aktiv und wohl der am längsten lebende aktive Staatsmann der Weltgeschichte. Natürlich kamen wir auf die Spannungen zwischen Ulster und der Republik Irland zu sprechen. Der Präsident brachte sein Bedauern zum Ausdruck, daß eine Verständigung zwischen Nordirland und der Republik offenbar noch immer in weiter Ferne läge. Schnell lenkte er ein: überhaupt beunruhige ihn die politische Lage in der Welt sehr. Besonders befürchte er, irgendein Narr würde eines Tages die nuklearen Waffen in Gebrauch nehmen. Präsident de Valera zeigte sich aufgeschlossen für die Idee der Vereinigung der europäischen Staaten zu einem Block, betonte indessen, er ziehe den Föderalismus einer Integration vor.

Ich wechselte erneut das Thema. Es machte ihm sichtlich Freude, was ich da nun ansprach; er wirkte jetzt fast zwanzig Jahre jünger. Ich hatte nämlich aus seinem Freundeskreis erfahren, daß de Valera zu denjenigen europäischen Staatsmännern gehörte, die schon sehr früh die Bedeutung des Atlantik-Flugverkehrs erkannt hatten. Ich will berichten, was mir der bekannte irische Unternehmer Brendan O'Regan in Shannon erzählte und was der Präsident selber ergänzte. Nachdem Charles A. Lindbergh am 20./21. Mai 1927 in 33,5 Stunden den Atlantik als erster von West nach Ost allein überflogen hatte, hielt er sich die Jahre darauf oft in Europa auf und kam im November 1936 nach Dublin. Lindbergh wollte de Valera (damals Ministerpräsident) kennenlernen und bat um eine Audienz. De Valera und Lindbergh hegten sofort Sympathie füreinander, und Lindbergh lud den irischen Regierungschef zu einem Flug ein. De Valera war noch niemals geflogen und hatte keine Lust, »sein Leben zu riskieren«. Kabinettsmitglieder indessen sagten

[34] Das Irische dürfte als Umgangssprache nur von etwa 40 000 Iren gesprochen werden. 700 000 Iren dürften es teilweise beherrschen.

ihm, so riskant, wie er annähme, sei Fliegen nicht mehr ... Der zunächst dem Unternehmen gegenüber mißtrauisch eingestellte Staatsmann war von dem Erlebnis tief beeindruckt und sagte nach der Landung zu Lindbergh: »Das Fliegen ist eine großartige Sache! Wir liegen hier auf der anderen Seite des Atlantik Amerika am nächsten gegenüber. Lassen Sie sich versichern, ich werde alles tun, um den Ozeanflugverkehr zu fördern.« Bis es soweit war, sollten noch Jahrzehnte vergehen. Aber als nach dem zweiten Weltkrieg der planmäßige Atlantikflugverkehr aufgenommen wurde, tat Präsident de Valera alles, damit der Freistaat einen Flugplatz erhielt, der zumindest eine Zeitlang zum »Tor Europas« für die amerikanischen Atlantikflieger wurde. So ist Éamon de Valera als der Initiator des berühmten *Shannon Airport* anzusehen, der zunächst die erste europäische Basis der Atlantikfliegerei war und mittlerweile dank der Initiative von Brendan O'Regan zu einem wichtigen Industriezentrum für den Freistaat ausgebaut worden ist.

Éamon[35] de Valera wurde am 14. Oktober 1882 in New York als amerikanischer Staatsbürger geboren. Sein Vater war ein spanischer Musiker, seine Mutter Irin. Nach seinem Studium wurde de Valera 1906 Professor der Mathematik an der Universität Dublin. Schon damals war die irische Freiheitspartei *Sinn Féin* aktiv. Der Mathematiklehrer versuchte sich 1916 als Anführer eines allerdings mißglückten Osteraufstandes in Dublin. De Valera wurde Vorsitzender der *Sinn-Féin*-Partei und bald darauf Abgeordneter des englischen Unterhauses. Unaufhörlich kämpfte er gegen den »englischen Kolonialismus in Irland«. Im Mai 1918 wurde er von der englischen Regierung verhaftet. Nach seiner Freilassung floh er Anfang 1919 in die USA und kehrte erst im darauffolgenden Jahr zurück. Am 6. Dezember 1921 schlossen gemäßigte Mitglieder der *Sinn Féin* mit der englischen Regierung einen Vertrag, der dem neuen irischen Freistaat den Status eines britischen Dominiums gewährte. De Valera war damit nicht einverstanden. Er forderte

[35] Éamon ist die irische Form von Edward, die de Valera annahm, als er in das öffentliche Leben eintrat. – Wir haben hier wieder den Fall, daß ein »Ausländer« ein nationalistischer Führer von Bedeutung wurde. Kemal Pascha, genannt Atatürk, wurde in Griechenland geboren. Hendrik Verwoerd, der Apartheidsfanatiker in Südafrika, wurde in Amsterdam geboren, Hitler war gebürtiger Österreicher. Die Liste ließe sich fortsetzen.

die völlige republikanische Unabhängigkeit Irlands und außerdem die Vereinigung des Freistaates mit dem englischen protestantischen Nordirland. Von August 1923 bis Juli 1924 wurde er als Revolutionär von der irischen Regierung des Freistaates gefangengehalten, denn sie sah in ihm einen gefährlichen Umstürzler. Sie wollte sich vorläufig mit dem begnügen, was sie von England erhalten hatte. 1926 gründete de Valera eine neue Partei, die *Fianna Fáil*, deren Vorsitzender er wurde. 1927 bis 1932 war er im Rahmen dieser Partei Oppositionsführer. Von 1932 bis 1948, von 1951 bis 1954 sowie von 1957 bis 1959 war er Premierminister. Nach der Aufgabe dieses Amtes, 1959, wurde er zum Staatspräsidenten gewählt und trat im Alter von 91 Jahren zurück.

Der gegenwärtige Präsident Irlands hat eine Karriere als Staatsbeamter hinter sich. Erskine Hamilton Childers wurde am 11. Dezember 1905 in London geboren, studierte in Cambridge, war zunächst Anzeigenvertreter und wurde 1944 parlamentarischer Staatssekretär des Innenministers, erstmals Minister (für die Post) wurde er 1951, er hatte von 1957 bis 1959 das Landbauministerium inne, wurde 1959 Transportminister und rückte am 25. Juni 1973 auf den höchsten Posten im Staate auf. Vater von 2 Söhnen und 3 Töchtern, ist er zum zweiten Male verheiratet, weil seine erste Frau starb. Als Nachfolger eines »Nationalhelden« wird er einige Zeit brauchen, bis er aus dessen mächtigem Schatten herausgetreten sein wird.

Mit der Geschichte Irlands haben wir uns befaßt, als von *Northern Ireland* die Rede war. Nachgetragen sei, daß man überall in der Welt Iren treffen kann. Dies hängt damit zusammen, daß in den vergangenen Zeiten Hunderttausende ihre Heimat verlassen mußten, weil sie hier keine Existenzmöglichkeiten hatten. Wenn ein Ausländer Iren trifft, fragt man zunächst nicht danach, ob ein Ire aus dem Norden oder aus dem Süden stammt. Wie mir Irländer aus beiden Staaten versichert haben, vertragen sich die Iren im Ausland meistens recht gut. Sie fühlen Gemeinsamkeiten und klammern religiöse Unterschiede – hie Protestantismus, hie Katholizismus – aus. Sowie aber die Irländer auf die Insel zurückkehren, da holen sie wieder »die heiligen Kühe des irischen Nationalismus aus den Ställen«, und »die Totempfähle ihres heiligen irischen Krieges werden neu errichtet«. Diese Erfahrungen aber zeigen, wie künstlich die angeblichen Unterschiede sind und wie die Feindseligkeiten eigentlich längst unzeitgemäß geworden sind. Eine Verständigung zwischen Nordirland und dem Freistaat wäre durchaus schon möglich, wird aber von gewissen Machtgruppen immer wieder verhindert.

Die Geschichte der Teilung ist so faszinierend, daß ich doch noch kurz darüber berichten möchte. Zur Zeit der Teilung Irlands im Jahre 1920 vertrat die britische Regierung häufig die Auffassung, daß die Teilung nur als eine vorläufige ratsam erscheinende Vorbereitung für die Wiedervereinigung anzusehen sei. König George V.: »Ich habe meine Genehmigung zu einem Gesetz für eine bessere Regierung Irlands gegeben. Dieses und die Errichtung zweier Parlamente und eines Rates von Irland geben dem gesamten Irland eine Selbstregierung und schaffen das Mittel, durch das die Bevölkerung aus eigenem Antrieb heraus die Vereinigung erreichen kann.« *(Hansard:* 23. Dezember 1920.) Winston Churchill: »Wonach sehnen sich ihre (irischen) Herzen am allermeisten ... Ich sage mit Nachdruck, das, was die Süd-Iren am meisten wünschen und was die Iren auf der ganzen Erde am meisten begehren, ist nicht Feindseligkeit zwischen diesen Ländern, sondern ihre Vereinigung.« *(Hansard:* 28. Oktober 1948.)

Die irische Republik zählt fast 3 Millionen Einwohner. In den USA leben doppelt so viele Iren wie im Land selber: 6,5 Millionen, während Kanada 1 Million irischstämmige Einwohner hat. Die Staatssprachen sind Irisch, das zum gälischen Zweig der keltischen Sprachen gehört, und Englisch. 95% der Einwohner des Freistaates sind römisch-katholisch, während 4% Protestanten sind. *Eire* ist eine parlamentarische Republik. Der *Taoiseach* ist der Ministerpräsident. In dieser Eigenschaft über die Landesgrenzen hinaus bekannt war John (»Jack«) Lynch, der natürlich auch einen irischen Namen haben muß: Seán O'Loingsigh. Lynch war fast 7 Jahre lang Ministerpräsident; er gehört zur *Fianna-Fáil*-Partei, d. h. zur Partei der »Schicksalskameraden«, eine nationalistische, staatliche Investitionen befürwortende politische Gruppierung. Während innenpolitischer Auseinandersetzungen erlebte ich die Partei- und Regierungsspitze bei einem improvisierten Treffen. Ich notierte ins Tagebuch: »Viele Bauernschädel, deren konservative Gesinnung ihnen ins Gesicht geschrieben steht. Wenn sie brüllten: ›*We want*

*Jack ... we want Jack‹*, so wirkten sie wie Sportkameraden eines patriotischen Fußballklubs.« Die *Fine Gael* (Schar der Gälen) ist gemäßigter. Die drittgrößte Partei ist die *Labour Party*. *Eire* gehört fast allen supranationalen Gremien an und hat seit 1966 ein Abkommen mit Großbritannien über eine Freihandelszone.

Nachfolger Lynchs wurde im Februar 1973 ein Mann mit einem legendären Namen: Liam Gosgrave. Sein Vater, William Gosgrave, war nämlich ein berühmter Freiheitskämpfer und selber Regierungschef von 1922 bis 1932. Geboren am 30. April 1920 in Dublin, erhielt der Sohn eine ausschließlich irische Erziehung. Zunächst Rechtsanwalt, war er später (1948–1951) parlamentarischer Staatssekretär des Ministerpräsidenten und 1954 bis 1957 Außenminister. Seine Wahl zum Ministerpräsidenten einer Koalitionsregierung erfolgte am 28. Februar 1973. Liam Gosgrave (verheiratet, Vater einer Tochter und zweier Söhne) gilt als »ein aufrechter Mann und ein Mann des goldenen Mittelwegs«, der Irlands Beitritt zur EWG (1. Januar 1973) begrüßte. Er gehört zur gemäßigten *Fine-Gael*-Partei und man hofft, daß er die derzeit gegensätzlichen politischen Strömungen meistern kann, um dem Volke endlich mehr Ruhe, Ordnung und Stabilität zu gewährleisten.

In einem Vergleich der beiden Irland ist geäußert worden, in Ulster sei man irischer als in Dublin. Nun, der Nationalismus der Freistaatler ist ausreichend. Bei aller Sympathie für die Iren muß ich es niederschreiben: Er erinnerte mich manchmal sogar an jenen der weißen Südafrikaner. Besonders trifft das natürlich für die Anhänger der IRA *(Irish Republican Army)* zu, von der es heißt, sie habe sich durch Terror zu häufig in die inneren Angelegenheiten von Ulster eingemischt. Sie ist in Belfast deshalb als »die SS von Dublin« bezeichnet worden. Auf welcher Seite mehr Unvernunft herrscht, ist für einen Ausländer schwer zu entscheiden, nur eines weiß er sehr bald: Auf beiden Seiten gibt es Scharfmacher, die den Graben vertiefen wollen. Vielleicht war der Vorschlag des Dubliner Staatsmannes Patrick I. Hillery weise, eine unparteiische Friedenstruppe der UNO einzusetzen, die auf alle nicht provozierend wirken würde. Britische Truppen in Ulster sind sicherlich keine gute Lösung, auch für die Nordirländer nicht, denn sie müssen ihnen doch das Gefühl geben, nach wie vor eine Art Kolonie zu sein. Die Zukunft muß die

Wiedervereinigung der beiden Irlands bringen, und das wiedervereinte Irland muß sich mit Großbritannien verbrüdern ...

Irland war einer der Höhepunkte meiner langen Reisen durch Europa. Im übrigen hatte ich nun kein Land mehr zu besuchen, als ich mich hier umgesehen hatte; ich konnte mich endlich wieder mehr besinnen. In Irland sah ich oft aufs Meer. Schon kam allerdings neue Unruhe in mir auf, die Welt von heute noch mehr zu erkunden und noch mehr von ihr zu berichten. Wie liebe ich die Welt, alle Welt! Und wenn ich gefragt werde, wo es mir am besten gefällt, kann ich nur antworten: »Ich weiß es nicht.« Denn ich weiß es wirklich nicht, weil ich mich überall wohl fühle; weshalb jede Abreise aus einem Land Schwermut in mir auslöst. Und doch – so glücklich ich am Amazonas oder am Kongo war, auf Bali oder auf Jamaika, in Japan oder in Argentinien – in Europa ergeht es mir vielleicht immer am besten. Hier fühle ich mich am meisten zu Hause. Ich spüre, daß ich sehr viel von Europa in meinen Adern habe: Positives und Negatives. Wo immer ich in Europa umherziehe, ich fühle Verwandtschaft, ja, Zugehörigkeit. Und das gibt mir das Gefühl eines unermeßlichen Reichtums. Denn was ist das für eine Genugtuung: sich an der Elbe ebensowenig als Fremder zu fühlen wie an der Amstel, an der Seine oder an der Moldau. – Was macht Ruhm und Glanz Europas aus? Kontinuität im Wandel und Einheit in der Vielfalt.

## *Bildquellen*

Belgische Informationszentrale, Brüssel: 287 oben

British Information Service, London: 367 unten

dpa: 75, 89 oben und unten, 111 oben, 133 oben und unten, 175 unten, 223 oben, 275 unten

Eidgenössisches Presseamt, Bern: 239 oben

Finnische Botschaft, Bonn: 27 unten

Informationsbüro des Fürstentums Liechtenstein, Vaduz: 239 unten

Irisches Auswärtiges Amt, Dublin: 367 oben

Isländische Botschaft, Bonn: 55 oben

Rolf Italiaander: 201 unten

Italienisches Informationsbüro, Rom: 201 oben

Jugoslawisches Außenministerium, Belgrad: 159 oben

Luxemburgisches Auswärtiges Amt, Luxemburg: 275 oben

Allan Moe/Nordisk Pressefoto, Kopenhagen: 55 unten

Nationales Pressebüro, Amsterdam: 287 unten

Portugiesisches Auswärtiges Amt, Lissabon: 223 unten

Presseamt, Wien: 111 unten

Presse- und Informationsamt der Bundesregierung, Bonn: 27 oben, 39 unten, 343 oben

Greta Robok, Hamburg: 159 unten

Schwedisches Außenministerium, Stockholm: 39 oben

Slomifoto, Essen: 343 unten

Türkisches Auswärtiges Amt, Ankara: 175 oben

# *Register*

Goldmann POLITIK + ZEITGESCHEHEN

**Bald werden sie die Ersten sein.** Von Hermann Kahn. Japan im Jahr 2000 (2987) DM 6.–

*Hermann Kahn, einer der führenden Futurologen der Gegenwart, analysiert das ›japanische Wunder‹. Er deckt die Wurzeln der explosiven Entwicklung im Charakter der Japaner auf: Genügsamkeit, Disziplin, Fleiß, Gemeinschaftssinn und der Ehrgeiz, sich vor dem Ausland zu bewähren und es zu übertreffen, haben das Wunder dieser Entwicklung hervorgebracht.*

**Fortschritt ohne Ende.** Von Raymond Aron. Über die Zukunft der Industriegesellschaft (2999) DM 6.–

*Der bekannte französische Soziologe Raymond Aron analysiert hier umfassend das gesellschaftliche und geistige Kräftefeld unserer Zeit. Er wendet sich gegen die Ideologie des absoluten, unreflektierten Fortschritts, denn ein Fortschritt muß immer eine soziale, menschliche Komponente erhalten.*

**Hinter den Kulissen der Zeitgeschichte.** Von Alain Decaux. Mit 3 Fotos und einem Personenregister (2933) DM 3.–

*Der namhafte französische Historiker Alain Decaux analysiert drei schillernde Persönlichkeiten, die den Zweiten Weltkrieg maßgeblich beeinflußt haben: die Spione Cicero und Richard Sorge sowie den amerikanischen Präsidenten Roosevelt. Der Autor untersucht die Zusammenhänge und zeichnet treffend die damalige Situation.*

WILHELM GOLDMANN VERLAG MÜNCHEN

Goldmann POLITIK + ZEITGESCHEHEN

**Marcel Giuglaris: Visum für Japan.** Ein Bericht über 90 Millionen moderne Japaner. Band 1451/52. DM 5.–

*Süddeutsche Zeitung: »Über dieses Land muß man etwas wissen, wenn man sich nicht in einem Irrgarten verlieren will. Noch kein Buch hat je diesem Bedürfnis einer umfassenden Einführung in eine fremde Welt so gründlich Rechnung getragen ...«*

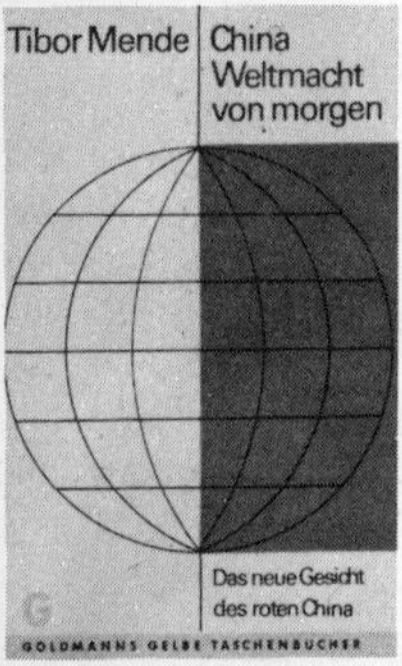


**Tibor Mende: China – Weltmacht von morgen.** Band 1444/45. DM 5.–

*Die Welt, Hamburg: »Das Buch Mendes ist ein gutes Buch. Es gibt ... einen Abriß vom Werden des neuen China. Es ist keineswegs prokommunistisch oder unkritisch, vor allem provoziert es und führt damit zum Überdenken des Weltproblems China, was ... nicht intensiv genug getan werden kann.«*

**Peter Grubbe: Im Schatten des Kubaners.** Das neue Gesicht Lateinamerikas. Band 1317/18. DM 5.–

*Die politische und soziale Vielschichtigkeit Lateinamerikas spiegelt sich in diesem Reisebericht. Die Zeit, Hamburg: »Ein temperamentvoll ... geschriebenes Buch, prallvoll mit Informationen, behende im Stil – wer etwas vom heutigen Südamerika erfahren will, darf sich getrost die Brille von Peter Grubbe aufsetzen.«*

WILHELM GOLDMANN VERLAG MÜNCHEN

Goldmann POLITIK + ZEITGESCHEHEN

**Die Russen privat.** So lebt man heute in der Sowjetunion. Von Leonid Wladimirow. Band 2772. DM 3.–

*Der heute in London lebende Journalist Leonid Wladimirow hat die Sowjetunion 1966 verlassen. Er gibt in seinem Buch einen der wenigen wirklich authentischen Berichte über das Leben im heutigen Rußland: soziologische, politische und psychologische Verhaltensweisen aus erster Hand.*

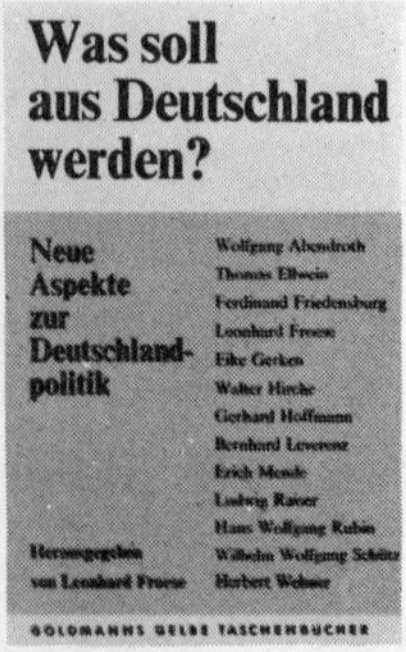


**Was soll aus Deutschland werden?** Neue Aspekte zur Deutschland-Politik. Herausgegeben von Leonhard Froese. Band 2314/15. DM 5.–

*Mit Beiträgen von: W. Abendroth, Th. Ellwein, F. Friedensburg, L. Froese, E. Gerken, W. Hirche, G. Hoffmann, B. Leverenz, E. Mende, L. Raiser, H. W. Rubin, W. W. Schütz, H. Wehner.*

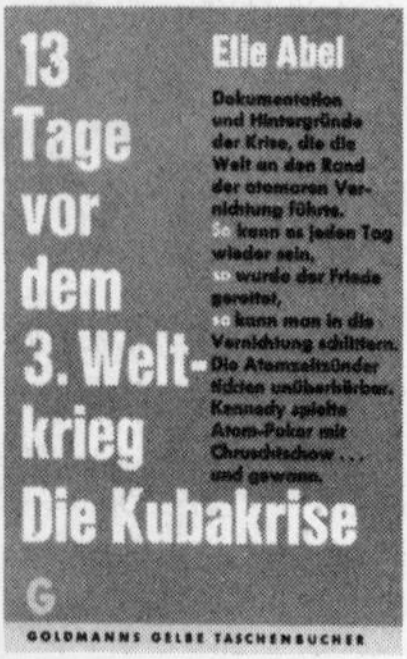


**13 Tage vor dem Dritten Weltkrieg.** Dokumentation und Hintergründe der Kuba-Krise. Von Elie Abel. Band 1921. DM 3.–

*Dieses Buch ist die atemberaubende Reportage über jene 13tägige Krise im Herbst 1962 in den Beziehungen von USA und UdSSR, die die Gefahr eines atomaren Vernichtungskrieges in nie gekanntem Maße heraufbeschwor. In minuziöser Genauigkeit werden die Stadien dieser Krise geschildert.*

WILHELM GOLDMANN VERLAG MÜNCHEN

Goldmann GESCHICHTE

**Band 6. Eduard von Tunk und Gaston Castella: Der Ferne Osten. Das Zeitalter Ludwigs XIV. Europa im 18. Jahrhundert.** Band 1511/12. DM 5.–

*Behandelt werden in diesem Band die Völker des Fernen Ostens (Indien, China, Japan) und die Entwicklung Europas im 17. und 18. Jahrhundert – der Friedensschluß von 1648, die Machtpolitik Ludwigs XIV., die geistige Entwicklung im 17. Jahrhundert, die Verhältnisse in Frankreich, England, Österreich, Preußen, Rußland und Polen im 18. Jahrhundert.*

**Band 7. Gaston Castella: Die Französische Revolution. Die Welt im 19. Jahrhundert.** Band 1513/14. DM 5.–

*Neben der Darstellung der Französischen Revolution steht hier die Geschichte Europas und der Vereinigten Staaten im 18. Jahrhundert sowie die Entwicklung der europäischen Länder im 19. Jahrhundert – Napoleon, der Aufstieg der imperialistischen Staaten, die Entwicklung der sozialistischen Systeme, Europa und Bismarck, Grundzüge der imperialistischen Welt u. a.*

**Band 8. Gaston Castella, Arthur Mojonnier und Eduard von Tunk: Das 20. Jahrhundert.** Band 1515/16. DM 5.–

*Dieser Band, der die illustrierte Weltgeschichte abschließt, behandelt ausführlicher die europäische Geschichte z. Z. der beiden Weltkriege, die Entwicklung in Europa und den USA von 1945 bis in die sechziger Jahre sowie die Entwicklung im Fernen Osten (Indien, Hinterindien, Indonesien, Philippinen, China, Japan).*

WILHELM GOLDMANN VERLAG MÜNCHEN

Goldmann GESCHICHTE

**Lesewerk zur Geschichte in 9 Bänden. Zeitgenössische Texte aus den einzelnen Epochen:**

**HELLAS Klassisches Griechenland (1).** Herausgegeben von Hartmut von Hentig. Band 1812. DM 3.–

*Die Texte von Zeitgenossen kreisen um den Kampf der Helden in der ›Ilias‹ und ›Odyssee‹ (Homer), um die Eroberungszüge Alexanders des Großen nach Persien (Xenophon), um Götterglauben (Xenophanes, Kritias), und Eros (Platon) und vieles andere mehr.*

**WELTMACHT ROM**
**Glanz und Niedergang des großen Imperiums (2).** Herausgegeben von Hartmut von Hentig. Band 1813. DM 3.–

*Die Quellen spiegeln den Aufstieg Roms, die Blütezeit seiner Herrschaft und den Niedergang wider. Über die Stadtgründung berichten Livius und Plutarch, über die römische Verfassung Polybios, über den Zensor Plutarch, über den Diktator Appian. Ferner wird z. B. die Landwirtschaft behandelt (Cato), das Heerwesen (Polybios), neue Sitten (Plutarch) u. a. m.*

**DAS MITTELALTER**
**Von der Völkerwanderung zur Kirchenherrschaft. 300–1500 (3).** Herausgegeben von Otto Bucher. Band 1814. DM 3.–

*Dieser Band enthält Quellen über eine der umstrittensten historischen Epochen, »Texte, die minuziös die Geisteshaltung der mittelalterlichen Zeitgenossen wiedergeben. Es gab nicht nur Heilige, Päpste, Kaiser, es gab auch eine Magna Charta Liberatum und leidenschaftliche Liebe, wie jene zwischen Heloise und Abaelard . . . So wird Geschichte zum großen Abenteuer.«* Abendzeitung, München

WILHELM GOLDMANN VERLAG MÜNCHEN

Verehrter Leser,
senden Sie bitte diese Karte ausgefüllt an den Verlag. Sie erhalten kostenlos unsere Verlagsverzeichnisse zugestellt.

WILHELM GOLDMANN VERLAG · 8 MÜNCHEN 80

**Bitte hier abschneiden**

---

Diese Karte entnahm ich dem Buch ____________________

____________________

Kritik + Anregungen ____________________

____________________

____________________

____________________

____________________

____________________

____________________

____________________

____________________

Ich wünsche die kostenlose und unverbindliche Zusendung des Verlagskataloges und laufende Unterrichtung über die Neuerscheinungen des Wilhelm Goldmann Verlages.

Name ____________________

Beruf __________ Ort __________

Straße ____________________

Ich empfehle, den Katalog auch an die nachstehende Adresse zu senden:

Name ____________________

Beruf __________ Ort __________

Straße ____________________

Aus dem WILHELM GOLDMANN VERLAG
8 München 80, Postfach 80 07 09 bestelle ich
durch die Buchhandlung

| Anzahl | Titel bzw. Band-Nr. | Preis |
| --- | --- | --- |
| | | |
| | | |
| | | |
| | | |
| | | |
| | | |
| | | |
| | | |

Datum: Unterschrift:

4535 · 7039 · 3.000

Bitte mit Postkarten-Porto frankieren.

Wilhelm Goldmann Verlag

8000 MÜNCHEN 80

Postfach 80 07 09